"21世纪人类学习的革命"译丛　第二辑

人是如何学习的 II

学习者、境脉与文化

[美]科拉·巴格利·马雷特 等　编　著

裴新宁　王美　郑太年　　主译

HOW PEOPLE LEARN II
Learners, Contexts, and Cultures

华东师范大学出版社

·上海·

"21世纪人类学习的革命"译丛（第二辑）

名誉主编
高　文

丛书主编
任友群　裴新宁　赵　健　郑太年

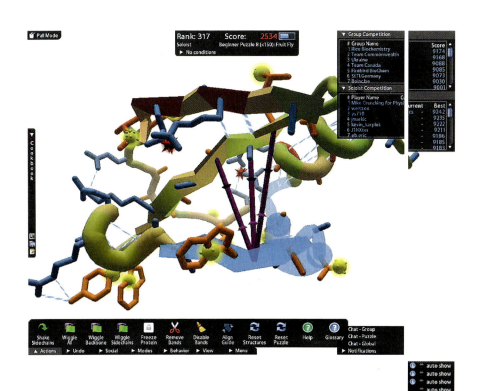

图 3-1　Foldit 游戏的用户界面（参见本书第 38 页）

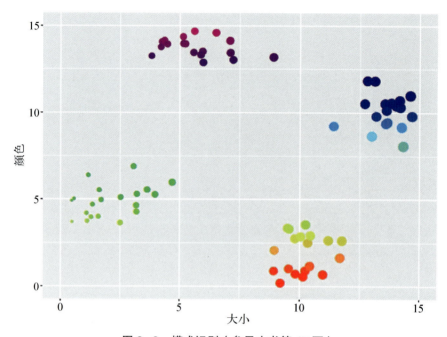

图 3-2 模式识别（参见本书第 45 页）

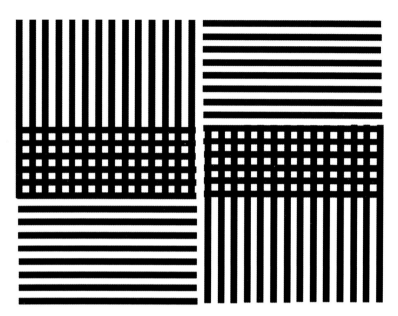

图 3-3 麦科洛效应（第 1 部分）（参见本书第 46 页）

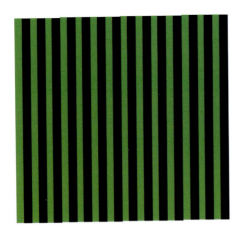 

图 3-4 麦科洛效应（第 2 部分）（参见本书第 47 页）

图 3-5 无辅助模式解释（参见本书第 48 页）

图3-6 上图中模式解释的提示（参见本书第49页）

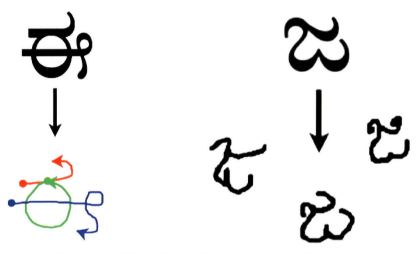

图 3-7　机器学习系统中的溯因推理（参见本书第 52 页）

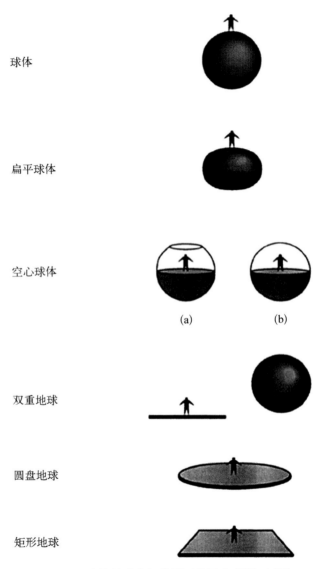

图 3-8 儿童的地球心智模型（参见本书第 53 页）

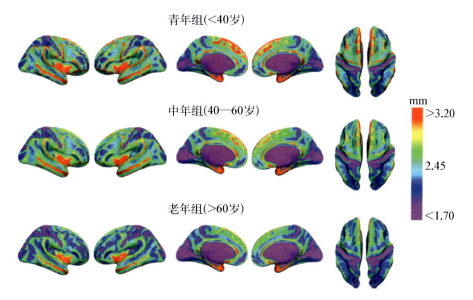

图3-9 成人生命期的平均脑皮层厚度（参见本书第60页）

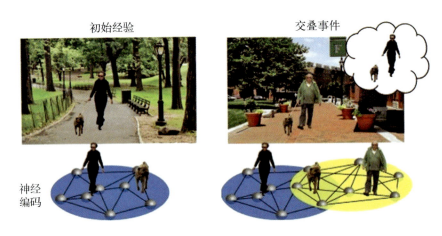

图 5-1 对记忆整合的描绘（参见本书第 89 页）

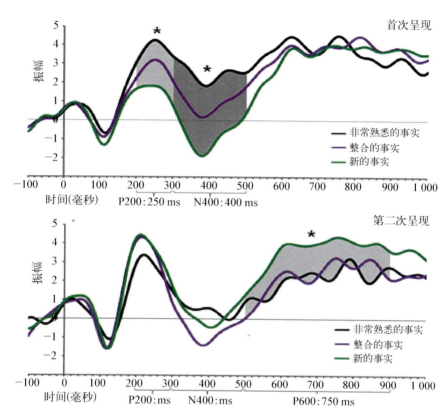

图 5-1-1 在首次呈现和第二次呈现时,中心顶叶部位神经元面对非常熟悉的事实、新的事实、整合的事实时所作反应的平均振幅(参见本书第 91 页)

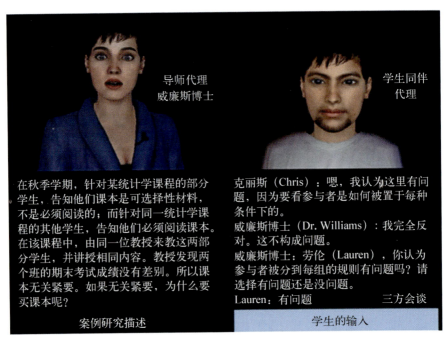

图 8-2　截屏：会话代理（一名导师与一名学生）正在与另一名学生讨论一个实验（参见本书第 184 页）

美国国家科学院·国家工程院·国家医学院共识报告

人是如何学习的 II
学习者、境脉与文化

［美］科拉·巴格利·马雷特 等　编　著
裴新宁　王美　郑太年　主译

华东师范大学出版社
·上海·

图书在版编目（CIP）数据

人是如何学习的.Ⅱ，学习者、境脉与文化/（美）科拉·巴格利·马雷特等编著；裴新宁，王美，郑太年主译.—上海：华东师范大学出版社，2021
（"21世纪人类学习的革命"译丛.第二辑）
ISBN 978-7-5760-0675-9

Ⅰ.①人… Ⅱ.①科… ②裴… ③王… ④郑… Ⅲ.①学习方法—研究 Ⅳ.①G791

中国版本图书馆CIP数据核字（2021）第110742号

人是如何学习的Ⅱ
学习者、境脉与文化

编　　著	科拉·巴格利·马雷特　等	
主　　译	裴新宁　王美　郑太年	
责任编辑	彭呈军　吴伟	
责任校对	丁莹　时东明	
装帧设计	刘怡霖	

出版发行	华东师范大学出版社
社　　址	上海市中山北路3663号　邮编200062
网　　址	www.ecnupress.com.cn
电　　话	021-60821666　行政传真 021-62572105
客服电话	021-62865537　门市（邮购）电话 021-62869887
地　　址	上海市中山北路3663号华东师范大学校内先锋路口
网　　店	http://hdsdcbs.tmall.com/

印 刷 者	常熟高专印刷有限公司
开　　本	787毫米×1092毫米　1/16
印　　张	23.75
插　　页	7
字　　数	376千字
版　　次	2021年10月第1版
印　　次	2024年12月第4次
书　　号	ISBN 978-7-5760-0675-9
定　　价	78.00元

出版人　王　焰

（如发现本版图书有印订质量问题，请寄回本社客服中心调换或电话021-62865537联系）

This is a translation of ***How People Learn II: Learners, Contexts, and Cultures***, National Academies of Sciences, Engineering, and Medicine; Division of Behavioral and Social Sciences and Education; Board on Behavioral, Cognitive, and Sensory Sciences; Board on Science Education; Committee on How People Learn II: The Science and Practice of Learning © 2018 National Academy of Sciences. First published in English by National Academies Press. All rights reserved.

Simplified Chinese translation copyright © 2021 by East China Normal University Press Ltd.

上海市版权局著作权合同登记　图字：09-2018-1282号

项目资助：
2019年度教育部人文社会科学研究规划基金项目"信息化学习场域中学生深度学习阻障诊断与教学优化研究"（项目批准号：19YA880048）

完成单位：
华东师范大学学习科学研究中心

美国国家科学院·国家工程院·国家医学院

美国国家科学院（National Academy of Sciences）是在 1863 年由林肯总统签署国会法案而成立的，它作为一个私立的非政府机构，就科学和技术议题向国家提供建议。其成员是由同行推举产生的科技研究领域的突出贡献者。现任主席是玛西亚·麦克纳特（Marcia McNutt）博士。

美国国家工程院（National Academy of Engineering）于 1964 年根据美国国家科学院宪章成立，就工程实践向国家提供建议。其成员是由同行推举产生的工程学领域的突出贡献者。现任主席是小莫特（C. D. Mote, Jr.）博士。

美国国家医学院（National Academy of Medicine）（前身为医学研究院）于 1970 年根据美国国家科学院宪章成立，就医疗和健康议题向国家提供建议。其成员是由同行推举产生的医学和健康领域的突出贡献者。现任主席是维克多·J·杜曹（Victor J. Dzau）博士。

美国国家科学院、国家工程院、国家医学院协同工作，向国家提供独立、客观的分析和建议，并开展其他活动以解决复杂问题，同时为公共政策的制定提供信息。上述三院还推动教育和研究的发展，认可对知识的杰出贡献，并增进公众对科学、工程和医学事务的理解。

在 www.nationalacademies.org 网站上可以了解到更多关于美国国家科学院、国家工程院、国家医学院的信息。

美国国家科学院 · 国家工程院 · 国家医学院

共识研究报告：由美国国家科学院、国家工程院、国家医学院发布，记录由专家组成的创作委员会对任务陈述所作出的基于证据的共识。报告通常包括根据委员会收集的信息和委员会审议而得出的研究发现、结论和建议。每份报告经过了独立进行的严格的同行评议过程，代表了国家科学院、国家工程院、国家医学院对任务陈述的立场。

会议文集：由美国国家科学院、国家工程院、国家医学院发布，编入在上述三院召集的研讨会、工作坊或其他会议活动上的发言和讨论。会议文集中包含的言论和意见来自参与者，未得到其他参与者、规划委员会以及美国国家科学院、国家工程院、国家医学院的核准。

获取更多信息，请访问 nationalacademies.org/about/whatwedo。

人是如何学习的 II：学习的科学与实践
委员会成员

科拉·巴格利·马雷特（CORA BAGLEY MARRETT，主席），威斯康星大学麦迪逊分校社会学系

帕特丽夏·J·鲍尔（PATRICIA J. BAUER），埃默里大学心理学系

辛西娅·比尔（CYNTHIA BEALL，国家科学院成员），凯斯西储大学人类学系

玛格丽特·E·贝尔（MARGARET E. BEIER），莱斯大学心理学系

大卫·B·丹尼尔（DAVID B. DANIEL），詹姆斯·麦迪逊大学心理学系

罗伯特·L·戈德斯通（ROBERT L. GOLDSTONE），印第安纳大学心理与脑科学系

亚瑟·C·格拉瑟（ARTHUR C. GRAESSER），曼菲斯大学心理学系、智能系统研究所

玛丽·海伦·伊莫迪诺·杨（MARY HELEN IMMORDINO-YANG），南加利福尼亚大学罗西耶教育学院

露丝·坎弗（RUTH KANFER），佐治亚理工学院心理学院

杰弗里·D·卡尔皮克（JEFFREY D. KARPICKE），普渡大学心理科学系

芭芭拉·M·米恩斯（BARBARA M. MEANS），数字承诺中心（美国国家先进信息与数字技术研究中心）学习科学研究部

道格拉斯·L·梅丁（DOUGLAS L. MEDIN，国家科学院），西北大学心理学系

琳达·内森（LINDA NATHAN）波士顿大学教育学院

安妮玛丽·沙利文·帕林克萨（ANNEMARIE SULLIVAN PALINCSAR），密西根大学教育学院

丹尼尔·L·施瓦茨（DANIEL L. SCHWARTZ），斯坦福大学教育学院

泽韦兰吉·N·瑟佩尔（ZEWELANJI N. SERPELL），弗吉尼亚联邦大学心理学系

苏吉塔·巴特（SUJEETA BHATT），研究主任
蒂娜·温特斯（TINA WINTERS），副项目专员
蕾妮·L·威尔逊·盖恩斯（RENÉE L.WILSON GAINES），高级项目助理
海蒂·施温格鲁伯（HEIDI SCHWEINGRUBER），科学教育委员会主任
芭芭拉·A·万奇森（BARBARA A.WANCHISEN），行为、认知与感知科学委员主任

行为、认知与感知科学委员会成员

苏珊·T·菲斯克（SUSAN T. FISKE，主席），普林斯顿大学心理学系、伍德罗·威尔逊公共与国际事务学院

约翰·鲍（JOHN BAUGH），圣路易斯华盛顿大学人类学系

劳拉·L·卡斯滕森（LAURA L. CARSTENSEN），斯坦福大学心理学系

朱迪·杜布诺（JUDY DUBNO），南卡罗莱纳医科大学耳鼻喉—头颈外科学系

珍妮弗·埃伯哈特（JENNIFER EBERHARDT），斯坦福大学心理学系

罗伯特·L·戈德斯通（ROBERT L. GOLDSTONE），印第安纳大学心理与脑科学系

丹尼尔·R·伊尔根（DANIEL R. ILGEN），密西根州立大学心理学系

南希·G·坎维舍（NANCY G. KANWISHER），麻省理工学院脑与认知科学系

珍妮丝·基科尔特·格拉泽（JANICE KIECOLT-GLASER），俄亥俄州立大学医学院心理学系

比尔·毛雷尔（BILL MAURER），加利福尼亚大学尔湾分校社会科学学院

史蒂文·E·彼得森（STEVEN E. PETERSEN），华盛顿大学医学院医药系神经学与神经外科系

达娜·M·斯莫尔（DANA M. SMALL），耶鲁医学院精神病学系

蒂莫西·J·斯特劳曼（TIMOTHY J. STRAUMAN），杜克大学心理学与神经科学系

杰里米·M·乌尔夫（JEREMY M. WOLFE），哈佛医学院眼科学和放射医学系、布莱根妇女医院

芭芭拉·A·万奇森（BARBARA A. WANCHISEN），主任

科学教育委员会成员

亚当·盖莫兰（ADAM GAMORAN，主席），威廉格兰特基金会（William T. Grant Foundation），纽约州，纽约市

乔治·博格斯（GEORGE BOGGS），帕洛马尔学院，加利福尼亚州，圣马科斯（荣休）

梅拉妮·库珀（MELANIE COOPER），密西根州立大学化学系

鲁道夫·德佐（RODOLFO DIRZO），斯坦福大学生物学系

杰奎琳·艾克尔斯（JACQUELYNNE ECCLES），密西根大学心理学系

约瑟夫·弗朗西斯科（JOSEPH FRANCISCO），内布拉斯加大学化学系

玛格丽特·A·霍尼（MARGARET A. HONEY），纽约科学馆，纽约市

马修·克雷比尔（MATTHEW KREHBIEL），堪萨斯州教育部，托皮卡

迈克尔·拉克（MICHAEL LACH），芝加哥大学城市教育研究所

琳恩·S·利本（LYNN S. LIBEN），宾夕法尼亚州立大学心理学系

凯西·曼杜卡（CATHY MANDUCA），卡尔顿学院科学教育资源中心

约翰·马瑟（JOHN MATHER），美国国家航空航天局（NASA）戈达德太空飞行中心

布雷恩·赖泽（BRIAN REISER），西北大学教育与社会政策学院

马歇尔（麦克）·史密斯（MARSHALL "MIKE" SMITH），卡纳基教学促进基金会，加利福尼亚州，斯坦福

萝伯塔·坦纳（ROBERTA TANNER），汤普森学区，科罗拉多州，拉夫兰

苏珊娜·威尔逊（SUZANNE WILSON），康涅狄格大学尼格教育学院

谢宇（YU XIE），密西根大学社会学系

海蒂·施温格鲁伯（HEIDI SCHWEINGRUBER），主任

中文版序

学习科学领域的里程碑之作《人是如何学习的：大脑、心理、经验及学校》（How People Learn: Brain, Mind, Experience, and School）及其扩展版由美国国家研究理事会分别于世纪之交的 1999 年和 2000 年发布。2002 年，该书由我的博士生导师高文教授领衔的华东师范大学学习科学研究中心组织翻译，并于 2013 年修订再版。《人是如何学习的：大脑、心理、经验及学校》一书的撰写汇聚了包含约翰·布兰思福特等国际学习科学先驱在内的 16 位学习科学领域一流学者，是对 20 世纪 80 年代以来学习科学研究的首次概括。该书本着"联系科学研究与教育实践"的理念，重点从专家与新手差异、学习与迁移的发生机制、学习环境的设计、不同领域的学习创新、技术支持学习变革的路径等方面，汇集了当时对于学习的理解和相关研究的成果，探索其政策和实践意蕴，成为学习科学领域人人知晓、人人必读的经典书目。在美国国家学术出版社官网上，《人是如何学习的：大脑、心理、经验及学校》的下载量位列前三，被认为是"最受欢迎的报告之一"，中译本目前累计销量已超 13 万册。

如今，新世纪已走过 20 年。科技的迅猛发展让人们的生活时刻处于变化之中，人们对于学习和教育的目的、方式、评价的研究以及研究手段本身也在不断发展。美国国家科学基金会 2004 年起启动学习科学中心建设计划，建立了七大学习科学研究中心，并一直持续资助这一领域的研究。经济合作与发展组织（OECD）大力推进脑科学的研究，其教育研究与创新中心也持续开展创新学习环境的研究。法国、德国、英国等欧洲国家及新加坡、日本等亚洲国家的若干所大学在学习科学研究中不断推陈出新、与时俱进。创建于 2002 年的国际学习科学协会等学术组织影响力不断增强，《学习科学杂志》（Journal of the Learning Sciences）、国际学习科学协会年会（International Conferences of the Learning Sciences）和计算机支持的协作学习国际年会（International Conference on Computer Supported Collaborative

Learning）的蓬勃发展为国际学习科学研究共同体构筑了高水平交流平台。此间还出版了《剑桥学习科学手册》（Keith Sawyer 主编，2006，2014）、《国际学习科学手册》（Frank Fischer 等主编，2018）、《学习科学百科全书》（Norbert M. Seel 主编，2012）。这些研究、行动和成果让人们对学习本质的探索有了更多新发现，对于学习的神经过程、个体和文化上多样性的深刻揭示更是扩展了关于学习机制以及脑如何终生发展适应的科学理解。

　　在全球化背景下，科技和社会的进步，教育目标的调整与教育实践的创新，社会文化、学习环境的结构等学习影响因素的研究进展，一次又一次地冲击着经典的学校架构和课程教学模式，带来学习科学领域研究的快速发展和成果积累，这一领域也因此亟需再一次的回顾总结。在此背景下，美国国家科学院、美国国家工程院、美国国家医学院（National Academies of Sciences, Engineering, and Medicine, NASEM）于 2018 年重磅推出了《人是如何学习的 II：学习者、境脉与文化》（How People Learn II: Learners, Contexts, and Cultures）。

　　《人是如何学习的 II：学习者、境脉与文化》延续了第一版报告的全视角、多层次、高水平风格，由威斯康星大学麦迪逊分校的荣休教授、曾长期担任美国国家科学基金会领导职务的科拉·巴格利·马雷特（Cora Bagley Marrett）领衔，21 位来自美国国家科学基金会、美国国家科学院、美国国家工程院、美国国家医学院以及斯坦福大学等美国大学的心理学、认知科学、计算机科学、神经科学、人类学、教育学领域等专家成员，组成了"人是如何学习的 II：学习的科学与实践"委员会，共同完成新报告。这一作者团队组成更为多元，视角更为丰富，涉及主题更为广博。报告主要聚焦 2000 年后的研究成果，同时分析了第一版报告未纳入的研究成果，以及认知科学、发展认知神经科学、学习与记忆、认知老化、文化对学习的影响、语言学习、学习中的情感与动机、学习障碍、学习评估等领域的发现，涉及基础研究、应用实施、科学成果推广传播等不同的研究类型。在撰写过程中，委员会制定了收集和分析相关研究证据的基本原则，优先采信具有不同关键特征、运用多学科方法、指向多种学习结果的对照研究证据；关注案例研究、考察变量间相关关系的探索性研究、设计研究和发展性研究、小型和大型准实验、小型和大型随机分配实验、富有前景之实践的培育性研究等；更多采信在元分析和研究综述中被重复报告的发现，而不是仅限于一项研究的经验发现；并在各章相应说明了证据的来源与性质，指出了不同来源及类型证据之间的差异性，可以说是一份非常严谨的基于证据的有关学习研究最新进展的权威报告。

《人是如何学习的Ⅱ：学习者、境脉与文化》多次强调第一版的观点主张至今仍然有效，同时又形成了关于学习本质、机制、过程的很多新见解。全书共计 10 章，构成了文化的复杂影响、学习的类型与过程、知识与推理、学习动机、对学校学习的启示、学习技术、贯穿一生的学习七大主题，提出了 21 条主要结论，其中着重强调了文化境脉对学习重要而复杂的影响，分析了学习的动态发展本质，阐述了学习类型的多样性、过程的复杂性以及主动学习的重要性，并考察了技术支持学习的给养特性，可以说是集学习科学核心研究主题的研究进展之大成的作品。

在 20 年前《人是如何学习的：大脑、心理、经验及学校》翻译出版时，中国学者更多地扮演的是国际学习科学研究的引介者、学习者的角色。值得高兴的是，短短 20 年里，我国学习科学研究也迅速起步发展起来。来自教育学、心理学、神经科学等领域的学者在译介国外文献的同时，对于学习科学领域的发展进行综述，对新理论构念、新研究方法、新实践主张进行分析，并立足我国国情和教育创新的需要开展着本土化的学习科学研究。华东师范大学、北京师范大学、华南师范大学、北京大学、东南大学、香港大学等高校都建立了专门的研究机构，并组建了多个学术共同体，有力推动着这一领域的研究和基于学习科学的教育实践创新探索。其间，《中国大百科全书》（第三版）在编纂过程中于《教育学卷》中新增了"学习科学"分支学科，来自全国多所高校的学者协同攻关，确定了学习科学的 130 余条基本辞条并完成了辞条编写，为我国在这一领域的发展确立了共同的知识基础。在各类教育及相关领域研究项目、学术期刊和学术交流中，学习科学已经成为广受关注的领域，并在课程与教学、教育技术学、学科教育、教师教育等研究领域和教育实践中产生越来越重要的影响。在今天《人是如何学习的Ⅱ：学习者、境脉与文化》中译本发行之际，中国学者已多了同行人、对话者的新角色。

值得一提的是，这份新报告还特别强调了文化境脉的影响、学习过程的复杂性、学习贯穿一生等核心观点，这也启示我国学习科学研究需继续增强文化自觉与文化自信，针对中国文化现实和教育改革实践的真实学习问题，重视样本的多样性，从多层面多视角推进学习研究，推动跨学科交叉和团队协同创新，加快我国学习科学的证据积累与理论建构。

今天，"学习科学"已不再是学术圈独有的名词，而是进入了与教师专业发展等相关的官方文档中，并逐渐被中小学教师们所了解、所熟悉。在此，我期待并祝贺中文版《人是如何学习的Ⅱ：学习者、境脉与文化》的问世，也希望这将作为新的契机，推动我国学习科学研究者将国内外基于证据的学习研究成果加以转化，更好地服务和应用于教育教学的实践与改革，为加快实现教育现代化作出更大的贡献。

任友群

（2021年9月·辛丑中秋于京华）

致　谢

我们出于各种原因对人类自身的学习方式怀有好奇之心。近几十年来，研究的爆发式增长极大地拓展了对于脑过程的理解，并为个体学习、学校教育和政策制定赋予了新的意蕴。2000 年，《人是如何学习的：大脑、心理、经验及学校（拓展版）》（简称《人是如何学习的 I》）（National Research Council, 2000）出版，此后产生了广泛而深刻的影响。不过，二十年过去了，研究版图也有了进一步的发展演进。据此，《人是如何学习的 II》呈现了迫切所需的更新。

这本书并未打算为某些教育困境提供具体答案——用于教学的"菜单"，抑或，诸如"周一早上该做什么"的清单。委员会反倒是希望这本书可以成为一个工具，借以丰富有关所有年龄层的人的学习与教育研究及实践的讨论。我们尽可能做到以最为直接、准确和完整的方式呈现已有的科学证据，并创造性地综合和诠释这些研究发现。然而，源自科学的发现从来都不是可以直接照搬于实际的，因为现实世界如此繁复、令人困顿，包含着太多变动不居和隐而不露的复杂性。因此，委员会期望您，我们的读者，联系您自身的工作，对我们所呈现的成果加以批判性地思考，思考此报告所评述的成果如何契于证据并与政策方针关联，从而研判您所在专业境脉中的教育战略、政策和研究问题是否适当。只有通过积极的论辩，尝试跳出狭小的研究场景，将研究发现融入并使之适应具体境脉，这样我们才能够创建出对学习的全新理解，形成与学习相关的更好的政策与实践。

本报告的完成离不开以下团体和基金会的慷慨资助，包括：斯隆基金会（Alfred P. Sloan Foundation）、美国教育研究协会、盖茨基金会、美国教育部教育科学研究所、提格基金会（Teagle Foundation）、威廉和弗洛拉·休利特基金会（William and Flora Hewlett Foundation）。除此之外，我们还得到了美国国家科学院凯洛格基金会和美国国家科学院、国家工程院、国家医学院主席赞助团队的资助。在此，我们对埃德·迪特尔（Ed Dieterle，曾供职于盖茨基金会）致以特别的感谢，他的热情和远见使这份报告得以完成。我们非常感谢联邦机构对行为、认知和感知科学委员会所给予的支持，特别是来自国家科学基金会社会、行为和经济科学理事会，以及国家老龄问题研究所行为与社会研究部的支持。这些部门为项目工作提供了必要的监督。我们也同样感谢美国心理学会提供的基金资助。

在研究过程中，许多学者在我们组织的三次信息征集公开会议上进行讨论并陈述观点，委员会成员们从他们的讨论和陈述中受益良多。第一次委员会会议上，马克·春（Marc Chun，休利特基金会）、费利斯·莱文（Felice Levine，美国教育研究协会）以及丹尼尔·戈罗弗（Daniel Goroff，斯隆基金会）带来了有关本研究发起方在目标方面的重要背景信息。除此之外，玛利亚内拉·卡萨索拉（Marianella Casasola，康奈尔大学）概述了双语婴儿的思维和语言的研究。芭芭拉·罗格夫（Barbara Rogoff，加州大学科鲁兹分校）分享了关于文化差异的理解，这些文化差异影响了人们如何学、为何学以及在何处学。吉尼维尔·伊登（Guinevere Eden，乔治城大学）回顾了最近的一次关于阅读和阅读障碍的神经影像学研究。最后，《人是如何学习的 I》作者委员会提供了相关的真知灼见，这些见解着眼于"如何最好地进入研究过程"这一问题，旨在把来自不同学科的观点融为一体，以使得这份报告对研究与实践的影响最大化。来自《人是如何学习的 I》委员会的成员包括芭芭拉·米恩斯（Barbara Means，斯坦福国际研究所）、约瑟·梅斯特（Jose Mestre，伊利诺伊大学厄本那香槟分校）、琳达·内森（Linda Nathan，波士顿大学）、佩内洛普·彼得森（Penelope Peterson，西北大学）和芭芭拉·罗格夫（Barbara Rogoff）。第一次网络直播会议的观众分布于美国、巴西、丹麦、德国、希腊、冰岛、荷兰、葡萄牙、俄国等国家和中国台湾地区。

在第二次会议上，三名委员会成员帕特丽夏·鲍尔（Patricia Bauer）、大卫·丹尼尔（David Daniel）和杰弗里·卡尔匹克（Jeffrey Karpicke）向委员会和与会者简要介绍了不同境脉中影响认知和发展的因素。罗伯特·米斯列维（Robert Mislevy，美国教育考试服务中心）分享了心理学和技术上的发展对学习境脉中评价带来的挑战。凯文·克罗利（Kevin Crowley，匹兹堡大学）概述了非正式场景中的学习。最后，伊丽沙白·艾尔布罗（Elizabeth Albro，美国教育科学研究院）与委员们分享了投资人的观点。本次网络直播会议的观众分布于美国和加拿大。

第三次委员会的会议包括了两个专家组的讨论：一个是成人学习和成人学习技术使用专家组，另一个是学习障碍、学习的通用设计和辅助性技术专家组。成人学习专家组成员包括菲利普·阿克曼（Philip Ackerman，佐治亚理工学院）、沃尔特·布特（Walter Boot，佛罗里达州立大学）、厄休拉·施陶丁格（Ursula Staudinger，哥伦比亚大学）。学习障碍和学习的通用设计专家组成员包括唐纳德·康普顿（Donald Compton，佛罗里达州立大学）、杰克·弗莱彻（Jack Fletcher，休斯顿大学）和大卫·罗斯（David Rose，美国特殊技术应用中心）。本次网络直播会议的观众来自巴西、加拿大和美国。

这份共识研究报告的初稿交由不同视角和技术专长的个人审阅。独立评审的目的在于获得坦诚和批判性的评论，以帮助美国国家科学院、国家工程院、国家医学院尽可能对报告作出完善，确保报告符合质量、客观和证据各方面的制度性标准，并回应本研究的任务要求。为保护审议过程的诚信和完整，评阅意见和文稿资料不会公开。

我们对这些审读人表示感谢，他们是：密歇根大学电子工程与计算机科学系的丹尼尔·E·阿特金斯（Daniel E. Atkins，荣休）；华盛顿大学学习科学与人类发展研究方向的菲利普·贝尔（Philip Bell）；肯特州立大学心理科学系的约翰·邓洛斯基（John Dunlosky）；加州大学伯克利分校教育政策与语言、文学与文化专业的克丽斯·古铁雷斯（Kris Gutiérrez）；斯坦福大学教育学院的白田贤二（Kenji Hakuta）；亚利桑那州立大学玛丽·卢·富尔顿教师学院的凯伦·R·哈里斯（Karen R. Harris）；卡内基梅隆大学心理学系的大卫·克拉尔（David Klahr）；卡内基梅隆大学匹兹堡科学学习中心的肯尼斯·R·科艾丁格（Kenneth R. Koedinger）；威斯康星大学麦迪逊分校课程与教学系的格洛丽亚·拉德森·比林斯（Gloria Ladson-Billings）；密歇根州立大学心理咨询、教育心理学和特殊教育系的丽莎·林嫩布林克·加西亚（Lisa Linnenbrink-Garcia）；斯坦福大学教育研究生院的布鲁斯·麦坎德利斯（Bruce McCandliss）；伊利诺伊大学芝加哥分校教育学院学习科学研究所的詹姆斯·W·佩莱格里诺（James W. Pellegrino）；波士顿学院林奇教育学院的黛安娜·C·普林（Diana C. Pullin）；加州大学圣克鲁兹分校心理学系的芭芭拉·罗格夫（Barbara Rogoff）；科罗拉多大学博尔德分校教育学院教育研究实验室的洛丽·A·谢泼德（Lorrie A. Shepard）；斯坦福大学心理学系的布雷恩·A·万德尔（Brian A. Wandell）。

尽管上述审读人给出了许多建设性的意见和建议，但他们没有被要求签署对本报告结论或建议的支持，在报告发布之前，他们也没有看到终稿。

本报告在俄勒冈大学心理系荣休教授迈克尔·I·波斯纳（Michael I. Posner）和加利福尼亚大学尔湾分校荣休教授格雷格·邓肯（Greg J. Duncan）的监审下完成。两位的责任是确保这份报告的每次独立审查都符合国家科学院、国家工程院、国家医学院的标准，且所有审核意见都已被认真考虑。本报告的最终内容由创作委员会和国家科学院、国家工程院、国家医学院全权负责。

还要感谢本项目工作人员以及行为、社会科学及教育学部（DBASSE）的工作人员。我们尤其要向下列人员致以特别的谢意：蒂娜·温特斯（Tina Winters）担任本报告的项目副主任，她在为委员会组织各种机会以收集数据方面发挥了重要作用，促进了议程的制定、委托书的选择和签订，也为委员会最终报告的撰写提供了宝贵的协助。蕾妮·威尔逊·盖恩斯（Renée Wilson Gaines）是高级项目助理，她为研究的后勤和行政事务提供了重要支持，确保了会议和工作坊高效顺利举行，为版权许可和其他重要的报告活动而忙碌。我们同样把感谢送给行为、认知和感知科学委员会主任芭芭拉·万奇森（Barbara Wanchisen）和科学教育委员会主任海蒂·施温格鲁伯（Heidi Schweingruber）！谢谢二位对本研究的领导、指导、监督与支持。同时，我们感谢国家三院的顾问罗伯特·凯特（Robert Katt）对报告终稿的编订，特别感谢帕特丽夏·莫里森（Patricia Morison）和亚历山德拉·比蒂（Alexandra Beatty）在报告改进过程中所提供的支持和极大帮助。感谢 DBASSE 执行办公室的工作人员，特别是负责管理整个审查过程的克里斯汀·桑普森·斯奈德（Kirsten Sampson-Snyder）、负责监督最终出版的伊冯·怀斯（Yvonne Wise）、负责财务监督的丽莎·阿尔斯通（Lisa Alston）。最后，我们向国家三院研究中心致以谢忱，感谢各位在实施文献和数据回顾、概括影响力成果、支撑总体研究等各项工作中所给予的宝贵支持。

主席：科拉·巴格利·马雷特
主任：苏吉塔·巴特
人是如何学习的 II：学习的科学与实践委员会

目录

报告概要 1

第 1 章　绪论 11
　　委员会的职责 12
　　　　《人是如何学习的Ⅰ》之贡献 14
　　　　对新任务的说明 16
　　　　收集证据，履行职责 16
　　证据处理方法 18
　　本报告导读 20

第 2 章　境脉与文化 21
　　学习的文化本质 22
　　　　定义文化 22
　　　　文化在学习和发展中的作用 24
　　　　作为社会性活动的学习 26
　　文化、生物和境脉之间的动态交互 28
　　　　社会和情感影响 29

　　　　身体影响 · 30
　　结论 · 34

第 3 章　学习的类型与不断发展的脑 · 35
　　学习的类型 · 35
　　　　三个学习场景 · 36
　　　　学习的基本类型 · 39
　　　　学习类型的整合 · 56
　　学习与脑 · 57
　　　　出生前和一生中的脑发展及成熟 · 57
　　　　脑对学习的适应 · 60
　　　　整个生命期间脑中与学习相关的变化证据 · 64
　　结论 · 68

第 4 章　支持学习的过程 · 71
　　学习的协调统合 · 71
　　　　执行功能 · 72
　　　　学习的自我调节 · 74
　　记忆 · 76
　　　　重建记忆 · 77
　　　　工作记忆与长时记忆 · 80
　　　　对学习事件的记忆 · 82
　　结论 · 85

第 5 章　知识与推理 · 87
　　建立知识基础 · 87
　　知识与专长 · 92
　　　　专长的益处 · 92

　　　　作为知识的天然副作用的偏向性 ·· 93
　知识整合与推理 ·· 95
　　　　推论性推理 ·· 96
　　　　知识与推理中与年龄相关的变化 ··· 97
　　　　文化对推理的影响 ··· 99
　支持学习的策略 ·· 100
　　　　知识保持的策略 ··· 100
　　　　理解与整合的策略 ··· 104
　结论 ··· 109

第6章 学习动机 ·· 111
　理论视角 ·· 112
　学习者的信念与价值观 ··· 113
　　　　自我效能 ·· 113
　　　　价值观 ·· 115
　　　　兴趣 ·· 115
　　　　内在动机 ·· 117
　　　　外在奖励 ·· 117
　　　　选择的效应 ·· 119
　目标的重要性 ··· 120
　　　　目标的类型 ·· 121
　　　　教师对学习者目标的影响 ··· 123
　　　　学习目标与其他目标 ··· 124
　　　　未来身份与长期坚持 ··· 126
　社会与文化对动机的影响 ·· 127
　　　　学习者自我建构方面的跨文化差异 ·· 127
　　　　社会身份与动机过程 ··· 129
　　　　刻板印象的威胁 ··· 130

　　　　提高动机的干预措施 …………………………………………… 134
　　　　结论 …………………………………………………………… 136

第 7 章　对于学校学习的意蕴 ……………………………………… 139
　　文化与学校学习 ……………………………………………………… 140
　　　　学校和课堂境脉 ………………………………………………… 142
　　　　从"赤字"模型到"资产"模型 ………………………………… 145
　　学科特定的学习 ……………………………………………………… 147
　　　　数学 ……………………………………………………………… 149
　　　　科学 ……………………………………………………………… 149
　　　　历史 ……………………………………………………………… 150
　　让学习者参与并为其赋权 …………………………………………… 152
　　　　自我调节的学习 ………………………………………………… 153
　　　　促进学习者参与的教学方法 …………………………………… 155
　　评价学生的学习 ……………………………………………………… 158
　　　　向学习者提供反馈 ……………………………………………… 159
　　　　将评价和关于学生如何学习的证据相连接 …………………… 160
　　结论 …………………………………………………………………… 165

第 8 章　数字技术 …………………………………………………… 167
　　技术与学习目标的匹配 ……………………………………………… 168
　　　　学习技术的给养 ………………………………………………… 168
　　　　通过重复来学习 ………………………………………………… 170
　　　　使用模型进行深度学习 ………………………………………… 171
　　　　协作学习与合作学习 …………………………………………… 173
　　　　技术支持的自我调节学习 ……………………………………… 174
　　激励积极主动学习的技术 …………………………………………… 176
　　　　通过游戏来学习 ………………………………………………… 176

利用故事和学习者喜欢的角色 177
　　　为学习者成为创造者和生产者赋能 179
　　　创制 180
　　　具身认知 181
　　　会话代理 182
　用于教学的技术 184
　　　连接正式与非正式学习 184
　　　对教学进行协调统合 186
　　　写作教学 188
　机遇和挑战 188
　　　数字仪表盘 189
　　　远程学习 190
　　　个人移动设备 191
　　　技术特征方面存在的问题 192
　　　通用设计 194
　　　晚年生活中的学习技术 195
　　　数字鸿沟 197
　　　系统化实施途径 199
　结论 200

第9章　纵贯一生的学习 203

　随年龄增长而发生的变化 204
　　　知识与推理 204
　　　学习动机 205
　　　学习活动与学习环境 206
　　　认知能力 208
　学习障碍 210
　　　造成学习障碍的原因 210

　　　　阅读障碍 ·· 211
　　　　数学障碍 ·· 212
　　　　成年人的学习障碍 ·· 213
　　　　成年人的读写能力 ·· 215
　　　　干预 ··· 216
　　中学后教育经历 ··· 217
　　劳动力培训 ·· 219
　　　　如何判定工作场所中学习的发生 ································ 220
　　　　培训迁移 ·· 221
　　　　工作场所中的自主学习 ··· 222
　　　　工作场所中的自我调节学习 ······································ 226
　　　　积极主动参与的重要性 ··· 226
　　促进终生学习 ·· 227
　　结论 ··· 229

第10章　研究议程 ··· 231
　　学习的动态本质 ··· 231
　　研究议程 ·· 233

参考文献 ··· 239

附录
附录A　《人是如何学习的》历史记录：研究与应用 ············· 307
附录B　美国国家学术出版社相关报告一览表 ······················· 311
附录C　学习研究中的研究人群 ·· 333
附录D　委员会成员和工作人员简介 ··································· 337

译后记 ··· 347

表、图、框栏目录

表目录

表3-1 影响学习的脑结构中与年龄相关的变化模型 ················· 67
表4-1 与记忆相关的教学技术方法 ································· 83
表6-1 心智模式、目标及其对学习的启示 ························· 122
表6-2 成就目标与课堂环境 ······································ 124
表8-1 通用设计的原则 ·· 195

图目录

图3-1 Foldit游戏的用户界面 ···································· 38
图3-2 模式识别 ·· 45
图3-3 麦科洛效应（第1部分）··································· 46
图3-4 麦科洛效应（第2部分）··································· 47
图3-5 无辅助模式解释 ·· 48
图3-6 上图中模式解释的提示 ···································· 49
图3-7 机器学习系统中的溯因推理 ································ 52
图3-8 儿童的地球心智模型 ······································ 53
图3-9 成人生命期的平均脑皮层厚度 ······························ 60

图 5-1　对记忆整合的描绘 ………………………………………………… 89

图 5-1-1　在首次呈现和第二次呈现时，中心顶叶部位神经元面对非常
　　　　　熟悉的事实、新的事实、整合的事实时所作反应的平均振幅 ……… 91

图 6-1　支持性的安全条件对减少刻板印象威胁的效应 …………………… 132

图 7-1　以证据为中心的设计过程的三个关键部分及其相互关系的简单示意图 …… 164

图 8-1　战术语言和文化训练系统（TLCTS）…………………………… 183

图 8-2　截屏：会话代理（一名导师与一名学生）正在与
　　　　另一名学生讨论一个实验 ……………………………………… 184

图 9-1　正式和非正式场景中自主（自我导向）学习和强制学习的例子 ……… 207

框栏目录

框栏 1-1　任务陈述 ………………………………………………………… 13
框栏 1-2　《人是如何学习的 I》略史 ……………………………………… 15
框栏 3-1　发展中的关键期和敏感期 ……………………………………… 58
框栏 3-2　专业发展和脑变化的证据 ……………………………………… 65
框栏 4-1　基于课程的执行功能干预 ……………………………………… 74
框栏 4-2　帮助孩子发展记忆的技能 ……………………………………… 83
框栏 5-1　关于知识获取过程中的发展差异案例 ………………………… 89
框栏 6-1　表扬带来的不同结果 …………………………………………… 118
框栏 6-2　学习者对学习环境的感知会无意中抑制他们的动机 ………… 125
框栏 6-3　篮球、数学与身份 ……………………………………………… 130
框栏 7-1　学生有主导性的学习风格吗？ ………………………………… 141
框栏 7-2　评分量表：学生对太阳系中地球的理解状况的构念地图 …… 161
框栏 7-3　根据学生对太阳系中的地球理解状况的构念地图设计的诊断题目 …… 162
框栏 8-1　学习技术的关键给养 …………………………………………… 169
框栏 8-2　基于网络技术的小组学习 ……………………………………… 174
框栏 8-3　梅耶多媒体学习指导原则 ……………………………………… 193
框栏 9-1　迈耶霍夫学者计划 ……………………………………………… 219

报告概要

数十年的研究积累以及新技术和研究方法的发展，为二十世纪八九十年代学习过程与功能研究的繁荣奠定了基础。美国国家研究理事会对主要研究成果进行了总结，于2000年形成报告《人是如何学习的：大脑、心理、经验及学校（扩展版）》（即《人是如何学习的Ⅰ》）。这份报告集结了两个委员会的工作，概括了关于学习本质的洞见，比如专家与新手何以不同、学习何以在不同场景中迁移，以及儿童学习者和成年学习者的学习又有怎样的相似与差异。报告描述了有效学习环境设计的原则，提供了历史、数学和科学等科目有效教学的范例；报告考察了教师学习的机会在多大程度上提高了他们在促进学习方面的成效，并讨论了技术支持学习的前景。《人是如何学习的Ⅰ》被教师教育工作者和其他高等教育工作者广泛应用到与学习相关的课程中，并指导了无数教育工作者的实践。现在呈现的这份报告是在《人是如何学习的Ⅰ》所奠定基础上的拓展。

研究人员继续着对学习本质的探索，形成了新发现，这些发现关乎学习的神经过程、与学习相关的个体和文化差异，以及教育技术的应用等。研究者不但扩充了对学习机制和一生中脑如何适应科学理解，还持续地在学习的影响因素，特别是社会文化因素和学习环境的结构等方面取得重大发现。与此相伴，科技发展为促进学习提供了新可能，也带来了学习的新挑战。

美国国家科学院、国家工程院、国家医学院设立了"人是如何学习的Ⅱ：学习的科学与实践"委员会，责成该委员会对与《人是如何学习的Ⅰ》的基本成果相一致的新见解加以总结，扩大讨论范围——所涵盖的学习不限于幼儿园到十二年级这一教育阶段，而是纵贯人的整个生命时期，并关照影响个体学习成效的一系列因素。委员会的职责是[1]：

> 审查和综合各个学科关于学习的研究，包括一个人从出生到成年、于正式与非正式场境中的学习；考虑最有可能影响实践和政策的研究及研究取向。所形成的报告要为相关研究与发展的战略投资指明方向，以促进现时代学习所需的知识、培训和技术的发展。

为了履行职责，委员会审阅的研究显然要超出《人是如何学习的Ⅰ》所包含的内容。这要求我们对大量的领域做出探索，对各种研究方法和证据标准的研究做出提炼。其中所涉及的学习研究既辐射了诸多学科，包括聚焦生理过程、心理及社会心理功能的学科，又运用了更为宽广的文化境脉的视角。我们不但回顾了基于实验室研究的神经心理学和认知科学的工作，而且检视了文化和社会心理学、基于课堂的教育研究，以及关于成人学习和工作场所中学习的质性研究等工作。

文化的复杂影响

学习者身处并活动于复杂的发展、认知、生理、社会和文化系统之中。来自不同领域的理论和研究推动了这一理解的进化，即所有学习者都是在文化所定义的境脉中，以文化所定义的方式成长和学习的。虽然人类共享着基本的脑结构和脑过程以及基本的经验，比如与家庭的关系、年龄相关的阶段，抑或更多，但其中的每一种现象都是由个体的精确经验所形成的。文化的影响自生命

---

[1] 参见第1章框栏1-1，有关委员会的"任务陈述"。

一开始就起作用，因而学习并非以同样的方式发生在所有人身上。对学习和发展诸多方面的研究加强了这些关于学习和文化之交融的观点。

结论 2-1 每个学习者都会在生命进程中发展出独一无二的知识序列和认知资源，它们由学习者的文化、社会、认知及生物等境脉的相互作用所塑造。理解"人如何学习"，其核心在于理解学习者在发展、文化、境脉和历史上的多样性。

学习的类型与过程

学习显然是动态过程。从出生之前到生命终止，学习者都在适应着他们的经验和环境。影响学习的相关因素，涵盖了从微观层面（如学习者血液中的铅水平）到宏观层面（如学习者所在社区、社会和文化的品质）。即使在最基本的个体层面，脑发育和认知（以及皮层区域之间的连通性）也受文化、社会、情感和生理经验的影响并由这些多层经验而组织，这带来了学习中与年龄相关的以及与个体性相关的变异性。不同的情境、境脉和教学策略促进不同类型的学习。

每个人的脑发展及其形塑关涉的都是一套独特的经验和影响——经过了发生于整个青春期的突触修剪和其他神经发育的过程。随着学习者年龄的增长，脑通过对刺激和需求作出反应，不断地塑造和重塑神经联结而继续适应。学习者在整个童年和青少年时期的脑发育过程中获得知识和技能，但脑发展和学习之间的关系并不是单向的：学习和脑发展以互惠的方式发生相互作用。学习在人的一生中改变着脑，同时，脑又在人的整个生命时期以影响学习的方式发展着，而这些方式又受到学习者的境脉和文化的影响。

学习需要个体对诸如记忆和注意等许多不同的认知过程加以协调统合。记忆——储存和提取知识与信息的能力，是学习的重要组成部分，它允许个体利用过去的经验来适应和解决现在的问题。记忆不是单一的能力，它是一组过程，学习者通过这些过程重建过去的经验，并在它们之间建立新的联系。

结论3-1　个体学习者不断有意或无意地整合多种类型的学习，以应对其遇到的情况和挑战。学习者整合学习功能的方式由其所处的社会和物理环境所塑造，同时这也塑造了其未来的学习。

结论3-2　脑的发展贯穿于人的整个生命过程，遵循着一条人类大体一致的轨迹，但也会由于每个学习者的环境和经验而富于个性化。脑逐渐成熟，能够产生大量复杂的认知功能，并且在对挑战的适应中表现出神经学层面的可塑性。

结论3-3　脑发展与学习之间是互惠的关系：学习是通过相互依赖的神经网络进行的，同时，学习与发展会涉及神经联结的持续塑造和重塑，以响应外界的刺激和需求。脑的发展影响个体的行为和学习，反过来，学习也影响脑的发展与健康。

结论4-1　成功的学习需要协调多种认知过程，这些过程涉及大脑中的不同网络。为了协调这些过程，个体需要能够监控和调节自身的学习。监控和调节学习的能力在人的一生中都是不断发展变化的，并可通过干预措施加以改进。

结论4-2　记忆是大多数类型学习的重要基础。记忆涉及重建，而不单纯是提取经过编码的心智表征的精确副本。学习者所在环境中的可用线索对于其能够回忆的内容至关重要；这些线索也在学习者开始将新信息整合为知识的过程中发挥作用。

知识与推理

学习者识别信息并建立信息片段之间的关系，发展出越来越复杂的结构，从而对自己的所学加以运用和分类。知识积累和推理能力是相伴整个生命历程的重要认知资产。一些策略已显示出成功促进学习的希望，它们帮助学习者发展他们保存知识所需的心智模型，以便他们能够在做出推断和解决新问题时恰当地、灵活地使用知识。

结论5-1　从事比较熟悉的活动时，先前知识可以减少注意力需求，并且可以促进新的学习。然而，先前知识也可能带来偏向，导致人们注意不到新的信息并依赖现有模式来解决新问题。这些偏向只有通过有意识的努力才能被克服。

结论5-2　学习者通常会对他们正在积累的信息生成自己的新理解，并通过在信息片段之间建立逻辑联系来有效地扩展他们的知识。这种产生新理解的能力让学习者得以使用他们的知识来概括、分类和解决问题。

结论5-3　有证据表明，有效学习策略包括这样一些方法：帮助学生提取信息、鼓励他们总结和解释正在学习的材料，以及对学习材料的呈现进行间隔安排和结构化。创建有组织的独特知识结构的有效策略是，鼓励学习者通过精制来超越显性材料本身，并通过在各种境脉中调集和应用信息来丰富他们对信息的心智表征。

结论5-4　学习策略的有效性受到学习者现有技能和先前知识、学习材料的性质及学习目标等境脉性因素的影响。因此，为了有效地应用这些策略，需要仔细考虑它们的特定机制如何对特定的学习者、场景和学习目标起到有利作用。

学习动机

有意识的学习需要持续的努力。为了做到有目的的学习，人们必须想要学习，必须看到完成所要求之事的价值所在。许多因素和周遭环境会影响一个人的学习欲望和将努力付诸学习的决心。投入和内在动机会随时间的推移而发展和变化，它们不仅仅是个体或环境的属性，而且还受到文化和发展进程的强烈影响。

结论6-1　学习动机受个体为自己构建的多重目标的影响，这些目标源自于个体的生活与学校经历及学习发生的社会文化境脉。如果学校或学习环境能让学习者感受到"归属感"，并且当环境可以提升学习者的能动性和目标感时，各个年龄段的学习者的学习动机都能得到促进。

结论 6-2 教育工作者可以通过以下方式关注学习者的参与、坚持和表现，从而支持学习者的动机：
- 帮助他们根据表现来设定理想的学习目标和适当的挑战性目标；
- 创造他们所看重的学习经验；
- 支持他们的控制感和自主性；
- 通过帮助他们认识、监控自己的学习过程并对学习过程进行策略制定来培养他们的胜任感；
- 创建有情感支持和无威胁的学习环境，让学习者感到安全和受到重视。

对于学校学习的意蕴

虽然本报告关注的是贯穿一生、超越正式教育场景的学习，但它们对学校有着深远的影响。我们强调了四个与学校教育相关的主题。第一，理解学习与发展的文化本质意味着，如果不关注文化影响，就无法充分理解每一间教室里发生着什么——学习环境、教育者的影响以及所有学生的学校经验。第二，越来越多的研究检视了学术内容领域的学习，这些研究可以为教育者提供指导。第三，作为成就的一部分，当教育工作者关注了文化对课堂环境的影响，并关注了学生所带入学习中的看法时，就能更好地支持学习者对自己的学习负责。许多用于支持特定类型和功能的学习的策略，主要是支持学习者主动地进步和自我改进的方式。最后，学习评价是学校教育的核心部分；有效评价取决于对学习如何发生的认识。

结论 7-1 有效教学取决于对于以下三组因素的交互作用的理解：（1）学习者的先前知识、经验、动机、兴趣、语言、认知技能；（2）教育者自身的经验和文化影响；（3）学习环境的文化、社会、认知和情感特点。

结论 7-2 多种研究都表明用以下方法让学习者指导自己学习的重要性：在发展元认知技能方面提供指向明确的反馈和支持，提供与学习者现有能力匹配良好的挑战机会，在确定和追求有意义的目标方面提供支持。

结论7-3 越来越多的研究支持采取一种教育的资产模型，在这一模型中，课程和教学技术支持所有的学习者，将他们的学术目标和他们的校外学习加以连接，这样，每一个学习者在多种场境中的学习经验和机会都能对其自身发挥作用。

结论7-4 有意识地教授某些学科（如科学、历史、数学）特定的语言和实践方法，对于帮助学生发展对这些科目的深层理解至关重要。

结论7-5 评价对于促进和监控学生的学校学习而言是一个关键的工具。如果以清晰定义的学习模型为基础，评价信息可以用于确定并缩小学生在学习和表现上的当前水平和期望水平之间的差距。

学习技术

学习技术的有效性已得到强有力的实证支持，但并不存在一种普适的、理想的学习技术。技术的有效性取决于学习者特征、所定向的学习类型、社会文化境脉以及教师对技术使用的支持。

结论8-1 做出使用某技术支持学习的决定应基于证据，这些证据要表明该技术在以下方面相似的情境中具有积极影响：
- 学习类型和学习目标；
- 学习者特征；
- 学习环境；
- 可能影响学习的社会和文化境脉特征；
- 为学习者和教育者使用该技术提供支持的程度。

结论8-2 在正式教育和培训中，有效使用技术需要仔细规划实施方案，应考虑影响学习的所有已知因素。这些因素包括技术与学习目标的一致性、为教学者和学习者提供专业发展和其他支持、技术的平等获取机会。对学生学习的持续性评价以及对实施情况的评估，对于确保技术的某种特定使用达到最佳状态以及识别所需改进十分重要。

纵贯一生的学习

在人的一生中，学习无时不在，无处不在。人们学什么，学多少，尤其是在义务教育之外的学习，很大程度上取决于他们自己的选择和周遭环境。学习者的能力和资源会因时而变。例如，推理和知识的增长持续至成年早期，随后的路径开始出现分化。至此，一个人快速生成、转换和操纵事实信息的能力开始下降，而知识水平则保持稳定或继续提高。然而，脑在一生中都在适应，通过利用并协调统合其资源，以弥补这种衰退并适应周遭环境。

结论 9-1 人们在整个生命历程中不断学习和成长，他们的选择、动机、自我调节能力以及他们的境遇，会影响其学到多少、学得如何，也会影响其将学习向新情境迁移多少、迁移得如何。

结论 9-2 人们通过积极投入于自己所处环境中的许多场境而不断学习；在义务教育环境之外发生的学习受学习者的动机、兴趣和机会的影响。从事工作（特别是有智力和社会性要求的复杂工作）、社会性参与、身体锻炼和充足睡眠都与终生学习和健康老龄化有关。

研究议程

委员会为本报告而展开的研究表明，学习涉及多种系统对不断变化的内外环境的持久适应。学习是一个动态持续的过程，同时也是一个生物的、文化的过程。关注个体因素（如发育阶段；身体、情感和心理健康；兴趣和动机等），以及个体之外的因素（如学习者所处的环境、社会和文化境脉以及学习者所能获得的机会），是全面认识学习本质所必须的。我们聚焦的是可从各种研究工作中提炼出来的主要思想，并以 2000 年描绘的"人是如何学习的"的图景为基础。如今这幅图景已经发展得更为丰富而精细，但还有更多未知尚待探索。

我们已经在两个主要领域确定了具体的研究目标，我们希望这两个领域能够对研究人员和资助者给出指引,也希望借此激发不同学科在分析层次、方法和理论框架上的跨界融合,为研究人如何学习作出贡献。

> **研究领域1** 通过将学习的内在机制研究与境脉变化(包括文化、社会境脉、教学和生活时间)的形塑作用联系起来,满足所有学习者的需求。

具体来说,目前,我们有可能超越"普通"(average)学习者的观念,接受个体差异这一现实并解释之。开展更多的跨学科研究将是有益的,这些研究将考察个体的变异及发展性与境脉性因素,包括社会、情感、环境、建制和经验因素,如何影响终生学习过程和学习结果。如果有研究针对的是多样的研究人群、学习兴趣、身份在学习中的作用、学习动机、自我调节的学习、学习环境的影响、整个生命时期的学习以及学习障碍,那将是很有价值的。

> **研究领域2** 学习科学给支持纵贯一生学习的技术设计带来的启示;学习者特征、学习内容与学习环境间的复杂交互;技术对人们需要学什么本身以及学习者的心理可能有怎样的影响;可能的弊端。

此外,需要进一步研究的主题包括:一项技术究竟是否适合其可能用于的学习的特定生境、参与自主选择的在线活动对学术学习的影响,以及改进整套可用学习技术的途径。

第 1 章 绪论

人每天都在学习,场境不同,方式多样。有时学习是有意图的,需要付出很大努力,犹如一位工匠大师要花上若干年学习一门手艺一样。有时,学习似乎是毫不费力就能做到的,比如有人意识到自己知道如何做祖母的玉米粉蒸肉,而其实根本就没人教过他。近几十年来的研究扩展了对人类认知的理解,延伸了对于个人及群体的经验与差异如何影响人们学什么以及如何学的认识。关于人如何获得专长、个体学习者如何监控其对自身理解的影响,以及有关学习的许多其他方面,已了解甚多。

将近 20 年前,报告《人是如何学习的:大脑、心理、经验及学校(扩展版)》(National Research Council, 2000;后文简称为《人是如何学习的 I》),描述了一些学科的开创性研究,它们来自神经科学;认知、发展与社会心理学;人类学以及教育学。该报告提供了基于这些不同研究路线且与教师、学校管理者、家长和决策者最为相关的学习结论,同时也提供了对资助者和学者们具有指引性的研究议程。

在本报告中,我们对《人是如何学习的 I》进行了更新和扩展,融入了过去十余年来的研究洞见,考虑了学校以外的境脉中的学习,并探索了学习在人的整个生命时期中的变化。作为后续讨论的铺陈,我们对研究"人是如何学习的"这一问题的意涵,给出以下基本视点。

"如何"（How）意指学习涉及随着时间的推移而展开的许多过程。人们不是简单地以线性增量的样式收集记忆、知识和技能——犹如摄像机记录图像和声音一样，慢慢且稳步地将信息存放于大脑之中；实际上，学习涉及种种过程，它们不断地相互作用，影响着人们理解世界的方式。

这些过程是个体所从事的活动和交互，它们帮助个体理解自身世界以及自己身处其中的位置。玩耍、交谈、阅读或听读，抑或独处，都是这样的过程。情绪、目标、社会关系、先前经验，以及认知的和生理的倾向，都会影响个体如何诠释情境，进而影响他们的所学。学习情境中不断变化的需求、特征及支持进一步影响着人们的诠释和情绪，这会影响他们决定做什么，进而影响他们学什么。

"人"（People 或 Person）的特征可以从诸如年龄、性别、肤色、技能、过往经验、体力和智力资源等许多方面来刻画。人有好恶；有长处和缺点；有家庭、友谊和身份；有经验和记忆，还有兴趣、目标和梦想。所有这些特征都会影响学习。

"学习"（Learn）是个主动动词；学习是人做的事，而不是发生在人身上的事。人不是学习的被动接受者，即使人并不总是意识到学习过程正在发生。相反，通过在这个世界上的行动，人们会遇到各种情境、问题和想法；通过处理这些情境、问题和想法，他们拥得社会的、情感的、认知的和身体的经验，并适应下来。这些经验和适应塑造了一个人的能力、技能和发展倾向，从而影响并组织着个体进入未来的思想和行动。

委员会的职责

载录于《人是如何学习的Ⅰ》中的基础研究至今仍然成立，但是快 20 年过去了，有必要对新的研究进行考察。美国国家科学院、国家工程院、国家医学院成立了一个委员会，旨在以新近的研究对《人是如何学习的Ⅰ》加以扩展和更新[1]。

---

[1] 委员会的工作从 2000 年出版的《人是如何学习的Ⅰ》开始。参见附录 A。

这个新委员会包括16位不同领域的专家成员,他们分别来自认知科学、学习理论、认知神经科学、教育心理学、发展心理学、人力发展,以及教育技术等与学习科学及实践相关的学科及领域(参见附录D)。委员会获邀检视有关学习的新研究,识别其中最有可能影响政策的研究成果。框栏1-1列出了委员会要负责的正式任务,即审查学习的文化本质以及境脉的影响,探讨对于贯穿生命始终的学习的已有了解。考察不限于儿童和青少年的学习,且教育场境也不限于幼儿园到十二年级(K-12)。

本报告(简称《人是如何学习的Ⅱ》)描述了委员会协商一致的结论和建议。如报告所述,本报告的目的不是取代《人是如何学习的Ⅰ》,而是作为姊妹篇,在人如何学习这一画卷的基础上,根据新近研究增补新结论。

框栏1-1　任务陈述

> 这一特设委员会将开展研究并编写一份报告,更新和扩展国家研究理事会的报告《人是如何学习的Ⅰ》(National Research Council, 2000)。委员会将审查和综合各个学科关于学习的研究,包括一个人从出生到成年、于正式与非正式场境中的学习;考虑最有可能影响实践和政策的研究及研究取向。所形成的报告要为相关研究与发展的战略投资指明方向,以促进支持现时代学习所需的知识、培训和技术的发展。
>
> 为了履行这一任务职责,委员会将审阅有关学习和学习境脉的研究,它们关涉生命的不同时期(具体包括婴幼儿期、儿童中期、青春期和青年期、成年中期和老年期)。委员会还将考虑认知神经科学和学习技术等快速发展领域的进展,也包括如下这些领域中的发现、发明与创新:教育和教育研究;认知科学;发育认知神经科学;认知、学习和记忆;认知老化;文化对学习的影响;支持学生英语学习(作为第二语言)的语言和语言学;学习的社会、情感和动机方面;学术领域的学习;学习障碍;评价(如对学习和学业成就的评价;对学术、认知、社会和情感等领域表现的评价);从基础研究到应用实施和传播科学成果的研究方法。

> 委员会将关注方法论上的进展与设计，借此能够整合多领域知识（如网络建模、多级建模、仿真建模），并能够研究跨不同境脉的学习的复杂性（如研究微观和宏观层面上学习的相互作用，以及随着时间的推移，特定课程和教学方式中的师-生互动如何引起领域学习）。

《人是如何学习的Ⅰ》之贡献

2000年出版的《人是如何学习的Ⅰ》融合了1999年出版的两份报告的主要信息（参见框栏1-2），总结了数十年中如下领域的研究成果：（1）记忆和知识的结构；（2）问题解决与推理；（3）学习的早期基础；（4）元认知加工和自我调节能力；（5）文化及学习者共同体中符号思维的涌现。《人是如何学习的Ⅰ》检视了专家与新手的不同、个体如何将学习迁移到新境脉、儿童如何学习，以及神经科学和认知科学关于脑功能及发展的研究成果，从中提炼出关于学习的关键见解，包括：

- 专家和新手的区别不仅表现在他们的一般能力（记忆或智力）和对一般策略的使用上；专家已经拥得的广博知识影响他们在环境中注意什么以及如何组织、表征和解释信息，而这又反过来影响他们的记忆、推理和解决问题的能力。
- 知识和技能必须拓展到最初学习它们时的狭小境脉以外，以引发深度学习（deeper learning）。
- 形成关于知识应用的认识——什么时候可以使用知识——是学习的基本构件。
- 学习的迁移，即在新境脉中运用学习的能力，最有可能发生在这样的时候：学习者知道并理解可用于解决不同境脉中问题的潜在一般原理。
- 建构对抽象观念的概念性理解会促进学习。
- 如果学生把自己看作学习者和思考者（亦即利用元认知途径进行学习和教学），那么他们的学习会最成功且会自我维继。

框栏 1-2 《人是如何学习的 I》略史

《人是如何学习的 I》总结了美国国家研究理事会（NRC）"行为—社会科学及教育委员会"下的两个独立委员会的工作。最初的卷本于 1999 年 4 月出版，名为《人是如何学习的：大脑、心理、经验及学校》，它是"学习科学发展委员会"进行的一项为期两年的研究成果。该委员会承担的职责是，从关于人类学习和认知发展的研究中提取与中小学教育最为相关的主张，并识别对教师、学校管理者、家长和决策者最有助益的发展动态（National Research Council, 1999b）。

美国国家研究理事会的另一个委员会是"学习研究和教育实践委员会"，它是为策划实践者、决策者和研究者的工作坊而建立的，目的是回应《人是如何学习的：大脑、心理、经验及学校》这一报告，考虑如何将其内容应用于学校实践。工作坊的成果刊载于 1999 年 6 月出版的《人是如何学习的：连接研究与实践》报告中（National Research Council, 1999c）。后来还有一份聚焦学生如何学习历史、数学和科学的报告（National Research Council, 2005）。关于《人是如何学习的 I》和相关报告及其使用情况的更多详细信息，请见附录 A。

《人是如何学习的 I》作者团队还探讨了学习的新理解对教育的意蕴，关注学习环境设计、教学策略、教师教育以及运用技术支持学习。在委员们的主要观点中，如下几点对教育工作者来说尤为重要：

- 儿童期的学习与发展受每个儿童早期能力与环境支持间的交互作用、儿童的经历以及照看人的影响。
- 学习受到儿童生理及其所处生态的共同促进和调节。
- 学习本身改变了脑的自然结构，这种变化的结构反过来又组织和重组了脑的工作方式。因此，脑的不同部位可能在不同的时间做好学习准备。

《人是如何学习的 I》产生了广泛影响，特别是作为教科书用于教师培养课程和其他教育场境。尽管该报告出版近乎 20 年，却仍排在美国国家科学院、国家工程院、国家医学院所发布的最受欢迎报告的第三位。不过，自 2000 年以来，关于学习的研究已经取得了重大进展。《人是如何学习的 I》的读者们注意到，一些主题的重要性未在原报告中得以强调，一些领域自 2000 年以来的发展令人瞩目，比如学习中文化的作用、课外学习、从童年到成年学习的变化，以及大学及工作中所需的学习技能等。

对新任务的说明

本报告委员会被寄予的期望并非是回答某个具体问题，而是对广泛多样的工作成就进行更新。我们要考虑学习者从出生到老年，即整个一生的发展需要和兴趣。与《人是如何学习的 I》在关注点上的根本不同是，本报告委员会的工作要注意校外学习场境，即通常所指的非正式场境。

此外，尽管《人是如何学习的 I》的作者认识到文化和境脉对学习十分重要，但他们关注的是文化差异影响学校学习的特定方式，以及教育工作者能够考虑这种差异的方式。自《人是如何学习的 I》出版以来，人们愈加认识到，文化在每一个学习境脉、每一种学习目的中对每一位个体学习者发挥着基础性作用。面对不断出现的挑战和情况的变化，把控和调整各种相关的基本判断和目标，是学习的关键所在。因此，我们需要探索人是如何在构成人类经验的各种场境和活动中学习的。

我们将在第 2 章较为详细地讨论在理解学习之文化本质方面的发展，而且委员会注意到，学习发生在一个复杂和动态的生态系统中。我们所探查的已有研究中，个体学习者不仅作为生物有机体而存在，需要有充足的睡眠和营养，同时也是一个社会性存在。影响学习的因素有许多，包括从微观层面的因素（学习者血液中的铅含量只是众多因素中的一个）到宏观层面的因素（如学习者所在社区、社会和文化的品质的影响）。

收集证据，履行职责

委员会要考虑的研究范围是很广的。我们试图将不同学科正在开展的多样化和创造性的研究之风貌展现出来，但我们并不太关注个别性的研究发现。我们的目标是让读者了解最新研究的主要发现和广受关注的主题，且不过于简单化地对待甚为细微和复杂的工作。

当然，我们不可能探索与学习科学及实践相关的每一条路径。况且，美国国家三院的其他报告已经基于大量的学习研究文献探讨了相关主题，包括一些属于我们负责的主题（有关报告的部分清单见附录B）。

我们的目标是报告基于研究的发现，希望这些发现对信赖《人是如何学习的Ⅰ》的受众、对所有渴望了解如何应用研究来支持和促进自己及他人学习的读者最为有助。这里有两个理解学习的视角，指导我们寻找相关的研究结果。

第一，把学习理解为一个发展过程，需要许多层次的分析。这意味着与理解学习有关的知识来自不同学科，涉及神经和生物过程，也涉及社会文化现象与境脉。因此，我们探索了学习作为一种发展过程会在一生中的不同阶段发生变化的证据。我们试图了解随着人们年龄的增长，学习是如何发生的，我们也寻求对学习障碍的新见解。我们没有囿于神经科学的文献，在其之上，我们还探索了认知过程（如执行功能和推理）在生命时期中如何发生变化，以及情感状态（如情绪和动机）、社会关系、系统和文化如何影响学习。

我们关注不同领域的研究成果，以从不同的分析层次（包括从分子细胞层次到社会文化层次）对学习进行检视，从而揭示学习所关涉的复杂系统。我们试图强调这些层次和领域之间的互赖关系，因为我们相信，学习是一个复杂的过程，需要跨连其间相互依存的生物基础、认知、情感、人际关系和社会文化条件加以分析，才能揭示这个复杂过程。

第二，我们的职责明确要求我们考虑生命时期中的各种场境。人们在诸如学校这样的正式学习环境中的学习只占他们生命中的一小部分时光，他们一生中还在许多其他类型的场境中学习。在正式的教育场境中习得的基础知识和基本技能（阅读理解、读写能力、数学、科学、地理、口头和书面交流等）依然很重要，但是其他类型的学习，比如被称作21世纪技能的学习（如涉及灵活性与适应力、团队协作、创新思维、数字素养等方面的学习，以及深度的、积极的和自我调节的学习），其重要性也已得到广泛认可（Rader, 2002）。委员会还认识到，人们在正式的学校教育以外的家庭和社区中所发展的丰富知识和能力是十分重要的。

委员会举行了六次闭门会议和三次信息征集公开会议。信息征集的过程亦包括与研究人员就下列课题进行讨论：

- 双语婴儿的思维和语言；
- 理解文化差异如何、为何以及在何处影响大多数人的学习；
- 阅读和阅读障碍的神经科学；
- 影响境脉中学习的认知和发展因素；
- 从心理学和技术上，评估学习境脉中与发展有关的挑战；
- 非正式场境中的学习；
- 成年后的学习以及成年人使用技术进行学习；
- 学习障碍、学习的通用设计和辅助技术。

尽管学习贯穿整个生命时期的观点并不新鲜，但对 K-12 教育之外和之后学习的关注度的提高，助推我们形成了本报告。我们的报告旨在将有用的信息提供给多方受众：教师教育工作者、准备从事教育职业的人、新教师，以及与教育工作有关的其他人，包括那些制定政策从而影响或指导教育的群体和个人。

证据处理方法

《人是如何学习的 I》中描述的许多研究依然得到了实证支持。我们利用了这些证据，但我们的任务是评述新研究。因此，我们主要把注意力放在 2000 年之后发表的文献资料上，当然在某些情况下，我们也纳入了《人是如何学习的 I》未处理的早先工作。为了履行职责，我们需要探索许多研究领域，因此需要考察在方法论和证据标准上各不相同的研究。在评估所收集的资料时，我们遵循以下几个大原则：

我们首先最为信任基于对照研究的证据，这些对照研究符合以下条件：（1）具有不同关键特征的研究对象；（2）采用多学科的方法；（3）指向多种学习结果。然而，对于我们希望讨论的每一个重要主题，满足上述条件的研究并不广泛。因此，我们也审查了其他类型的研究，包括案例研究、考察变量间相关关系的探索性研究、设计和发展性研究、小型和大型准实验、小型和大型随机分配实验、记录有望成功的实践的培育性研究（或称"温室"研究），以及文末参考文献中未予呈现的研究报告和在线出版物［有关方法论多元化在教学研究中的价值的讨论，见 Moss 和 Haertle（2016）］。

我们认识到，这些不同的来源提供了不同类型的证据，同时也注意到，把来自不同视角和不同学科的研究发现融为一体是难以做到的。研究设计、样本和分析技术并不总是具有可比性，基于实验室的研究结果往往很难与来自课堂、工作场所或其他场境的结果相一致。针对各章探索的主要领域，我们对其所依赖的可用证据的性质做出了描述。我们也更相信那些在元分析和研究综述中被重复和被报告的发现，而不是限于某单一研究的实证发现。

这里有一个影响各种人类行为研究的问题，让我们更加难以从一些现有研究中得出坚定结论。如亨利希（Henrich）及其同事和其他人所述的潜在的样本偏差问题（Henrich 等，2010a; Nielsen 等，2017）：社会和行为科学在很大程度上依赖于研究对象的文化标记（cultures），即研究对象通常带有"西方的""受过教育的""工业化的""富人的""民主的"这几项特征；这些词的首字母组成了"怪诞"（WEIRD）一词（因此，潜在的样本偏差问题被称作"怪诞"问题）。这些研究人员还指出，现有研究中，很大一部分研究对象是大学生，作为一个群体，他们比一般成年人要年轻。这个问题对于实验室研究来说是一个特别的挑战。在现实场境中，田野研究相对更容易包纳多样化的人群。这些仅仅基于对"怪诞"对象的研究发现，不能被认为可用于刻画人类的普遍特征，因为这个群体并不能代表整个人类群体。

我们注意到，许多研究必须考虑这一特殊限制，尽管其他情况下研究人群的组成与此不那么相关（如有关脑结构的神经生物学研究）。确定解决这一"怪诞"问题的方法超出了我们的职责范围，但我们注意到了出现这种问题时最相关的具体领域。学习研究中有关研究人群的"怪诞"问题和相关问题的讨论，详见附录 C。

我们也注意到，几十年来，对教育研究中证据的关注已经加强（Lodge, 2013; Slavin, 2008）。例如，美国教育部强调，要重视来自随机对照试验研究发现的严格科学证据（US Department of Education, 2001），美国教育部也通过"有效教育策略中心网站"（What Works Clearinghouse Website）提供相关实践指导和其他资源。另外，研究人员也指出，基于实验室的认知心理学和神经科学研究所使用的研究设计和方法往往不能实际地应用于课堂（Oliver 和 Conole, 2003; Smeyers 和 Depaepe, 2013）。换句话说，教育研究目前面临的主要挑战之一是，对于意在探查基本学习过程的研究结果，还需要有充分切实的转译和解释工作，方可用于实践。

本报告导读

本报告首先观览了当前学习研究的概况。第 2 章详细阐述了对学习的文化本质的浓厚兴趣和更加精妙的理解。该章表述了委员会对以下两方面的理解：学习是情境性的；为什么不能将学习理解为以可预测的方式发生在个体大脑内部的现象，而要将学习理解为发生于由人、时间和境脉所决定的动态系统中的动态过程的功能。

第 3 章概述了学习的类型以及借以发生学习的关键脑过程。第 4 章描述了支持学习的两个关键认知过程：一是个人协调统合（orchestrate）学习的方式，二是几乎所有学习的关键要素——记忆。第 5 章讨论了知识发展与推理之间的动态交互。第 6 章检查了动机、信念、目标和价值观对学习结果的作用。

报告的最后一部分，委员会转向了从所评述的研究中提炼出对不同人生阶段的学习者和教育者的具体启示。第 7 章回顾了报告中的主要发现，并阐述了这些发现对学校学习的意蕴。第 8 章思考了数字技术支持学习的潜力。第 9 章探讨了成年期和老年期的学习，以及影响所有年龄段学习者的学习障碍。第 10 章在结束本报告时，作者们对复杂工作集成的这些主要主题进行了简要综合，提出了进一步研究的议程，以期为明智的政策和良好的实践提供支持。

第 2 章　境脉与文化

一个人的发展受其生活环境的影响，这些环境不仅仅指家庭、亲朋好友及其周遭所遇，还包括家庭、社区所处的更广阔境脉。这并不是一个新观点，关于"先天遗传"和"后天养育"两个因素对人的性格和能力的影响的相关争论至少可以追溯到19世纪。自20世纪70年代以来，许多学者对有关文化和境脉的观点进行了探索，也针对调查这些事项的行动提出了许多疑问。而对种族和族裔、文化价值观、历史观、交流模式以及不同知识和技能的重要性的理解，仅仅是研究者们试图理解文化、境脉和学习之间的复杂动态时反复探讨、考察的话题中的一小部分。

《人是如何学习的Ⅰ》的作者们已经承认了文化的重要性，但是他们将关注集中于面向教育工作者的特定观点。例如，该报告指出了如下内容：

- 专家具备的知识是"条件化的"（conditionalized），换言之，他们了解自己所拥有的知识在何种境脉中可以被使用以及如何被使用。
- 学校教育失败的部分原因可能是学生在家庭文化中的习得与学校对他们的要求不匹配。
- 因为学习的发生从根本上说是受其所在境脉影响的，所以学校和课堂应当以学习者和共同体为中心。

随着《人是如何学习的Ⅰ》的出版，这一观点越来越清晰：每个个体的学习深受其所处的特定境脉的影响。研究者一直在探索所有学习者如何在文化所定义的境脉中以文化所定义的方式学习和成长。尽管人类共享着基本的脑结构和脑过程，也共享着家庭关系、发展阶段等基本经验以及更多的方面，但其中的每一个现象都是由个人的精确经验所塑造的。学习并不以同样的方式发生在每一个人身上，因为文化影响从生命的开端便渗入到人的发展之中。

我们关注学习本身所蕴含的丰富的文化、情境、历史、发展等方面的多样性，也关注对这般多样性的理解如何为改善学习和创建最佳学习环境提供方法。我们意识到，学习是一个复杂的、相互作用的物理过程系统的产物，这些过程也与个人置身的复杂系统及环境彼此作用。

本章简要回顾《人是如何学习的 I 》出版以来关于文化和学习的思考的进展。我们探索"文化"这个词是如何使用的，解释委员会为何从社会文化的视角展开工作，并简述文化何以成为发展和学习中不可或缺的组成部分的关键方面。

学习的文化本质

委员会采取社会文化的视角看待学习。因为我们关注的是人如何学习（而不是，比如说，计算机如何学习），所以我们认为，我们的职责涵盖考察学习发生的社会、情感、动机、认知、发展、生物和时间的境脉。这个立场来源于我们对文化是什么的理解，关于这个主题已经有了很多著述。

定义文化

从广义层面上说，文化是人类群体的习得性行为，它通常反映了这个群体的传统并通过社会学习而代代相传；与此同时，文化也得以塑造，以适应环境和目标（Dirette, 2014; Hofstede, 1997; 另见 Nasir 等, 2006）。

文化反映在个体的行为和信仰中，但是文化从根本上说又是社会性的。个体要学会与他人一起协调出理想的、有用的行动方式，文化即为这一方式的产物。文化通过多种方式来表现，包括通过个人的行动、期望与信仰；诸如人工制品、工具和物理空间设计等物理因素；言语或非言语地与他人互动的规范；与他人共享的看待世界的信念与方式。

学习所面临的重要挑战是对不同文化实践的整合，而文化不仅仅关系到人们**学什么**，还关系到人们**如何学**。文化也反映在个体所生活的历史时代与社会之中。文化的动态本质是显而易见的：构成文化共同体的人们从前人那里继承了文化实践，但是又随时间的推移不断调整文化实践去适应不断变化的情况甚或完全改变这些情况（Cole 和 Packer, 2005; Lave 和 Wenger, 1991; Supe 和 Harkness, 1986; Tomasello, 2016）。这样，文化就成了一个生生不息的系统。当下的人们正享受着他们从前人那里继承来的文化果实，但随着他们对这些文化的适应并将其携入未来，他们又成了文化的生产者和承载者。文化不仅指某个群体的成员资格的表现，它也指一些非静态的东西：一种维持某特定共同体的生活方式（Nasir 等, 2006; Rogoff, 2016）。人们生活在他们的文化之中，并反映和改造他们的文化（Gauvain, 2009）。然而，每个文化共同体内部都存在着很大的多样性，因为人们扮演着不同的角色，使用着不同的工具，参与着各种不同的实践。

包括学校在内的所有学习场境都是由文化形塑且在社会性境脉中建构的。学校不仅提供各种特定主题（如阅读、数学和科学）的文化知识，也提供人如何彼此互动的知识，以此为年轻一代提供适应现代社会需求的必要经验。学校的社会性实践，比如活动和日常事务的协调安排，反映了一所学校的文化，也反映了这所学校所处的更广阔社会的目标与价值。个体要学习遨游于这一文化之中，并且可以通过反映自己在家庭和社区中独特经验的不同方式在这一文化中穿行。在课堂内以及在各种学习境脉中，学习者会通过多种方式来体现和表达自身家庭和群体的文化，例如，使用特定的语言表达方式或手势，或出于尊敬而避开老师的凝视。

很重要的一点是，尽管在考察文化时总是会出现有关种族和族裔的问题，但它们是完全不同的概念。总的来说，"种族"（race）和"族裔"（ethnicity）的定义并不一致。"族裔"经常用于指代一个人所属的群体和文化身份，包括国籍、祖先等（Sue 和 Dhinsda, 2006）；而"种族"在西方文化中经常是指基于与身体外貌有关的共同遗传特征（如肤色、眼睛颜色和毛发特征）而确立的动物分类学的类别。"种族"和"族裔"这两个概念都有复杂的意指，反映了文化、历史、社会经济、政治地位以及祖先地缘性的关联（Collins, 2004）。关于不同人群基因差异的研究表明，在那些通常被认为属于不同种族的群体中，并没有科学意义上的基因差异（Smedley 和 Smedley, 2005）。长久以来，社会科学家认为，种族是一种社会建构，而且隶属某个种族的那些标准或者将某些特定群体界定为某一种族的定义在不同时期是不同的（如 Figueroa, 1991; Kemmelmeier 和 Chavez, 2014; López, 2006）。

文化在学习和发展中的作用

什么构成了文化，文化如何与学习产生关联，这些观点随着时间的推移而不断变化。有关文化和学习之间的动态联系如何被概念化，在不同的研究领域也存有差异。不管怎么说，至少人类学、教育学、语言学和心理学这四个学科为委员会讨论"何以证明文化在学习中的作用"这一议题作出了贡献，这些学科尤其对儿童和青少年时期的学习作出了解释。在此，我们并未全面深入地探讨基于儿童发展环境中的文化而形成的差异，因为关于这一点，很多文献已有充分记载（如 Bornstein, 2010; Rogoff, 2003; Super 和 Harkness, 2010）。我们要做的是，聚焦于一些案例来说明孩童时期的早期经验是如何影响学习的。

从上述学科的早期研究中获得的最重要且长期存在的见解或许有两个：一是监护方式在不同文化中是不同的，二是这些不同会影响学习者。《人是如何学习的 I》出版前的大量研究表明，社会化实践——监护人与儿童交流的方式——决定了儿童如何学习、他们学习什么、他们学得有多快，甚至是学习（包括从走路到如何与人进行社会性互动的所有一切）的发展终点在哪里。最新的研究探索了这样一个问题，即人们对于"什么值得学习"的看法是如何因文化的不同而有所变化的。例如，一项对美国和努瓦阿图的家长期望进行比较的研究表明，美国的家长倾向于将背离某种模式看作是创造力的表现，而努瓦阿图的家长倾向于将精确模仿能力等同于才能（Clegg 等, 2017）。

在尝试理解文化与学习的交互作用时，另一个重要贡献源于我们建立"发展常模"（developmental norm）的各种努力。"发展常模"是指可用作对儿童进行比较，以评估他们是否发展正常的基准。阿诺德·格塞尔（Arnold Gesell）被认为是通过大量儿童样本系统地反映动作发展（motor development）这一领域的先驱，他启发了许多研究者去探索各种文化境脉下的儿童在哪个年龄以何种顺序能够做什么（Gesell, 1934）。

随后的研究表明，不同国家的文化会造成人在动作发展速度方面的惊人差异，而这与其贫困与否并无关系（Karasik 等, 2010）。例如，对非洲国家儿童的研究显示，婴儿会抬头和会走路的时间平均早于欧美儿童。最重要的是，这项研究表明，某些文化群体特别看中儿童的早熟，这些父母特别期望他们的孩子在更小的年纪取得重大成就，或者采用促进儿童加速成长的育儿做法，如日常按摩或者在儿童日常洗澡时拉伸儿童的四肢（关于这项工作的小结，详见 Karasik 等, 2010）。

与之类似的是，关于社会性和道德性发展的研究揭示，不同的文化群体在"自我"和"他人"关系的概念化上有所不同。即便是在生命的早期阶段，社会对于这种关系的期待也强烈影响着儿童如何进行学习、如何认识自己，以及他们社会性参与的方式（Keller 等, 2009）。

有大量关于文化与认知的研究，审视了不同文化群体和社会境脉（偏远地区、城市和乡村）中的儿童和成年人在认知任务上的表现（见 Cole 和 Scribner, 1974, 这是早期有影响力的案例）。这项工作旨在评估，在问题解决任务方面具有里程碑意义的发展阶段是具有普适性的还是具有跨文化差异的，该项研究也试图揭示一些过程，借以说明观察到的发展速度上的差异或者所达到的最高发展程度上的差异（Cole, 1995; Rogoff 和 Chavajay, 1995）。这些研究以及其他相关研究充分表明，在帮助学生理解和组织世界的基本认知发展过程（如记忆和感知）中，文化发挥了作用。

塞格尔（Segall）及其同事（1966）的错觉敏感性研究，提供了一个说明文化对基本发展过程影响的经典例子。这项研究挑战了一个假设，即世界各地的人们，无论其背景如何，都以同样的方式看世界，因为他们拥有相同的知觉系统。该研究表明，生活在城市工业化环境中的人们，比那些生活环境中不常见直角和直线的人们更容易受缪氏错觉[1]的影响。这些跨文化差异的研究表明，人们生活的环境非常重要，人们通过利用自己先前的学习经验，包括文化经验，来建构自己的知觉。最近的研究对注意力和其他认知过程方面的文化差异进行了探索（Chua 等，2005）。

文化也会影响构成学习的认知过程（Markus 和 Kitayama，1991；Nisbett 等，2001；也见 Gelfand 等，2011；Kitayama 和 Cohen，2007；Kronenfeld 等，2011；Medin 和 Bang, 2014）。研究人员已经发现了许多"基本"认知过程中文化差异的例子，而这些"基本"认知过程曾被认为是普适的（Henrich 等，2010a；也见 Ojalehto 和 Medin, 2015b）。这项工作揭示了很重要的一点：通过考虑文化过程，研究人员可以更全面地了解发展变化背后的过程以及发展的路线和终点（Henrich 等，2010b）。

作为社会性活动的学习

心理学的另一部分工作探讨了文化在塑造心理过程中的作用，其重点是将学习视为一种动态的社会活动系统。维果茨基（Lev Vygotsky）、鲁利亚（Alexander Luria）和列昂捷夫（Aleksei Leontiev）三个人被誉为社会文化发展理论、社会历史发展理论或文化历史发展理论先驱的"三驾马车"（Cole, 1998; Wertsch, 1991）。许多研究者从这三人提出的关于发展的一系列观点中得到了启发：社会、文化和历史境脉定义并塑造了某个特定儿童及其经验（John-Steiner 和 Mann, 1996）。

这些大量工作背后的原理是：认知发展因社会互动而发生，在这些互动中，儿童与更有能力的同龄人或成年人一同解决问题。成年人帮助儿童学习如何使用自己文化中的心理工具和技术工具（如计数与书写系统、计算器、电脑）。这些工具内置了技能与思想，学习如何使用这些工具是认知发展的一个重要方面。孩子们不需要重新发明这些工具，这些工具是代代相传且得以调适的（Wertsch,

---

[1] 缪氏错觉（Muller-Lyer illusion）是指这样的知觉：一组同样长度但两端分别是向内（<）和向外（>）角度的线段，会让人看起来长度不同。

1991）。

跨文化心理学家使用这一理论来理解学习的文化本质，他们在不同社会中检验皮亚杰的认知任务；而秉持社会文化历史视角审视学习的研究者们则在**日常生活**的文化境脉中检验皮亚杰的认知任务。这些研究通过丰富而详实的例子解释了日常文化实践如何组织和塑造儿童思考、记忆以及解决问题的方式（见Gauvain 和 Monroe, 2012; Greenfield, 2004; Rogoff, 2003; Saxe, 2012a, 2012b）。例如，萨克斯（Saxe）记录了巴布亚新几内亚的奥克萨珀明人是如何用身体计数的，这种计数做法塑造了该群落中人们的数学思维和解决问题方式。罗戈夫（Rogoff）的研究表明了玛雅人是如何在家庭生活和社群实践中通过敏锐的观察来促进学习的。

这些深入的研究表明，学习的方法已经融入了社群实践中，而且当这些社群随着时间推移而变化时，会产生文化适应（Greenfield, 2009）；这种适应反过来改变了社群中人们学习和解决问题的方式（Gauvain 和 Munroe, 2009; Greenfield, 2009）。许多相关主题的民族志研究中探讨的似乎都是与美国境脉相距甚远的国家和文化场境中的学习。然而，我们可以运用同样的原则去审视各地（包括城市和大都会地区）的文化实践和工具。例如，计算器、网络、推特这类文化工具的出现不仅改变了人们对于学什么的期望，也改变了人们对于如何学的期望。

不足为奇的是，对社会文化理论的拥护导致了近期教育研究中最重要的理论转向之一，即主张所有学习都是由文化意义系统所塑造并注入了这一系统的社会过程（Nasir 和 Hand, 2006; National Research Council, 2009; Tomasello, 2016）。这种立场下的研究工作将家庭与学校这两个世界连接起来，探讨了文化定义的期望以及社区中监护人与孩子相处的方式是如何与**学校学习**（学习者在学校的结构化场境中学习的内容及境脉）进行互动的。这些研究有一部分已经在《人是如何学习的Ⅰ》中阐述过了，它们探索了儿童在家学习或在文化共同体中学习的期望及实践，与学校文化中所包含的期望之间的一致性或匹配性问题。例如，一些研究包含了在家庭中使用的语言和在课堂中使用的语言之间的差异（Cazden, 1988），这些研究议题包括：关于学生应该通过观察来学习，还

【27】

是应该通过个性化的口头指导来学习的各种期望（Cajete, 1999; Correa-Chávez 和 Rogoff, 2009）；对于时间的概念（conceptions of time）如何影响学生以不同的方式适应各种期望以及课堂节奏（Levine, 1997）；教学实践是否促进独自学习或合作学习（Swisher, 1990; Tyler 等，2006）；甚至孩子们需要具备哪些技能——比如"书本"知识，还是社会意义上的责任行为——才会被认为是聪明的（Serpell 和 Boykin, 1994）。

这些记录学习的文化本质的研究很大程度上是民族志取向的：在特定时间点对特定人群的文化进行系统描述，而且这些研究基本上都是小样本的。但是，正如早期对认知发展的跨文化研究一样，这些民族志研究产生了有关学习的重要观点，它们关系到对所有人（包括从婴儿到老年人）的学习的理解。也就是说，每个人都有机会学习他们通过参与所在共同体的文化实践而获得的经验。

文化、生物和境脉之间的动态交互

【28】　　学习是一个动态过程，需要调节个体内部的多个系统；学习发生于动态系统之中，该系统包括伴随个体生命始终的不断变化的境脉和人。认识这一原理对于理解"什么力量塑造了贯穿人一生的学习"这一问题是非常重要的。从出生到生命终点，人类发展是通过趋渐复杂的相互作用过程而进行的，这种相互作用发生于个体（一个积极主动的生物心理的有机体）和个体所处的物理和社会环境之间。通过这些动态交互，文化甚至对学习的生物学基础产生影响。

在 20 世纪 70 年代，尤里·布朗芬布伦纳（Urie Bronfenbrenner）提出了一个形式化（formal）模型，用以说明境脉对个体发展的影响是复杂且多样的（Bronfenbrenner, 1977, 1994; Bubolz 和 Sontag, 2009）。他的模型是一组同心环，代表个体发展的不同系统，从家庭、学校、同龄群体和工作场所，到更广阔的社会和制度环境、意识形态、价值体系、法律和习俗。该模型还描述了所有这些要素随时间而表现出的变化和一致性，表征出了个体一生中累积的经验。

类似地，个体层面的学习涉及多个系统对不断变化的内外环境的持久适应，其中包括脑生物学方面的改变。脑生物学基础为学习提供了生理平台，同时又受个体以外的社会和文化因素的影响。例如，有证据表明了人脑受社会关系的深刻影响（Immordino-Yang 等, 2014; Nelson 等, 2007）。

文化协调着学习所涉及的生物系统，这又是一种更广的社会境脉，在该境脉中，人们参与各种体验，使自身适应这个世界并进行学习。由波多野谊余夫（Giyoo Hatano）领衔的关于文化适应在学习中作用的研究已经表明，文化影响既可能促进学习，也可能阻碍学习。例如，文化境脉可以促进诸如观察与解释这些特定类型的学习（Gutiérrez 和 Rogoff, 2003）。文化影响也可能传递一种关于探索与实验的期望，这些期望能支持或者阻碍适应与实验，同时又影响学习者在新情境中使用他们所习得知识的方式（如 Hatano 和 Inagaki, 1986; Hatano 和 Oura, 2003）。

在接下来的两节中，我们将讨论有关个体环境的两个方面，这两个方面对个体的学习产生影响，并被文化所形塑。第一方面是个体所经历的社会和情感互动；第二方面涉及与个人健康有关的因素。

社会和情感影响

脑的发展和运作，如它所支持的学习活动一样，是社会境脉化的，它发生在经验、社会关系和认知机会组成的境脉中，被学习者从主观上所感知、从情感上所体验。文化规范和目标决定了人如何思考以及思考什么。即便是在一个人独自工作或独立工作的时候，情况也是如此。

脑对情感和社会刺激以及经验的加工过程对脑网络结构的发展有相当大的影响（Goldin-Meadow, 2000; Hackman 和 Farah, 2009; Leppänen 和 Nelson, 2009; Nobel 等, 2015）。人类经过发展，已经变得高度社会性地互赖：从出生到年老，没有人能在不依赖他人的情况下经营自己的生活（Rogoff, 2015; Tomasello, 2001）。个体的脑很大程度上由社会关系所塑造，他们通过这些社会关系所获知的信息支撑着他们的情绪，也影响他们的认知（关于事实和程序的知识）、动机和兴趣（Immordino-Yang 等, 2014; Nelson 等, 2007）。

有关在机构中长大的罗马尼亚儿童的研究，悲惨地揭示了社会剥夺对脑和认知功能的影响（如 Nelson 等，2014）。尽管这些罗马尼亚政府机构抚养的孩子在研究期间有充沛的食物、衣物、床上用品，其他物质供应也一应俱全，但是照顾他们的护理人员是轮流的，因此孩子们几乎没有机会与富有爱心、敬业投入的成年人发展出有意义的长期稳定的关系。结果就是，这些孩子不仅无法在社会、情感和认知上得到充分发展，而且从生物学的角度上看，他们也没有得到良好的发展。这些孩子的身体生长和脑发展都不充分：无论是他们的脑还是身体都小得异常。

情绪通过帮助人们对各种刺激、情况和事件给予关注、评价与反应，从而在学习的神经基质的成熟过程中发挥作用。过去，人们通常认为情绪会干扰批判性思维，认为知识和情绪是分离的（Gardner, 1985）。然而时至今日，广泛的研究表明，支持情绪、学习和记忆的脑网络从根本上来说是错综复杂地交织在一起的（Panksepp 和 Biven, 2012），即便数学等技术性领域的专家也是如此（Zeki 等，2014）。情绪是思维中一个基本且无处不在的维度，情绪的处理过程引导着行为、思考和学习的方向（Damasio, 1994; Immordino-Yang 和 Damasio, 2007）。

毫不夸张地说，在神经生物学层面上，一个人不可能深入思考或者记住与他没有情感关联的信息，因为健康的脑不会浪费能量去处理与个体自身无关的信息（Immordino-Yang, 2015）。情绪有助于学习者在学习过程中设立目标。它们会告诉经历这些情绪的个体学习者何时继续工作，何时停止，何时处在解决问题的正确道路上，何时需要改变路线，哪些是应该记住的，哪些是不重要的。

当人们对所学内容和技能怀有某种情感时，他们更愿意努力学习；当他们所学习的内容和技能对他们的动机和未来目标有用且关系密切时，他们在情感上会更感兴趣。与之相反，诸如焦虑等情绪会破坏学习，因为这种情绪会引发忧虑，而这种忧虑又会消耗认知资源，激活与恐惧、逃避有关而与学术思维无关的脑区（Beilock, 2010; Schmader 和 Johns, 2003）。

身体影响

发育中的脑对有关健康和发育等身体方面的影响很敏感，包括营养、接触环境中的毒素、睡眠以及运动等的影响。这些影响因境脉的不同而有很大差异，并且通常是由文化实践形成的。

营养

对于婴儿（受产前营养的影响）、儿童和成年人来说，充足、高质量的营养对于健康、发育和学习必不可少。需要特别注意的是，脑的发育与运行需要足够的蛋白质、卡路里和其他营养素。由于脑发育的过程漫长，青春期的营养尤其重要。缺乏蛋白质、卡路里和其他必要的营养对认知功能（如抑制性控制和执行功能）以及情感功能有负面影响（Bryan等，2004）。

例如，对美国人而言，缺铁是一个很常见的现象，从1999年到2002年，美国有9%的1至3岁儿童缺铁（Baker和Greer，2010），2%—3%的成年男性和9%—22%的成年女性缺铁（Gupta等，2016）。铁元素的缺乏，会导致缺铁性贫血，从而有害于学习、记忆和认知。学生在早期教育阶段的分数低下与其婴儿期的缺铁性贫血有关。此外，婴儿时期严重缺铁性贫血的影响会持续到整个青春期，导致学生在运动机能、书面表达、数学成就、空间记忆和选择性记忆这几个方面的测试成绩不佳（National Research Council and Institute of Medicine, 2000）。尚不清楚缺铁但不贫血是否会导致相似的后果（Taras, 2005）。已知的是，铁元素的补充已被证明可以扭转贫血带来的影响，但改善程度可能因社会经济状况的不同而异（Lozoff, 2007, 2011; Lozoff等，2014）。

睡眠

长期睡眠不足和睡眠障碍造成的影响不仅与健康问题（如糖尿病、肥胖、抑郁、心脏病发作和中风的风险增加）有关，还与职业、教育以及其他环境中的实作表现不佳有关（Institute of Medicine, 2006）。随着睡眠不足情况的不断累积，与学习相关的认知功能（如注意力、警觉力、记忆力和复杂性决策力）会相应明显恶化（Jackson等，2013）。例如，一项研究报告表明，剥夺36小时的睡眠（包含一个通宵）会导致形成新记忆的能力丧失40%（Walker, 2006）。

对于成年人而言，妨碍睡眠的工作日程，比如轮班工作，会加剧睡眠剥夺对记忆形成的影响（Mawdsley等，2014）。对于小孩子而言，睡眠对婴幼儿期的记忆巩固起关键作用（Henderson等，2012; Seehagen等，2015），睡眠不足会大大降低记住先前所获知识的可能性（Darby 和 Sloutsky，2015）。对青少年而言，睡眠不足可能与校内外的注意力问题、一般认知功能、情绪调节、情绪紊乱、从事危险性行为、学业成绩有关（Wahlstrom 等，2014）。

　　从生物学的角度来看，多长时间的睡眠是正常或最佳的呢？这个答案因个体所处生命阶段的不同而不同。美国睡眠基金会（the National Sleep Foundation）建议新生儿应睡 14 到 17 个小时，中老年人应睡 7 至 8 个小时（Blunden 和 Galland, 2014; Hirshkowitz 等, 2015）。然而，现在的成年人平均每天睡眠时间比 20 世纪中期少 1 至 2 小时，39% 的人睡眠时间少于 7 小时，而 20 世纪中期该比例仅为 15%（Institute of Medicine, 2011; National Sleep Foundation, 2008）。在过去 20 年中，婴儿、儿童和青少年的平均睡眠时间减少了 30 到 60 分钟，主要是因为就寝时间晚（Dollman 等, 2007; Iglowstein 等, 2003）。许多幼儿的睡眠质量也受到影响，而且他们中很少有人能在成年之后摆脱这个问题带来的困扰（Centers for Disease Control and Prevention, 2009; Kataria 等, 1987; Lauderdale 等, 2006; National Sleep Foundation, 2006; Nevarez 等, 2010; Pollock, 1994; Spilsbury 等, 2004）。

　　运动

　　运动与身体健康、疾病预防方面的正向结果密切相关，这已广为人知（U.S. Department of Health and Human Services and Administration for Children and Families, 2010），不仅如此，运动还有助于学习和认知。

　　由于运动的形式、持续时间和频率有着很大差异，研究人员分别关注了运动对认知、情绪和行为的急性效应（acute effect）与持久效应。运动对学习的急性效应在运动后立即进行的测试中是明显的，而持久效应表现在认知变化上，这种认知变化在经过一段时间的大量运动课程后会表现得很明显。这些研究有助于说明运动何时以及如何对不同年龄段人们的心智发展和情绪健康最有利。

　　剧烈运动后会发生许多神经化学变化，这可能让脑在锻炼后立即做好准备以更好地获取技能和更好地学习（Meeusen 等, 2001）。之前的研究表明，刚运动过的儿童在数学计算（Gabbard 和 Barton, 1979; McNaughten 和 Gabbard, 1993）、心理动作表现（Raviv 和 Low, 1990）和刺激匹配表现（Gaterino 和 Polak，

1999）等方面有提高。而近期的研究表明，运动后的儿童在保持专注、完成复杂任务的能力上有所改善，包括阅读理解、抑制（冲动控制）和注意力等方面（Hillman 等，2009）。

认知和学业成绩的提高也与儿童持续的运动训练有关，尤其是在涉及自我监控和执行功能的综合性任务以及高阶认知时（Keely 和 Fox, 2009; Tomporowski 和 Ellis, 1984, 1985; Tomporowski 等，2011）。运动与认知发展之间的有益联系已经得到了证实，这些认知方面的进步主要体现在知觉技能、词汇测试、数学测试、学业准备和学业成就（4—18 岁儿童）（Sibley 和 Etinier, 2003）以及执行功能型任务（Davis 等，2011）等领域。

有些研究表明，运动对高级思维技能的影响程度可能因运动的性质及发育年龄而异（Best, 2010）。那些更具挑战性的运动（如涉及注意和新的动作技能与模式的学习、更需协调性的活动及社会交互）可能给青少年带来更大的即刻性认知益处（Budde 等，2008; Pesce 等，2009; Stroth 等，2009）。

也有证据表明，运动和老年人的认知表现之间存在联系。身体活动对认知能力的积极影响在认知正常的成年人和有认知障碍初始迹象的成年人身上均可观察到（Colcombe 和 Kramer, 2003; Etnier 等，2006; Heyn 等，2004）。运动带来的影响遍布各个领域，但希尔曼（Hillman）和他的同事（2008）也发现，运动带来的益处在执行控制方面表现得尤为明显，执行控制被定义为灵活地计划、组织和思考的认知能力。

环境中的有毒物质

环境中有毒物质产生的影响可能是很大的，特别是对那些处于发育中的胎儿和婴幼儿而言。例如，环境神经毒素（如农药和铅）接触水平较高的母亲生下的孩子，相比于同样处于弱势但不怎么接触这些毒素的母亲生下的孩子而言，发育更为不良（Institute of Medicine and National Research Council, 2015）。年幼的孩子成为首当其冲的受害对象主要有如下两个原因：一是孩子们的体重轻，加之代谢速度比成人快，单位体重下他们吸收了更多的毒素；二是他们正在高速发育的脑对有害物质更为敏感（National Scientific Council on the Developing Child, 2006; Rauh 和 Margolis, 2016）。

自从法律严禁使用含铅涂料（1971）和含铅汽油（1984）以来，美国儿童铅中毒程度已经明显下降，但尽管如此，密西根州弗林特市和其他地方有关饮用水铅污染的报道又重新唤起公众的注意。即使是极微量的血铅超标，也会导致儿童在阅读、书写和智商测试中成绩低下。事实上，目前疾控中心的研究表明，没有所谓的关于血铅含量的安全线，铅暴露的后果是不可逆转的。然而，据估计，铅中毒导致的认知能力的下降只能解释小部分的智商差异（1%～4%），社会和家庭因素以及婴幼儿保育和学前班等机构资源的质量，对智商造成的影响则更大（40%或者更高）（Koller 等，2004）。

结论

我们已经强调，每一位个体学习者都在时间和空间维度上占据着独特位置，并在一生当中对一系列的处境、影响和经验做出反应，这些处境、影响和经验塑造了其学习的内容和方式。我们将在后面的章节中研究这一原理的具体含义，并在第 7 章回归到这些原理对于教育的意蕴。但从一开始就需谨记的是，那些曾经被称作"文化差异"的东西，可能更适合描述为学习者对特定文化共同体的共同实践参与情况（involvement）的差异（Gutiérrez 和 Rogoff, 2003）。

结论 2-1　每个学习者都会在生命进程中发展出独一无二的知识序列和认知资源，它们由学习者的文化、社会、认知及生物等境脉的相互作用所塑造。理解"人如何学习"，其核心在于理解学习者在发展、文化、境脉和历史上的多样性。

第 3 章　学习的类型与不断发展的脑

　　学习涉及多重因素的复杂交互作用。第 2 章集中讨论了影响学习的文化因素的重要性。委员会解释了理解文化内涵的新方法，以及文化以何种复杂的方式来影响个体的发展和学习。在本章中，我们将研究不同类型的学习，以便了解其所涉及的复杂且多样的过程。随后，我们将讨论整个生命阶段的脑发展和脑变化，二者既可以支持学习，也可以是学习的结果。

　　在这一讨论中，我们吸收和借鉴了教育、社会、文化以及认知神经科学等方面的研究。我们基于《人是如何学习的Ⅰ》以及其他有关神经生物学的报告，来阐述人脑是如何发展的。这些源资料（sources）探讨了经验与支持性环境如何从根本上改变整个生命时期中的发展轨迹——无论这种发展轨迹是规范的还是失调的。

学习的类型

　　学习的类型是多样的，这似乎是显而易见的事实，但研究人员从不同角度探索了这一多面体构造。人们学习许多不同种类的知识，并使用不同的学习策略以及不同的脑加工过程。以下我们将通过三个均被称为"学习"的场景（scenario）进行思考，以此突出学习活动和结果的多样化。

三个学习场景

第一个场景：凯拉（Kayla）在几何课上学习勾股定理（Pythagorean Theorem）。她的直接动机是要在数学考试中取得好成绩，但她可能也有其他动机，比如，给父母、老师和朋友留下好的印象或者至少不要丢脸；保持名牌大学申请所需的平均学分绩点（GPA）；认识到这种材料是学习高等数学或复杂科学的先决条件；或者是将勾股定理用于她很感兴趣的计算机图形学或游戏编程中，亦或是在理论的优雅性和论证的确定性中看到美和永恒。

当凯拉做这些事情的时候，她可能会进行不同类型的学习，涉及知识的不同运用。她将可能学到关键的**术语**或**规则**：诸如学到"弦"（直角三角形斜边）这一术语是指直角三角形的最长边，以及如何使用公式算出任一直角三角形斜边的长度。她将用文字或图片对公式进行**编码**，以便稍后在考试中**检索**这些规则。她可以学习创建和转换**空间模型**，为该定理提供直观且令人信服的理由。她可能学习将空间模型与代数符号**联系**起来，甚至可能学习如何**处理这种符号表示法的步骤**，以此来提供该定理的形式证明。她将学会如何将勾股定理应用于密切相关的问题解决上，例如，如何在计算机屏幕上找到两个坐标点之间的距离。她甚至可以学到如何将概括性更大的概念**迁移**到其他情境中，比如分析通信网络（Metcalfe, 2013）[1]。

第二个场景：玛蒂娜（Martina）正在训练自己的吉他技能，但她的动机与凯拉的动机截然不同。演奏乐器之初，她期望自己能够边弹边唱。经过几年的经验积累之后，她已经开始对学习更复杂的弹奏技巧感兴趣，比如，使用新的和弦进行弹奏，挑选演奏风格以便更好地演奏她最喜欢的音乐家的作品，甚至创作自己的音乐作品。她采用了**动作学习**，以精进她的指尖技能；她使用**知觉学习**，从录音中听出和弦韵律，并通过观察他人的现场演出或录制的节目来进行**观察学习**。练习和严格管控在她的训练中占主导。通过个性化的课程以及口

---

[1] 根据梅特卡夫定律（Metcalfe's Law），某个通信网络的有用性会按比例增加到连接的用户数的平方，因为每个用户都可以连接到其他任一用户（Metcalfe, 2013）。

头教学与样例教学，加之相应的努力，她的演奏水平得到了很大提升，她边弹边奏的技能也得到了提升。

第三个场景：Foldit 是一款基于计算机的游戏[1]，其玩家需要学习找到解决蛋白质折叠这个高难度问题的解决方案（图 3-1 说明了 Foldit 学习者-玩家所看到的内容）。Foldit 是一款"严肃游戏"，其功用不仅仅在于娱乐，更在于教育或训练用户对于现实问题的解决能力（Mayer, 2014）。Foldit 挑战其玩家将蛋白质折叠成能量值尽可能低的状态，这是一个难题，即使对于最成熟的人工智能系统而言，也是不容易的（Cooper 等, 2010）。科学家可以分析玩家发现的最佳解决方案以确定它们是否可以用于理解或操纵现实世界中的蛋白质折叠。例如，在 2011 年，包括 13 个国家的退休人员、市民以及科学专业学生在内的 Foldit 玩家们，发现了导致猴子感染艾滋病病毒的晶体结构，为困扰专业科学家 15 年的难题提出了一种解决方案（Khatib 等, 2011）。

在 2012 年，游戏玩家使用一种可以创造新蛋白质种类的游戏版本，构建了一种酶，这种酶可以加速各种药物（包括胆固醇药物）中所使用的生物合成反应，使其速率提高 2 000%（Hersher, 2012）。卡提布（Khatib）及其同事（2011）研究了 57 000 名 Foldit 玩家取得成功所使用的相关策略，发现关键在于他们**创造了新工具**，本案例中即为计算机软件"配方"；他们还通过组建团队进行**协作学习**，共享特定解决方案和通用软件"配方"，在团队成员之间分配任务以及定期了解彼此失败和成功的经历。

上述三个场景让我们了解到学习中所涉及的各项功能及过程，说明了学习的复杂性，即使是在应对并不复杂的挑战时也不例外。情境是重要的因素，此外还包括影响学习者动机和策略的各类因素，以及学习者可以自行选择其问题解决的策略和流程范围。我们将在本章及后续章节中进一步探讨这些问题。

我们回到上述三个场景，来说明研究人员对一些基本的、普适性的学习类型所进行的探究。我们要强调的是，它们不是各自独立的功能，而是复杂、交

---

[1] 有关 Foldit 游戏的信息，请访问网址 https://fold.it/portal [November 2016]。

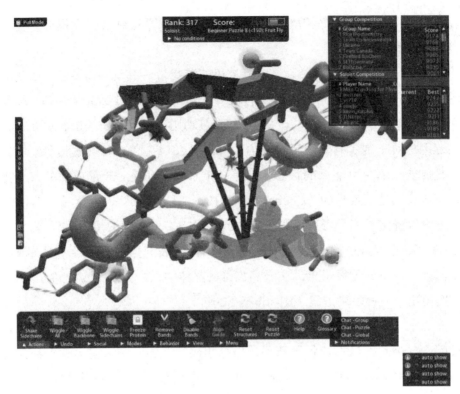

图 3-1　Foldit 游戏的用户界面[1]

信息来源：改编自 Cooper 等（2010）。

---

[1] 图中文字英—中对照：
　　Pull Mode 拉模式　　　Rank 排名　　　Score 得分　　　Soloist 单人
　　Beginner Puzzle（B）初级游戏（＜150）：Fruit Fly（B）(＜150）果绳
　　Group Competition 小组竞赛　　　Group Name 组名
　　Soloist Competition 单人竞赛　　　Player Name 竞赛者名称
　　Shake Sidechains 震动侧链　　　Wiggle All 扭动全身
　　Wiggle Backbone 扭动脊骨　　　Wiggle Sidechains 扭动侧链
　　Freeze Protein 冷冻蛋白质　　　Remove Bands 移除频段
　　Disable Bands 禁用频段　　　Align Guide 使用参考指南
　　Reset structures 重置结构　　　Reset Puzzle 重置游戏
　　Help 帮助　　　Glossary 词汇表
　　Chat-Group 对话框-团队　　　Chat-Puzzle 对话框-游戏
　　Chat-Global 对话框-全球　　　Action 开始游戏
　　Undo 取消游戏　　　Social 社交互动
　　Modes 游戏模式　　　Behavior 性能检测
　　View 视图　　　Menu 菜单　　　　　　　　Auto Show 自动演示

互的学习过程的各个方面。

学习的基本类型

有许多类型的学习，正如上述场景所示，它们通常协同运作。在本节中，我们没有提供关于学习类型的全面分类，而是选择了几种重要的学习类型加以描述，这是为了使读者熟悉学习的范围以及学习内容的多样性和动态性。我们从可能被视作"知识精益"的学习形式开始，诸如习惯和模式的学习，进而转向更复杂的"知识丰富"的学习形式，例如推理学习。"知识丰富"的学习类型可能是内隐的，发生在学习者有意识的觉知之外，不需要过多的言语介入。更外显的学习类型则包含运用模型的学习和学习者有意执行的学习。

对学习类型的研究通常在实验室环境中进行，此间要尽量简化学习任务并"消除"反映特定境脉中细微差别的额外变量。通常，这些研究的参与者带有一定的文化印记，即"西方的""受过教育的""工业化的""富裕的"和"民主的"（英文缩写为 WEIRD，即"怪诞"），这可能会限制研究结果的跨文化适用性，即研究结果未必能够完全适用于生活在不同文化境脉中的学习者（参见第 1 章和附录 C 关于"怪诞"问题的表述）。在现实世界中，学习情况几乎总是涉及多个学习过程，并总是受境脉和学习者自身特征及偏好的影响。

习惯的形成与条件作用

习惯是特定境脉中根深蒂固的、流畅自如的行为和思维模式（Wood 等，2002）。习惯可能是有益的（如选择健康的小食品或者仔细检查自己的数学作业），也可能是有害的（如不按时吃饭，而是从自动售货机上购买糖块；又如自己的数学作业看似很难的时候就放弃不做）。尽管个体可以意识到自己的习惯，并刻意地强化或改变这些习惯，但是习惯的学习和去除通常都是逐渐且无意识地发生的。习惯更倾向于自我强化，因为习惯达到某种短期目标后就相对自动地起作用，所以坏习惯就特别难改掉。良好的习惯一旦形成，就会发展成丰富的行为模式，帮助学习者取得成功。

渐进学习和改掉习惯均遵循条件作用原理，这是一种无意识的学习形式，当特定的和熟悉的情境线索或触发因素出现时，个体就会自动调整自己的决定和行为。如果这些决定和行为发生之后立即受到奖赏，则该决定或行为可以得到强化。例如，当糖块味道好并且使其精力充沛（即便后来会发生精力耗尽）的时候，或者，当检查家庭作业的习惯使其发现了一个粗心大意的错误的时候。奖赏可能是外部的，但它们也可以由学习者的内部产生，就像学吉他的学生玛蒂娜认识到自己的演奏有所改善一样，因为她已经养成了每天睡前练习的习惯。

奖赏的概率和时间频率也很重要。例如，玛蒂娜在开始定时练习后可能不会立即注意到她的演奏和先前有任何不同，她可能会在获得奖赏之前放弃。再如，如果家庭作业只是按照是否完成来计分，粗心大意的错误不计分，那么这位用功检查作业的学生就不会因为额外的努力而获得奖赏。可以认为，如果行为总是得到奖赏，则习惯会变得最强（如当玛蒂娜的进步稳定持续、学习数学的学生总能得到表扬的时候），但可预见的奖赏实际上也会降低习惯的持久性。即当坏习惯偶尔得到间歇性的奖赏时，它们往往更难以消除，而当一个人认为奖赏理所应当时，则好习惯所带来的益处也似乎不那么明显了。例如，如果孩子发脾气的行为偶尔会因父母的"妥协"而获得奖赏的话，那么发脾气的不良习惯可能会难以消除。当孩子意识到他可能会因发脾气而获得满足时，他发脾气的习惯也会变得更加持续不变。相似地，或许玛蒂娜每晚都需要让自己坚持练习吉他弹奏，而当某个夜晚她的弹奏突然有了重大突破，那么她付出的努力会让回报显得更加甜蜜。

人们通常认为自己能够理性地控制自己的行为并且能够按照自己的意愿行事，因为他们做出了有意识的决定。然而，由习惯驱动的行为是普遍存在的，这表明人们的许多行为都没有经过有意识的筛选。诸如痴迷于刷手机讯息这样的消极习惯和晨练这样的积极习惯，常常始于无意识地决定参与这些活动，即习惯始于个体完全意识到习惯正在形成之前。这意味着形成一个新的良好习惯，最初的时候可能需要努力以及强意志力的参与。玛蒂娜在吉他演奏训练过程中形成了良好的练习习惯：琴颈朝上而不是向下，身体坐正、背部挺直，轻持拨片，并用之不时地播弹琴弦，这些习惯对于她演奏技能的形成非常重要。如果她打算留有足够的心智资源用于学习新的作品和技能，那么久而久之，这些行为就必须成为自动化的而不是刻意为之的。

如果有些学生还没有成功地养成良好的学习习惯，如集中注意力倾听、写作前构思创作框架，或定期总结阅读材料等，人们就极易对这些学生产生不耐烦的情绪，而急于对他们做出不努力学习的定论。这些学习习惯最初都需要付诸意志努力，并随着时间的推移才会显现成效，然而一旦获得，这些学习习惯便可以成为学习者的第二天性，这有助于他将注意力资源腾出来，用于任务中认知要求更高的其他方面。

有许多方法可以培养习惯，例如，经典条件作用[1]。巴普洛夫的经典条件作用研究是众所周知的，甚至以漫画的形式表现出来：巴甫洛夫注意到，当食物出现在狗的面前时，它会本能地分泌唾液。该设计的聪明之处在于，每当给狗喂食的时候，他都播放铃声。不久，他就发现，狗听到铃声就会分泌唾液，即使没有食物也同样如此。从唾液有助于食物消化的意义上说，诸如此类的经典条件作用也可以被视为适应环境的一种形式。

虽然条件作用可以被看做是一种适应性学习的过程，但有时也会导致不良的后果，如某些后天形成的味觉厌恶，或者是受虐待的儿童逐渐学会了保护自己的反社会策略。再如，对化疗药物有呕吐反应的癌症患者，只要想起该药物或者食用治疗前吃过的某种食物就可能开始感到恶心（Bernstein等，1982）。

条件性学习对生存和适应来说是非常基本的，它不仅仅局限于心理过程，还包括身体过程的适应模式。例如，有研究证据表明，免疫系统也会受到经典条件作用的影响。研究人员发现，免疫系统的反应可以作为一种味觉刺激的反应得到增强或抑制（Ader等，2001；Schedlowski等，2015）。这项成果产生了一个新的跨学科领域，被称为心理神经免疫学（psychoneuroimmunology），它探索使用免疫系统的条件作用来抵抗疾病的可能性。对于我们的目的，它强调学习是人类和所有动物都共同拥有的一种基本属性。不仅我们的心理会受经验的形塑，我们的身体也同样如此。

---

[1] 习惯学习的一个特点为它是渐进式（逐渐发生）的。然而，经典条件作用并不总是渐进式的。个体会去避免导致胃痛的厌恶味道，即使这种味道仅接触过一次（García等，1955）。尽管如此，我们仍旧会在本节内容中包含关于习惯形成的经典条件反射作用，因为它是一种主要的习惯形成机制。

观察学习

人们还会通过观察和模仿他人的行为、态度或情绪表达来学习，无论是否真的模仿了行为或者技能。在动物中，罕见的人类观察学习的天赋被称为"无尝试学习"（Bandura, 1965），因为这种学习甚至比动物中观察到的一次性尝试学习更快。动物有一种形成某种关联的强烈内在倾向，例如，在食物的味道和随后的胃痛反应之间形成关联。通过观察学习可以让学习者在他的本领中添加新的行为，同时最大限度地降低"尝试—错误"学习的成本，而且这一过程通常可以在没有任何明确反馈的情况下持续进行。

观察学习是一项复杂技能，需要高级认知能力用于模仿、诠释及推理（Blackmore, 2000）。它要求学习者观察可能不会立即展现出效果的事物（如态度或者做事的方法），并弄清楚如何重现自己所观察到的内容。玛蒂娜很可能会在老师的演奏中，通过仔细观察和聆听来学习如何改善自己吉他演奏的各个方面，即使她和老师都无法用言语来精确地描绘出她正在学习的各个方面。

人类通过观察来学习的倾向强调学习者所处的社会环境是重要的，这种联系早已被确立了。班杜拉及其同事自20世纪60年代开始的研究，就确立了观察学习和社会榜样在学习和动机中的作用（Bandura, 1989; Bandura 等, 1961; 1963）。研究人员发现，为了使榜样示范（modeling）成为一种成功的学习方法，学习者不仅要注意示范行为的关键要素，还要忽略与所学行为或技能不相关的特征；除此之外，学习者还必须记住并复演他们所观察到的内容。第三个学习场景中，Foldit游戏的参与者既遵循了通用策略，又看到同伴所用的特定解决方案，因而他们均受益于观察学习。他们专门组建了团队、在线论坛并形成策略库，以促进他们自己的观察学习。

各种各样的因素都可能影响观察学习。例如，个体关于自己在被观察行为方面的潜在作用和目标的观念会影响其再现这种学习行为的能力（Lozano 等, 2006; Zacks 等, 2001）。但是，长期以来，人们已经知道可以很容易地从别人那里得到行为举止的提示，特别是来自教师或父母等权威人士以及同伴的提示（Schultz 等, 2007）。同伴观察是关于**描述性规范**（descriptive norms）信息的关键来源，描述性规范是针对社会相关人员的行为标准，是通过观察同伴的实际行为而获得的。相比之下，**指令性规范**（injunctive norms）描述了人们**应有**的行为举止准则，传统上是由上级部门所提供的。描述性规范和指令性规范都有助于社会环境中的学习。

描述性规范尤其会影响学习（Cialdini, 2007）。例如，当人们看到地面上有大量的垃圾时就更容易乱扔垃圾，即使他们知道乱丢垃圾是违反官方规定的。像"虽然很多人乱丢垃圾，但请不要成为其中之一！"之类的标语，可能会产生助长乱扔垃圾的逆反效果，因为它提出了一种描述性规范，即乱扔垃圾通常是可以被容忍的（Cialdini 等，1990）。老师和家长们经常感叹，学生似乎更关注同龄人的所作所为，而不是更权威的声音给出的建议。不过，这种使用描述性规范的倾向已经被"同伴学习"方法所利用，这种方法鼓励学习者互相交流并互相指导（Crouch 和 Mazur, 2001; Slavin, 2016）。对描述性规范的理解，凸显了建立促进高质量同伴学习的课堂文化的必要性，特别是通过描述性规范来建立这种课堂文化（Hurley 和 Chater, 2005）。

实证研究还说明了观察学习中的文化差异。例如，研究者科雷亚·查韦斯（Correa-Chávez）和罗戈夫（Rogoff）(2009) 与5—11岁的美国儿童以及玛雅儿童一起进行活动，研究者向其中一个孩子展示了如何组装一个新玩具，而另一个孩子独自在附近完成类似的任务且并未得到明确指导。接下来，研究者要求第二个孩子完成结构化教学情境中的任务。研究者发现，起先独自完成类似任务的孩子通过观察另外一个孩子而学习。他们还指出，儿童的观察学习是不同的，这取决于他们的文化社群以及他们接受西方学校教育的程度（危地马拉人案例）。在这项研究中，玛雅儿童更有可能在另一个孩子接受指导时专注地观察，而美国儿童以及更多地接触西方教育的玛雅儿童，则更有可能专注于他们自己的任务而不是去观察他人。在等待期间习得最多的孩子通常来自玛雅传统习俗最为典型的家庭。

内隐模式学习

观察学习并非是个体在没有接受外部反馈或奖赏情况下的唯一一种学习。**内隐模式学习**（implicit pattern learning），也称为**统计学习**（statistical leaning），是指个体在某个特定环境中学习规则性模式（regular pattern），但并无主动这样做的意图。这种类型的学习需要长时间接触一种模式，从而足以无意识地识别出规则性，且无需投注有意识的注意与反思，这种规则往往出现在不规则的情境中（Willingham 等，1989）。在不同物种（species）以及人类不同年龄群体中均观察到统计学习的存在，这种学习与智商无关，甚至婴儿也具有统计学习的能力（Cleeremans, 1996）。在 1996 年的一项研究中，研究人员向 8 个月大的婴儿连续呈现 2 分钟的单调语音，这些语音是随机的，除了对三个音节（如"bi-da-ku"）组成的几个无意义单词采用了重复模式（Saffran 等，1996），尽管这些单词之间没有间隙，但婴儿在这种随机语音之后表现出一种新奇的偏好，相较于已经听到过的无意义单词，他们会花更长的时间去听新的无意义单词。

语言学习是统计学习的一个很好的例子，因为人们自发而无意识地使用语言所包含的规则来产生自己的话语（Bybee 和 McClelland, 2005）。试想一下，你听到了一个新的动词——"sniding"，这个词的意思是"试图用蔑视的言论羞辱某人"。当你需要用到这个词的过去时态的时候，你可能会说"He snided his cousin"（他嘲笑他的堂兄），也就是说，你用了规则动词原形"+ ed"的方式来形成过去时态；当然，你也可能根据其他类似的不规则动词形式（如"hide-hid""slide-slid"和"bite-bit"）来作出表达，你可能说"he snid his cousin"，甚至可能说"he snode his cousin"，但你可能不会说"snood""snade"或"snud"，因为你没有意识到你已经学会了英语中表示过去时态的规则。

没有反馈的学习模式通常需要基于对环境长时间的体验且渐进地发生。以这种方式学习到的规律可能不容易用言语表达，因为它们并不是经由明确的假设检验或测试而得到的结果。图 3-2 显示了学习者是如何在没有教师或家长提供反馈的情况下从环境中提取模式的。在这个环境中，80 个大小和颜色不同的圆点分布于不同的区域，即使没有对这些圆点进行分类或标记，也可以看出它们被分成了四个模块。现实世界的许多分类模式都是这样的。例如，鸟类包含几个彼此相关的属性，如在树中筑巢、产卵（产蛋）、飞行、歌唱和以昆虫为食等。其他种类的生物，如蛇和鱼就具有和上述动物不同的相关属性（Rosch 和 Mervis, 1975）。学习者常常通过不断观察，来认识事物的哪些属性对其作出了类别上的界定，例如，即使是非常年幼的孩子也会认识到，如果一种动物既有蛇的嘶嘶声和鳞片，又有鸟的啁啾声和羽毛，那将是很怪异的，也是不可能存在的。

知觉动作学习

我们已经看到，有些类型的学习是无意识的，而有些类型的学习却是有意

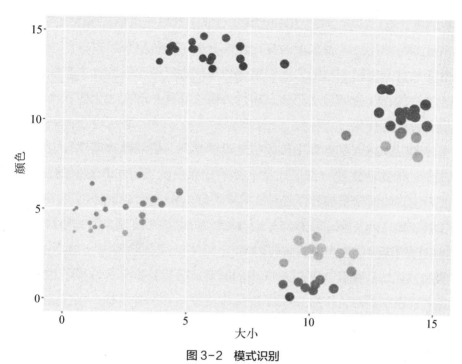

图 3-2　模式识别

注：想象一个包含 80 个大小和颜色各异的圆点世界。个体能够在未接收到任何反馈的情况下将其组合并分成不同的模块。例如，他们可以按照图中圆点的位置、圆点的颜色或大小等对圆点进行模块的分类。

识的。知觉动作学习是个体主要通过感官体验的方式来学习技能。这种类型的学习可以在学习者无法用言语的方式来表达学习是如何发生的情况下进行，不过，这是一种有意追求的学习。学会听辨大小和弦之间的差异，练习高尔夫球或网球挥杆的动作技能，提升自己熟练操纵汽车的技巧，或者是学习区分良性和恶性皮肤肿瘤（作为皮肤科医生）等，这些都是知觉动作学习的例子。通过这种方式学到的技能将在个体后续的数年或数十年的实践中逐渐沉淀并不断增加。不同的训练方式方法可以加速技能训练的进程，但通常而言，却没有捷径可让个体在不经过长时间练习的情况下产生熟练的技能表现（Ericsson, 1996）。进步本身是由练习而不是明确的教导带来的。

运动学习，比如学习如何游泳、骑自行车，或流畅地弹奏吉他乐曲等通常都是非常特定、具体的。也就是说，如果一个学会弹吉他的人被要求切换按弦和弹奏的手,她或许将会突然退回到几近于新手的懵懂水平(Gilbert 等,2001)。这种高度的特异性与大脑区域的变化程度有关,物体呈现后,脑的相关区域会迅速激活并且专门用于知觉。人们很容易忘记自己的知觉和行为是如何被经验显著地改变的,因为一旦这些知觉和行为模式发生了改变,个体就不再能够调动起早期的知觉内容。

个体通过其感官从世界中接收信息进而学习,但同样这些感官也因学习而发生改变。知觉动作学习都可以使个体的知觉系统发生出人意料的强烈变化。一项引人注目的证据是被称作麦科洛效应(McCollough effect,也称"麦科洛后效")的现象(McCollough,1965),麦科洛效应是指短暂地接触某些物体会对其他物体的后续体验产生相对持久的影响。

例如,首先,查看一下图3-3中的图案,确认其垂直和水平条纹象限显示为黑色和白色。然后,交替观察图3-4中的红色和绿色条纹图案3分钟,每次观察2到3秒。最后,请回过头去看图3-3中四个黑白横竖条纹图。这时观察

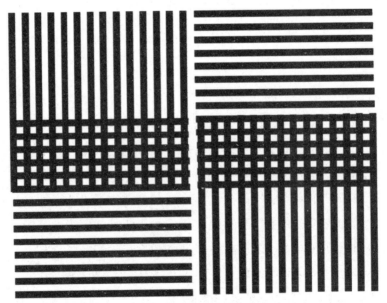

图3-3 麦科洛效应(第1部分)

注:请参阅文中有关如何阅看这些图像的说明,然后再看图3-4。
资料来源:改编自 McCullough(1965)。

图 3-4　麦科洛效应（第 2 部分）

注：在研究这些图像之前，请先阅读文中关于如何阅看图 3-3 的说明。
资料来源：改编自 McCullough（1965）。

者会把带垂直线的图看成是泛红色的，而带水平线的图案看成是泛绿色的。麦科洛将这种现象解释为，在视觉处理的早期阶段，大脑对方向和颜色整合产生了适应性的变化。这种解释已经反复得到实验证实。这种适应创建了特定方向的参考点，并将这些参考点与后面的颜色条纹图案进行比较，结果出奇地强烈。只需对红色和绿色条纹图案观看 15 分钟，就可以让人们回头去看四个象限中的黑白横竖图案时所产生色差的情况持续 3.5 个月（Jones 和 Holding，1975）。如果你按照上述的观察说明进行操作，只需 3 分钟的体验就会对你的视觉产生相对持久且难以抑制的影响。

图 3-5 和图 3-6 展示了另一个例子，说明非常短暂的体验是如何迅速改变未来知觉的。在观看图 3-6 之前，请先观看图 3-5。如果你像大多数人一样，无法完全识别图 3-5 中所示的四个图像，那么你可能会感到沮丧而又揪心，即无法对视觉世界形成清晰的解释。那么现在请观看图 3-6。按照此图中各图像所提供的提示，你将会更加容易地对图 3-5 中的图像作出解释。如果你现在再回去观看图 3-5 中的图像，你很可能无法再回到最初那个不甚理解的状态。个体在看到图 3-6 的清晰图像之前和之后，看图 3-5 中的图像所带来的显著差异，为我们提供了一个快速而生动的模拟知觉的状态，展现了经验的力量足以

图 3-5 无辅助模式解释

注：你能识别隐藏在左上角图像中的物体以及这三个黑白图像中的动物吗？尝试一下，如果不能，请查看图 3-6 中的提示。你看到图 3-6 的图像后，再回到这里观看图像中的物体，你可能将永远都无法"撒开"图 3-6 中图像的影响，所以在去看后面的提示之前，请认真品味当下这个不解的时刻。

资料来源：左上角图像的摄影师未知（参见 http://www.slate.com/blogs/bad_astronomy/2016/05/18/sometimes_a_cigar_isn_t_just_a_cigar.html），但其中一个早期来源是 Arron Bevin 的脸书的页面：https://www.facebook.com/Bevvoo/posts/487921018070478）。其余三张图片由本报告委员会制作。

改变我们所看到的事物，而且这种力量是强大的、通常也是逐渐积累起来的。

知觉动作学习在学业知识发展的过程中也会发挥重要作用。它不仅支持阅读中视觉辨别字母的能力，还支持古德温（Goodwin, 1994）所谓的"专业眼光"。古德温阐述了按照考古学所用的训练方式可使人们改变知觉上对探究对象的组织，比如挖掘现场所发现的泥土的纹理和色泽。

图 3-6　上图中模式解释的提示

注：从这些图像中可以看到清晰的雪茄、青蛙、斑马和企鹅的图像，你将很容易在图 3-5 中再次看到它们。事实上，你无可避免地将会再次看到它们。

资料来源：图片来自 https://www.flickr.com/creativecommons，被公开允许使用。几位摄影师分别是加布里埃尔·冈萨雷斯（Gabriel González，青蛙拍摄者），劳拉·沃尔夫（Laura Wolf，斑马拍摄者）和纳查斯（nchans，企鹅拍摄者）。

通过组织教学体验，最大限度地提高学生利用知觉学习的能力，这是有可能的。凯尔曼（Kellman）及其同事（2010）开发了简短的在线学习模块，以此支持数学中的知觉学习。使用这些学习模块的学生需要对 120 个问题作出快速回答。例如，他们必须从数字相同但符号不同的算式中选取一个（如 $3X+5$ 还是 $-3x+5$）与所给的图像配对，或者从三个图像中选取一个与所给的等式匹配。在学生选择答案之后，只为其提供正确的答案选项而不作出解释，目的是让学生看到正确答案的结构,而不是去解释它。相似的方程式与相似的图形并置会创造出对比的情形,就像品酒,研究近似的对照组有助于人们学会感知独特的特征。结果表明,完成了该模块的十二年级的学生对图像和方程的转换能力提高了近三倍,即使他们之前已经学完了代数内容。

然而,知觉学习对于学业成就的重要性很容易被低估。其中的一个原因是专家们可能没有意识到他们的理解在多大程度上来自于知觉学习。正如前文所阐述的那样,人们一旦学会了如何看待某些东西,就很难记住自己还曾是新手时的样子。对专家的知觉来说,许多都是看起来如此不证自明的,因而专家也就未能意识到,新手尚不能看到专家自己所看到的。

事实学习

人类有许多理由去有意或无意地学习事实与信息,比如元素周期表中的元素,或者是引起工业革命的各种原因。只需为学习者呈现一次某个惊人的事实,例如,人类和考拉熊的指纹非常相似,尽管学习者很可能忘记自己是在何时何地习得这一事实的,但这一有趣的事实可能足以让其记住并随后回忆起它。

虽然事实学习看起来很枯燥且给学习者带来的用途也相当有限,但与其他动物相比,事实学习却是人类最擅长的一种学习。事实学习允许教育工作者通过语言的力量有效地向学习者传递信息。只需说几句话就能改变他人的行为,语言的强大和便捷是无可否认的。一位自然主义者告诉徒步旅行者,吃了**伞形毒蕈**这种蘑菇后可能造成的后果;而若让登山者通过体验来学到这个事实是不切实际的,即使蘑菇并不致命。

尽管一个事实可以通过一次接触或者被告知而习得,但需要注意的是,这种看似直接且高效的传播方式常常是误导性的。事实是很少能从一个例示说明中习得的,也很少能仅通过一个例子就可学会概括性的知识。通常只有在学习者具有大量背景知识的情况下,一个例子或一个实际说明才算足够(例如,徒步旅行者需掌握足够多的关于毒药和毒蘑菇的知识,才能理解伞形毒蕈的信息)。此外,大量关于记忆的研究表明,重复检索事实的过程可以增强记忆力,特别是在不同时间、地点及不同学习情境下的检索更有助于记忆(Benjamin 和 Tullis, 2010;见第 6 章)。

事实学习不必是死记硬背的：当学习者精心地将新信息与其已有的其他知识相联系，学习效果就会得到提高（Craik 和 Tulving, 1975）。人们可能只是试图记住哥伦布（Christopher Columbus）出生于 1451 年，或者可能将这一事实与其他事实联系起来，例如，东罗马帝国（拜占庭）在哥伦布出生两年后（1453 年君士坦丁堡沦陷）便开始衰落，这个联系就同时为两个事件增加了意义。将需要记住的事项加以组织并归入相关的组别中，我们会更容易记住它们（Bower 等, 1969），因为这样就将信息形成了强烈的心理图像（mental images）（Sadoski 和 Paivio, 2001）。出租车司机对连续线路上的街道名称的记忆要优于对随机呈现的街道名称的记忆（Kalakoski 和 Saariluoma, 2001）。所有这些结果都指向一个意涵：相比于孤立或断连的事实，置于丰富信息结构中的事实更容易被记住。

通过推理来学习

为了理解这个世界，人们通常需要进行推理，尽管这些推理并不总是正确的，但却是推进理解的必要过程。哲学家查尔斯·桑德斯·皮尔士（Charles Sanders Peirce）用"溯因推理"（abductive reasoning）这个术语来描述这种推理现象。他将溯因推理描述为对一系列的观察形成可能的解释。这里有一个这种推理的例子：亚当斯（John Couch Adams）和勒韦里耶（Urbain Jean Joseph Leverrier）推断，根据对天王星偏离其预测轨道的观测，必然有一颗位于天王星之外具有一定质量且未被发现的行星。继这一预测之后，伽勒（Juhann Gottfried Galle）于 1846 年发现了海王星。

再举一个溯因推理的例子。化学专业的学生推断某种物质是"酸"或是"碱"，然后假设它们之间可能的静电作用（Cooper 等, 2016）。然而，溯因推理并不只为科学家所用。当狗的主人看到餐桌布上狗的脚印、洒出来的酒以及消失的热狗面包时，面对这种糟糕的情境，她同样也会使用溯因推理。甚至，现代的机器学习系统也表明溯因推理对于使有效学习成为可能是非常重要的，这样的学习系统可以自行检查并以类似人类的方式推断所见对象是由哪种过程产生的。当机器学习系统使用溯因推理时，便可以从更少的数据中学到更多，并更好地将其所学推广运用到新情境中（参见图 3-7；Lake 等, 2015, 2017；Tenenbaum 等, 2011）。

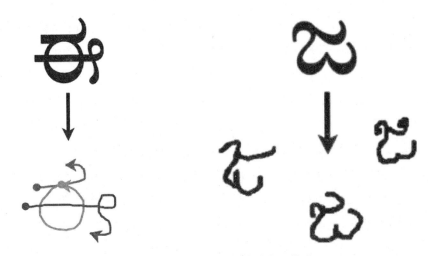

图 3-7　机器学习系统中的溯因推理

注：为机器学习系统呈现一个新字符时（左上方画好的黑色字符），系统会推断出哪些手写笔画与其相关——左下红、绿、蓝三个笔划。通过推断这些笔划的关联性，只需要单个实例，计算机就能生成字符，（如右上方显示），并且能正确地对字符的新实例进行分类（右下方所示的不完美实例）。

资料来源：Lake 等（2015, Fig.1）。

模型建构是溯因推理的一种重要特例，人们在寻求对复杂现象的理解时会使用。教育工作者和其他领域的工作人员经常使用模型进行教学和解析，地球、月球和太阳的三维绘画、图解或动画模型等，均可以帮助学生掌握昼夜交替、潮汐涨落和四季循环的原理。成人可能经常依赖于既有模型，例如，音乐理论中的五度圈，但人们也在许多情形下创造属于自己的模型，比如寻找家庭供暖系统最为经济的方式。模型是在新情境下进行推理的强大工具，但几乎所有的模型都可能在不恰当的情形下产生不准确的预测，所以使用时必须考虑清楚它们的作用。例如，物理学的牛顿定律足以预测太阳系中行星的运行轨迹，但却不能准确地预测黑洞（比牛顿所知的任何东西都大得多），也不能预测亚原子粒子。

基于模型的学习的主要优点在于，配备了恰当模型的学习者可以很好地预测远超出最初经验情境的新情境。例如，如果学习者掌握了水分子模型，即水分子的随机运动随着水温升高而加快，那么他或许能够预测一滴食物色素在热水中的扩散速度会比在冷水中扩散速度更快这一结论，而且只需要一个小实验，就能证明其预测是正确的（Chi 等，2012）。

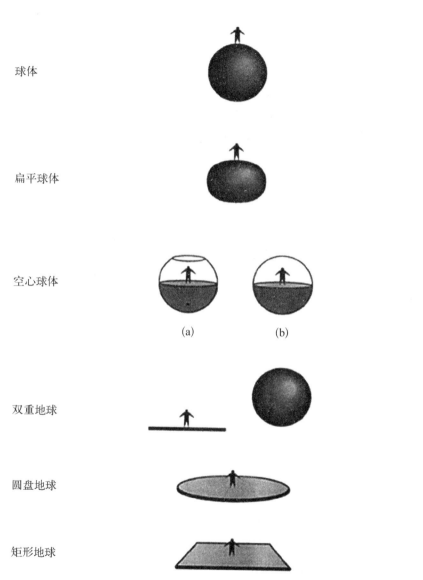

图3-8 儿童的地球心智模型

注：当小学适龄儿童被问及一系列关于地球形状的问题时，他们对这些问题的回答通常是不一致的：许多儿童说地球是圆的，但同时也表示地球有一个尽头或者边缘，人们会从那里掉下去。在这些反应中，似乎有的孩子使用自己的地球心智模型而不是球形模型。实验者最终确定了地球的五种替代心智模型：矩形地球、圆盘地球、双重地球、空心球体和扁平球体。

资料来源：Vosniadou 和 Brewer（1992, Fig.1, p.549）。

克服基于模型的迷思概念是正式教育的重要目标（Clement, 2000）。图 3-8 说明了学生如何将他们对"地球是平的"这一视觉体验，与他们所学到的"地球是球形的"知识进行整合，从而得出地球形状像"薄饼（或圆盘）"的结论：人们不会从圆（扁）的地球表面落下，因为他们生活在"薄饼"的顶部！解决这种迷思概念的典型策略是首先了解学生自己的模型是什么（Osbourne 和 Freyberg, 1985），然后通过类比及特殊案例来提出对该模型的质疑或挑战，并最终提供改进的模型（Brown 和 Clement, 1989; Chi, 2009）。

因为人们用来帮助其推理和行动的模型往往是内隐的，所以儿童和成人很少评判他们自己的模型。当人们在遇到某个情境时，才会发现别的模型也是可能的。例如，"阀式模型"（valve model）和"反馈模型"（feedback model）是两种常见但不兼容的家庭热控制模型（Kempton, 1986）。根据阀式模型，恒温器设定的温度决定了炉子工作时产生的热量，也就是说，更高的温度设定值将会使炉子以更高的功率运作，就像用力踩油门使汽车发动机的转速越来越高一样。但根据反馈模型，恒温器设定了炉子启动的阈值，但是炉子本身以恒定功率运作。

这些不同的模型驱动着不同的家庭供暖行为。如果两个人回到 55°F 的家中，并希望家里的温度为 65°F，那么认同阀式理论的家庭可能会将恒温器的温度值设置为 75°F，因为他们希望房子能够快速升温；而持反馈理论的家庭则会将其设置为精确的 65°F，并意识到将恒温器设置为高于 65°F 也不会更快将室温升至 65°F；他们会认为，使用常见但不准确的阀式模型会浪费能源和金钱。

在其他情况下，不同的心智模型并非因为人们有对错之分，而是因为文化差异。比如，对商业会议中粗鲁行为的界定、朝哪个方向推拉锯子以及对于时间的概念，这些都反映了无关对错的模型。有一项研究说明了这一点：该研究分析了美国居民和安第斯山脉的艾玛拉人（Aymara）对于未来的观点（Núñez 和 Cooperrider, 2013）。研究人员发现，美国居民倾向于将未来视为在他们面前的空间，而艾玛拉人将未来视为在他们身后（也许是因为未来是看不见的）。当一种文化中的成员进入另一种新文化中时，这种文化差异可能导致误解和错误传达。这些问题不是因为认知理解能力弱，而是因为模型在文化上不相匹配。

学习者和教育者可能未意识到他们的模型彼此之间存在多大差距（Pronin 等，2002）。

尽管存在误解的可能，但很难想象一个不涉及模型的人类高级创造性或学术探索领域。这里仅举几例：艺术家的补色和相近色模型、血糖—胰岛素调节的医学模型、历史学家使用的马克思主义阶级斗争模型、脱氧核糖核酸（DNA）的双螺旋模型，以及物理学家的原子和亚原子粒子模型等。不唯如此，教育中基于模型的学习之效力已在《下一代科学标准》和《共同核心数学标准》[1]中展现出来，因为模型使学习者更容易描述、组织、解释、预测、交流自己正在学习的东西。

几乎所有领域的专家都看到了假设检验模型的价值，这是因为他们试图组织大量的观察结果。但有时早期的学习者并未同样相信这些模型的价值，因为它们看似是猜测的、间接的和不可见的。可以通过使用空间模型、图表、动画和交互式计算机模拟，来降低学生对模型的抵制，以便促进他们学得更好（见第 6 章）。

为自己创建模型，而不是简单地使用他人所建议的模型，对学习者而言是一种有益的活动（VanLehn 等，2016）。为理解和组织材料而创建模型，其价值与特定的学习方式（approach）有关，这些学习方式包括发现学习、探究式学习、基于问题的学习、发明学习、从做中学和建构主义学习等。在每种方式的学习中，都应该鼓励学习者自己发现或者借助教学指导去探索现象背后的适用规则、模式或原理（Bruner，1961）。当 Foldit 玩家自己编制（编码）新的计算机算法去提高他们折叠蛋白质的效率时，展现了非凡的模型创建学习。有时，学习如何编程会使玩家们创建出工具，从而帮助其更好地进行游戏（Khatib 等，2011）。同样，施瓦茨（Schwartz）及其同事（2005）的研究表明，如果老师鼓励学生们运用数学，那么学生们可能会利用自己的数学知识对决定天平平衡的距离和重量之间的复杂因果关系建立模型。

当学习者获得针对性指导时，推理学习可能最为有效。例如，第一次制作

---

[1] 参见 http://www.nextgenscience.org/faqs［December 2016］和 http://www.corestandards.org［May 2017］。

酸奶的人可能想通过实验确定牛奶中的脂肪含量是如何影响酸奶的浓度、酸度和柔滑度的。在这个纯粹的发现学习案例中，酸奶制作者会提出问题，寻求实验方法，测量和分析最终结果。然而，如果没有一些相应的指导，初学者就可能因为没有足够的了解而难以提出好问题或者识别出关键变量，他们可能因学习过程进展缓慢而感到气馁（Mayer, 2004; Spencer, 1999）。研究表明，仅让学习者自己进行实验却没有相关指导（无辅助的发现学习），不能改善学习结果（Alfieri 等，2011）。

在有指导或有辅助的发现学习这种方式中，教育者提供一定水平的针对性指导，使学习任务处于适合于学习者的难度水平（这种方式建立在维果茨基在20世纪30年代提出的"最近发展区"的理念上）。做法包括教师及时提供关键知识、给予参照实例、协助生成假设，以及根据学生需要提供建议等。这种方式允许学习者拥有自我建构知识的权利。有证据表明，结合使用上述类型学习资源而非死记硬背的学习者，更有可能掌握超出原有教学情境的知识（Lee 和 Anderson, 2013）。

学习类型的整合

大多数学习经历涉及多种类型的学习，而不是仅仅一种。例如，团队中的协作学习和问题解决会通过观察、反馈、事实、规则和模型以及其他可能的类型的学习，来共同产生学习结果。与此同时，很多研究支持不同情境和教学策略促进不同类型学习的原则。在教师或学习者能够设计一个理想的学习环境之前，他们必须决定自己想要达成什么样的学习。例如，从以往几十年的研究中概括出的结论是：促进对特定事实的记忆需要不同的学习经历，而不仅是促使知识迁移到新情境中（Koedinger 等，2013）。专注于改善记忆的做法包括：在不同的时间进行多次练习[1]，而不是一次性地集中所有练习；通过练习检索存储的信息，而不是重新学一遍信息；让学习者在不同场景中接触信息等。相比之下，专注于让知识向新情境迁移的做法包括：比较或对比有关概念的多个实例；

---

[1] 即间隔练习，参见第 5 章。——译者注

让学生反思已经发现或尚未发现某个现象的原因；花时间发展出强有力的模型，而非要求学习者对被教授的内容进行复述。在第 5 章我们将更加详细地讨论支持不同类型学习的方法。

学习与脑

近 15 年中，学习科学领域最引人注目的进步之一就是了解到脑发展的漫长过程，而这种过程从个体在母体子宫内就开始了，且一直持续到成年期。一些研究报告已经验证了脑发展及其对学习意蕴的研究。《从神经元到相关领域：早期儿童发展科学》（National Research Council and Institute of Medicine, 2000）已提出证据，认为婴儿一出生就有能力并准备要学习，即婴幼儿时期的经验及其与外界的交互关系对其后续发展至关重要，而且个体的生物因素和社会经验同样对发展结果有影响。《转变对八岁以下儿童的服务工作：统合的基础》报告（Institute of Medicine and National Research Council, 2015）和雷斯曼（Leisman）等人（2015）通过对已有研究的回顾，综述了近期关于早期脑发展对终生学习影响的关键发现，其中包括：

- 经验和遗传共同促成了人类发展中可以观察到的变异。
- 从受孕到二十岁出头，人脑都在有序的发展过程之中。首先发展的是生命和自动功能，然后是认知、运动、感觉的和知觉的过程，而复杂的整合过程以及价值驱动的长时决策过程则最后发展。
- 早期逆境可能对脑发展和其他关键功能产生重要的短期和长期影响。

出生前和一生中的脑发展及成熟

胎儿时期，脑的特点是新的神经元、突触和有髓神经纤维，均以惊人的速度迅速形成，其结果是胎儿脑中的结构元素超过其自身的需要。这种发育持续到出生后：个体在学龄前期，其脑的体积大小相较过去增加了四倍，到 6 岁时大约能达到成人脑体积的 90%（Lenroot 和 Giedd, 2006）。这种从儿童早期开始，持续到青春期的生长爆发特性，是脑内神经元（灰质）突触联结的急剧增加与神经纤维（白质）髓鞘化的结果（Craik 和 Bialystok，2006）。

尽管这种旺盛的生长一直在持续，但神经元和神经突触也会被修剪，这一过程将一直持续到个体青春期后。这种神经修剪以一种特定的方式发生：在此期间不断使用的神经突触被保留下来，而未使用的神经突触将被消除（有关突触修剪的更多信息，参见 Low 和 Cheng, 2006）。去除不必要或未被使用的突触及神经元，将大大改善个体脑内部的"联网"能力和皮层传递信息的效率（Chechik 等, 1999）。由于这种突触修剪会受环境因素的影响，儿童发育过程中的经验决定了哪些突触会得以增强而哪些不会，这就为其将来的发展和学习奠定了重要的基础（见框栏3-1）。正如植物园内精心的布局设计和花草修剪会产生一个生机勃勃的花园一般，强化某些联结和修剪其他联结这一过程间的平衡可以促进大脑的健康发展：让过多的神经元存活并非更好的结果。

框栏3-1　发展中的关键期和敏感期

> 维塞尔（Wiesel）和休贝尔（Hubel）(1965) 里程碑式的视觉研究有助于定义和区分早期认知发展的关键期和敏感期的不同概念。这些研究将发展的关键期定义为脑需要某些环境刺激来组织其生理发展的时期。关键期的一个最著名的例子是个体视力的发展：在婴儿期的某些时段，个体若始终没有发展视力的机会，那么其大脑中的视觉区域将永远是受损的。敏感期与关键期相似，但时间点相较而言是不固定的。例如，人们认为在婴儿早期和蹒跚学步时期与看护者的依恋关系，以及早期接触语言对健康脑发育至关重要。发展中健康的依恋关系和良好的语言环境都必不可少，但是其时间界限并没有那么明确：剥夺和后来的弥补带来的效果是模糊的。还有，越来越多的证据表明，青春期是接触高质量社会关系的第二个敏感期（Crone 和 Dahl, 2012）。
>
> 关键期和敏感期都会影响个体后期的发展：这些时间段里的中断（如

不充分或不适当的刺激），将导致其在生命后期难以（或甚至无能力）在受影响的领域中进行信息加工处理。这些时期的重要性进一步证明了高质量幼儿教育的重要性，特别是对那些处于不良早期教育风险中的儿童而言（Chaudry 等，2017）。

敏感期也可能与消极结果相关。例如，对动物（通常是老鼠）的研究一致表明，青春期接触酒精会大大增加成年期酗酒的风险，并且这种影响会因社交孤立的情况而有所加剧。在具有与人类精神分裂症相类似的精神障碍遗传易感性的大鼠中，酗酒和社交孤立都增加了发生该病症的风险。由于伦理因素，虽然无法在人类中进行相关因果实验的探索，但证据有力地表明，人类同样存在这种青春期的敏感：即那些在青春期时期便开始饮酒的人，更有可能在将来的生活中滥用药物，而且对于精神疾病易感人群，青春期社交孤立和药物滥用都有可能是这类消极结果的诱因（参见 Silveri, 2012）。

环境刺激和训练可以影响整个生命期的脑发育（Andersen, 2003; Diamond 等，1964; Leisman, 2011）。大脑皮层和皮层下信号回路的神经组织也形成于这一时期，它们被集成到具有类似功能的脑部网络中。换句话说，随着学习者习得新知识，皮层中的不同区域也为这些功能产生特异性。这一过程被称为经验依赖的学习（experience-dependent learning）（见 Andersen, 2003; Greenough 等，1987; Leisman 等，2014）。正如 2009 年美国国家三院报告中所述那样，这些结构和相关脑回路是构成复杂认知和社会情绪功能（诸如学习和记忆、自我调节和控制以及社会联结等）的神经系统的基础（National Research Council and Institute of Medicine, 2009）。

从生命的第 4 个十年开始，大脑皮层厚度和连通性将发生变化，这似乎是常见的成年人衰老过程中认知能力减退的开始。在支持学习的脑部相对整个生理特征趋于稳定的一段时期之后，这些变化就出现了。这些变化如图 3-9 所示，其中暖色（红色、橙色、黄色）表示大脑皮层厚度较大。

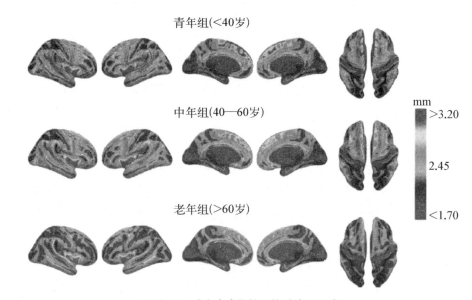

图 3-9　成人生命期的平均脑皮层厚度

注：该图显示了三个年龄组的右半球和左半球的平均脑皮层厚度（将被试的数据分别汇集到各个年龄组）。

资料来源：Fjell 等.（2009, Fig.2）。

如图显示，与 40 岁以下健康青年组的脑数据相比，健康中年组（40—60 岁）的数据中呈现出较低的脑皮层厚度，但目前尚不清楚这是否与其脑内组织减少有关，亦或是较低程度的水合也可能产生这一现象。这些效应在大脑皮层上被发现，尽管它们在某些区域（如前额皮层）比其他区域（如前扣带回）更强（见 Fjell 等, 2009）。

脑对学习的适应

脑作为复杂的互联系统来运行，而不是作为离散信息处理器的集合（Basset 等, 2011; Medaglia 等, 2015）。脑的不同部分并非孤立地工作，而是相互作用的，它们通过极其复杂的脑网络交换信息（Sporns, 2011）。没有任何学习技能可以仅使用脑的某一部分区域就能完成，脑的一个部分也不只有单一功能。相反，支持学习和学术性技能的脑系统是与人格融为一体的脑系统：即与社会、认知、情感和文化功能，甚至是健康和生理生存不可分离的系统（Farah, 2010;

Immordino-Yang 和 Gotlieb, 2017）。

此外，学习者在社会、认知和物理的境脉中穿行时，他们在动态地、积极地构建自己的脑网络。人们一度认为，脑发展总是引领认知的发展和学习，但实际上，脑塑造经验的同时也会被经验所塑造，这其中包括个体在认知发展和社会经验互动中的各种机会。在学习中动态变化的脑和文化寓居的经验之间的双向交互作用，编织成一段美妙的发展舞蹈，尽管其中的细节精妙之处，还尚未完全被人们所理解。一个人的脑将会根据他的经历、诠释、需求、文化以及思维模式而产生不同的发展（Hackman 和 Farah, 2009; Immordino-Yang 和 Fischer, 2010; Kitayama 和 Park, 2010）。此外，脑结构和脑发展的内在特征也会约束一个人与社会互动的方式。

人脑具有很强的适应新现象的能力，比如文化创新或应对新挑战的能力。研究人员继续在这一领域寻求新的见解，但一个特别有趣的发现是，适应新现象所用的时间可能远远短于通常与进化有关的时间。人类物种在使用书面语言和书面的符号数学这两类技能方面，都没有久远的经验。许多关于书写语言和书写数学的考古文物可以追溯到美索不达米亚平原的苏美尔人的时代，但其距今不过 6 000 余年。尽管这在历史长河中可能是相对较短暂的，但研究发现阅读和数学推理却涉及特定的神经区域（Amalric 和 Dehaene, 2016; Dehaene 和 Cohen, 2011）。怎么会发生这种情况呢？

【60】

神经组织的共享和再利用

首先，人们通过对起初可能用于其他目的的脑区和脑回路的再利用来解决新的认知任务（Anderson, 2015a; Bates, 1979）。研究表明，正如多种类型的学习在实践中相互融合一样，在不同类型学习中的脑回路也以多种方式结合。人们或许期望不同类型的学习依赖于不同的神经机制，但看似非常不同的学习行为实际上却共享着相同的脑回路。例如，海马体积极地参与事实学习和规则学习以及空间导航任务，但它对统计学习也具有关键性的作用（参见上文"内隐模式学习"一节；另见 Schapiro 和 Turk-Browne, 2015）。这一发现或许看似令人惊讶，但其实海马体参与了任何需要将多个事件或特征整合成一个表征的学习过程（见第 4 章）。这种组合和重组脑回路的可能性是个体适应的关键。

正常情况下，视觉皮层处理视觉输入，而关于盲人使用视觉皮层方式的研究展现了脑回路惊人的适应能力。例如，在一项研究中，当盲人被试需要执行一个空间任务时，即报告所听到的声音位于空间中哪个方位时，他们会运用一个特别的视觉皮层子区域，即为听觉和触觉构建空间表征和关系的那部分脑区（Renier 等，2010）。其他研究表明，视觉皮层空间推理部分的活动会随着视觉障碍被试在解决听觉与触觉空间任务中的准确性的提高而增多。同样，让视力正常的成年人阅读盲文时，通常发现处理视觉（而非触觉）信息的脑区会经历显著的重组过程（Siuda-Krzywicka 等，2016）。这项研究表明，无论视觉、听觉还是触觉的空间推理，都有着共同的基本属性。因此，通常负责视觉任务的脑区可以被有效地再利用于非视觉空间任务中，只要这些脑区没有被视觉任务所使用。因此，通过学习产生的脑结构，更多关乎的是思维的特性或逻辑，而非诸如视觉或触觉等形式（Bates, 1979; Immordino-Yang 和 Damasio, 2007）。

为新需求而"调谐"

其次，脑具有足够的适应力，脑的各部分在个体的整个生命周期内进行谐振，以对需求和经验作出回应。认知神经科学家使用术语"调谐"（tuning）来描述他们对神经系统的观察。当刺激处于理想水平时，神经回应程度最强，正如乐器的弦发出的音调取决于弦的松紧以及拨弦时的方位和角度。随着时间的推移，神经元会根据刺激输入的状态和学习者如何针对刺激构建经验和技能的方式进行谐振，以特定的方式作出回应。

神经网络调谐是作为对经验的回应而发生的，这是每个学习者都有不同的脑组织方式的部分原因。例如，识字者的脑比文盲的脑对单词显示出更大程度的特异性（specialization），且相比年少时学习阅读，成年人学习阅读需要调用的脑区更广阔（Dehaene 等，2010）。在另一项著名的研究中，埃尔伯特（Elbert）及其同事（1995）测量了轻触小提琴手的手指时他们感觉皮层中的脑活动，发现他们左手的感觉皮层的活动比右手更强烈。这是合乎逻辑的，因为小提琴手需要单独控制左手上的每个手指，而右手只需要拉琴弓，不需要操纵单个手指。

改变适应的时间框架

有关人脑如何有效地适应新的文化需求的解释，交织了三个时间尺度的适应：（1）身体以及脑区的缓慢进化以使个体能应对生存和繁殖的挑战；（2）人类进化过程中的文化创新，如石器、铅笔、计算器或在线辅导系统；（3）个体的脑在一生中做出适应，以满足对其文化上的需求以及对其在该文化中扮演特殊角色的要求。

相比人类文明的快速变化，人脑的进化是缓慢的。这告诉我们，人类遥远的进化史或许给出了关于哪些事物能够被有效学习的提示。人类似乎天生具有某些"偏好"（bias）[1][2]，例如学习辨别面孔和声音（Cohen-Kadosh 和 Johnsonn, 2007），或者关注那些有着长期进化史的危险物，例如，蛇和蜘蛛（较新的事物诸如枪支、电源插座，对这些东西的危险的看法具有文化特异性，不会引起类似的反应）（LoBue, 2014; Öhman 和 Mineka, 2001; Thrasher 和 LoBue, 2016）。正是因为人类有这些进化上的偏好，那么把所要学习的材料与人脑进化所指向的各种对象与境脉（如食物、繁殖、社会互动等）关联起来，就可以改善学习结果。

文化创新能够带来改变，从而能够更好地适应人类能力，这提出了学习的另一个支点：调整技术以便更好地适应人类自然学习的方式。例如，将个体沉浸在三维互动世界中的技术，利用了个体自我认知导航系统中对物体强烈的自然回忆，例如某人找到自己去办公室的路（Barab 等, 2005; Dunleavy 和 Dede, 2013）。同样，一些基于计算机的对话教学系统，旨在重现人类社会中师生自然拥有的各种互动关系，利用了人类从专家处获取所需信息的倾向（Graesser 等, 2014; Tomasello, 2008）。

变革的最终关键点在于个体根据文化境脉进行改变的能力。这种能力构成了不同文化间学习轨迹差异的基础，有时候呈现的差异是巨大的。例如，生活在刚果民主共和国伊图里热带雨林中的 11 个月大的土著儿童，可以安全地使用砍刀；而在美国的中产阶级家庭中，家长不放心 8 岁儿童使用锋利的刀具（Rogoff, 2003）。学习轨迹通常受所寓居社群的期望和训练实践的巨大影响。个

---

[1] 在"学习"语境下，"偏好"（bias）是指学习者将其已获知识带入新信息处理中的能力。参见第 5 章。
[2] 根据具体语境，本书中 bias 又译作"偏向（性）""偏见"或"偏差"。——译者注

体并不能无限地去适应，但是当给予机会和支持时，他们能够成长而达到文化所期望的程度，这是让人感叹的（impressive）。

整个生命期间脑中与学习相关的变化证据

儿童早期到青春期这段时间会发生急剧脑重组，这一研究发现显然对教育意味深刻，但是，将发展神经科学和人类行为研究直接与教学实践及教育政策联系起来却很复杂（Leisman 等，2015）。不过，教育工作者或许可以利用一些发展神经科学的发现来改善教学实践。例如，研究表明，中学生可以受益于利用特定能力（诸如多任务执行和计划、自我意识和社会认知技能）的教学，这些能力是由青春期时期经历最大变化的脑区来控制的（Blakemore, 2010）。

儿童大脑皮质成熟的顺序似乎与其发展中的转折点相对应，即运动和感觉系统最先成熟起来，并反映在个体的行为上（Keunen 等, 2017; Lyall 等, 2016; Stiles 和 Jernigan, 2010）。青春期前有一段脑皮层增厚的时期（即神经元数量增加并使灰质密度增加），然后，青春期后有一段脑皮层变薄的时期。一般而言，这些过程是儿童及成年人的关系、机会（包括学习机会）和心智习惯直接影响大脑解剖及连通性的生理方式。目前发展神经科学主要集中在了解脑的通讯和调节网络是如何形成和维护的，以及它们是如何随着个体年龄和经验的变化而产生微妙的变化。例如，就人类而言，具有特定社会价值和相互作用的文化体验，塑造了与社会情绪与认知加工相关联的关键脑网络（如 Kitayama 等，2017）。社会性参与和认知活动甚至可以帮助老年人保持脑和心智的健康（参见第 8 章）。

关于脑是如何在整个生命过程中发展的这些事实有着重要的意义。首先，个体的脑发育过程持续到三岁以后，甚至能够持续到生命的第二个十年乃至更久，即覆盖大多数美国人在学校接受正式教育的整个时期。同时，大量研究表明，脑结构的持续性变化是由于学习和经验的作用（Draganski 等，2004），并且这些变化会持续到老年期（Lövdén 等，2010）。这项研究强调学习的核心机制——脑根据新体验修改联结的能力——在个体的整个生命期里有效地发挥作用（见框栏 3-2）。

框栏 3-2　专业发展和脑变化的证据

随着人们对知识的获取，他们的脑结构、脑活动，抑或这两方面，都发生了重大变化；从而补充了为使用所获得的新知识而需要的处理速度和努力程度的快速增长（见第 5 章）。在大脑灰质和白质中可以检测到的变化，为知识获取和脑结构之间的联系提供了一种形式的证据。例如，德拉甘斯基（Draganski）及其同事（2006）发现，相比未进行高强度学习的对照组被试，那些为医学考试充分准备了三个月时间的医科学生，其大脑皮层中呈现灰质增加的现象。许多这样的发现表明，学习和脑发展之间存在双向的关系：即学习促进脑发展，脑发展促进学习。

许多研究发现，与非专家相比，特定学科（如体育运动或音乐）的专家，他们的大脑灰质（包含神经元）和白质（包含神经元与其他神经元的联结）的密度都有所增加（Chang, 2014），这些变化似乎与长期的训练有关（Roberts 等, 2013）。例如，本特松（Bengtsson）及其同事（2005）发现，音乐会钢琴家和非音乐家在特定皮层区域的白质结构中存在显著差异。朔尔茨（Scholtz）及其同事（2009）发现，类似的差异在杂耍艺术的训练中也得到了体现。研究人员招募了一批原先不知道如何玩杂耍的人作为被试，这些被试中的一半人后来参加了为期 6 周的杂耍课程，另一半人则没有参加。被试训练前后的大脑结构区别，与其训练后所获进展或表现水平无显著相关，这表明这些脑区域的变化可能与培训所花费的时间或付出的努力有关，而不与训练达到的结果有关。在优秀的柔道运动员（Jacini 等, 2009）和熟练的高尔夫球手（Jäncke 等, 2009）中，也发现了前额叶灰质体积的增加。

从这些发现中得出的一个重要的、值得强调的观点，即大脑皮层厚度不能被认为是衡量专业知识和专业技能的好指标。这种类型的神经影像学数据（来自每个被试的单次脑成像实验）是在特定的时间内被收集的，因此很难确定所观察到的脑区激活是否稳定，以及实验结果是否会受到实验

> 条件或其他因素如遗传、个体经验、策略、动机，甚至脱水程度差异的影响（Poldrack, 2000）。因此，大脑皮层厚度的单次测量仅能够提供关于该复杂过程的有限信息，因而可能与所达到的技能水平无关。

自从《人是如何学习的Ⅰ》出版以来，科学家们已经从很大程度上获知了脑发展如何限制和支持行为和学习，而学习机会反过来又如何影响脑发展。例如，对大鼠的研究表明，即使在成年大鼠中也可观察到环境丰富性的影响作用，并且在成年大鼠返回到刺激较少的环境后，这些影响仍然存在（Briones 等，2004）。

大多数关于学习机会对脑结构变化影响的研究都是在啮齿类动物中进行的，因为对人类进行此类研究显然更具挑战。不过，对人类的有限研究也显示了类似结果。为了检验经验贫乏（即缺乏学习机会）如何影响个体的脑发展（因而影响学习），研究人员研究了福利院儿童早期经验剥夺的影响。神经影像学研究表明，早期剥夺特定种类（心理社会、语言、感知觉等）的学习机会，会导致相关个体整体脑容量（灰质和白质）和脑电活动水平的降低（Nelson 等，2009）。不过，这些研究人员还发现，在剥夺环境中成长的孩子，如果在 2 岁前能够被置于高质量的抚养（foster care）环境中时，他们的智商会显著增加（Nelson 等，2007）。

与第 2 章中强调的境脉和文化的重要作用相一致的是，研究证明了文化独特性和文化普适性的神经结构和功能（Ambady 和 Bharucha, 2009; Kitayama 和 Uskul, 2011）。现在已知的是，反复参与文化实践会加强完成此类任务所涉及的神经通路，最终带来神经结构和功能的改变（Kitayama 和 Tompson, 2010）。

使用算盘进行算术运算说明了这一点，这是一种主要在亚洲文化中发现的工具使用能力。甚至在《人是如何学习的Ⅰ》出版之前，心理学研究就发现，算盘专家在解决问题时使用算盘的心理图像来记忆和运算大的数字（Hatta 和 Ikeda, 1988）。花川（Hanakawa）及其同事（2003）研究了算盘专家心算的神经相关性，发现与非专家相比，这些专家的确在心算时使用了不同的脑区。还有一例，长期从事诸如冥想这样的文化嵌入的行为练习，会带来神经结构和功能的长期性变化，并且在某些情况下可能抵消与年龄相关的脑皮层变薄的状况（Braboszcz 等，2013; Creswell 和 Lindsay, 2014; Davidson 和 Lutz, 2008; Lazar 等, 2005）。

现已开发出不同的模型用以描述老年人调用额外资源的情况（见表3-1）。虽然对补偿性神经调用背后的神经过程仍在积极探索中，但这些模型都强调，即使在更老的年龄组，其神经网络的协同工作也可以具有灵活性，任务需求可以影响这些神经网络的性质。此外，这项研究还强调了这样一个事实，即早期的生活经历可以为有效补偿的能力奠定基础（Cabeza, 2002; Kensinger, 2016; Park 和 Reuter-Lorenz, 2009; Reuter-Lorenz 和 Cappell, 2008）。例如，年轻时成为双语使用者似乎与更坚实的认知发展（Bialystok, 2017）以及变老后的认知灵活性（cognitive resilience）相关（Bialystok 等, 2016）。一生当中须处理两种语言系统要求的持续存在，推动了认知边界的扩展从而适应这种社会和语言的需要（Kroll 等, 2012）。本书第 7 章将进一步讨论与年龄相关的学习变化。

表 3-1 影响学习的脑结构中与年龄相关的变化模型 【66】

模　　型	研　究　发　现
老年人的脑半球对称性减低（Cabeza, 2002）	• 老年人通常利用（recruit）双侧（从左右大脑半球）区域，特别是发生在前额叶皮层内，而年轻人仅从单侧（从一侧脑半球）利用脑区域。 • 这种双侧激活模式往往与更好的任务表现相关（即脑区域的激活是补偿性的）。
补偿性利用神经回路假设（Reuter-Lorenz 和 Cappell, 2008）	• 所有年龄段的成年人都需要激活额外脑区（通常是双侧）以实现任务绩效。与年轻人相比，年长成年人需要以难度更低的任务激活额外脑区。 • 这种差异可能导致许多任务条件下，年轻人单侧激活相关脑区，而长者则会双侧激活相关脑区。
年龄增长及认知的脚手架理论（Park 和 Reuter-Lorenz, 2009）	• 依据卡贝扎（Cabeza）创建的脑半球不对称减少模型（2002）以及鲁特·洛伦兹（Reuter-Lorenz）和卡佩尔（Cappell）（2008）的补偿性利用神经回路假设。 • 强调早期生活经历（遗传倾向、教育、生活压力等）可以增加或减少老年人补偿资源的可用性。

资料来源：Kensinger（2016）。

虽然脑结构的变化与整个生命时期的学习没有直接关系，但我们应注意这项研究的几点关键信息：首先，尽管人脑能够在整个生命期内持续地改变和适应，但早期的环境影响为后续的学习和发展奠定了神经基础（Amedi 等，2007; Keuroghlian 和 Knudsen, 2007）。其次，许多（尽管不是全部）与年龄相关的脑结构变化是一种逐渐的效应，发生在整个中年到老年时期。也就是说，并非所有与年龄相关的脑结构变化都与年龄呈线性关系（见 Raz 等，2005, 2010），并且脑结构上的变化可以在年龄较大之前就开始（见 Bendlin 等，2010; de Frias 等，2007）。我们也注意到，脑结构中与年龄相关的变化不会同等地影响所有的脑区：脑的某些区域和网络受年龄的影响会比其他区域和网络更大。

最后，虽然大脑皮层的厚度、质量和连通性确实随着年龄的增长而降低，但是老年人会通过征用不同的或额外的神经机制来弥补某些能力的下降。神经可塑性是指脑在整个生命期内根据环境、个体行为、思维和情绪进行的生理和功能上重组的能力——实际上通俗地称为"智慧"（wisdom）（Sternberg, 2004）——可以部分解释老年人如何进行神经机制的补偿（见 Reuter-Lorenz 和 Cappell, 2008）。比较年轻人和老年人在任务表现期间神经活动的最早研究（例见 Grady 等，1994），同样也发现老年人在执行任务时所调用的脑区不同于年轻人。事实上，很少有研究发现，老年人的神经活动水平普遍降低；大多数研究发现，老年人脑中一些区域的活动水平会有所下降，而其他区域的活动水平却有所升高（Kensinger, 2016）。

结论

在本章中，我们考察了人类为了在复杂的社会和文化环境中发展而必须协调统合的各种学习类型。我们强调，这些学习类型不是各自独立运作的，而是牵涉复杂、互动过程的各个方面。学习者通过决策和协调适应来精心策划自己的学习过程，但学习的许多方面都发生在意识水平之下。不同的情境、境脉和教学策略会促进不同类型的学习。我们看到，当学习者主动而非被动地参与学习时，比如通过发展自己的模型，或者，刻意养成某个习惯或为观察到的行为建模，等等，这些可以促进多种类型的学习。学习是以学习者对学习目标的理解和采纳为前提的。

此外，我们探索了脑在一生中因学习和经验而发生的结构变化，以及它在不同生命阶段的特征过程。我们注意到，早期发展阶段中的环境影响为后续的学习和发展奠定了基础，一直持续到青春期的突触修剪和其他神经过程由学习者的经验主导，而且大脑会通过调用其他机制来适应与年龄相关的某些功能的衰退。

我们已经证明，脑发展与学习之间的关系是互惠的，即学习是通过相互依赖的神经网络发生的，与此同时，学习和发展又持续塑造并重塑着神经联结以应对刺激和需求。脑发展影响个体的行为和学习，反过来，学习也会影响脑发展和脑健康。在此，我们重申这项研究工作的三个主要结论：

结论 3-1 个体学习者不断有意或无意地整合多种类型的学习，以应对其遇到的情况和挑战。学习者整合学习功能的方式由其所处的社会和物理环境所塑造，同时这也塑造了其未来的学习。

结论 3-2 脑的发展贯穿人的整个生命过程，遵循着一条人类大体一致的轨迹，但也会由于每个学习者的环境和经验而富于个性化。脑逐渐成熟，能够产生复杂的认知功能，并且在对挑战的适应中表现出神经学层面的可塑性。

结论 3-3 脑发展与学习之间是互惠的关系：学习是通过相互依赖的神经网络进行的，同时学习与发展也会涉及神经联结的持续塑造和重塑，以响应外界的刺激和需求。脑的发展影响个体的行为和学习，反过来，学习也影响脑的发展与健康。

【68】

第 4 章　支持学习的过程

学习是由一系列认知过程支持的，这些认知过程必须协调一致才会产生成功的学习。本章探讨支持学习的关键过程。我们首先考察学习者如何协调统合一些关键的学习过程，比如注意、情绪调节以及抑制不正确或不恰当的反应等。然后我们对记忆——绝大多数学习类型的一个重要构成部分——进行讨论。

委员会在本章借鉴了一些来自实验室研究和课堂研究的发现。与执行功能和自我调节相关的研究借鉴了来自认知科学和教育学领域涉及不同年龄的学习者的研究，有一些是基于实地和课堂的研究，同时也有一些是基于实验室的研究。从历史上看，关于记忆的研究尽管也研究了年龄更低的群体，但大部分研究是在成年人群体中特别是大学生群体中进行的。记忆研究严重依赖大学生群体是有其历史原因的（参见附录C）。心理学系在心理学入门课程中招募成千上万的学生参加实验，而记忆一直是这类实验中特别受欢迎的主题（Benassi 等，2014; Pashler 等，2007）。本章讨论的大部分关于记忆的研究都是基于大学生群体的，不过委员会还考察了一些包含更多不同人群和学习境脉的其他研究。

学习的协调统合

在第 2 章和第 3 章中，我们讨论了学习者利用的许多资源，并指出由于学习者需要应对学习的挑战，所以他们能够有意无意地协调统合这些不同的能力。人们如何协调统合自己的学习？主要是通过元认知、执行功能和自我调节这三种方式。

元认知是监测和调节自己的认知过程并有意识地调节自身行为（包括情感行为）的能力。该术语源于认知理论，它包括个体对其自身心智过程（包括认知过程和情感过程）的认知及由此产生的监测、调节和引导自身思维以实现预期目标的能力。对元认知能力的研究始于20世纪80年代初，《人是如何学习的Ⅰ》指出，对于教育工作者而言，使学习者掌握提高学习意识、指导学习能力的策略是很重要的。

同样重要的是**执行功能**，这是心理学家和神经科学家通常更加关注的，涉及对思维和行为的整体调节，以及使人们能够计划、安排、启动和维持他们的行为以实现某些目标的高阶过程，这些过程中还整合了反馈和做出调整的环节。

自我调节是指通过元认知、策略化的行动和学习动机来组织的学习。自我调节被视为对涉及认知、情感、动机和行为等组成部分的管理，对这些组成部分的管理使得个体能够调整行动和目标以实现预期的结果。

理解这些不同水平的处理过程是如何整合且相互作用的，对于理解学习者在其所处的复杂的认知环境和社交环境中如何协调统合他们的学习是非常重要的。这些处理过程的不同维度之间的整合和相互作用对于**更深层次**或**更高阶的学习**，以及对于像推理、问题解决和批判性思维等复杂技能和知识的发展，也至关重要。

执行功能

执行功能涉及的过程包括记住信息的能力、抑制不正确或不成熟的反应以及维持或转换注意力以实现某个目标。这些过程高度相关：执行功能的成功应用要求这些过程彼此协调运作。社会情感发展也涉及很多相同的过程，这有助于儿童在课堂上取得成功（Institute of Medicine and National Research Council, 2015）。正如我们在第3章的讨论中所假想的学习几何的学生凯拉一样，所有学习者都需要在相互竞争的兴趣之间进行选择，然后长期持续地关注自己所选定的兴趣，直至取得进展，牢记各种信息（如凯拉必须应用的方程以及作为应用对象的符号表达式），有效地操作它们并监控自己的进步。

执行功能的关键神经基础相对来说是众所周知的。早期研究表明，额叶是这种能力的位置点（Chung 等，2014; Damasio, 1994），但最近的神经影像学研究表明，执行功能的各个组成部分使用了大脑中的许多区域和网络（Collette 等，2006; Jurado 和 Rosselli, 2007; Marvel 和 Desmond, 2010）。与第 3 章中所描述的前额皮层厚度的正负变化以及与其他神经结构间的连通性一样，执行功能的构成过程在学前阶段迅速发展，随后在青少年时期甚至之后继续发展，并且其特征在整个成年期也会发生改变。

执行功能之所以成为众多研究以及有针对性的教育干预（见框栏 4-1）的焦点，是因为在学习障碍（如阅读障碍和数学学习障碍）、注意力缺陷/多动症、自闭症等会对学习产生负面影响的几种情况中，执行功能受损是一个共有特征。相反，良好的认知控制与很多积极的发展结果相关，包括身体健康和社会经济状况——甚至在 32 岁前没有过犯罪记录（Moffitt 等，2011）。此外，最近的研究表明，作为一项指标，执行功能（如通过注意和遵守规则等行为所显示出来的执行功能）可能比一般智力更能预测就学准备（school readiness）和学业成就（如 Blair 和 Razza, 2007; Eigsti 等，2006; McClelland 等，2007）。针对社会性学习和情感学习的干预在一定程度上可能是有益的，因为它们改善了执行功能（Riggs 等，2006）。

关于执行功能的其他研究集中在所谓的"内在"执行控制，即一个人在没有明确规则的情况下指导自己、按需改变方向、制定策略的能力。例如，一项以来自科罗拉多州丹佛市的 9 岁中产阶级儿童为对象的研究显示，越是在成人主导的活动（如钢琴课和有教练指导的体育运动队的训练）中花时更多，而在自我导向的活动和同伴协商的活动中（如与其他孩子一起玩开放式游戏）花时更少的儿童，越是表现出更弱的内在执行功能（Barker 等，2014）。研究人员得出一个结论，即这些孩子在结构化学习活动中度过的时间限制了他们学会在自然的和非正式的学习境脉中管理自我的机会，而这样的自我管理对于现实世界中的有效学习至关重要。执行功能的构成部分的发展和下降方式既不是线性的，也不是二元的（全有或全无）。不论年龄相关的神经认知变化是正面的还是负面的，都取决于所涉及的具体执行过程（Spreng 等, 2010; Turner 和 Spreng, 2012）。在许多领域，老年人往往通过利用与年轻人不同的处理过程来获得良好的表现。

【72】　框栏 4-1　基于课程的执行功能干预

> "心智工具"（Tools of the Mind）是一个专为提高执行功能而设计的幼儿数学和读写项目（Bodrova 和 Leong, 2007）。课程强调在共享的活动中与教师和同伴进行社会性互动。教师对如何使用语言、数字系统、图表或绘图等学习工具做出示范并提供脚手架。儿童通过符号游戏和共同开发学习计划和目标来进行互动并练习自我调节。例如，"数字游戏"（Numerals Game）促进了认知定势的转换。在这个数学活动中，儿童轮流扮演"行动者"和"审核者"的角色。活动要求行动者根据卡片上的数字数出相应的塑料泰迪熊。审核者将熊放在一张标有数字和相应点数的检核表上。如果泰迪熊能覆盖点数并且没有多余的熊，那么儿童就知道这个数字是正确的。研究表明，该课程的使用与所报告的行为问题的减少以及与在执行功能任务中的得分提高之间具有相关性（Barnett 等, 2008; Diamond 等, 2007）。

学习的自我调节

理解和指导自身学习的能力不仅在学校而且在整个生命历程中都很重要。当学习者进行自我调节时，他们可以更好地控制学习的策略和行为。自我调节使他们通过自愿设定学习目标、识别实现目标的方法、积极寻求这些方法以及跟踪目标进展来更有效地引导他们的认知活动。对一个人的学习进行调节需要【73】监控活动、思想和情绪，并进行必要的调整以实现目标（Loyens 等, 2008）。当教育者的期望能够考虑到学习者的兴趣，并考虑到学习者在不同发展阶段相应的学业任务时，学习者就能够对他们的目标负责，并认为他们有能力做出与自身的学习模式相关的重要决策，这也可以促进他们对于学习的自我调节（Patall，2013）。

自我调节是广义元认知概念的一个关键要素，元认知即反思和监控自身认知过程的能力。对认知的监控和调节是一组相互关联的过程。监控过程是指评估自己的认知活动的过程，这些认知过程包括学习和记忆。调节过程使得个体能够通过自身的监控来控制决策的过程和行动（Bjork 等，2013; Dunlosky 和 Metcalfe, 2009）。

该领域越来越多的研究表明人在正式的教育环境中调节自身的学习是多么困难，同时也强调对提高学习的自我调节能力开展相应的培训是有价值的。在过去十年中，学习的自我调节所涉及的复杂过程已成为大量理论研究和实验研究的主题［Vohs 和 Bauminster（2017）的编著是一本关于最新研究的综合性手册］。相关研究已经提出了许多用于描述自我调节过程的模型，这些模型指出了提高学习者引导自身学习能力的干预方向（Panadero, 2017）。例如，哈蒂和多诺霍（Hattie 和 Donoghue, 2016）从关于学习策略的研究文献中识别出了 400 多种策略。这部分的研究探讨了人类基本的调节过程，以及其对情感、欲望和习惯的影响，人格特质在其中的作用，自我调节所涉及的生理过程及其发展方式，此外还探讨了很多其他问题（本报告的第 7 章讨论了教育工作者促进学生进行自我调节的方法）。

随着我们对个体调节学习的能力所涉及的各种变量的认识不断加深，要简洁地界定这些认识所涉及的内容也就变得复杂起来。但是，这一概念通常被理解为包括个人特质、学习境脉、动机过程和调节过程，所有这些因素都会影响学习结果。自我调节既是一种自我引导的过程，也是一套思维模式，学习者通过这种模式组织自己的活动从而培养技能。成功的自我调节学习者已经培养出了成为有效学习者的技能和习惯，表现出有效的学习策略、努力和坚持。

有一种表述将自我调节描述为投资学习的意愿、好奇心和探索未知的意愿，以及追求对内容的更深入理解的技能之间的相互作用（Hattie 和 Donoghue, 2016）。换句话说，它是"（学习者）根据完成目标的需要而进行的一种自我纠正式的调整，以保持其行驶在正确的轨道上，无论（学习者的）目标是什么"

(Carver 和 Scheier, 2017, p.3)。内在的目标以及对经验的反应从内部驱动了这种能力。影响自我调节的因素有很多，从睡眠到人格特质，再到社会和文化的影响等。该领域的研究正在不断进行，对学习的自我调节的重要性和复杂性的认识也在持续扩展。

记忆

《人是如何学习的Ⅰ》总结了神经科学家和认知科学家关于记忆过程的研究（National Research Council, 2000）。这项研究表明，记忆不是发生在大脑单个区域的单一构造。相反，它包括不同类型的过程，这些过程与不同的记忆功能相关联。除了记忆过程本身很复杂之外，它们与诸如进行概括（如区分、归类）和推理（如理解、意义建构、因果推断）等其他学习过程的相互作用也很复杂。

人们通常用有关空间存储和搜索的隐喻来类比记忆编码和提取（Roediger, 1980）。在这个隐喻中，心智被想象成一个物理空间，知识（记忆）被想象成存储在那个空间中的物件。例如，知识可以被描绘为存储在图书馆书架上的书籍的集合，或者是存储在文件柜中的文件，或者是存储在计算机硬盘驱动器上的数字文件。因此，学习被想象为创建和存储包含了各种知识的新文件的过程，而学习者希望在需要时可以找到这些文件。

这种从心智文件柜的视角来认识心智和记忆的观点是有说服力的，但研究者并不认同知识（记忆）是由储存于心智中的各种经验副本构成的这一想法。相反，学习和记忆系统使人们能够在不存储知识副本的情况下产生知识。身体的很多其他系统也是以类似的方式工作。例如，视觉系统使我们能够感知世界中的物体，但这些物体的副本不会存储在眼睛中。感官系统使我们能够体验各种各样的感觉，但并没有将它们存储在体内。想想如果你捏住自己的手臂并感受到疼痛时会发生什么。如果说当你的手臂受到挤压时，疼痛会从"储存"在你手臂的某个地方被"提取"出来，这听起来会很奇怪。相反，感官系统提供了恰当的架构，可以向大脑传达信息，随后大脑将感知刺激构建到经验之中。

重建记忆

存储隐喻没有搞清楚的一个事实是：学习实际上涉及的是基于过去的经验和当前环境中的线索来**重建**记忆的技能，而不是单纯地对经验副本进行再现。记忆在整个大脑中的编码和存储方式使得重建成为可能。每个人都从主观角度处理记忆，这样他自己对同一信息或情节的记忆就不会与另一个人的记忆相同。重要的一点是，有些知识的重建是非常内隐和自动的，以至于感觉起来非常流畅，不像是重建。例如，对于熟练的读者和作者来说，没有必要不断地、有意识地重建对语法的记忆（参见本报告第3章关于学习类型的讨论）。

【75】

当一个人构建一种体验时，关于该体验的**表征**会留在大脑中，以后她可能会使用这种表征。表征不是对世界的完美复制，而是个人主观阐释和感知的部分记录，它们的形成反过来又受到先前知识、经验、感知能力和大脑过程的影响。将"发生了什么"转换为心智表征所涉及的过程被称为**编码**。随着时间的推移并通过睡眠，可以对经过编码的记忆进行**巩固**，通过巩固这一过程，与此相关联的神经联结能够得以增强，而记忆或者说对经验的表征也能够得以稳定下来或储存起来。**提取**是指对过去的经验进行记忆重建所涉及的过程。提取过程是由学习者所处环境中的**提取线索**（如提示、提问或要解决的问题）或学习者大脑中的**提取线索**（与记忆有某种关联的其他想法或观点）来触发和引导的。

例如，在练习吉他时，学生的眼睛扫过乐谱上的印记，由视觉输入在脑后部的主要视觉区域登记，创建了音乐模式的视觉部分。同时，学生在弹奏吉他时所创造的声音通过在听觉区域的登记也促进了音乐模式的创建，其中有些声音与乐谱上的印记一致，而另一些则不然。通过对学生演奏时手指放在吉他琴颈上的位置进行登记，躯体感觉区域也参与到音乐模式的创建中。虽然来自于每个感觉通道的输入都登记在大脑的不同区域（统称为信息加工系统），但它们都被连接在一起成为所谓的联合区，构成了"演奏音乐"这一统一的体验。与此同时，脑中的联合区和感觉—运动区域包含了以前的吉他弹奏经验和其他活动与知识所存留下来的模式痕迹，它们被**再次激活**，使得当前的吉他弹奏经验能够借助个人先前的学习与期望得到进一步丰富。对于长期的技能发展和学习发生而言，必须将形成当前经验的分布式输入模式（视觉、运动、听觉、情绪等）与对先前经验的存储记忆表征加以巩固和整合。这就是为什么需要刻意练习才能实现长期稳健的学习。

[76] 因为记忆是重建的，所以它们不会很快固定下来；每当回忆起某些事情时，它们就会被重建，而且每次重建都会考虑到当前的知识、期望和境脉。因此，记忆不是固定的，而是随着时间的推移发生改变，可能会省略细节或者会增加一些并未发生的虚假细节。当人们反复记住同一事件时，这一点尤其明显：随着新的信息和建议逐步融入到丰富且可能是多感官参与的表征中，这些表征又会在大脑中得到物理固化，以致人们所报告的东西会随着时间的推移而有所不同。

赫斯特（Hirst）及其同事的一项研究表明，即使对于像 2001 年 9 月 11 日美国发生的袭击事件（"911 事件"）这样高度情绪化的和独特的事件，一个人在记忆时也会启动重建过程（Hirst 等，2015）。研究者要求人们报告他们对 "911 事件" 的记忆：他们对于事件的了解情况以及关于袭击本身的细节。这一调查研究开始于事件发生后的约 1 周，终止于约十年后，研究者在这十年间，分四次对这些人的记忆进行了调查。他们发现，参与研究的被试忘记了自己在第一年报告的许多细节，而且随着时间的推移，他们的报告也发生了改变，即使是那些充满感情的、独特的 "闪光灯记忆" 也发生了改变。

然而，不仅仅是复杂的知识和事件需要通过记忆过程加以重建，即使是像在短时间内记住一个简短的单词列表这样一个简单任务也需要积极的重建。例如，在 1995 年的一项研究中，研究者让被试听一组相关的单词，如，bed（床）、rest（休息）、tired（累了）、awake（醒来）、dream（梦）、snooze（打盹），然后回忆尽可能多的单词，结果发现他们很可能会回忆起并不在词汇表上的相关词汇，例如，sleep（睡眠）（Roediger 和 McDermott，1995）。该研究表明，被试不是简单地对经过编码的单词的副本进行再现，而是积极地尝试重建，即便是在对待一个简短的单词列表这样简单的事情时也是如此。

重建知识涉及的过程是由线索驱动的，这一事实已经在记忆研究领域中得到了确立。早在1923年，一位研究者就发现了被试在回忆美国各州（当时是48个州）时的能力差异，研究者要求被试对美国各州进行两次回忆，其中间隔30分钟，两次回忆中唯一的差异是提取境脉的不同（Brown, 1923）。学习者所处环境中的提取线索对于其能够回忆的内容是至关重要的，提取境脉和线索环境上的变化会改变一个人在任一特定时刻即时表达的内容（Tulving和Thomson, 1973）。因此，如果一个人在特定时刻没有记住某个事实或技能，那并不一定意味着他没有必要的知识。

研究已经表明，无论是面对复杂的学习场景还是面对简单的学习场景，给出提取线索都是非常重要的。在另一项经典研究中，安德森和皮切特（Anderson和Pichert, 1978）让学生阅读一个关于发生在一座房子中一系列事件的故事，然后从两个视角回忆故事的细节：窃贼的视角或购房者的视角。当学生转换视角时，他们回忆起了他们第一次从另一个视角没有回忆起的新信息。其中发生变化的仅仅是知识提取的条件。学生们编码并存储了相同的故事，但他们回忆起的内容取决于他们所关注的线索。在一项类似的研究中，吉克和霍利约克（Gick和Holyoak, 1980, 1983）发现，人们解决问题的能力随着提取环境的变化而有着明显不同——在该研究中，被试收到的要用于解决问题的提示是有关如何使用材料的说明。

【77】

这项研究对教育工作者和其他有兴趣评估学习的人来说有两个彼此关联的启发。首先，不应该过于看重任何对于学习者的知识和技能的某一次评价。其次，在与记忆内容相关的有利情境中，记忆更容易获得重建。学习者提取特定知识和技能的方式因触发重建的线索而存在差异；另一方面，这些线索又部分依赖于学习者当时的情绪状态、社会性状态和认知状态。例如，一个棒球打得很好的学生在比赛中调用统计知识时可能毫无困难，但在高风险的数学考试中却可能一筹莫展。为了在一定程度上避免这个问题，一些研究者提出使用动态评估，它可以为学习者提供多种评价，并允许在学习者进行尝试时进行某种形式的指导或反馈（Koedinger等, 2012）。另一个策略是帮助学习者认识并利用他们在其他方面的优势。例如，棒球运动员在数学测试时忘记统计学知识时教师可以提醒他想想棒球比赛，也可以鼓励在家帮助家长烹饪的儿童将她对配料表成分比例的理解与数学课上学习正式比例时如何利用这些知识联系起来。

工作记忆与长时记忆

信息可以在大脑中短时运行以满足特定活动的需要，也可以长期保留，以便可以在将来和其他经验一起被提取出来。长期记忆对于学习的重要性是显而易见的，不过短时记忆或者说工作记忆在心算（比如计算小费）和阅读这样的复杂认知任务和日常活动中也起着重要的作用（Moscovitch, 1992）。

工作记忆

在实践中，工作记忆与包括数学技能和阅读技能在内的学业成就相关（如 Bull 和 Scerif, 2001; Nevo 和 Breznitz, 2011）。暂时记住信息并对其进行操作对于记住冗长的指令或持续跟进正在解决的问题这样关键的学习任务而言非常必要，而工作记忆能力过低则会使儿童面临学习进展不佳的风险（Alloway 和 Gathercole, 2006; Alloway 等, 2009）。低工作记忆也与学习障碍有关（如 Gathercole 等, 2006; Geary 等, 2012; Smith-Spark 和 Fisk, 2007; Wang 和 Gathercole, 2013），并且与诸如注意力缺陷、多动症等发展障碍（如 Willcutt 等, 2005）、特定语言障碍（如 Briscoe 和 Rankin, 2009）以及自闭症（如 Williams 等, 2006）也存在相关。

工作记忆表现从中年开始下降（Bopp 和 Verhaeghen, 2005; Park 等, 2002; Verhaeghen 和 Salthouse, 1997）。这种下降的主要原因似乎是与年龄相关的注意力控制存在困难（Fabiani 等, 2006; Hasher 等, 2008）。随着时间的改变，工作记忆能力的个体间差异仍然相对稳定，但最近的研究表明，儿童时期施加的干预可能有助于特定的工作记忆结果（Holmes 等, 2009; Thorell 等, 2009）。

长时记忆

长时记忆有三种类型：程序记忆、事件记忆[1]和语义记忆。程序记忆或内隐记忆是无意识的，但另外两种记忆涉及到对过去事件的有意识的认识，这些事件可能是发生于个人历史经验中的事件（如第一次与一个朋友会面的事件记

---

[1] 此处"事件记忆"英文是 episodic memory，又译为"情节记忆"。——译者注。

忆），也可能是并非源于个人经验的事实或概念（如对各州首府的语义记忆）。像学习弹奏吉他这样的复杂操作既涉及旨在提高指法的（使用内隐记忆进行的）渐进的、累积的动作学习过程；也涉及将课上所学习的特定技能努力内化并随后复现的事件记忆过程，比如弹奏一段和弦；还涉及对调号这类信息的语义记忆，以及成功演奏优美音乐的情感记忆。

尽管一些记忆可能会持续一生，但所有记忆都会随着时间的推移而被重新加工，而且大多数记忆都会遭到破坏和干扰，并且很快会被遗忘。如果在后来的某个时间，学吉他的这个学生通过一个相关的线索或提示，想起某个特定的吉他练习事件并试图去回忆它，那么他将无法在他的记忆中重建整个事件，或者像以前练习时那样演奏，因为，毫无疑问的是，一些必要的表征和运动序列会被削弱或丢失。此外，他还将经历其他类似的音乐事件和弹奏吉他的事件；他对吉他练习事件的记忆涉及到的一些信息实际上并不是特定练习事件的一部分，而只是与之相一致而已。

新的学习刚开始时，大脑处在一种分布式的神经激活模式中，我们必须将其稳定下来，并与已有的知识库整合起来，这样，新的学习内容才能作为长期记忆被保留下来。这一事实给年龄较小的学习者带来了挑战。其中一个原因是年龄较小的学习者用来记录、稳定和整合经验，以及随后从储存的经验中提取经验的神经机制相对不成熟，因此效率较低且效果不好。年龄较小的学习者（以及某个领域的初学者）所拥有的可以用来回忆或重新激活相似情境中的先前经验的记忆也比较少。打个比方，虽然学习经验本身可能非常丰富，但是当我们用不成熟的神经结构，加之以并不完善的认知、文化和社会情感期待或图式去处理它时，它可能会失去许多本身的属性和特征，这就使得我们对经验的表征（记忆）变得贫乏。成年人更成熟的神经结构和网络设法保留了原始体验的更多特征。因此，对于许多正式学习领域而言，相对于年龄较大的学习者，年龄较小的学习者通常需要更多的支持。同时，年龄较小的学习者可能对某些类型的学习非常敏感，例如，他们可能会从父母对自己行为的情绪反应中进行学习。

长时记忆能力存在文化上的差异，几项有关欧裔美国人、亚洲人和亚裔美国人对于特定事件的详细回忆能力的比较研究已经发现了这一点（Han 等，1998; Mullen, 1994; Wang, 2004; Wang 和 Conway, 2004; 相关评论可参见 Wang 和 Ross, 2007；亦可参见 Ji 等，2009，它从学术背景上提出了一个相反的模式）。这些研究人员已经确定，从学龄前儿童到成年人在回忆上都存在差异，并提出了几种假设来解释它们。其假设是，文化上的传统和差异（如成年人向学龄前儿童谈论个人经验的方式）可能会导致学习者关注他们所经历的事件的不同方面（如 Leichtman 等，2000; Wang, 2009），或者，人们倾向于以不同的方式使用个人记忆——例如指导决策或学习道德课程和规范（如 Alea 和 Wang, 2015; Alea 等，2015; Basso, 1996; Kulkofsky 等，2009; Maki 等，2015; Nile 和 Van Bergen, 2015; Wang 和 Conway, 2004）。

这项研究尚未明确地确定文化差异的存在或其存在的基础，我们也注意到将群体间的差异过度泛化可能存在风险。然而，它确实表明，文化可能会影响事件记忆的本质和形式。

对学习事件的记忆

对新学习的事件记忆至关重要，因为它可以快速甚至一次性地学习和保留新信息（如 Bauer 和 Varga, 2015）。它是发展过程中和整个生命时期中认知增长的基石之一。学习者在生命前二十年中经历的最重要的一个变化是他们所记住的信息量的增加。随着年轻学习者的成长发展，他们的记忆也变得更加刻意并更有策略，而且他们也加强了对所学材料的组织（如 Bjorklund 等，2009）。他们对材料进行概念化以及对不同特征和过程进行关注的组织过程取决于他们的发展和环境，因此这种组织也是具有极高的文化性和情境性的。随着儿童的发展，他们越来越意识到自己和他人的记忆过程（即他们的**元记忆**得到了改善），这使他们能够采用信息处理资源来协助不断增长的记忆需求（见框栏4-2）。

虽然有关很多独特学习事件的记忆甚至会一直持续到老年，但随着年龄的增长，人们往往难以形成对新的事件的记忆。正常的衰老过程伴随着事件记忆的逐渐下降，这种下降早在20多岁时就开始，并在60岁后急剧加速

（Salthouse，2009）。这种下降与事件记忆在一个关键方面的退化有关：即将某事件锚定或绑定于某一过去经验、某一地点的能力（如 Fandakova 等，2014；Wheeler 等，1997）。这种退化可以通过多种方式表现出来。老年人比年轻人更容易忘记事件发生的地点和时间，或者错误地将不同事件的因素结合在一起（Spencer 和 Raz，1995）。老年人也可能比年轻人更容易将不相关的细节绑定在一起（Campbell 等，2010）。

框栏 4-2　帮助孩子发展记忆的技能

一些研究者通过培育认知活动来支持幼儿记忆的技术方法，这些认知活动可以增加信息处理的深度（Coffman 等，2008）。这些技术方法包括制定战略建议，提出元认知问题，以及通过特定方式对教学活动加以结构化从而支持对先前知识的精制与联结（Coffman 等，2008）。科弗曼（Coffman）及其同事研究了这些技术方法在一年级课堂中的应用，发现有证据显示，应用这些技术方法的正面效应具有可持续性，其效应会超越应用技术方法的这个教学年度，即这种早期经验对儿童的记忆结构产生了持久的变化（Ornstein 等，2010）。另一项在二年级学生中进行的研究也得出了相似的结论（Grammer 等，2013）。如表 4-1 所示，研究实验中，有一些教师使用了功能丰富的教学脚本来帮助学习者记忆，而另外一些教师使用了并非旨在培养学习者学习策略的教学脚本。结果表明，接受第一种教学的儿童在问题解决能力方面表现出显著进步，而且这种提高在干预结束后还持续了 1 个月之久。

表 4-1　与记忆相关的教学技术方法

	定　义	举　例
教学技术		
策略建议	建议儿童采用某种方法或程序来记忆或处理信息	"如果你在思考如何将轮和轴连接起来时有困难，你可以看看这张图来获得帮助。"

（续表）

	定 义	举 例
元认知问题	要求儿童提供一种自己可能会使用或者已经使用的策略，或是让其说明她使用某种策略的理由	"你是怎么发现建造一个牢固的结构需要多少个部件的？你是怎么知道这样能行的？"
伴随精细化记忆需求的教学技术方法		
教学活动	要求从记忆中提取信息，并要求教师呈现教学信息	"今天我们将建造我们自己的小汽车。谁知道在建造一个新结构时第一个步骤是什么？"
认知结构化活动	要求从记忆中提取信息，要求教师的教学能够影响信息的编码和提取，例如集中注意力或者对材料进行组织	"所有这些交通方式都有轮子。你在镇上还见到其他哪种有轮子的交通工具？"
元认知	要求从记忆中提取信息，并提供或征询元认知信息	"这是哪种齿轮？你是用什么线索找到它的？"

资料来源：Grammer 等（2013, p.21）。

随着人们年龄的增长，记忆的巩固和提取过程的变化也可能影响学习。老年化过程中的记忆巩固会影响人们整合信息的能力。即使信息仍然被保存于工作记忆中，这些缺陷也可能出现，至少，这在一定程度上反映了人们在老年化的过程中，维持经验特征并将其编码为统一表征的能力有所降低（如 Mitchell 等，2000; Peich 等，2013; van Geldorp 等，2015）。为老年人提供增强记忆巩固的策略有助于减少老年人在记忆绑定方面的缺陷，这一发现也证实了上述观点（如 Craik 和 Rose, 2012; Naveh-Benjamin 和 Kilb, 2012; Naveh-Benjamin 等，2007; Old 和 Naveh-Benjamin, 2012）。另一种可能的解释是，老年人偏向于**模式完成**（pattern completion）：即部分或退化的记忆线索触发个体使用其他先前知识和经验来重建完整记忆表征的过程（Stark 等，2010）。

"绑定"和"模式完成"可能在某种程度上解释了为什么老年人比年轻人更有可能保留事件的"要点"而不是具体细节。例如，在阅读了一个相关单词的列表后，老年人可能比年轻人更难以记住列表中列出的每个单词，但他们至少可以与年轻人一样记住列表的主题，或者是他们可能会错误地记住一些没有出现在列表里但是和列表主题相关的单词。同样，老年人更容易记住故事的寓意而不是其细节（Adams 等，1990），他们讲述自传式的过往事件时更多会涉及一般性细节而非具体细节（如 Schacter 等，2013）。研究表明，记忆在特异性方面的下降可能始于中年，基于要点的假记忆（gist-based false memory）在成年人 50 岁时就已经明显增加（Alexander 等，2015）。

虽然这些年龄上的差异通常被视为缺陷，但它们并不总是导致衰退，而且实际上可能是有用的。随着年龄的增长，转向基于要点的记忆可能会使老年人比年轻人更容易记住"大局"或重要的意蕴（McGinnis 等，2008）。"模式完成"的偏向也可能使老年人注意事件之间的联系和不同经验的整合，这些能力通常被认为是随着年龄增长而获得的智慧的一部分（Baltes 和 Staudinger，2000）。

结论

执行功能和自我调节是支持学习的关键过程。两者都涉及一系列关乎在学校中获得成功的过程。自我调节涉及许多复杂的组成部分，研究人员正积极致力于理解这些组成部分如何相互作用以及如何支持其发展。

记忆是大多数类型学习的重要基础。人们的学习和记忆系统使他们能够利用过去的经验来适应和解决当前的问题。这种根据需要，通过检索记忆来利用过往的能力在本质上是一种重建。记忆不是一个搜索信息和经验在心智表征中的存储副本的过程，而是由学习者所在环境中的线索触发的一系列过程，通过这一过程，学习者重建这些经验并为它们建立新的联系。学习者所在环境中的可用线索对于其能够回忆的内容至关重要，这些线索也在学习者开始将新信息整合为知识的过程中发挥作用。

结论 4-1 成功的学习需要协调多种认知过程，这些过程涉及大脑中的不同网络。为了协调这些过程，个体需要能够监控和调节自身的学习。监控和调节学习的能力在人的成长过程中是变动不居的,并可通过干预措施加以改进。

  结论4-2 记忆是大多数类型学习的重要基础。记忆涉及重建,而不单纯是提取经过编码的心智表征的精确副本。学习者所在环境中可用的线索对于其能够回忆的内容至关重要;这些线索也在学习者开始将新信息整合为知识的过程中发挥作用。

第 5 章　知识与推理

本章探讨作为学习之首要成果的知识的发展，以及知识的积累和专长如何影响学习。《人是如何学习的 I》也强调了这些主题，但随后的研究已深化和拓展了我们对不同学习领域中这些主题的理解。本章第一节站在学习科学家的角度看待知识整合的问题，并通过研究发现说明人们是如何在他们发展的不同阶段和不同学习情境中整合他们的知识的。第二节呈现了知识积累和专长是如何影响学习的相关发现。本章的后半部分讨论支持学习的策略。委员会在本章中采纳了来自于实验室以及来自于课堂的研究。

《人是如何学习的 I》指出，大脑通过将结构施加于新的知觉和经验而积极地储存和回忆信息（National Research Council, 2000）。《人是如何学习的 I》重点关注的一个方面是专家如何组织某个领域的知识，从而使他们能够轻松地对新信息进行分类并确定新信息与已有知识之间的关联。新手由于缺乏这些框架，所以更难同化和回忆他们遇到的新信息。本章通过对《人是如何学习的 I》之后的相关研究的分析，对《人是如何学习的 I》中讨论的这些主题进行了拓展。

建立知识基础

知识整合是学习者将不同类型的信息和经验放在一起，识别和建立关系，并拓展出用以连接它们的框架的过程。学习者不仅必须从个人经验的事件中积累知识，还必须整合他们在不同时间、地点、环境中获得的知识，以及知识呈现的不同形式（Esposito 和 Bauer，2017）。人们在分散的事件中获得的知识是如何被整合到一起的，有关这一问题的争论已经持续了几十年（Karmiloff-Smith，1986，1990；Mandler，1988；Nelson，1974）。一些研究者认为，婴儿天生就具有基础知识，这些基础知识为他们的学习和推理提供了必需的要素（Spelke，2004；Spelke 和 Kinzler，2007），或者说，婴儿可以在基本的与生俱来的反射基础上，积极地与世界互动，并逐步建立起技能和知识（Fischer 和 Bidell，2006）。不过，也有一部分人则认为，所有知识都是通过个体与世界互动的直接经验产生的（Greeno 等，1996；Packer，1985）。

最近的研究表明，知识的整合是事件记忆形成与巩固过程中的天然副产品（Bauer，2009；Bauer 等，2012）。如第 4 章中所述，在巩固记忆的时候，学习者会将构成经验的元素表征（如视觉、听觉、触觉）联系在一起，这些联系有助于他们稳固记忆。同时，这些表征也可能与先前经验中已储存在长时记忆中的旧记忆联系在一起（Zola 和 Squire，2000）。新旧记忆痕迹能被整合这一事实表明，这些记忆痕迹并非是一成不变的。新存储的记忆痕迹中与旧记忆相同的元素会重新激活旧记忆，巩固新记忆的同时，旧记忆也会被重组和重新巩固（Nader，2003）。任何一个学习事件的信息在随后被提取时，新旧记忆痕迹中的元素都会被重新激活，并同时可用于重新整合。随着拥有共同元素的记忆痕迹同时被激活和连接，知识得到拓展，记忆被不断重新加工。图 5-1 阐释了这一过程。

这些被连接在一起的痕迹会与学习者后来获得的其他新信息整合在一起，由此另一个新的记忆痕迹又会得到巩固。有趣的是，也许正是这一来自不同事件的信息整合过程，可以解释为什么人们有时无法解释他们何时何地获得了特定知识。由于记忆整合所产生的信息并非来自于单一事件，因此这些信息无法对其自身来源作出标记（Bauer 和 Jackson，2015）。

框栏 5-1 呈现了有关儿童与大学生在知识获取方面的研究，表明人们在非常年幼的时候就有能力去整合没有关联的知识并保持这种知识。这些研究强调

图 5-1 对记忆整合的描绘

注：想象一下，当你在公园散步的时候，遇见了一位遛狗的女士（初始经验）。这一经验与一组同时被其激活的神经元相联结（激活的神经表征用蓝盘表示）。后来，你在城里散步时遇到了同一条狗，但这次是一位男士在遛它（知觉上的交叠事件）。狗（共同元素）触发了你在公园里的初始经验的重新激活。这一重新激活使得关于狗、女士和男士的神经表征形成了联结，也使得事件随时间的推移而联系起来。这种记忆的整合可以让你创造新的知识。也就是说，尽管你没有看到这位男士和女士在一起，但是你已经知道他们之间存在某种关系。

资料来源：改编自 Schlichting 和 Preston（2015, Fig.1）。

了学习者的积极作用，也就是说，即便是幼儿，也并非是简单地直接从他们的经验中积累知识，而是从他们理解的很多事情中建构知识，随着时间的推移，为了做到这些所需要的重复与外部支持越来越少。

框栏 5-1　关于知识获取过程中的发展差异案例

> 从 4 岁开始，儿童就能够整合离散但相关的新学习事件片段，生成新的事实性知识，并且儿童的这一能力会随年龄的增长而显著提升（Bauer 和 San Souci, 2010; Brown 等，1986; Holyoak 等，1984）。
>
> 鲍尔和苏西（Bauer 和 San Souci, 2010）着手研究的是 4 岁和 6 岁儿童在不同的事件中所学的信息是否会在记忆中形成联系，以及这两个年龄段儿童的知识积累过程是否相同。这项研究中的儿童听了两篇相关的文章，其中包含了两个新的事实，并且这两个事实可以整合成第三个新事

实。其中一篇文章提到世界上最大的火山在夏威夷，另一篇文章提到莫纳罗亚火山是世界上最大的火山。通过整合这两个事实，孩子们应当可以知道莫纳罗亚的地理位置。实验表明，当面临一个能够激发知识整合的开放式问题（"莫纳罗亚在哪里？"）时，三分之二的 6 岁儿童能够作出正确回答。而在 4 岁儿童中，13% 的人能够从一组选项中选出正确的答案，62% 的人能够认出正确的答案。在只有一篇文章的对照条件下，儿童没有产生整合事实，这说明整合和自我生成是新知识的来源。生成整合性事实的孩子也可能同时回忆起呈现给他们的两个新事实。

此外，6 岁的儿童在整合和回忆来自不同学习事件的事实时更少依赖重复和外部支持。年龄更大的儿童能够更容易地整合和回忆事实，可能的原因包括更快的处理速度（Kail 和 Miller, 2006）、更大的知识库使联结更明显（Chi 等, 1989a），以及更有意地使用先前知识和新信息（Bjorklund 等, 2009）。

类似的研究也表明，随着时间的推移，幼儿会保留新的自我生成的信息（Bauer 和 Larkina, 2016; Varga 和 Bauer, 2013）。通过整合而自我生成的信息被高度保留这一点表明，它可能是幼年时期语义知识快速积累的一种机制（这些研究是利用诸如颜色名这类基本的事实知识来证明的）（Bauer 和 Varga, 2015; 另见 Varga 等, 2016）。

一项针对大学生群体的类似研究也对通过整合独立但相关的事件从而自我生成新的事实知识进行了考察（Bauer 和 Jackson, 2015）。在这项研究中，学生们阅读了大量他们之前不知道的事实，然后对他们从所给信息中整合知识的能力进行了测试。在测试中，如果通过整合所给事实可以得到正确答案，那么学生选择正确答案的几率是 56%。相反，如果无法对先前事实进行整合（比如在测验中出现的新词），学生选择正确答案的几率只有 27%（大约是随机预期的几率）。

在另一组大学生中，研究者通过测量他们大脑皮层的脑电变化来研究这一过程，这种脑电变化是由神经元为应对某种刺激而放电产生的

（Bauer 和 Jackson, 2015）。同样，研究也是让学生阅读一组事实，然后测试他们整合知识的能力。测量结果显示，被试能快速地将自我生成的新事实转换为已经非常熟悉的知识状态（见图 5-1-1）。换句话说，新整合的知识已经进入这些学生的知识库。

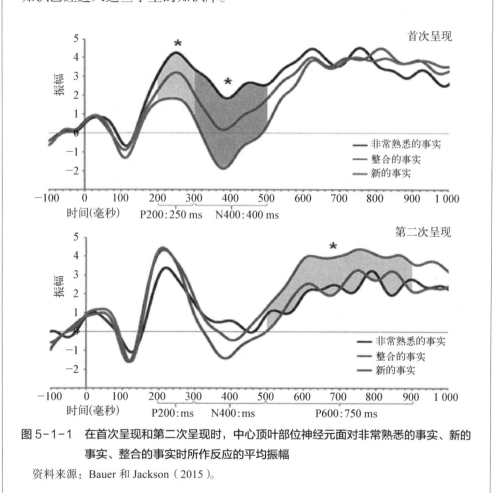

图 5-1-1　在首次呈现和第二次呈现时，中心顶叶部位神经元面对非常熟悉的事实、新的事实、整合的事实时所作反应的平均振幅

资料来源：Bauer 和 Jackson（2015）。

正如第 2 章所讨论的，充足的睡眠对知识整合和学习十分重要。大脑在睡眠时会继续进行编码和巩固，并且促进不同学习事件的归纳（Coutanche 等，2013; Van Kesteren 等, 2010）。具体而言，睡眠时，海马体（在记忆整合中扮演重要角色）的激活似乎能使记忆痕迹在脑皮层之间形成联结。这一过程促进了新信息向已有记忆痕迹的整合，使得不同学习事件之间的抽象成为可能（Lewis 和 Durant, 2011），并且可能会生成新的联结，这些联结可能是富有创造性和具有洞察力的，也可能是怪异的（Diekelmann 和 Born, 2010）。

知识与专长

当人们反复进入相似的情境或话题时，他们会形成一种心理表征，这种心理表征将不同的事实和行为联系起来，形成更有效的心理结构，以便于他们与世界进行互动。比如，当人们刚刚搬到一个新社区时，他们可能会了解一组两点之间的路线，这些路线是离散的。比如，从家到学校或从家到杂货店的路线。随着时间的推移，他们会自然而然地发展出对这些空间关系的心理表征或心理地图，将这些离散的路线缝合在一起。即使人们从未走过学校和杂货店之间的路线，他们也能通过查阅他们的心理地图而找到最有效的路线（Thorndyke 和 Hayes-Roth, 1982）。专家如何通过在特定领域的长期经验建立起信息框架和理解框架，是《人是如何学习的Ⅰ》的研究核心。在这一节，我们会简要描述专长的益处（《人是如何学习的Ⅰ》对此有更详细的讨论），然后我们会讨论专长也可能带来的知识相关的偏向性。

专长的益处

获取知识的一个最有据可查的益处是提高了人们完成重复性任务的速度和准确性：记住一个解决方案比解决一个问题快。另一益处是拥有专长的人能够处理不断变得复杂的问题。他们能这么做的一个原因是他们掌握了子步骤，这样每个子步骤就成了一个不需要投入注意力的知识块（如 Gobet 等, 2001）。人们也通过发展心理表征来学习处理复杂任务，这种心理表征能够使特定任务更容易完成。波多野和大泽（Hatano 和 Osawa, 1983）研究珠算大师时发现，即使大师面前没有算盘，他们对数字的记忆也非常深刻，并且可以用非常庞大的数字进行加法运算，这是因为大师们已经发展出了对珠算的心理表征，可以进行虚拟的操作。而在没有虚拟算盘辅助的任务上，如对字母或水果的记忆和保持跟踪，这些大师并未显示出同样卓越的能力。

第三个益处是提升了从环境中提取相关信息的能力。专家不仅拥有比新手更完备的知识表征，而且可以更好地感知与这些表征有关的信息。比如放射科医生能够看出 X 射线光片中显示的图样意义，而同样的光片对新手来说不过是一团阴影（Myles-Worsley 等，1988）。精确识别信息的能力帮助专家形成对这些现象更为分化的表征。这种能力意味着学生需要学会从环境中识别相关信息以区分概念，比如，区分正负曲线斜率的差异（Kellman 等，2010）。

第四个益处是获取专家知识有助于人们将环境视为资源并加以运用。人们可以通过利用分布式认知，把一些任务的认知需求卸载转移到他们所处的环境中或其他人身上（Hollan 等，2000）。例如，学习的一个主要目标是知道到哪里寻找资源和帮助，这一能力在信息时代仍然十分重要。专家通常知道哪些工具是可用的，知道他们的关系网中哪些人拥有他们需要的专业知识。

最后，获取知识使学习新信息和相关信息变得更为容易，这有助于人们获得更多的知识。虽然与学习新知识相关的一些认知能力一般会随着年龄增长而下降，但人的整个生命时期中对于知识的不断积累抵消了这种影响，使得他们能够进行新的学习。例如，一项研究表明，当年轻人和老年人（70 多岁）听棒球比赛广播时，尽管年轻人的执行功能运作得更好，但他们对棒球知识的了解甚少，相比之下，那些知道很多棒球知识的老年人却能回忆起更多的广播内容（Hambrick 和 Engle，2002）。

作为知识的天然副作用的偏向性

随着人们知识的发展，他们的思维也会变得具有偏向性。但对学习来说，偏向有利也有弊。"偏向"这个词通常具有负面含义，但心理学家认为，偏向是知识获取的一个天然的副作用。学习的偏向通常是内隐的，学习者自己可能也未察觉。在知识获取过程中，偏向通常是在人们开始形成关于世界运作方式以及他们所处位置的图式（概念框架）时出现的，即它出现在知识获取的相对早期。这些图式帮助个体意识到，在特定情境下（如在医生的办公室，或者在朋友的聚会上），应该期待什么和注意什么，以帮助他们培养一种文化流畅性，即知道自身"周遭"的事物是如何运作的（Mourey 等，2015）。

心理学家区分了两种类型的偏向：一种是学习本身固有的偏向，这类偏向对学习者来说往往非常有用，会赋予他们学习能力；第二种是指妨碍了新知识和新技能获取的先前经验或信念。

[92]　一句常用于医学诊断场景中的格言解释了这两种偏向："当你听到马蹄声时，要想到马而不是斑马。"在美国，马比斑马更常见，所以人们更有可能遇到普通的"马"而不是罕见的"斑马"。当然，人们应该根据更多的证据来修改假设：如果发出蹄拍声的大型哺乳动物有黑白条纹，那么它很可能是斑马而不是马。因此，如果一个人在动物园看到一只有条纹的动物，但坚持认为它是一匹马而不是斑马，那么这种对新信息的抗拒就是偏向限制学习的一种强形式。一个人甚至可能会没有注意到动物园里的斑马，因为他是如此强烈地希望看到一匹马，并且只想关注马这种动物。

更复杂的是，两个先前专长水平或信念不同的人在刚开始面对相同的信息时，可能合法地拥有不同的解释。但是，如果有充分的额外信息支持某个特定的解释，那么这两个人会聚拢到一个答案上，这在需要更高水平的专业知识的情况下尤其如此。

关于人类造成的全球气候变化的信念是一个很好的例子，说明了使个人对新证据视而不见的偏向性。尽管气候学家几乎一致认为全球气候正在发生变化，而且这种变化是由人类行为导致的，但在美国，相当大比例的成年人并不接受这些对证据的解释。人们可能会认为，科学素养水平越高，人们对科学共识的认同度也会更高。然而，卡汉（Kahan）与其同事（2012）发现，在科学素养水平最高的人群中呈现明显的两极分化。那些只寻找和关注与他们先前信念一致的信息的人将会创造一个"回声室"，让他们的学习进一步笼罩在偏向（乃至"偏见"）之下。这种回声室效应通常在社交过程中被强化，因为个体更愿意与他们所认识的与自己持相似信念的人讨论这一话题。

刻板印象通过习得性偏向而持久存在，但并非所有的学习偏向都被认为有负面影响。比如一些积极的偏向能提升幸福感，促进心理健康（Taylor 和

Brown，1988），另一些可以提高对他人知觉的准确性（Funder，1995），还有一些则可能是适应性行为——比如在犯错成本高的情况下的选择性注意和行动（Haselton 和 Buss，2000；Haselton 和 Funder，2006）。韩和哈里斯（Han 和 Harris，2014）对人类认知偏向的研究进行了有益的历史综述。

当然，还有一些偏向会使知觉精细化，这类偏向能够模糊某类事物中无意义的差异，而又同时突出不同类别事物之间重要但细微的差异。例如，很小的婴儿对其语言中重要的音位差异（如对生活在英语环境中的婴儿来说，"r"和"l"的差异）以及不重要的音位差异（如对生活在日语环境中的婴儿来说"r"和"l"的差异）会做出同样的反应。随着时间的推移，婴儿会失去辨别的能力。但这种退化是有益的，这表明婴儿提高了处理自己所处语言环境的效率，这是学习的一种标志（Kuhl 等，1992）。另外，皮肤科医生可以从经验和正规培训中学习，能够对痣和代表恶性肿瘤信号的皮肤增生之间的细微特征加以区分，而未经训练的人则无法分清恶性增生与良性增生之间的区别。

偏向也会影响学习的非认知方面。在一个变化的世界中，很难保证任务环境是高度稳定的，因此，追求训练的高效率实际上可能会形成一种使新学习变得更困难的心智模式（mindset），这会阻碍动机和兴趣的继续增长与发展。比如，已经学会使用某个特定工具安排日程的人可能不愿学习新工具，因为他认为这会花费太多时间，哪怕从长远来看，这可能更有效率。在这个例子中，这个人并不是不能学习新工具，而是他对需要付出努力的信念影响了其学习动机和兴趣。这种自我归因，或关于自我的先前知识，对人们将如何对待未来的学习机会有很大影响，而这反过来又会影响他们将要学习什么（Blackwell 等，2007）。

知识整合与推理

我们已经知道，建立知识基础需要做三件事，包括积累信息（其中一些是通过留意某种情况下什么是重要的，因而也是值得关注的）、标记这些信息是否相关、整合不同事件中的相同信息。这三类活动既可以相对快速且自动化地进行，也可以通过深思熟虑慢慢地发生。然而，仅仅依靠这些过程并不能整合和拓展知识。所有年龄段的学习者都知道很多未被明确教授或未直接经历的事情，他们照常对自己积累的信息进行新的理解，并有效地拓展知识。

推论性推理

推论性推理是指在信息片段之间建立逻辑联结，从而以理解为目的来组织知识，并通过演绎推理、归纳推理和溯因推理得出结论（Seel, 2012）。推论性思维是概括、分类和理解等过程所必需的。阅读文章的行为就是一个很好的例子。要理解一篇文章，读者需要对文本中所隐含的相关信息进行推论（如 Cain 和 Oakhill, 1999; Graesser 等, 1994; Paris 和 Upton, 1976）。某些类型的推论通过整合文本中提供的不同信息，帮助读者追踪文本的含义，比如，通过识别回指照应（anaphoric references）（要理解文本中单词的含义，读者需要回溯文本中的其他观点）。其他类型的推论使得读者能够通过从文本之外获取信息（如背景知识）来填补文本的空白，从而理解文本的信息。虽然这些类型的推论对理解非常重要，但它们被认为只存在于工作记忆中，其留存的时间只够用来辅助理解（McKoon 和 Ratcliff, 1992）。

学习者做出的其他推论的留存时间可以打破工作记忆的限制，使得这些推论可以被整合入他们的知识基础中。比如，一个人既知道液体遇热膨胀，又知道温度计含有液体，他就可以整合这两条信息，从而推断温度计的工作原理是液体随热量的增长而膨胀。由此，学习者通过对先前学习事件的有效扩展而产生理解。

有效的问题解决通常需要将提取的知识加以调整和转换，以适应新的情境；因此，记忆提取必须与其他的认知过程相协调。帮助人们意识到他们先前所学与当前任务有关的一种策略是明确地给他们提示其中的相关性（Gick 和 Holyoak, 1980）。比如，这样的提示可以嵌入在文本中，可以由教师提供，也可以整合入虚拟学习平台中。另一种帮助人们意识到他们已经知道一些有用知识的策略是让人们比较与之有关的问题，从而准确地突出它们之间的共同点，增加他们回想起先前学到的具有相似性质的知识的可能性（Alfieri 等, 2013;

Gentner 等, 2009)。

科洛德纳（Kolodner）等人（2003）提供了一个例子：一位建筑师想建造一座有自然采光中庭的办公楼。建筑师意识到，她可以将熟悉的玻璃幕墙图书馆的设计重新用于这座办公楼，不过如果使用半透明的玻璃砖代替全透明的玻璃窗会更好地满足办公楼的需求。这种基于设计的推理是整合在基于问题的学习（Hmelo-Silver, 2004）活动中的。基于问题的学习强调，记忆并不是简单地被存储以供将来追忆；记忆的形成是为了能被学习者使用、重塑和灵活调整，以满足学习者广泛的推理之需。基于问题的学习其目标指向学习者学到灵活的知识运用、有效的问题解决技能、自我导向的学习、协作、内在动机。这些目标与在其他境脉中确认的、对成功生活和工作非常重要的目标是一致的（National Research Council, 2012b）。

知识与推理中与年龄相关的变化

人的学习得益于其在几十年里对世界知识的不断积累（如 Craik 和 Salthouse, 2008; Hedden 和 Gabrieli, 2004）。这种积累使得年长成年人不仅更容易提取有关世界的词汇和事实（Cavanagh 和 Blanchard-Fields, 2002），而且更容易使他们从与自己专长相关的领域获得新信息。比如，医生获得医学专长，这使得他们能比新手理解和记住医学文本中的更多信息（Patel 等, 1986）。另外，年长成年人可以利用他们丰富的世界知识来弥补某些能力的下降。比如，医学专家对工作记忆的依赖较少，因为他们可以利用自己的专长，从长期记忆中重构与当前需求相关的事实（如 Patel 和 Groen, 1991）。

学习者终其一生所积累的知识是不断增长的产物，它出自两个过程：学习者从他们的直接经验中学习到新信息的过程，以及基于推理和想象生成新信息的过程（Salthouse, 2010）。积累的知识和推理的能力这两种认知资产都与健康老龄化尤为相关。而推理能力和获取知识的能力也是相关的，也就是说，具有较高推理能力的人在一生中获得的知识可能比其同龄人更多（Ackerman 和 Beier, 2006; Beier 和 Ackerman, 2005）。推理能力是纵贯人的一生学习的决定性因素，人们正是通过推理，特别是在他们追逐自我兴趣的境脉中的推理，来终

[95]

其一生发展自身的知识（Ackerman, 1996; Cattell, 1987）。

但一般来说，在人的一生中，推理的轨迹和知识获取的轨迹是不同的。许多研究通过各种测量方法和研究设计（横向和纵向），描绘了能力随年龄变化的轨迹，并显示出相当一致的趋势：随着年龄的增长，知识的发展保持稳定，而推理能力（快速、准确地处理多个不同的事实信息而进行推论的能力）则会下降（Salthouse, 2010）。不过，推理的轨迹和知识获取的轨迹有相当大的个体差异，这与个体的健康和其他特征，以及接受教育、获取经验的机会乃至社会参与情况都有关。然而，即使成年后推论性推理能力平均而言会降低，但做出正确决策（即我们通常所说的"推理"）的能力却没有相应下降。换言之，研究表明，平均年龄为 14 岁的人面对一个复杂的或富有情感的真实情境时做出的决策，即推理，并不一定优于平均年龄为 50 岁的人；但是，14 岁的人在快速处理多种截然不同的事实性信息以做出有逻辑的、组合性的推论方面的能力更强。

能力的增长或下降不仅在个体之间有差异，在个体内部的不同阶段也会有所变化（Hertzog 等, 2008）。两个 50 岁的人可能具有非常不同的认知特征，比如，其中一个与 30 岁的人能力相当，而另一个可能更接近于 70 岁的能力。而对同一个人来说，由于某些技能的持续使用和特定领域智力的发展，不同能力会以不同的速度衰退或增长，其他不常使用的能力会消失或衰退（关于认知老化因素的讨论请见第 9 章）。如上所述，新学习取决于推理能力和知识的获取（Ackerman 和 Beier, 2006; Beier 和 Ackerman, 2005）。尽管推理能力随着年龄的增长而下降，但只要把所要学习的新信息与已有的领域知识相兼容，之前所积累的知识就会使新学习变得容易。当人们选择的教育环境、工作环境和个人爱好的环境能够利用他们随着年龄增长而建立起的知识和技能时，他们的选择使他们可以利用他们的知识库和专长来学习新的信息（Baltes 和 Baltes, 1990）。

认知能力在人的一生中以各种方式发生变化，它可能会影响一个人学习新事物的能力（见 Hartshorne 和 Germine, 2015）。比如，随着年龄的增长，学习可能更多地依赖于知识，更少地依赖于推理和对事实性信息的快速处理。然而，随着人们的发展超过了正式教育的年龄，审视人们的认知能力和学习的研究变得愈加复杂。其中一个原因是人们在标准化的教育课程之外的学习变得越来越独特，要理解这一过程，需要评估不同个体通过一生积累的各种广泛的成人经验而获得的知识（Lubinski, 2000）。第 8 章讨论了成人学习和发展的独特复杂性。

文化对推理的影响

正如第 2 章中所描述的，学习的文化性是固有的，因为个人的文化经验影响着支持他们学习、知觉和认知的生物学过程。以推理方面为例，研究者探索了人们在对生活的三大基本范畴——物理事件（朴素物理学）、生物事件（朴素生物学）、社会或心理事件（朴素心理学）进行推理时的根本差异（见 Carey, 1985, 2009; Goswami, 2002; Hirschfeld 和 Gelman, 1994; Spelke 和 Kinzler, 2007; 综述详见 Ojalehto 和 Medin, 2015c）。这些差异是引人注目的，因为每一个都反映了一套直觉原则和推论。也就是说，每个范畴都是由具有相同因果属性的实体定义的。例如，它们的运动方式可能会被标记出来：物理实体在外力的作用下运动，而生物实体则可以推动自身。研究者指出，对物理上的因果关系的感知是普遍的，而生物和心理范畴的因果推理则受文化影响，因此这些范畴对理解认知至关重要。

两项研究阐明了检验上述议题的方法。莫里斯和彭（Morris 和 Peng, 1994）给美国被试和中国被试展示了两组不同类型的动画。一组描述了（几何形状之间的）物理相互作用，而另一组描述了（鱼之间的）社会相互作用。被试就他们所看到的内容进行了回答，结果表明不同群体对内因和外因的关注度是有差异的，但这些差异取决于具体的范畴（社会范畴或物理范畴）。作者认为，社会范畴的因果关系归因易受到文化因素的影响，而物理范畴的因果关系则不易受到文化因素的影响。

贝勒（Beller）及其同事（2009）邀请德国、中国和汤加的被试指出他们认为与诸如"木头漂浮在水面上通常是因为……"这类陈述在因果上最相关的实体。被试给出的评分受他们的文化背景和正在思考的现象影响。总体来说，德国和中国的被试都只在漂浮物为固体（如木头）时才考虑载体的浮升能力，而在漂浮物为液体（如油）时则对其浮升能力不予考虑，但汤加的被试作出的反应却不一样（Beller 等, 2009; 也可参见 Bender 等, 2017）。这是一个几乎未被探索的研究领域，但迄今为止的结果表明，对物理上的因果关系的感知能力实际上可能不具有普遍性，它可能是通过文化中介的方式而习得的。

支持学习的策略

人们天生就对提高获取和保持知识的能力以及提高学习表现的方式感兴趣。研究者已经探索了支持学习和记忆的各种策略。他们发现了一些可用于组织练习以及学习新信息的几条原则，以用于提高记忆、理解新信息、形成新知识。

已有多位研究者对支持学习的具体策略的有效性进行了研究（Benassi 等, 2014; Dunlosky 等, 2013; Pashler 等, 2007）。他们所探寻的策略具有以下特点：（1）在课堂场境中使用真实性教育素材，并经过数项研究的检验；（2）对不同特点的学习者和不同材料具有普遍效应；（3）可以促进持久性的学习；（4）除了支持对事实性材料的回忆之外，还支持理解、知识应用和问题解决。他们分析发现了五种富有前景的学习策略，包括：

- 提取练习；
- 间隔练习；
- 交错练习和变式练习；
- 总结和提炼；
- 解释：质询、自我解释和教别人。

知识保持的策略

五种策略的前三项采用的是组织练习的方式，这对提高知识的保持尤为有用。

提取练习

已有证据表明，提取这种行为本身会增强学习，并且当学习者在最开始的学习活动中就练习提取时，他们在未来提取和使用知识的能力将得到增强

（Karpicke，2016；Roediger 和 Karpicke，2006b）。尽管学习者之间存在个体差异，学习材料和学习评价方式也有所不同，但提取练习被普遍证明是有益的。比如研究者发现，提取练习对具有不同特征的儿童都有效果（Lipko-Speed 等，2014；Marsh 等，2012）。研究还表明，提取练习对年长成年人来说是一种有用的记忆补救方法（Balota 等，2006；Meyer 和 Logan，2013；另见 Dunlosky 等，2013，此文对有效的学习方法进行了综述）。然而，这类研究大多考察的是相对简单的信息（如词汇）的提取，而不是深层理解。

研究还证实了提取练习对回忆文本和有关学校科目的其他信息有影响。比如，罗迪格和卡皮克（Roediger 和 Karpicke，2006a）让学生阅读简短的教育性文本，并练习回忆这些文本。其中，第一组学生读了四遍文本，而不采取任何活动对文本进行回忆；第二组学生读了三遍文本，然后通过尽可能多地写下所能记住的内容来回忆一遍文本；第三组学生只读了一遍文本，然后通过三次提取练习环节对文本内容进行回忆。学习持续一周后进行终测，发现第二组学生（进行一次提取练习）比第一组学生（只读文本而不进行提取练习）能回忆起更多的内容，而第三组学生（反复进行提取练习）在测验中表现最佳。研究结果表明，学习后尽快积极提取信息要比花同样多时间反复阅读的效果更佳。

研究证明，尝试过但失败的提取也能促进学习。失败的提取为学习者提供了反馈信号，表明他们可能不太了解信息，应该在之后的学习中调整材料编码的方式（Pyc 和 Rawson，2010）。提取失败这一行为也因此可以改进学习者的后续编码（Kornell，2014）。

这些研究表明，对学生来说，自我测试是一种练习提取的有效方式。然而，有关学生学习策略的调查研究以及有关学生自主控制自我测试的时间和频率的相关实验研究都表明，学生并未有效地或经常性地进行自我测试（Karpicke 等，2009；Kornell 和 Son，2009）。很多学生甚至从不进行自我测试，而当学生进行自我测试时，他们通常做的也只是"知识检核"（knowledge check），目的是看看自己是否能记住正在学习的内容。尽管提取是自我测试的一个重要应用，但几乎没有学生会将提取练习的行为视为学习过程的一部分而进行自我测试。相反，他们可能会仅仅提取一次，然后就认为他们已经学习了很长时间，后面就不需

【99】

要再进一步练习了。

间隔练习

研究者对间隔练习和集中练习进行了比较，发现学习者安排练习的方式对学习会有影响（Carpenter 等，2012；Kang, 2016）。集中练习是在短时间内完成所有的练习（比如，为考试突击"抱佛脚"），而间隔练习将学习事件分配在覆盖较长时间的时段中。结果表明，对于不同的学习材料（如词汇学习、语法规则、历史事实、图片、运动技能）（Carpenter 等，2012；Dempster, 1996），不同的刺激形式（如视听、文本）（Janiszewski 等，2003）和有意及无意学习（Challis, 1993；Toppino 等，2002）来说，间隔练习的效果都要优于集中练习。研究证明，间隔练习对下至4岁上至76岁的学习者都有好处（Balota 等，1989；Rea 和 Modigliani, 1987；Simone 等，2012；Toppino, 1991）。塞佩达（Cepeda）及其同事（2006）发现，无论练习与回忆相隔多久，间隔练习的效果都优于集中练习。

关于间隔练习为何比集中练习更有效，可能有很多种原因。当一道题、一个概念或一种程序在间隔一段时间后被重复时，因为发生了遗忘，学习者必须完全投入于他们第一次学习时的心理操作。而当重复立刻且集中地发生时，学习者在这样的重复中的参与是不完全的。以阅读为例，集中反复阅读之所以不能促进学习，可能是因为当人们立刻重读时，他们在第二次阅读时不会注意材料中信息最丰富、最有意义的部分，详细的解释可见杜洛斯基和罗森（Dunlosky 和 Rawson, 2005）关于自定进度阅读的研究。

一些研究者想找出最能促进记忆的间隔时间——在过多遗忘发生之前，间隔练习能产生积极效应的"最佳位置"。比如，一项五年级学生学习词汇的研究表明，两周的间隔效果最好（Sobel 等，2011）。另一项课堂环境下的间隔效应研究聚焦于一年级小学生的语音教学，该教学目标是使学生学着将声音和字母联系起来（Seabrook 等，2005）。研究表明，在两周内接受间隔练习的儿童表现明显优于每天接受单一集中训练的儿童。

有关间隔练习的文献表明，一般来说，相比于将学习集中于某一个时段，使学习事件之间至少间隔一天，利于最大限度地将内容长期保留。然而，需要注意的是，并不是间隔时间越长，学习效果就越好。学习时段如何分布是最优的，在一定程度上取决于学习材料需要在记忆中保留多长时间（即材料何时被回忆或测试）。比如，如果在学生完成最后一个学习节段后的一个月或更长时间后进行测试，那么学习应该分布在几周或几个月当中。

交错练习和变式练习

信息呈现的方式能够极大地影响学习的内容（Schyns 等，1998）和学习的效果（Goldstone, 1996）。变式学习通常是指以不同的方式练习技能，而交错学习是指将不同的活动混合在一起。相比在一个学习时段内集中安排一种技能、活动或问题（被称为"组块学习"），在一段时间内变化或交错安排不同的技能、活动或问题则能更好地促进学习。交错和变式这两种策略都可以与间隔练习混用，并且它们都能给学习者带来各种有用的挑战，或是"有价值的困难"（desirable difficulties）。研究者已经发现了变式练习和交错练习的潜在学习优势，但同时也发现了一些组块练习的好处。

数项研究已证明，至少对于类别学习（category learning）而言，组块练习是有益的（Carpenter 和 Mueller, 2013; Goldstone, 1996; Higgins 和 Ross, 2011）。此外，当可以选择的时候，大多数学习者倾向于进行组块学习（Carvalho 等，2014; Tauber 等，2013）。交错可以促进类别结构的学习，即学到了某些对象或观念属于某相同类别而其他的则不属于此类（Birnbaum 等，2013; Carvalho 和 Goldstone, 2014a, 2014b; Kornell 和 Bjork; 2008）。还有研究者探索了数学问题解决领域中的交错学习（Rohrer, 2012; Rohrer 等，2015）。

卡瓦略和戈德斯通（Carvalho 和 Goldstone, 2014a）发现，呈现方式（交错呈现还是组块呈现）的效果取决于参与者是主动学习还是被动学习。他们还发现，交错呈现概念提高了学生区分不同类别的能力，而组块练习突出了同一类别内的相似性。这些结果表明，交错学习改善了高相似类别的学习（通过加强类别间的比较），而组块学习改善了低相似类别的学习（通过增进类别内的比较）。

交错学习天然地会带来学习组块间的延迟，因此容易进行间隔练习，这对于上文讨论的长时记忆具有潜在的好处。但是交错学习的好处并不是因为它使得学习组块之间形成时间间隔，而是因为它可以帮助学习者对不同类别进行比较（Carvalho 和 Goldstone, 2014b）。为何交错练习或组块学习具备优势（如可能对注意力过程产生影响），其背后的机制是近来热门的研究主题。与其他的策略一样，呈现材料的最佳方式（交错地呈现或组块地呈现）以及关涉的最重要机制在很大程度上是由学习任务的性质决定的。

理解与整合的策略

另外两项策略得到了充分的证据支持：一是总结和画图，二是发展解释。这两项策略利用了研究所表明的对组织和整合学习信息有效的推论过程。

总结与画图

总结与画图是两个对所学内容进行精细加工的常用策略。总结是用言语表述的方式将最重要的信息从一系列材料中提炼出来。同样，学习者也会通过创建图像、使用图示策略来描述重要的概念及关系。在这两种活动中，学习者必须把他们所学的材料转化为不同的表征。这两种活动之间存在差异，但是它们都包括识别重要的术语和概念、组织信息，以及使用先前知识创建言语表征或图示表征。

总结和画图都被证明有益于学龄儿童的学习（Gobert 和 Clement, 1999; Van Meter, 2001; Van Meter 和 Garner, 2005）。杜洛斯基与同事（2013）以及菲奥雷拉（Fiorella）与梅耶（Mayer）（2015a, 2015b）的文献综述指出了有助于提高总结和画图活动有效性的因素。

一些研究表明，学生总结和画图的质量直接关系到他们从活动中学到了多少，而且如果对学习者进行培训和指导，他们能更有效地进行总结和画图活动（Bednall 和 Kehoe, 2011; Brown 等, 1983; Schmeck 等, 2014）。例如，当学习者把他们所画的图和作者给出的图片进行比较时，画图活动的有效性得到了提升（Van Meter 等, 2006）。同样，为学习者提供一系列将会包含到图画中的相关元素或部分图画，能帮助学习者创建更完整的图画，并支持他们的学习（Schwamborn 等, 2010）。

一个研究团队对总结和画图进行了比较，指出它们的效果取决于学习材料的性质。例如，利奥波德和洛伊特纳（Leopold 和 Leutner, 2012）将正在学习一篇有关水分子的科学文本（该文本描述了几种空间关系）的高中生分为三组，并使这三组学生分别以画图、对文本写一篇总结、重新读文本（控制组）的方式对文本进行理解。而在随后的理解测试中，画图的学生的表现要优于重读文本的学生；但是，写文本总结的学生要比选择重读课文的学生表现**更差**。研究者认为，这是因为学习内容包含了空间关系，所以画图在这种情况下更为有效。

无论是手写形式的做笔记，还是通过在笔记本电脑上打字来做笔记，都是一种总结的形式，这种总结形式也得到了研究。例如，穆勒和欧本海默（Mueller 和 Oppenheimer, 2014）发现，手写笔记的学生比用电脑打字做笔记的学生能学到更多。研究者要求学生以这两种方式做笔记，然后测试他们对事实细节的回忆、概念性理解以及综合和概括信息的能力。他们发现，用电脑打字做笔记的学生比手写做笔记的学生记下的知识要多，但是手写做笔记的学生对材料有更好的概念性理解，并且能更有效地应用和整合材料。研究者认为，因为手写的速度比较慢，学生不能逐字将所讲知识记录下来，所以必须倾听、消化和总结材料，抓住要点。而打字做笔记的学生可以很快地将信息输入电脑，并且不需要对信息进行任何加工。

穆勒和欧本海默（2014）还研究了大学生以这两种方式在多个学科所记下的笔记内容。他们发现，通过打字形式做笔记（更接近于逐字记录）的学生对讲课材料的记忆保持度更低。即便研究者指导这些用笔记本电脑做笔记的被试对信息进行思考并且用自己的语言做笔记，他们在整合材料方面的表现也并未优于没有得到这些指导的学生。研究者的结论是，通过打字做笔记并不能促进学生对信息的理解或应用，研究还指出，学生用自己的语言记笔记以及手写笔记的方式，可以促进他们对原始讲课境脉（如思维过程、结论等）和内容进行再创造，这可能是一种更有效的记忆提示。

发展解释

鼓励学习者对所学内容创建解释是一种有效支持理解的方法。研究者探索了三种进行解释的技巧：质询、自我解释、教学。

"**质询**"（elaborative interrogation）这一策略是通过向学习者提出或鼓励学习者自我提出诸如"为什么""如何""如果""如果不"等问题（与"谁""什

么""何时""何地"等浅层问题相对应），以引发他们的深层推理（Gholson 等，2009）。一个充满好奇心的学生在努力理解艰涩难懂的材料和解决问题时，会动脑筋进行质询，提出深层推理问题。然而，对大多数儿童和成人来说，质询不会自然发生，但训练人们使用这种技能，特别是训练他们提出深层问题能够对理解、学习和记忆产生积极影响（Gholson 等，2009; Graesser 和 Lehman, 2012; Graesser 和 Olde, 2003; Rosenshine 等，1996）。在一项早期研究中，两组被试分别通过"给出'为什么'的解释"以及"阅读并研究句子"这两种方式来对句子进行记忆，结果发现，提出问题的被试的表现要优于只阅读并研究句子的被试（Pressley 等，1987）。对儿童的研究也证明了质询是有益的（Woloshyn 等，1994），并且这种益处可以持续一段时间（比如在学习之后的 1—2 周），不过很少有研究分析质询对长期记忆保持的影响。

大多数实验心理学研究者使用孤立的事实作为材料来研究质询的效果，并对逐字逐句的记忆保持进行了评价，但是教育心理学研究者还研究了更复杂的文本内容，并对推理进行了评价（Dornisch 和 Sperling, 2006; Ozgungor 和 Guthrie, 2004）。例如，麦克丹尼尔和唐纳利（McDaniel 和 Donnelly, 1996）要求大学生学习诸如角动量守恒此类物理概念的简短描述，然后回答一个关于此概念的"为什么"的解释性问题（如"根据角动量守恒，为什么物体会随着半径变小而速度加快"）。最终的测试中既有事实性问题又有推理性问题，这些问题涉及更深层次的理解。研究者发现对于复杂材料和评价来说，质询是有益的，他们同时发现，与那些为每个短文本中的概念生成标签图的学生相比，使用质询方式的学生表现得更好。

"**自我解释**"这一策略是指学习者在阅读、回答问题或解决问题过程中生成对材料或对自己思维过程的解释。在大多数情况下，我们可能只要求学习者简单地解释自己在解决问题时采取的每个步骤（Chi 等，1989b; McNamara, 2004），或要求学习者在阅读时进行逐句解释（Chi 等，1994）。相比于质询中用到的具体的"为什么"的问题，自我解释包含的是更开放的提示，不过这两种策略都鼓励学习者通过生成解释来精心阐释材料。此类研究的其他案例还包括物理学的自我解释。

季清华（Chi）及其同事（1994）进行了一项关于自我解释的早期研究。八年级学生以阅读说明文的方式学习循环系统。第一组学生仅阅读文本，第二组学生对文本中的每个句子进行解释。结果显示，第二组生成自我解释的学生在理解文本概念方面收获更多。后续的一项研究也得出了相似的结果（Wylie 和 Chi，2014）。对自我解释的研究当前已广泛涉猎多种境脉，包括在课堂场景中理解科学文本（McNamara，2004）、学习国际象棋的棋步（de Bruin 等，2007）、学习数学概念（Rittle-Johnson，2006）、从样例中学习解决推理性问题（Nokes-Malach 等，2013）等。自我解释提示被应用于智能辅导系统（Aleven 和 Koedinger，2002）和包含游戏要素的系统中（Jackson 和 McNamara，2013; Mayer 和 Johnson，2010）。然而，很少有研究考察自我解释对长期记忆保持的影响，也很少有研究探索需要多少自我解释才能获得显著结果这一问题（Jackson 和 McNamara，2013）。

一些研究探讨了学习中的自我解释与学习者持有的先前知识之间的关系（Williams 和 Lombrozo，2013）。例如，艾欧纳斯（Ionas）及其同事（2012）研究了自我解释对大学生解决化学问题是否有益。他们发现，先前知识调节了自我解释的效果，学生报告自己所拥有的化学先前知识越多，自我解释就越有助于他们的学习。此外，对于先前知识较少的学生来说，使用自我解释似乎会阻碍而不是支持他们的表现。研究者认为，学习者会在自己的先前知识中搜索概念或过程，用以理解新材料；当学习者的相关先前知识不多时，整个搜索就会失败。他们认为，教育工作者应该充分评估学习者的先前知识，并在学习过程的早期阶段使用其他认知支持工具和方法来加强学习者的知识基础。

最后，**教别人**可以是一种有效的学习经验。当学习者准备教学时，他们必须构建解释，这就像他们在质询和自我解释活动中所做的那样。不过，质询和自我解释都需要学习者接受相当具体的提示，而准备教学的行为更具开放性。教别人往往是打磨自己知识的绝佳机会（Biswas 等，2005; Palincsar 和 Brown，1984），并且，学习者很可能在教学互动中感受到自己被赋予了一种权利与职责，而这是他们作为知识被动接受者时所感受不到的（Scardamalia 和 Bereiter，1993）。同伴之间能够以特别相关、即时和富有启益的方式进行相互沟通。尽管同伴学习和教学往往很有效，但是教师及指导者的教学更接近于指令性规范（injunctive norms），也能提供更好的观察模型。

巴格和斯库尔（Bargh 和 Schul, 1980）有关教对学影响的一项基础研究为后续研究提供了模板。巴格和斯库尔让两组被试分别以"将材料教给同伴""准备即将到来的测验"为目的来学习一系列的材料。两组被试都在没有教学的情况下接受对材料学习情况的测验，研究干预的只是学习者对教学的期待。结果表明，为了将材料教给同伴的被试比单纯为了准备即将到来的测验的被试表现得更好。在巴格和斯库尔的基础工作之后，其他研究也发现了"为教而准备"的效果（如 Fiorella 和 Mayer, 2014）。

在其他境脉下，教他人的好处也是显而易见的。比如通过对辅导的研究证实，尽管学生肯定可以通过辅导学到知识，但辅导老师自己也能从辅导经验中学习（见 Roscoe 和 Chi, 2007）。互惠教学是另一种策略，主要用于提高学生的阅读理解能力（Palincsar, 2013; Palincsar 和 Brown, 1984）。在互惠教学中，学生通过轮流教同伴教学材料来学习。为学生提供的指导是培训他们学会四种策略（提问、澄清、总结和预测），以帮助他们识别理解问题出现时的信号并对它们做出反应（Palincsar, 2013）。

研究提出了学习者有可能从教中受益的几个原因。对教的准备需要精细加工，因为学习者需要生成、组织和整合知识。此外，如上所述，人们创造的解释可以促进学习，就像质询和自我解释促进学习一样。向他人解释的过程是主动的和具有生成性的，它鼓励学习者把注意力集中在更深层次的问题和理解水平上。教学境脉中的解释也涉及提取练习，因为教学的一方会主动地进行知识提取，以便解释教学内容和回答问题。尽管研究者已经证明了解释的益处，但我们仍需谨慎。例如，该领域的一些研究者已经注意到，学习者在发展解释时，可能倾向于进行宽泛的概括，而牺牲了重要的细节（Lombrozo, 2012; Williams 和 Lombrozo, 2010; Williams 等, 2013）。儿童倾向于以单一的解释来说明两种不同的现象（比如，一个既会发光又能旋转的玩具），哪怕这两种现象的产生原因并不相关（Bonawitz 和 Lombrozo, 2012）。同样，当基于可观察的症状来诊断疾病时，成人倾向于将两种症状仅归因于某一种疾病，尽管存在两种不同疾病的可能性更大（Lombrozo, 2007; Pacer 和 Lombrozo, 2017）。选择简单的、宽泛的解释而不选择更复杂的解释，这一倾向可能会影响人们的学习和所做出的推论。研究者指出，对于每种不同类型的解释策略，教育者都要仔细计划何时以及如何才能最有效地对其加以使用。

【106】

结论

学习者识别并建立信息片段之间的关系，发展日益复杂的结构来使用他们所学的知识并对知识进行分类。积累知识体系、对知识进行结构化并且发展知识推理能力是贯穿人们一生的重要认知资产。

支持学习的策略包括聚焦于知识保持和提取的策略，以及支持更深入、更复杂地理解学习内容的策略。这些策略已经显示了前景，它们能够促进学习，帮助学习者发展他们保持知识所需的心智模型，使他们在展开推论和解决新问题时能够适应性地、灵活地运用知识。

结论 5-1 从事比较熟悉的活动时，先前知识可以减少注意力需求，并且可以促进新的学习。然而，先前知识也可能带来偏向，导致人们注意不到新的信息并依赖现有模式来解决新问题。这些偏向只有通过有意识的努力才能被克服。

结论 5-2 学习者通常会对他们正在积累的信息生成自己的新理解，并通过在信息片段之间建立逻辑联系来有效地扩展他们的知识。这种产生新理解的能力让学习者得以使用他们的知识来概括、分类和解决问题。

结论 5-3 有证据表明，有效的学习策略包括这样一些方法：帮助学生提取信息、鼓励他们总结和解释正在学习的材料，以及对学习材料的呈现进行间隔安排和结构化。创建有组织的独特知识结构的有效策略，鼓励学习者通过精制来超越显性材料，并通过在各种境脉中调集和应用信息来丰富他们对信息的心智表征。

结论 5-4 学习策略的有效性受到学习者现有技能和先前知识、学习材料的性质及学习目标等境脉性因素的影响。因此，为了有效地应用这些策略，需要仔细考虑它们的特定机制如何对特定的学习者、场境和学习目标起到有利作用。

第6章 学习动机

动机是一种条件，它会激活行为并维持行为朝向某一目标。无论是在正式的学习环境还是非正式的学习环境中，它都对纵贯一生的学习和成就至关重要。例如，动机得到激发的儿童往往比其他儿童更加投入、坚持的时间更长、有更好的学习结果，并且在标准化成就测试中表现得更好（Pintrich, 2003）。动机与一般的认知功能不同，它有助于解释不依赖于智力测试分数而取得的成就（Murayama 等, 2013）。它也和诸如投入、兴趣、目标取向、坚毅和意志等与动机相关的一些状态不同，它们并非出自同一前因，对学习和成就也有不同的意蕴（Järvelä 和 Renninger, 2014）。

《人是如何学习的Ⅰ》强调了数十年来有关学习动机研究的一些重要发现：

- 通过奖励和惩罚可以激发人的发展能力和解决问题的动机，但驱动学习的内在原因往往可能更有力。
- 学习者在面对可控制的挑战（既不会太容易也不会过于挫败信心）时，以及当他们看到他们正在学习的事物的价值和有用性时，往往会坚持学习。
- 主要关注自身表现（如获得认可或避免负面的评判）的儿童和成年人要比那些专注于学习本身的人更少地寻求挑战并更少坚持努力。
- 专注于学习而非表现的学习者或具有内在学习动机的学习者倾向于为自己设定目标，并将自身能力的提高作为一个目标。

- 教师可以有效地鼓励学生专注于学习而非自身表现，帮助他们形成一种关注学习本身的取向。

本章我们会提供一些有关动机研究领域的新进展和具体说明。首先我们介绍该领域的一些主要的理论观点，但我们的重点放在对人的学习动机的四个主要影响的讨论上；随后我们探讨关于人自身的信念和价值观、内在动机、学习目标的作用以及影响学习动机的社会和文化因素等方面的研究；接着我们分析可能影响学习动机的干预措施和教学设计方法；最后讨论学习动机研究带来的启示。

我们所讨论的研究来自于多学科的实验室研究和实地研究，这些学科包括发展心理学、社会心理学、教育学和认知心理学等。

理论视角

对动机的研究一直受到理论的强大驱动，这些理论在概念上彼此交叠或是包含了相似的概念。本报告并非致力于对这方面的文献进行综述，但我们可以强调几个关键点。**基于行为的学习理论**（Behavior-based theories of learning）在20世纪中期很流行，其从习惯、驱动力、激励和强化安排等方面对动机进行了概念化。这些理论取向假定学习者在学习过程中是被动的，而且研究主要集中在人与人之间的个体差异上（如认知能力、成就驱动力）。这些差异被认为是固定的，并决定了学习者对学习环境中的特征（教学方法、激励等）的反应，以及学习者对他们的动机和表现的反应。

其中的很多因素在今天的研究者看来仍然非常重要，但研究者也开始关注学习者作为学习的积极参与者，并且更加重视学习者如何理解并选择投入他们的学习环境。例如，认知理论关注的是学习者如何设定学习和成就的目标，以及他们如何维持和监督自身实现这些目标的进度。他们还关注诸如课堂结构（Ames, 1986）和社会互动（如 Gehlbach 等, 2016）等学习环境的物理方面是如何通过影响学生的目标、信念、情感和行动来影响学习的。

动机也越来越被视为一种**生成性的现象**（emergent phenomenon），这意味着它可以随着时间的推移而发展，并随着一个人的学习经验和在其他环境中的经验而发生变化。例如，研究表明，学习环境的各个方面都可以通过支持动机和学习来触发和维持学生的好奇心和兴趣（Hidi 和 Renninger, 2006）。

动机的一个关键因素是个人的**心智模式**，即关于自己和世界的一系列假设、价值观和信念，它们影响着人如何对所处的环境进行感知、解释和采取行动（Dweck, 1999）。例如，一个人关于智力是固定的还是可塑的认识可能与他对自身能力可塑性的看法具有相关性（Hong 和 Lin-Siegler, 2012）。正如我们将在下面讨论到的那样，具有固定智力观的学习者倾向于将展示能力作为学习目标，而具有增长智力观的学习者倾向于将掌握作为目标并且更加重视努力。心智模式会随着时间的推移而发展，并且它的发展受到学习经验和文化的影响。与心智模式相关的研究主要集中在学习者如何解释目标以及就如何引导注意力和努力而做出选择等方面的模式。一些证据表明，改变学生的自我归因是可能的，这样他们就可以采用成长型心智模式，从而提高他们的学习成绩（Blackwell 等，2007）。

研究者还尝试整合已经引入的很多概念来解释学习的这种复杂性，以便更全面地理解动机过程及其对学习的影响。例如，研究动机心理方面的研究者采用**动机系统视角**（motivational systems perspective），将动机视为一组心理机制和过程，例如，将其视为与设定目标、投入学习和使用自我调节策略相关的机制和过程（Kanfer, 2015; Linnenbrink-Garcia 和 Patall, 2016; Yeager 和 Walton, 2011）。

学习者的信念与价值观

学习者对于其自身能力的认识、价值观以及他们带入到特定学习情境中的既有兴趣都会影响他们的动机。

自我效能

当学习者期望获得成功时，他们更有可能付出努力和坚持以便取得好的表现。**自我效能理论**（self-efficacy theory）（Bandura, 1977）被整合于几种关于动机和学习的模型之中，该理论认为，学习者对其能力或潜在能力的感知对于完成任务或实现其他目标至关重要（Bandura, 1977）。根据自我效能理论，学习的发展有多个来源，包括对过去表现的感知、间接性的经验、表现的反馈、情感状态/生理状态以及社会影响。关于如何提高学习自我效能的研究表明，设定恰当的目标，将有难度的目标分解为子目标等策略有助于增强学生的学习能力（Bandura 和 Schunk, 1981），并能为学生提供有关其进步的信息，这使他们能够将成功归因于他们自己的努力（Schunk 和 Cox, 1986）。对能力的认识也可以培育兴趣和动机，特别是当学生有机会选择自己的学习活动时（Patall 等, 2014）。

自我归因的另一个重要方面涉及关于某人是否属于某特定学习情境的信念。来自大学入学率不高地区的人，即便被大学录取了，也可能会质疑自己究竟是否属于大学，这类学生可能会因为短期失败而误认为自己不属于这里，但实际上短期失败在所有的大学生中都很常见。这些学生经历了一种刻板印象的威胁，其中关于他们自身在世界中所处的位置这些普遍性的文化刻板印象使他们怀疑自己并且表现得更差（Steele 和 Aronson, 1995）。

最近的一项研究调查了旨在提高非裔美国大学新生的归属感的干预措施（Walton 和 Cohen, 2011）。研究者搜集了高年级大学生的调查结果，比较了受到过干预和未受到过干预的两类大学生，结果显示，多数高年级大学生在大学一年级时都担心他们是否属于这里，但随着时间的推移，他们变得更加自信。接受了干预活动的大学生取得了显著的学术表现，研究者因此认为，即使是简短的干预措施，也可以通过挑战先前知识和支持新观点来帮助人们克服先前知识的偏向。

克服先前知识偏向的另一种方法是使用一些能够防止因持有负面观点而带来不良后果的策略。其中一个策略是支持学习者在确定最终想法之前尝试多种想法。例如，在一项研究中，研究者将大学生被试分为两组，并要求第一组大学生为在线期刊设计网页广告，然后进行多次修改，要求第二组大学生创建几个各自独立的广告（Dow 等, 2010）。随后，研究者在网络上公开了学生们的广告，然后统计每一个广告设计所产生的点击次数，并要求网络制图专家对这些广告进行评分，以此评价学生在广告制作活动中的有效性。研究者发现，各自独立开发的广告设计更为有效，并由此得出结论，认为当第一组大学生在修改他们的初始设计时，会被自己最初的决定所困。而开发各自独立的几个广告的第二组大学生更彻底地探索了可能性，并有更多的想法可供选择。

【113】

价值观

除非学习者认为学习活动和目标有价值，否则他们可能不会投入到任务中，也不会坚持学习足够长的时间从而实现目标。**期望—价值理论**（expectancy-value theories）将人们的关注引向学习者如何基于他们对完成某任务的能力和对该任务价值的信念来选择目标。价值这一概念包含了学习者对如下方面的判断：（1）主题或任务是否有助于实现学习或生活目标；（2）主题或任务对学习者的身份或自我意识的重要性；（3）任务是否是令人愉快的或是有趣的；（4）任务是否值得追求（Eccles 等，1983; Wigfield 和 Eccles, 2000）。

以不同年龄的学习者为对象进行的研究支持了这样一种观点，即那些期望在任务中取得成功的人会付出更多的努力并有更高水平的表现（Eccles 和 Wigfield, 2002）。然而，一些研究表明，任务评估似乎是与动机相关的行为（例如选择主题和决定参与培训）的最强预测因子（Linnenbrink-Garcia 等，2008）。这种研究说明了期望—价值理论的一个关键方面：期望维度和价值维度是共同作用的。例如，如果一位不太熟练的读者面临了一项对他而言是有趣、有用或重要的阅读任务，即使这一任务是困难的，那他也会保持强烈的动机坚持完成这一任务（National Research Council, 2012c）。随着学习者在某项任务或某个学习领域（如阅读或数学）中获得成功，他们对这些活动的价值认可会随着时间的推移而增加（Eccles 和 Wigfield, 2002）。

兴趣

学习者的兴趣对于教育工作者来说是一个重要的考虑因素，因为他们可以在设计课程和选择学习资源时考虑到学习者的这些兴趣。兴趣在成人学习中也很重要，在某种程度上，这是因为对主题兴趣不大的学生和学员的缺勤率可能会更高，表现水平可能会更低（Ackerman 等, 2001）。

有两种形式的学习者兴趣已经得到了确认。个体或**个人兴趣**（personal interest）被视为个体的相对稳定的属性。它的特点是学习者与某个领域形成了持久的联结，并且有着随时间推移而不断投入该领域进行学习的意愿（Schiefele, 2009）。与个人兴趣不同，**情境兴趣**（situational interest）指的是在对任务或学习环境的特定特征进行回应时而自发产生的心理状态（Hidi 和 Renninger, 2006）。情境兴趣具有可塑性，可影响学生的参与和学习，并受教育者使用或支持的任务和材料的影响（Hunsu 等, 2017）。鼓励学生参与和影响他们态度的一些做法可能会在一段时间内提升学生的个人兴趣和内在动机（Guthrie 等, 2006）。

动机的火花有时来源于学生的兴趣与作业或其他学习机会之间有意义的对接。另外一些时候，学习环境的特征会蓄发一种求知若渴的能量状态，进而激活动机过程。这两种情况中，兴趣带来的心智模式和目标构建的改变解释了学习成果的改善（Barron, 2006; Bricker 和 Bell, 2014; Goldman 和 Booker, 2009）。例如，当学习者的兴趣不高时，学生可能会更不投入，而且更有可能专注于那些需要最少注意力和努力的学习目标。

关于兴趣如何影响学习的很多研究涉及对阅读理解和文本回忆的测量。这种方式使研究者能够通过测量学习者阅读所花费的时间以及他们从中学到什么，来评价主题兴趣和特定文本兴趣对读者如何与文本交互的单方面影响。这类研究的结果指出，教育工作者对学生兴趣的培养可借助如下方式：选择促进兴趣的资源、提供支持专注力的反馈（Renninger 和 Hidi, 2002）、展示教育工作者本人对某主题的兴趣，以及在学习境脉中产生积极影响（相关评述见 Hidi 和 Renninger, 2006）。这类研究还提出了与学习者兴趣相关的文本的特定特征。例如，在一项针对大学生的研究中，与兴趣和更好的回忆相关的信息文本有五个特征：（1）信息是重要的、新的和有价值的；（2）信息出乎意料；（3）文本支持读者与其先前知识或经验建立联系；（4）文字包含图像和描述性语言；（5）作者尝试使用比较和类比等方法将信息与读者的背景知识联系起来（Wade 等，

1999）。学生认为不那么有趣的文本干扰了其对文本的理解，例如，文本提供的解释不完整或浅显、含有难懂的词汇或者缺乏连贯性。

很多研究表明，情境兴趣可以很好地预测参与度、积极态度和表现，这类研究包括对学生论文写作的研究（Flowerday 等，2004）和其他研究（如 Alexander 和 Jetton, 1996; Schraw 和 Lehman, 2001）。这些研究表明了让学生投入学习的情境兴趣的力量，这对于设计基于项目或基于问题的学习有着启发意义。例如，霍夫曼和豪斯勒（Hoffman 和 Haussler, 1998）发现，当把泵的工作机理置于现实世界境脉中——在心脏手术中使用泵时，高中女生表现出的对与泵的工作有关的物理学的兴趣明显有所提升。

一项研究检核了课堂实践对参加暑期学校科学课程的青少年的影响，其表明学习者对选择权的感知也可能影响其情境兴趣和参与度（Linnenbrink-Garcia 等，2013）。作为兴趣的一部分，学习者所体验到的积极效应似乎也在他们的坚持和最终的表现中发挥了作用（如 Ainley 等, 2002）。

内在动机

自我决定理论（self-determination theory）认为，人的行为受到三种普遍的、与生俱来的心理需求的强烈影响：自主性（控制自身状态的冲动）、胜任力（体验掌控的冲动）和心理关联性（与他人互动、建立联系和关心他人的冲动）。研究者将这一理论与人学习的内在动机联系起来（Deci 和 Ryan, 1985, 2000; Ryan 和 Deci, 2000）。内在动机是一种出于自身目的而想要参与某项活动的体验，因为某项活动有趣且令人愉快，或者有助于实现自己选择的目标，所以想要参与其中。从自我决定理论的角度来看（Deci 和 Ryan, 1985, 2000; Ryan 和 Deci, 2000），当学习者认为他们有高度的自主性并自愿地参与一项活动，而不是因为他们被外部控制时，他们就会有内在的动机去学习。具有内在动机的学习者也会认为问题或任务的挑战在他们的能力范围之内。

外在奖励

外在奖励对内在动机的影响是一个备受争议的话题。外在奖励可以成为激励学习行为的重要工具，但也有些人认为这种奖励对内在动机有害，会影响学习者的坚持和成就。

例如，一些研究表明，如果学习者获得的外在奖励取决于其表现，那么学习者坚持做某项任务的内在动机可能会减弱。对 128 项实验的元分析支持了外在奖励会损害内在动机的这一观点（Deci 等，1999, 2001）。对这些发现的一种原因分析认为，学习者对任务的最初兴趣和对成功的渴望会被他们对外在奖励的渴望所取代（Deci 和 Ryan, 1985）。有人认为，外在奖励也可能削弱学习者对自主性和控制的感知。

当然，也有其他一些研究指出了外在奖励潜在的好处。例如，最近的一项实地研究表明，激励措施并不总是导致参与度降低（Goswami 和 Urminsky, 2017）。此外，在某些情况下，诸如表扬或赏金等外在奖励有利于鼓励学习者的参与和坚持，而且它们可能不会长期损害内在动机，只要外在奖励不破坏个体的自主意识和对其行为的控制感（见 National Research Council, 2012c, pp.143-145; 也可见 Cerasoli 等，2016; Vansteenkiste 等，2009）。因此，一些教学策略可以培养学生的自主意识、能力和学业成就，这些策略运用奖励来捕捉和激发学生对某个主题的兴趣（而不是驱动学生顺从），给学生提供鼓励（而不是训斥），指导学生的进步（而不仅仅是监督学生的进步）（如 Vansteenkist 等，2004）。表扬是重要的，但表扬的内容和手段不同，也会产生不同的作用（见框栏 6-1）。

【116】

框栏 6-1　表扬带来的不同结果

> 成功后获得的表扬会影响学生往后的成就动机，但可能不是以预期的方式。穆勒（Mueller）和德韦克（Dweck）（1998）进行了两项研究，在研究中，学生们因其在一项推理测试中的表现获得了表扬。对一些学生的表扬针对的是他们的能力（"你很聪明，做得好"），而对另外一些学生的表扬针对的则是他们付出的努力（"你很努力，做得好"）。结果表明，被表扬有能力的学生更有可能在后续测试中追求表现目标（performance

> goals），而那些被表扬付出努力的学生更有可能追求掌握目标（mastery goals）。此外，如果让被表扬有能力的学生做出选择，即去看一个包含其他测试者平均得分的文件夹或是去看一个包含解决类似测试问题的有趣的新策略的文件夹时，他们中更高比例（86%）的学生会选择看前者。与此形成鲜明对比的是，被表扬付出努力的学生中只有不到四分之一（24%）的人选择了去看表现信息。被表扬有能力的学生做出的行为可能提高了他们的自尊，但不太可能促进更多的学习的发生或为将来的考试做准备。

其他研究（Cameron 等，2005）表明，当奖励是成就本身所固有的——也就是说，当成功完成任务的奖励包括真正的特权、荣耀或尊重时，它们同样可以刺激内在动机。例如，电子游戏可能就是这种情况，在电子游戏中，为了进入下一个更高的级别，个体会有很强的动机去玩好游戏。这种情况也可能发生在学习者因为展示了他们的专业知识而感到被重视和被尊重的时候，比如老师可能会让一个正确完成了一项具有挑战性的家庭作业的学生向全班同学解释他的解决方案。外在奖励能够支持学习者对于学习的充分参与，有一项研究表明，奖励与增强记忆巩固有关，但只有当学生觉得材料枯燥时，奖励才会起作用（Murayama 和 Kuhbandner, 2011）。鉴于课堂上存在着各色各样的基于表现的激励措施（如分数、奖品），所以我们需要更好地、更全面地理解外在奖励是如何损害或促进学习者的动机的，这种对动机的损害或促进影响着学生一生中在各种真实生活条件下的成就和表现。

【117】

选择的效应

与那些认为无法控制自己的学习环境的人相比，如果学习者相信他们能够控制自己的学习环境，则他们更有可能接受挑战并坚持执行艰巨的任务（National Research Council, 2012c）。证据表明，在教学过程中，如果学习者能够有机会做出有意义的选择，即使这些机会很小，也可以为他们的自主性、动机以及最终的学习和成就作出支持（Moller 等，2006; Patall 等，2008, 2010）。[1]

对于一开始就对某领域具有很高兴趣的个体而言，选择行为可能特别有效，而且可能会使他们对该领域产生更大的兴趣（Patall, 2013）。选择行为似乎能提升动机的一个可能原因是，学习者做出选择的行为会导致其产生认知失调：对自己的决定感到不舒服和不确定。为了减少这种感觉，个体倾向于改变他们的偏好，特别是价值，并对他们选择的事物产生兴趣（Izuma 等，2010）。让学习者意识到自己已经做出了选择（"拥有选择"）可以防止学习过程中的负面反馈给其带来令人沮丧的影响，这种影响已经在神经生理学层面上被观察到（Murayama 等，2015）。对选择的感知也可能通过培养情境兴趣和参与度来影响学习（Linnenbrink-Garcia 等，2013）。

目标的重要性

目标——学习者所期望的结果——对于学习很重要，因为目标引导着学习者关于是否付出努力以及如何定位注意的决定，目标可助力学习者的规划、影响其对失败的回应，并促进对学习而言很重要的其他行为（Albaili, 1998; Dweck 和 Elliot, 1983; Hastings 和 West, 2011）。

学习者也许无法时刻意识到自身的目标或与其目标相关的动机过程。例如，学习者认为愉悦的或有趣的活动可以促进他们的参与，这样的动机不需要学习者有意地觉知。同样，学习者认为威胁到他们的能力或自尊感的活动（例如引起刻板印象威胁的一些情况[2]）可能会降低学习者的动机和表现，即便（有时特别是）当他们打算表现良好时。

《人是如何学习的Ⅰ》指出，具有挑战性但又可管理的明确且具体的目标对学习者的表现有积极影响，对此，研究者已经给出了一些解释。一些研究者将

---

[1] 2008 年的研究是一项元分析，因此没有对研究人群进行描述。2010 年的研究针对的是 207 名九年级至十二年级的高中生（其中 54% 是女生），其中大多数学生是白人（55.5%），28% 是非裔美国人，7% 是亚裔，3% 是西班牙裔，1.5% 是印第安人，5% 是其他族裔。

[2] 当一个人在认知任务中遭遇到关于他的社会身份群体的负面刻板印象时，他可能会表现不佳；这一结果归因于刻板印象威胁（Steele, 1997）。

目标视为学习者学习的动机或理由（Ames 和 Ames, 1984; Dweck 和 Elliott, 1983; Locke 等, 1981; Maehr, 1984; Nicholls, 1984）。还有一些研究者认为，像掌握目标和表现目标这些不同类型的目标对认知、情感和行为过程有不同的影响，对于学习者而言，这些过程是学习的基础，也是学习结果的基础（Ames 和 Archer, 1988; Covington, 2000; Dweck, 1986）。研究者还将学习者对学习和成就的信念或心智模式与学生对特定类型学习目标的追求联系起来（Maehr 和 Zusho, 2009）。下一节将探讨目标类型及其带来的相关影响的研究。

目标的类型

研究者把目标区分为两大类：一类是**掌握目标**，即学习者专注于提高能力或理解；另一类是**表现目标**，即学习者的驱动力是想要表现得有能力或超越他人（见表 6-1）。他们进一步区分了**表现趋近目标**（performance-approach goal）和**表现回避目标**（performance-avoidance goals）（Senko 等, 2011）。采用表现回避目标的学习者努力避免让自己看起来不称职、遭遇尴尬或被认为是失败者，而采用表现趋近目标的学习者则努力让自己看起来比其他人更有能力，并在社会上受到良好的评价。在表现趋近目标的范畴下，研究者已经确认了**自我展现目标**（self-presentation goals）（"希望别人认为你聪明"）和**规范性目标**（normative goals）（"想要胜过他人"）（Hulleman 等, 2010）。

学习者可以同时追求多个目标（Harackiewicz 等, 2002; Hulleman 等, 2008），并且可以根据学科领域或技能领域，采用不同的成就目标（Anderman 和 Midgley, 1997）。尽管学生的成就目标在若干学年中相对稳定，但他们对学习环境的变化很敏感，例如，从一个课堂换到另一个课堂，或者更换学校（Friedel 等, 2007）。学习环境在所采用的学习预期、规则和结构上是不同的，因此，学生可能会改变他们的目标取向，以便在新的环境中取得成功（Anderman 和 Midgley, 1997）。

德韦克（Deweck, 1986）认为，成就目标反映了学习者关于智力或能力本质的基本理论：它是固定的（与生俱来的）还是可塑的。她表示，认为智力是可塑的学习者更倾向于采用掌握目标，而认为智力是固定的学习者则倾向于展示能力和采用表现目标（Burns 和 Isbell, 2007; Dweck, 1986; Dweck 和 Master, 2009; Mangels 等, 2006）。表 6-1 展示了学习者的心智模式如何与他们的学习目标和行为相关联。

表 6-1 心智模式、目标及其对学习的启示

心智模式	
固定型心智模式——你生来就有一定的智力	成长型心智模式——智力可以通过努力获得
目 标	
表现目标——努力让自己看起来比别人要好	掌握目标——努力学习、掌握材料或技能
学习行为	
回避挑战——优先选择自己高度胜任的领域 面对失败选择退出——付出更少的努力 寻求机会增强自尊——寻求肯定性的社会比较	面对挑战——优先选择需要新知识的领域 面对失败加倍努力——付出更多的努力 寻求机会多学习——寻求更多的问题解决策略

该领域的研究表明，强烈认同掌握目标的学习者往往喜欢新颖且有挑战性的任务（Pintrich, 2000; Shim 等, 2008; Witkow 和 Fuligni, 2007; Wolters, 2004），在学习中更愿意花费精力，更愿意运用高阶认知技能（Ames, 1992; Dweck 和 Leggett, 1988; Kahraman 和 Sungur, 2011; Middleton 和 Midgley, 1997）。认同掌握目标的学习者即使面对失败也会坚持不懈，他们会经常以失败为契机寻求反馈，以提高后续的表现（Dweck 和 Leggett, 1988）。

学习者的掌握目标和表现目标也可能通过对认知的间接影响而影响学习者的学习和成就。具体而言，持有掌握目标的学习者在学习过程中往往会将新信息与其已有知识联系起来，这就支持了学习者对信息的深度学习和长期记忆。相比之下，拥有表现目标的学习者倾向于将注意力集中在个别的信息片段上，从而提高学习速度和即时记忆，但这可能会削弱概念学习和长期记忆。通过这种方式，表现目标往往会更好地支持即时信息检索，而掌握目标则往往会更好地支持长期记忆（Crouzevialle 和 Butera, 2013）。表现目标实际上可能会破坏概念学习和长期记忆。当持有掌握目标的学习者努力回忆以前学过的信息时，他们也会激活和加强自己所学的其他相关信息的记忆。而当持有表现目标的学

者努力回忆他们所学到的东西时，他们并没有从这种对其他信息的检索性记忆强化中获益（Ikeda 等, 2015）。

两项针对本科生的研究说明了这一点。在研究中，采用表现目标的被试关注的是沟通能力，他们优先考虑自身能力强的领域，并且避免那些他们认为自己比别人弱的挑战性任务或领域（Darnon 等, 2007; Elliot 和 Murayama, 2008）。这些学生认为失败反映的是他们的无能，他们对失败的反应通常是感到沮丧、羞耻和焦虑。这些表现回避目标与任务回避（Middleton 和 Midgley, 1997；六年级学生）、减少努力（Elliot, 1999）、自我设障（Covington, 2000; Midgley 等, 1996）等非适应性学习行为相关。

采用学习的掌握目标取向可能有利于学习，而追求学习的表现目标则可能关联糟糕的学习结果。然而，关于表现目标对学业结果影响的研究发现却不尽相同（Elliot 和 McGregor, 2001; Midgley 等, 2001）。一些研究者发现，当学习者认同规范性目标（一种表现目标）时，会产生积极的结果（Covington, 2000; Linnenbrink, 2005）。还有一些研究者发现，成就目标对学业成绩没有直接影响，而是通过上述中介性的学习行为以及通过自我效能而起作用（Hulleman 等, 2010）。

教师对学习者目标的影响

通过对课堂进行结构化，可以更加凸显或减弱某些特定的目标，也可以改变或加强学习者的目标取向（Maehr 和 Midgley, 1996）。学习者的目标可以反映课堂的目标结构，也可以反映教师在教学实践中所传达的学习价值观（如椅子如何摆放、教师是否使用合作学习小组等）（见 Kaplan 和 Midgley, 1999; Urdan 等, 1998）。当学习者认为课堂上更重视掌握目标时，他们更有可能使用信息处理策略、自我规划和自我监控策略（Ames 和 Archer, 1988; Schraw 等, 1995）。掌握取向的课堂结构与高学术能力正相关，与破坏性行为负相关。此外，学习者对自己和学校的掌握取向的认知一致性与积极的学业成就以及学校幸福感相关（Kaplan 和 Maehr, 1999）。

教师可以影响学习者在学习过程中采用的目标，学习者对课堂目标结构的感知比他们对父母目标的感知更能预测自己的目标取向。学习者感知到的课堂目标也与学习者在向中学过渡期间的学术效能密切相关。因此，课堂目标结构是干预的一个特别重要的靶点（Friedel 等，2007; Kim 等，2010）。表 6-2 总结了一个长期以来的观点，即以掌握目标取向或表现目标取向为导向的课堂目标结构是如何影响课堂学习环境的。然而，我们还需要更多的实验研究来确定旨在影响这种心智模式的干预措施是否有益于学习者。

表 6-2　成就目标与课堂环境

课堂环境维度	掌握目标	表现目标
成功被界定为……	提高、进步	取得高分，高规范表现
重视/认可的是……	努力/学习	规范地展现高能力
满意的理由是……	努力学习、面对挑战	比其他人做得更好
教师的取向是……	学生如何学习	学生如何表现
将失误或错误视作……	学习的一部分	诱发焦虑
关注点是……	学习的过程	和别人相比自身的表现
努力的理由是……	学习新事物	取得高分，比其他人表现好
评价标准是……	绝对的，进阶性的	合乎规范

资料来源：改编自 Ames 和 Archer（1988, Tbl. 1, p.261）。

学习目标与其他目标

学术目标的形成不仅取决于当下的学习境脉，而且取决于学习者的目标和挑战，这些目标和挑战在学习者的整个生命历程中不断发展和变化。想要提高一个人的学习和成就需要了解这个人想努力达成什么：个体寻求实现什么目标，为什么要实现这些目标。然而，确定个体想要达到的目标并非总是容易的，因为学习者有多个目标，他们的目标可能会随着事件和经历的变化而改变。例如，孩子们可能把学习目标作为取悦父母的一种手段，或者因为他们喜欢学习某一主题，或者两者兼而有之。教师参加在线的统计课程，可能是为了达到参加继续教育的工作要求，或者因为他们认为自己作为教师应该掌握该主题，或者两者兼而有之。

在任何时候，一个人都有着与成就感、归属感、认同感、自主性和能力感相关的多重目标，并且这些目标都深深地带上了个人性、文化性和主观性。这些目标中的哪一个在指导行为时会变得突出，取决于个体对情境的解释。例如，在青少年时期，社会归属感目标可能会优先于学业成就目标：群体情境如能促进一种利于学术成就的关系，年轻人在这样的情境中会有更高的动机和更好的学习。在人的一生中，学术成就目标也与职业目标联系在一起，这些目标可能需要随着时间的推移而调整。例如，一个少年渴望成为一名医生，但他在基础科学课程中不断遭到失败，这可能就需要通过建立新的科学学习策略或者是修改他的职业目标来保护他的能力感。

当学习的目标和成就是明确的、与学习者期望的结果和动机相一致，而且在学习者看来学习环境是支持这些目标和成就的，那么就会有助于他即便遇到障碍和挫折时也会坚持学习的动机。框栏 6-2 对这一观点进行了阐释。

框栏 6-2　学习者对学习环境的感知会无意中抑制他们的动机　　【123】

看看下面这封来自一位小学生的信：

"每一天都是新的，但当我每天迈进教室时，我看到的却都是<u>不良行为表</u>。这一事实经常困扰着我，让我感到<u>自己被寄予的期望很低</u>。事实上，我甚至感觉老师是在鼓励我说话或做坏事。又好像是她希望我去测试她的底线到底在哪里。所有的这一切让我非常不舒服，特别是当我感到对自己被寄予的期望是如此之低时。"

为什么这样一份原本旨在帮助教师去监控、奖励或纠正学生行为的标准表格却貌似压抑了这个男孩上学的热情？这张表用不同的颜色格式来监控学生三种水平的行为：绿色（成功的），黄色（被警告的），红色（需要通知家长的）。教师报告说，从 3 月到 9 月期间，这名学生一直都被评为绿色（成功的），因为他学习努力，而且与他人的互动也是合宜的。那么，

> 问题出在哪里呢?
>
> 　　上面这封信表明，尽管这名学生抱着与他的老师交流有趣的想法和学习新的学术技能这一期待来到学校，但是这位教师管理课堂的策略却使他认为，他的老师的主要目标是管理他的行为，而不是帮助他学习。这一案例提醒我们，有时教师想用来支持学习的材料和策略可能会对某些学生产生相反的作用。
>
> 资料来源：改编自 Immordino-Yang（2015）。

未来身份与长期坚持

　　长期的学习和成就往往不仅需要学习者有兴趣，还需要他们持有长期的动机并予以坚持。当学生能够感知他们当前的行动选择（当下的自我）与他们未来的自我或未来可能的身份之间的联系时，他们坚持学习的动机会得到强化（Gollwitzer 等，2011; Oyserman 等，2015）。展示此前取得成功的学生的名字和成就，是教育者试图帮助现在的学生看到这种联系的一种方式。

　　研究者已经探索了这类经验影响学习的机制。例如，一些神经生物学证据表明，激发情绪的令人信服的叙事（如关于一个年轻人成为社群民权领袖的故事会令人钦佩）可能会激活人们关注"可能的未来"或价值观的心智模式（Immordino-Yang 等，2009）。类似的研究中，研究者将两种神经网络分别关联到"当前行动"的心智模式（关乎学习期间执行任务的选择和行为）和"可能的未来/价值取向"的心智模式（关乎究竟困难任务是不是"像我这样的人"可做的），结果发现，这两种不同的神经网络之间存在明显的转变（Immordino-Yang 等，2012）。在这两种心智模式之间转换的学生会采取反思立场，从而使他们能够激励自己，能够为了实现未来的目标而坚持完成困难的任务并做出好的表现（Immordino-Yang 和 Sylvan, 2010）。

　　正如一项关于儿童尝试学习外语词汇的研究所建议的那样（Gollwitzer 等，2011），帮助学习者认识到，要想实现期望的未来结果，必须要持有动机且要克服障碍，这样的实践也可能有助于目标的实现。然而，为了更好地确立旨在塑造学习者对未来身份的思考和不懈努力的有效实践，还需要进行相关研究。

社会与文化对动机的影响

学习者的所有目标都是在特定的文化境脉中浮现的。正如第 2 章所讨论的，个体感知和解释世界的方式、他们身在其中的作用，以及他们对人如何在社会上发挥作用的期望，都反映了他们所经历的独特影响。人用来完成任务和解决问题的程序，以及他们带到这些任务中的社会情感倾向，同样受到境脉和经验的影响（Elliott 等，2001；Oyserman，2011）。在本节中，委员会讨论了三条具体的研究路线，它们阐明了受到文化中介的自我观和社会身份观对学习者感知学习环境、目标和表现的重要性。

学习者自我建构方面的跨文化差异

在过去的几十年中，研究者试图辨别文化对一个人的自我建构（self-construal）或者参照他人对自己进行定义的影响。在一篇有影响力的论文中，马库斯（Markus）和北山（Kitayama）（1991）区分了独立的自我建构和相互依赖的自我建构，并提出这些可能与个人主义或集体主义目标有关。例如，他们认为，东亚文化通常强调集体主义目标，这种目标促进了一种相对而言的相互依赖的自我建构，在这种自我建构中，自我被视为一种社会嵌入的体验，而个人的成就是与共同体联系在一起的。他们认为，与之相反，盛行的北美文化往往强调个人主义目标和个人主义的自我建构，它会优先考虑与自我相联而非与共同体相联的独特的特征、能力和成就。

虽然将文化群体归类为集体主义类别或个人主义类别过于简化了非常复杂的现象，但是几个大样本的调查研究得出了一些发现，指出这两类学习者往往在他们对目标的评估、他们认为什么目标是相关的或突出的、他们的目标如何与诸如学校成就等其他现象相关联等方面都存在不同（King 和 McInerney，2016）。例如，在有关学术目标的跨文化研究中，德克尔（Dekker）和费希尔（Fischer）（2008）发现，在成就语境中获得社会认可对持集体主义观念的学

【125】

生尤为重要。这种文化价值可能会使学生倾向于采用有助于他们避免表现出无能或获得负面判断的目标（即表现回避目标）（Elliot, 1997, 1999; Kitayama 等，1997）。

最新的研究还探讨了这些差异与文化境脉之间的关系。例如，一些研究比较了学生对表现回避目标的认可指标，发现与欧美学生相比，亚洲学生会在更大程度上认可这些目标（Elliot 等，2001; Zusho 和 Njoku, 2007; Zusho 等，2005）。这一研究似乎表明，除了这种差异之外，即使是在个人主义优先于集体主义的社会中，表现回避也可能产生不同的结果。这些研究者发现，表现回避目标可以是适应性的，并且可以与更高水平的参与、更深层次的认知加工和更高的成就等积极学术成果相关联［见 Chan 和 Lai（2006）关于中国香港学生的研究；Hulleman 等（2010）；King（2015）关于菲律宾学生的研究］。

虽然不同文化对个人主义和集体主义的强调通常会不同，但如果加以促发的话，学习者可以按个人主义的方式去思考，也可以按集体主义的方式去思考（Oyserman 等，2009）。启用一些干预措施，比如鼓励参与者唤醒有关跨文化体验的个人记忆（Tadmor 等，2013），已被成功地用于改变学生非此即彼地采取文化视角的倾向。这种干预措施的研究基于这样一种假设，即一种文化视角本身并不比另一种文化视角更好：方法的有效性取决于一个人当下想要实现的目标以及他所处的境脉。当占主导位置的心智模式与手头的任务很好地匹配时，就会促进问题的解决，这表明文化思维方式的灵活性也可以促进灵活的认知功能和环境适应性（Vezzali 等，2016）。

这种观点还表明，鼓励学习者从不同的文化视角思考问题和目标具有潜在效益。一些证据表明，这些干预措施和其他一些多元文化促发的干预措施可以提高个体的创造力以及学习的持久性，因为它们提示个体在思考问题时想到其中存在的多种可能的解决方案。例如，促发学习者采用多元文化心智模式，可能会支持学习者发散性地思考有关成就、家庭、身份和友谊的多个可能性目标，以及实现这些目标的更灵活的行动计划。教师也可能会对学习机会进行结构化，使其将有关文化性自我建构的不同观点整合起来，以便更有效地吸引学生（Morris 等，2015）。

然而，在将研究和实践向前推进时还要考虑到，关于自我的文化模型中存在的变量可能比假设的更多。在一项针对几个国家学生的大型研究中，研究者们研究了与自我建构相关的七个不同维度（Vignoles 等，2016），他们发现，西方文化和非西方文化之间并非一贯对立，集体主义文化和个人主义文化之间也并非一贯相左。为了更好地解释文化差异，研究者提出了一个考虑了种族／族裔认同的生态文化视角。

社会身份与动机过程

身份指一个人对自己是谁的感觉。它是一个透镜，通过这个透镜，一个人可以理解自己的经验并在社会世界中定义自己。身份既具有个体维度，又具有社会维度，它在塑造个体的目标和动机方面发挥着重要作用。身份的个体维度往往涉及一些特征（如有运动能力的或聪明的）和价值观（如坚定地信奉一系列宗教或政治信仰）。身份的社会维度与社会角色或特征相关联，这些角色或特征使一个人可以被某个群体认可为其成员（如作为一个女性或基督徒）（Tajfel 和 Turner，1979）。个体维度和社会维度可以彼此独立（如"一个非裔美国人"），也可以相互结合（"一个非裔美国男学生"）（Oyserman，2009）。

个体倾向于参加那些将他们与自己的社会身份联系起来的活动，因为这样做可以支持他们的归属感和自尊，并帮助他们融入社会群体。这种融入通常意味着接受该群体所重视的特定知识、目标和实践（Nasir，2002）。身份的维度是动态的、可塑的，并且对人们所处的情境非常敏感（Oyserman，2009；Steele，1997）。这意味着在任何时候，一个人持何种身份都要取决于具体境况。

许多研究表明，对一个人的种族或族裔身份的积极认同有利于学生在学校中获得归属感，从而使得他们在学术追求中表现出更多的兴趣和投入，并取得更大的成功。例如，对自己的种族／族裔持积极态度的非裔美国青少年会表现出更高的效能信念，也会在学校中表现出更大的兴趣和更充分的参与（Chavous 等，2003）。与文化相关的种族／族裔认同的价值在墨西哥和中国的青少年中也很明显（Fuligni 等，2005）。在非裔美国学生（Altschul 等，2006；Eccles 等，

2006)、拉丁裔美国学生（Oyserman, 2009）以及北美的原住民学生（Fryberg 等，2013）中，这种文化相关的身份与中学生更高的平均绩点之间存在相关性。框栏 6-3 中描述的研究说明了社会认同对学习者参与任务的潜在效应与重大影响。

框栏 6-3　篮球、数学与身份

> 纳西尔和麦金尼·德·罗伊斯顿（Nasir 和 McKinney de Royston, 2013）的一项研究要求学生在篮球教学情境和数学课堂情境中解决有关平均值和百分比的问题。在谈到篮球时，球员们的发言就像专家一样——他们"充满自信：坐得笔直；轻松甚至带有声调节奏地来回答问题……"与之形成鲜明对比的是，当要求他们用数学课堂术语来解决问题时，"球员们显然很苦恼：他们缩回到座位上；支支吾吾；告诉研究者自己的数学很差"（Nasir 和 McKinney de Royston, 2013, p.275）。对这些发现的一种解释是，身份会带来一种胜任感：作为球员，学生觉得自己有能力计算得分的平均值和百分比，但由于他们没有认同自己作为数学学生的身份，所以他们觉得自己没有能力在数学课堂境脉下解决相同的问题。

刻板印象的威胁

学术场境中被评价的经验可以强化自我意识，包括对与个人所属的社会群体和与个人能力有关的刻板印象的认识（Steele, 1997）。社会认同对动机和表现的影响可能是积极的，如上一节所述，但负面的刻板印象可能导致人们在认知任务上表现不佳（见 Steele 等, 2002; Walton 和 Spencer, 2009）。这种现象被称为刻板印象威胁，它指无意识地担忧对某人所属社会群体的刻板印象可能被用在自己身上，或者某人也许会做一些事情来证实这种刻板印象（Steele, 1997）。斯蒂尔（Steele）指出，刻板印象威胁最有可能出现在个体特别有动机的表现领域。

在一个测试刻板印象威胁的原型实验中，给个体的是一项有难度的成就测试,而在这一成就领域,被试所属群体一直有着能力不足的负面刻板印象。例如,让女性接受数学测试。这项测试设计了两个条件:性别中立条件(女性和男性在测试中表现得一样好)和威胁条件(即女性表现得没有男性好)。在威胁条件下,刻板印象组的成员比在性别中立条件下的表现更差。例如,以女性和数学为例,女性在数学测试中的表现要低于基于其实际能力所期待的表现(在其他境脉下也证明了这一点)(Steele 和 Aronson,1995)。有几项研究已经重复了这一发现(Beilock 等,2008; Dar-Nimrod 和 Heine,2006; Good 等,2008; Spencer 等,1999),而且这一发现被认为是稳定的,特别是在像 SAT(Danaher 和 Crandall,2008)和 GRE 这样的高风险测试中。

【128】

有关非裔美国学生和拉美裔学生的负面刻板印象的影响研究在此类文献中是最多的,因为这些刻板印象在美国一直存在(Oyserman 等,1995)。对相关这些学习的刻板印象的敏感意识早在二年级就出现了(Cvencek 等,2011),并一直伴随着儿童进入青少年时期(McKown 和 Strambler,2009)。当非裔美国大学生认为他们正受到学术评价时,他们会表现不佳(Steele 和 Aronson,1995)。当提醒非裔美国学龄儿童与他们的社会群体相关的刻板印象时,他们在成绩测试中的表现则会更差(Schmader 等,2008; Wasserberg,2014)。拉丁裔青年中也存在类似的刻板印象造成的负面影响(Aronson 和 Salinas,1997; Gonzales 等,2002; Schmader 和 Johns,2003)。

刻板印象威胁被认为会削弱表现,这是由于它会降低执行功能,加剧有关自己失败了别人会怎么想的焦虑和担心,这会剥夺人的工作记忆资源。因此,刻板印象威胁的负面影响在轻松的任务中可能并不明显,但它会在需要付出心智努力的有难度的挑战性任务中出现(Beilock 等,2007)。

神经生理学证据支持这一关于刻板印象威胁机制的理解。在威胁条件下,个体在大脑的前额叶皮层中表现出较低的激活水平,反映了执行功能受损和工作记忆受损(Beilock 等,2007; Cadinu 等,2005; Johns 等,2008; Lyons 和 Beilock,2012; Schmader 和 Jones,2003),同时在包括诸如杏仁核等在内的恐惧回路中表现出更高的激活水平(Spencer 等,1999; Steele 和 Aronson,1995)。

在短期内,刻板印象威胁可能会导致学习者心烦意乱、注意力分散、焦虑和其他干扰学习和表现的情况（Pennington 等, 2016）。刻板印象威胁也可能产生长期的有害影响，因为它可以使人们得出结论，认为他们不可能在某个表现领域取得成功（Aronson, 2004; Steele, 1997）。有人认为，刻板印象威胁的长期影响可能是长期存在的成就差距的一个原因（Walton 和 Spencer, 2009）。例如，那些被灌输了"数学不好"刻板印象的女性报告了更多关于数学的负面想法（Cadinu 等, 2005）。这些刻板印象威胁可以被敏锐地诱发产生。在一项课堂研究中，教室内性别化的物件形式所产生的暗示导致高中女生对计算机科学课程的兴趣降低（Master 等, 2015）。

不过，即使是学生有消极的刻板印象，但如果他们能得到支持，那么其仍然可以在学术上保持积极的自我概念（Anderman 和 Maehr, 1994; Graham, 1994; Yeager 和 Walton, 2011）。例如，沃尔顿和斯宾塞（Walton 和 Spencer, 2009）的一项研究表明，在心理威胁减少的条件下，对其所属社会群体存在刻板印象的学生，比过去与他们处于相同表现水平的无刻板印象的学生表现更好（见图 6-1）。

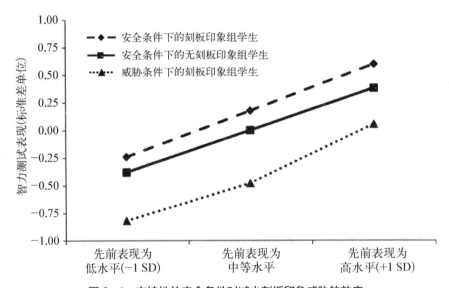

图 6-1　支持性的安全条件对减少刻板印象威胁的效应

注：SD 表示标准差。
资料来源：Walton 和 Spencer（2009, Fig.1）。

这些发现强调了刻板印象威胁的一个重要特征：它不是某个人或某个境脉单独表现出来的特点，而是由个体和境脉二者相互作用产生的结果。受到负面影响的前提是，一个人必须接触并感知环境中的潜在暗示，还要意识到他所认同的社会群体的刻板印象（Aronson 等，1999）。例如，在一项针对城市小学非裔美国儿童的研究中，研究者将阅读测试作为一项能力指标引入，结果显示，这只会妨碍那些报告自己认识到有关智力的种族刻板印象的学生的表现（Walton 和 Spencer, 2009）。

看来，学习者还会将自己的身份与接受测试的技能领域联系起来。例如，具有较强学术认同并高度重视学业成就的学生比其他学生更容易受到学术刻板印象的威胁（Aronson 等，1999; Keller, 2007; Lawrence 等，2010; Leyens 等，2000; Steele, 1997）。

【130】

研究者已经确认了教育工作者可以采取的一些可能有助于管理刻板印象威胁的行动。一种是把社会身份特征（如种族或性别）从评估因素中移除，从而降低要去证实某种刻板印象存在的可能性（Steele, 1997）。这需要支持或重新定位社会身份的维度。这类干预之所以有效，并不是因为它们减少了对刻板印象威胁的感知或消除了刻板印象威胁，而是因为它们改变了学生对威胁情境的反应（Aronson 等，2001; Good 等，2003）。例如，学习者可以重新被定位为知识或专长的承载者，这可以促进身份转变，使学习者能够拥抱学习机会（Lee, 2012）。在一项研究中，研究者让女性面对关于自己数学成绩的基于性别的负面刻板印象，但同时也促使她们思考自己身份的其他方面。研究发现，这种情况下，女性的表现与男性相当，而且这似乎能够缓冲女性基于性别的刻板印象的有害影响。而没有得到鼓励的女性其表现则比男性更差（Gresky 等，2005）。这些发现表明，如果一个人有机会被提醒他自己身份所包含的各种维度，那么这可能会促进其抵抗刻板印象威胁的心理弹性。值得注意的是，针对刻板印象威胁的干预措施倾向于针对身份这一维度提供支持，而不是自尊。不过，明确的反馈也是很重要的，它可以设定高期望值，也可以确保学生达到这些期望值（Cohen 和 Steele, 2002; Cohen 等，1999）。

价值肯定干预（Values-affirmation intervention）旨在减少自我设障行为并增

加表现动机。在某些情况下，让受到威胁的人通过自我肯定来肯定自己在其他领域的才能，可以增强学生的自我意识（McQueen 和 Klein，2006）。价值肯定练习中，学生写下自己的个人价值取向（他们自己认为重要的方面，如艺术、体育、音乐），对遭受威胁的学生来说，这增强了个人认同，减少了威胁，并提高了学习成绩（Cohen 等，2006，2009; Martens 等，2006）。在随机现场实验中，自我肯定任务与中学生（Cohen 等，2006，2009）[1]和大学生（Miyake 等，2010）的成绩提高有关。然而，其他研究并未重复这些发现（如 Dee，2015; Hanselman 等，2017），因此价值确认这一方法对谁以及在何种条件下可能是有效的，还需要研究确定。

尽管研究表明，教育工作者可以采取有助于消除刻板印象威胁的措施，但大部分研究都是在高度受控的场景下进行的。彼此之间可能相互影响和相互作用的各种因素尚未在真实环境中得到充分研究。然而，教育工作者可以考虑已被研究确认的影响，这些影响可能导致、加剧或改善刻板印象威胁对其学生的动机、学习和表现的作用。

提高动机的干预措施

许多学生会在从小学到高中这个过程中经历动机水平的下降（Gallup, Inc., 2014; Jacobs 等，2002; Lepper 等，2005）。研究者们开始在动机理论的驱动下开发干预措施，以提高学生的学习动机和学习。

一些干预措施聚焦的是心理机制，即影响学生对学习环境的构念以及他们为适应环境而制定的目标。例如，通过帮助学习者克服刻板印象威胁对社会归属感和自我意识的负面影响，设计了一个旨在提高学生动机的简短干预（Yeager 等，2016）。在一项随机对照研究中，非裔美国大学生和欧洲裔美国大学生被要求撰写一篇演讲稿，将学习中遭遇的逆境归因于大学适应过程中的一个共同方

---

[1] 2006 年的研究对象包括 119 名非裔美国学生和 119 名欧洲裔美国学生;2009 年的研究是对相同样本的 2 年跟踪研究。

面，而不是归于个人缺陷或其所在族裔群体的缺陷（Walton 和 Cohen, 2011）。三年后，参与干预的非裔美国学生表示，与欧洲裔美国学生相比，他们对归属感的不确定性更小，平均绩点也有了更大的提高。

一组针对表现受挫的干预措施侧重于开展一些帮助学生从固定智力观转变为成长智力观的练习。例如，在为期 1 年的研究中，中学生参加了一个包括 8 个环节的工作坊，在这个工作坊中，他们或者仅学习研究技能（控制条件），或者既学习研究技能，也了解关于大脑如何通过完成挑战性任务来改善和成长的研究（成长型心智模式条件）。到年末，与仅仅学习研究技能的学生相比，处于成长型心智模式条件下的学生数学成绩有了显著提高。然而，这组练习的效应值很小，并且仅限于一小部分成绩不佳的学生（Blackwell 等, 2007）。

学习者经验的主观性、个人性以及学习环境的动态本质，要求动机干预必须足够灵活，从而可兼顾个人和学习环境中的变化。在过去的十年中，许多研究表明，采用简短干预或练习来增强短期和长期的动机和成就的干预措施是有效的（如 Yeager 和 Walton, 2011）。在动机和学习方面显示出持续影响的干预措施是基于相对简短的活动和练习，这些活动和练习直接针对学生如何阐释他们的经验，特别是他们在学校和学习过程中遇到的挑战。

【132】

简短干预的有效性似乎源于它们对个体关于情境构念的影响，和对其引发的动机过程的影响，而这些过程反过来又支持了更长期的成就。提高动机和成就的简短干预似乎具有几个重要特征。首先，干预直接针对影响学生学习动机的心理机制，而不是学术内容。其次，采用学生中心观的干预措施考虑了学生在学校内外的主观经验。然后，这些简短干预旨在通过经验来间接地影响学生对学校或对自己的看法或感受，而不是试图说服他们改变自己的想法，说服他们改变自己的想法很可能被解释为控制。最后，这些简短干预侧重于减少学生学习动机的障碍，而不是直接增加学生学习动机。对于在学习和能力方面遭受父母的刻板印象影响的非裔美国学生和其他文化群体来说，这些干预措施似乎特别能给他们以希望。然而，正如耶格尔（Yeager）和沃尔顿（2009）所指出的，这些干预的有效性似乎既取决于境脉，也与实施有关。

诸如此类的研究依据的是与学习者的认知、情感或行为有关的不同动机理论，旨在影响动机的不同方面。拉佐夫斯基（Lazowski）和赫尔曼（2016）对此类干预措施的研究进行了元分析，以确定它们对教育环境中结果的影响。这些研究包括使用真实性教育结果的测量方法（如标准化测试分数、对一项任务的坚持、课程选择、投入），结果显示，这些干预措施对不同干预类型有一致的、较小的影响。

然而，这是一项比较小的元分析，只有 74 篇已发表和未发表的论文符合纳入标准，而且纳入的研究涉及广泛的理论视角、学习者群体、干预措施类型和测量结果。这些结果不能构成产生指引实践的结论的充分基础，但进一步的研究可能有助于确定哪些干预措施对谁最有效，在什么条件下最有效，并有助于确定影响干预措施实施的因素（如干预量、频率和时间）。在动机构念的清晰定义、区分和测量的能力上做出改进，可以提高干预研究的效度和实用性。

结论

当学习者想要并期待成功时，他们更有可能重视学习，坚持完成挑战性的任务，并表现良好。无论是现在还是将来，都可能存在众多因素和境况会触发或破坏学生的学习欲望以及他们在学习上付出精力的决定。这些因素包括学习者的信念和价值观、个人目标以及社会和文化境脉。自《人是如何学习的Ⅰ》出版以来的研究进展提供了有力的证据，证明了个人目标在与学习有关的动机方面的重要性，以及学习者在架设这些目标方面的积极作用，其所依据的是学习者如何看待学习境脉以及发生于学习过程中的经历。同时还有强有力的证据表明，参与度和内在动机随着时间的推移而发展和变化——这些并非个体或环境独自表现的属性。

该领域的实证和理论研究还在继续发展，但是最新的研究有力地支持了以下结论：

结论 6-1　学习动机受个体为自己构建的多重目标的影响，这些目标源自于个体的生活与学校经历及学习发生的社会文化境脉。如果学校或学习环境能

让学习者感受到"归属感",并且当环境可以提升学习者的能动性和目标感时,各个年龄段的学习者的学习动机都能得到促进。

我们还需要对教学方法以及正式的学校教育结构是如何影响动机过程的这些问题进行更多的研究。已有的研究发现支持了以下给教育工作者的一般指导:

结论6-2　教育工作者可以通过以下方式关注学习者的参与、坚持和表现,从而支持学习者的动机:
- 帮助他们根据表现来设定理想的学习目标和适当的挑战性目标;
- 创造他们所看重的学习经验;
- 支持他们的控制感和自主性;
- 通过帮助他们认识、监控自己的学习过程并对学习过程进行策略制定来培养他们的胜任感;
- 创建有情感支持和无威胁的学习环境,让学习者感到安全和受到重视。

第 7 章　对于学校学习的意蕴

我们讨论的这些研究对于学校学习意味着什么？我们的任务是，在《人是如何学习的 I 》的基础上，将以学习为对象的相关研究进行综合，包括从出生到成人的学习，包括正式场境和非正式场境中的学习。这一工作对学校教育者的工作颇具意义，特别是对于幼儿园到十二年级（K-12）的教师。

在前面几章，我们讨论了学习的文化本质，人们日益认识到，文化从根本上形塑了学习的各个方面：从脑的构造到共同体和社会组织学习机会的方式。我们看到有很多类型的学习，它们由一系列的认知过程支持，学习者需要对这些过程加以协调和组织。我们分析了对于知识和推理的研究，结果表明：发展专家知识既带来优势，也带来偏向性；单纯地累积知识不足以完成复杂的学习任务和解决新问题、应对新情境。最后，我们描述了个体的信念、价值观、兴趣和身份是如何在学习中发挥不可分割的作用，而这些信念、价值观、兴趣和身份又如何被学习者在家中以及共同体中的经验所塑造。

所有这些观点对于学校和课堂的组织方式都是有意蕴的。在这一章里，我们援引前面各章的发现，从四个方面考虑其对于 K-12 教育工作者的意蕴。首先，对于每一位学习者的教育经验的质量而言，关注学习的文化本质都是至关重要的，至于其缘何重要，则是我们要考虑的第一点，同时，我们会对那些有具体教学意蕴的研究进行考察。其次，不同学术内容领域的学习需要采用不同的方法，这些方法既要考虑关于学习的一般性发现，也要考虑学科差异，我们将简要描述当前研究对于这一问题的观点。然后，我们将讨论让学习者参与学习并赋权学习者的教学方法。最后，我们会探讨对于学习过程的理解是如何用于学习评价的设计的。

文化与学校学习

《人是如何学习的Ⅰ》的发现在今天依然有效。不过，正如我们在第 2 章里所讨论的，对于学习的文化本质，多个领域的研究工作为我们带来了更多样化的理解。《人是如何学习的Ⅰ》的作者认识到了考虑文化如何影响知识迁移的重要性，比如，提到了"学生在家庭文化中所学到的知识和在学校里被要求学的知识之间存在不一致的情况，这可能在某种程度上解释了学生在学校里的失败"（National Research Council, 2000, p.72）。此后，研究者们开始对人类学、文化心理学、认知科学和神经心理学等领域的研究加以综合，从而考察对于学习和发展的文化本质的认识——包括所有学习者的、终生的学习和发展。对于教育者来说，这一点很重要，因为环境和文化因素影响着课堂中每一位学生身上发生的事情，这些因素包括了从分子水平的因素到最为广泛的社会和历史趋势。学习环境、教育者和学生自己的特征，都是由其文化境脉所塑造的。

在第 2 章，我们解释说，采用学习的社会文化观，意味着要考虑学习所发生的社会、情感、认知、发展、生物和时间的境脉。简言之，研究学习就是研究学习者和他们所处的环境之间的关系。认真思考这一点会发现，这些观点会在每一个具体的方面影响教育实践。理想地看，在决定学习者能够获得的学习经验的性质方面，教育者起到关键作用，他们还能形塑学习者利用其学习环境的意愿和能力。

要想完整地评述关于文化之于教育作用的理论和研究文献，至少还要再有一本书那么长的报告。在这里，我们关注的是，对于一些学生而言，他们在学校里接触的文化、实践与他们在校外所经历的并无明显不同，而对于另外一些学生而言，上学是一种会带来挑战的跨文化经验。因而，我们强调了学校和课堂境脉的几个要点，这些要点表明，要为所有学生提供平等的学习机会、缩减机会上的差距，关注文化的问题是极其重要的（Ladson-Billings, 2006）。

当学习者应对一项新任务的时候，他们会将自己拥有的先前知识和个人经验带到学习境脉中。他们经常尽力关联自己已经知道的东西并利用现有的力量（例如知识和经验），以此作为探寻新材料的切入点。学习者一方面分享他们的经验、知识和目标，但同时还会将独特的视角、经验、优势和技能融入其中，因此，他们介入新任务和展示其学习的方式也会有所不同（参见框栏7-1）。学习发生于人们日常生活（包括家庭、学校和社区）的实践中，人们会在应对新情境和新问题时，对各种学习加以应用。

【137】

框栏7-1 学生有主导性的学习风格吗？

> 有些在教学中考虑个体差异的方法并没有实证的支持。例如，学习风格这一概念反映了这样一种信念：如果能够识别出对于学习者最有效的呈现方式（例如视觉呈现或是口头呈现新材料），教学就可以将呈现方式个别化（Pashler等，2008）。有关这一方法的呼吁已经引起了公众的极大关注，这基于一种认知前提，即如果教学能够定制化，那么所有的学生都会成功。但是，实验研究一直显示，学习风格并不像这一概念的倡导者所描述的那样，因而，根据这样的学习风格将学生加以分类并进行教学是有问题的（Dembo和Howard, 2007; Pashler等, 2008）。

最佳学习环境会为学习者提供空间，使得学习者能够广泛利用其各自优势、经验和目标，以解释任务和进行评价，支持学习者之间的这种有益的差异。1995年的一篇里程碑式的论文为这一观点提出了理论框架（Ladson-Billings, 1995）。从那以后，教育实践者和研究者开始探索，让教学和学习适应于所有学生的语言、读写能力和文化实践意味着什么［见帕里斯（Paris, 2012）中对于文化维护教学法（culturally sustaining pedagogy）的讨论］。

学校和课堂境脉

文化塑造着每一个学习环境和每一位学习者在该环境中的经验。那些在课堂环境中感到不熟悉、有困惑、不惬意、缺乏支持的学习者，将会处于劣势。有研究明确表明，对于儿童和青少年学习机会的关注，是解决不同群体间差异问题的关键所在，学习机会在很大程度上是由学习者的教育环境决定的（见 Boykin 和 Noguera, 2011; Duncan 和 Murnane, 2011; Reardon, 2011; Tate, 2001）。学习机会是一个多维度的构念，不仅包括学生能够获取的内容，还包括教师在课堂上所做的事情、学生参与的活动，以及用于支持教学的材料和其他资源。学习环境的这些特征，是由教师教育和教育决策这样较广域的文化所塑造的，而这些因素又进而为更广域的文化影响所塑造。

学习环境

学习环境的构建是为了促进学生以某种形式参与到一系列特定的活动中，每一个学习环境的特征都反映了其所处的文化境脉。课堂文化反映在其物理特征上，例如，桌椅的摆放、墙上张贴的材料以及可供使用和参考的资源，都发出了关于期望结果的讯息。活动的设计是为了促进学生以某种方式在某一特定知识领域进行学习。教室里出现的制品强化了价值观，研究者认为，无论对于成人还是孩子，文化制品都有着强有力的累积性影响（Azevedo 和 Aleven, 2013; Bell 等, 2012; Delpit, 1995）。

有关这方面，可以举一个小例子，在幼儿园和小学的教室里，用动物图示的字母表（从 aardvark 到 zebra）随处可见。这些教育资源中，动物形象可能是某种风格的表征，也可能是拟人化的形象，而不是它们在自然栖息地中的形象。这些资源反映了某种特定的文化倾向。如果这些动物是在它们自己典型的栖息地中，行为也是自然性的，那么这种表征方式也许会很好地鼓励学生从"生态的角度"对其进行思考。这类很精微的因素可能会对儿童关于动物知识的组织方式产生影响（Medin 和 Bang, 2013; Winkler-Rhoades 等, 2010）。

我们来看另外一个例子，邦（Bang）和同事们（出版中）研究了美国原住民与非原住民撰写或者绘图的儿童图书中插图的文化差异。他们分析了插图的几个特征：读者到插图对象的主观距离，这是根据插图的构架来确定的（标准的窥视构图还是近景或者全景构图）；视角（直视还是俯视或者仰视）；运用一些方法鼓励选取视角的情况，如"穿过肩膀"的视角（关于这些特征点有效的证据，见 Libby 等，2009）。美国原住民制作的插图更多采用近景，视角和距离更加多样化，更倾向于鼓励采取某种视角（经常从动物的视角看）。美国原住民之外的人制作的插图主要采取窥视的视角，将读者置于场景之外，由外往里看。

与以上这些差异相似的是，将对于自然的经验放在前景中（比如在树林中行走）还是放在背景中（比如在户外打棒球），美国原住民和欧裔美国人之间也有着文化差异（Bang 等，2007）。同样，有研究者观察到，对于子孙与生物世界的关系有什么样的典型目标，这两种文化也存在差异。欧裔美国人的目标可能是，"我想让我的孩子知道，他们必须尊重自然，并有责任心去照看它"，而一个美国原住民的目标可能是，"我想让我的孩子意识到他们是自然的一部分"。对于那些不是来自欧裔美国人背景，但是其身处的课堂又暗含欧裔美国人观点的学生来说，这样的文化差异会带来一些影响。

学习者在课堂上还有一些要遵守的规则，有的是明确的，有的是潜隐的。这些规则引导着学生，让他们领悟到谁可以说话、自己可以什么时候说话、怎么说话是可以被接受或者是被看重的、说什么合适（Lee, 2001）。学生和教师也将他们自己的文化意义系统带入由文化所定义的课堂境脉中，他们的文化意义系统源自他们在家庭、邻里和社区中的校外经验。与已经熟悉规则的同学相比，那些对于课堂文化所固有的规则还不熟悉的学生，处于明显不利的地位。

一些研究探索了更广的境脉，包括学校教育，以及课堂和学校环境在结构和实践方面的重要特征。比如，研究者提出，中学阶段的规则结构、课堂任务、评分方法与这一阶段青少年对更大空间的需求不匹配，他们需要更大的空间来做出有关行动的决定并承担责任，锻炼他们的自我调节能力（Eccles 和 Midgley, 1989; Eccles 等，1991, 1993a, 1993b; MacIver 和 Epstein, 1993）。对于更大年龄群体的研究表明，按能力分组和其他与此相关的实践方式，会对学习者的复原力（resilience）和自我调节带来负面影响（Blumenfeld 等，1987; Guthrie 等，1996;

Urdan 等, 1998; Wilkinson 和 Fung, 2002）。

而且，那些缺乏动机的学生会由于种种原因将自己看做群体中的边缘人（如 MacLeod, 1987, 1995; Willis, 1977）。更近期的研究探讨了小学、初中和高中阶段的与违法相关的三种学校现象（学业失败、停学、辍学）（Christle 等, 2005）。研究者发现，一些学校特征有助于减少学生违法的风险，比如支持性的领导、尽职和互助的教职工、全校范围的行为管理和有效的学业指导。而且，对学校有归属感、亲近感的学生，其失败、被停学和开除的可能性更小。

偏见的负面影响

在过去二十年中，已经有很多论著探讨了未被人们意识到的关于文化差异的假设对学习产生影响的微妙途径（见 Banks 和 McGee, 2010; Erickson, 2010）。文化差异的影响可能是极端负面的。比如，教师对于种族和性别的未受检验的偏见，可能会影响他们对于甚至是低幼儿童行为的预期和解释，对于学前环境中教师使用严厉纪律处分（如停学和开除）上的差异的研究就显示了这一点（Gilliam 等, 2016）。以年龄较大的学生为对象的研究发现，关于教师在不同种族的学生中使用严厉纪律处分的行为存在差异，而且，这种差异与教师的观念有关（Okonofua 等, 2016）。正如埃里克森（Erickson, 2010, p.34）所指出的，教师"选择对待文化差异的方式，会深刻影响学生对教学要求的理解和他们自己的学习动机"。

基于文化的期望所产生的影响可能更加微妙，潜在伤害也更大。我们在第2章和第3章中讨论的一些证据表明，在很多认知过程和功能中观察到的差异，比如，在注意和记忆方面的差异，都有着文化上的基础。海蒂·凯勒（Heidi Keller, 2017）最近的研究强调了对学生发展的期望反映了未受检验的假设的程度，这个假设是：西方中产阶级的典型路径是正常的、健康的方式，来自其他文化的孩子也应该按照这一基准接受评测。这项研究认为，"评价一种路径的发展而采用另外一种路径的原则和标准，是不科学的，不道德的"（Keller, 2017, p.833）。

母亲语言的丰富性和其子女词汇量发展及学业成就（如等级）之间的关系，被人们称为词语鸿沟，对这一关系的争论反映了这种期望带来的结果

（Huttenlocher 等，2002）。鼓励父母更多地和孩子进行交谈（如"三百万单词行动"[1]），就是基于这一发现。不过，重要的是要认识到，持续对自己的孩子说话——这是美国中产阶级父母的典型做法——仅仅是促进学习的众多途径之一（见 Avineri 等，2015）。孩子还通过自己参与创意玩耍、和他人互动、观察文化规范的途径进行学习（如 Lareau, 2011; Rogoff, 2003）。

从"赤字"模型到"资产"模型

如果学生的校外文化实践被视为资源、工具，或者资产，那么其学校学习可能会得到促进。如果在一个境脉中被认可和接受的文化实践在另一个境脉中也被认可和接受，那么这种一致性将会促进学生的参与和学习。这一观点有时会和文化差异的"赤字"模型相联系，这一模型认为，考虑学生间的文化差异是弥补一些学生群体可能面临的学术劣势的一条途径。我们想强调，重要的是要从这一模型转向另一种观点：每一位学生都是带着一套独特的资产组合来到课堂上的；如果课堂环境充分考虑了每一套资产组合的独特性，那么每一位学生的学习都会得到促进。

【141】

创设公平课堂的一个关键维度是，建立一个所有学生的观点都得到珍重的课堂环境。在这样的课堂上，当学生展示他们的观点、公开呈现他们的思考、运用证据、协调观点和证据、吸纳和批评彼此的观点，会得到教师的支持（Michaels 和 O'Connor, 2012）。群体的参与规范、尊重他人、愿意修改自己的观点、平等，这些都是这类课堂环境的关键要素（Calabrese Barton 和 Tan, 2009; Duschl 和 Osborne, 2002; Osborne 等，2004; Radinsky 等，2010; Sandoval 和 Reiser, 2004）。

将文化整合为资源的一种方法是课堂教学的"文化示范"法（cultural modeling）（Lee 等，2003）。这种方法通过引导学生看到他们自身文化经验和学科观点及所教的思维方式之间的联系，促进非主流背景学生的参与。

在关于文化示范的一项研究中，李（Lee, 2006）探讨了如何鼓励非裔美国学

---

[1] 参见：http://thirtymillionwords.org［November 2017］。

生将他们对于自己熟悉的日常叙事（如说唱）的理解应用到课堂材料阅读上。能够明确建立这些联系的教师会引导他们的学生聚焦于读者如何去理解文本的意义。学生关于日常文本意义的知识，让他们能够进行权威性的解释，然后将这些经验运用到其他材料的阅读中。这一方法将他们熟悉的家庭和社区经验在课堂上显示出来，从而帮助他们自在地去看学习目标，感觉这些目标是可以达到的。

还有证据显示，当文化实践在课堂上被看作资产的时候，学生的动机和成绩会提升（Boykin 和 Noguera，2011）。比如，研究者发现，很多非裔美国学生更喜欢集体学习境脉（Dill 和 Boykin，2000；Hurley 等，2005），在学校教学中，当学生有机会一起学习时，他们的学习会有明显的改进（Boykin 等，2004；Hurley 等，2005，2009；Serpell 等，2006）。

1990 年代提出的"知识基金"（Funds of Knowledge）框架是一个很有影响的例子，其方法是对学生熟悉的知识技能进行详细的分析，将他们的独特经验与教学联系起来（Moll 等，1992）。这一框架出自教师研究者和美国—墨西哥边境学生家庭之间的合作。正如莫尔（Moll）及其同事（1992）所描述的，知识基金是富有价值的理解、技能和工具，学生一直将这些作为他们身份的一部分。家庭从日常生活的多个方面获得知识基金，例如修车、在公司工作、建造房子。尽管教师和学校经常忽略学生的知识基金，但是，如果教师对其加以调用，将其融入课堂中，这些基金就可以成为有价值的资源。近期的一些研究就建立在这一观点之上，探讨了这种实践如何捕捉了学生的想象力，如何促进了学生对于领域知识的深层理解（Lee，2001；Rogoff，2003），如何将学生在校外获取的技能、能力和观点应用于多种学校境脉中。

将文化生活和课堂加以连接的另外一种方式是创设"第三空间"，即通过教师和学生间的真正对话而产生的社会环境。这种社会环境是教师和学生合作建构的，旨在为学生提供一个空间，他们可以对自己的个人叙事和经验加以利用，将其融合到更大的课堂空间中去（Gutiérrez，2008；Gutiérrez 等，1995）。这种类型的共享空间，可以将学生在校外经历的种种知识和话语（知识基金）和学校所重视的常规知识和话语之间建立联系（Moje 等，2004）。一项对于初中科学课堂的人类学研究表明，一方面，学生的知识基金对于理解学校文本而言可以成为有价值的资源，另一方面，教师需要经常提示和鼓励学生在课堂境脉中调用这些基金（Moje 等，2004）。另外一项对于非裔美国高中学生批判性读写能力的人类学研究也显示了这一点（Kirland, 2008）。那些通过仔细阅读从伊利亚特到连环漫画（如蝙蝠侠、X 战警）来探索复仇、种族主义、排外主义和区隔与不宽容的社会后果等主题的学生，展现出了对这些主题丰富和深刻的理解。

对于校外境脉的研究，有望拓展教育工作者对于学生知识和技能库的理解。例如，莫雷尔（Morrell, 2008）记述了资源贫乏群体中的青少年，如何通过与教育公平和青年赋权相关的研究项目来获得学术和其他技能。古蒂雷兹（Gutiérrez, 2008）描述的一个关于有着农民移民背景的青年的长期项目，研究了他们如何建立自己的学术目标和个人目标。平卡德（Pinkard）和同事们（2017）在一项对于"数字青年女生"（Digital Youth Divas）[1]的研究中发现了类似的成效，这个校外项目通过虚拟的和真实世界的共同体支持初中女生在科学、技术、工程和数学方面的兴趣发展。

学科特定的学习

每一个学术性科目都涉及特有的思维方式和智力挑战，中小学和中学后教育的一个重要目标，就是让学生掌握所学科目的思想方式。如果学生不能运用内容领域内的或者跨领域的学术语言进行对话，他们就不能有准备地参与到能让他们超越事实记忆的各种类型的深度学习中去（Gee, 2004）。例如，学者们界定了"谈科学"（talk science）（Lemke, 1990）或者参与"数学对话"（Cobb 和 Bauersfeld, 1995; 另见 National Research Council, 2005, 2007 等）意味着什么。

戈登曼（Goldman）和同事（2016）进行了一项"概念性的元分析"，在这项分析中，他们识别了与文学、科学和历史相关的阅读、推理和探究实践。他们运用下述的五个核心构念来说明跨学科知识的特点：

- 认识论，也就是关于知识本质和识知（knowing）的本质的信念

---

[1] 参见：http://digitalyouthnetwork.org/project/digital-divas［November 2017］。

- 探究实践和推理策略
- 统领性的概念、主题和框架
- 信息表征的形式，包括不同形式的文本
- 话语实践，包括用于传递信息的口头和书面语言

上述每一构念都能在各个学科中发现，不过，各学科中具有典型性的各构念之特定形式——也就是这一学科运用的构念的范式——却是各不相同。因而，要了解一个构念的哪些形式对于一个学科组织和传递信息的方式而言是最重要的，这能够帮助教育者以学科特定（subject-specific）的方式进行教学。

举例来说，当学生以学科特定的方式学历史时，他们得到的相关支持是，将体验历史作为一个探究过程。如此一来，学生在阅读一手和二手文本时，会去建构对于历史事件的诠释，会关注文本作者的观点、文本产生的境脉、文本互证——或者没有互证——的方式（见 Bain, 2006）。类似地，当以学科特定的方式学科学时，学生会通过探究提出和证明对于科学现象的解释，在探究中，他们收集和分析数据，或者解释他人收集的数据（Chin 和 Osborne, 2012）。在文学推理中，读者会援引各种信念、经验、修辞知识和文学知识，参与到关于文学文本意义的论争之中。

对于设计学生的有效学习经验而言，不同学科领域在知识结构、认识论和学科实践上的这些差异，同前面各章谈到的学习的一般原则一样重要。实际上，越来越多的与特定学科的学习相关的证据，都支持目前改进 K-12 教育的种种努力。这些关于学科学习的理解得益于来自学习科学的如下观点：在一个领域更为精通并非简单地等同于获取了更多的知识；在一个内容领域的学习还涉及参与学科实践的过程，这些实践要求学习者在学科特定的活动和任务境脉中运用知识。

本章无法对学校所教授的每一学科中富有前景的方法进行综述。美国国家研究理事会的几份报告已经综述了与学科学习相关的一些重要发现，包括《人是如何学习的 I》，以及紧接其后的题为《学生是如何学习的》报告（National Research Council, 2005），都探索了历史、数学和科学中的学习；还有《美国实验室报告：高中科学课中的探究》（National Research Council, 2006）、《把科学带到学校：在 K-8 年级学习和教授科学》（National Research Council, 2007）、《加

起来：帮助学生学习数学》（National Research Council, 2001b）、《儿童早期的数学学习：通往卓越和公平之路》（National Research Council, 2011b）。以下，我们以这些资源为基础，对于数学、科学和历史这三门学科的学习进行概述。

数学

美国国家研究理事会的报告《加起来：帮助学生学习数学》（2001b, p.116）明确了数学素养（proficiency in mathematics）所包含的五个方面的要素：

- 概念理解，指的是学生对于数学概念、运算和关系的理解
- 程序流畅，或者说学生灵活、准确、高效、恰当地执行数学程序的技能
- 策略能力，学生形成、表征和解决数学问题的能力
- 适应性推理，有逻辑地思考、反思、解释和论证数学论点的能力
- 生产性倾向（productive diposition），学生习惯于将数学看作合理的、有用的、值得学习的学科，同时相信勤奋学习数学的价值，相信自己作为投入于数学的人的自我效能感

在发展数学素养的过程中，这五个方面相互交织相互依存。这意味着数学教学要兼顾所有的方面。但是，传统的数学教学通常只关注程序流畅（National Research Council, 2001b）。为了培育上述的数学素养，教师要将大量的时间用于概念和策略的发展、参与讨论、进行有反馈的练习（National Research Council, 2001b）。课堂讨论要建立在学生思考的基础上，要关注问题和解决方案之间的关系，关注证明和数学观点的性质（National Research Council, 2001b）。

科学

类似地，美国国家研究理事会关于K-8科学学习的报告（National Research Council, 2007）描述了科学素养（scientific proficiency）的四个方面：

- 知道、运用和诠释对于自然世界的科学解释
- 提出和评价科学证据和解释
- 理解科学知识的性质和科学知识的发展
- 有效地参与科学实践和科学对话

在学习过程中，这四个方面是共同作用的，一个方面的进步会支持和促进其他方面的进步。在科学实践、科学教学和科学学习中，这些方面都不是相互独立或相互分割的（National Research Council, 2007）。

与这四个方面不同，传统的科学学习观关注的是学习者个体对于事实性知识的掌握。相应地，常见的教学策略就是讲授、阅读、实施预先计划的实验操作以证实已经确定的发现（National Research Council, 2007, 2012a）。而当前关于科学学习和科学教学的观点强调让学生投入到科学过程的实践之中，包括提出问题、发展和运用模型、进行探究、分析和诠释数据、建立解释和参与论证（National Research Council, 2012a）。

这种方法体现于"支持多素养能力的指导性探究"（Guided Inquiry Supporting Multiple Literacies）模式，这一模式让小学低年级的学生投入到科学探究中去，进行科学实践（Hapgood 等, 2004）。在一项基于课堂的研究中，研究者设计了科学家的工作簿，用以向学生介绍科学家进行研究活动的方式，这些研究活动要回答关于真实世界现象的问题、对现象进行建模、系统收集和解释数据、和同事一起检验他的观点、基于来自同行和新数据的挑战修正观点（Magnusson 和 Palincsar, 2005; Palincsar 和 Magnusson, 2001）。他们发现，接受这种教学方法的二年级学生提升了他将数据用作证据的能力、对于多元表征进行解释的能力、对科学现象（例如质量和动量的关系）进行建模的能力。

历史

如在《人是如何学习的Ⅰ》中指出的，历史学习要求学生学习历史学家在将事件链接到一个叙事时做出的假设。学生必须学习确定，为什么历史学家从所有可能事件中挑选出来某些特定事件作为重要事件。在这样做的时候，他们不仅理解了历史的诠释性质，也理解了历史是一种讲证据的知识。

德拉巴斯（De La Paz）和其同事（2017）探讨了运用学徒制模式支持八年级学生的历史写作，他们将其界定为"以证据为基础的诠释，提出关于另一地点和时间的观点"（p.2）。他们在一个很大的城区征集教师参与实验，选了另外一组作为对照组。教学干预开始时，教师对于历史学家进行历史思维和写作的方式进行示范和出声思维。然后，学生进行这样的学科实践，比如，识别一手史料并将其放入历史境脉中、讨论和评价证据、审视和发展历史观点、对于他们的工作撰写叙事。评价学生的写作成果时，会看整体质量，也会看历史写作的具体状况。结果是，在所有的写作评价中，实验组的学生都优于对照组，无论是那些阅读熟练水平较高的学生还是那些学业困难的学生。

斯图尔（Stoel）和其同事（2015）发展了一个教学框架，来提升学生对于历史进行因果推理的能力。这个框架包括五个教学策略：（1）任务探究；（2）教学互动；（3）情境兴趣；（4）教授历史领域特定的策略；（5）对于历史知识和推理的认识论反思。在这项准实验研究中，通过策略教学、概念教学和对于历史的认识论基础的介绍，教给实验组的学生明确的学科实践方法。而对于控制组的学生，则没有明确地关注历史思维。

两批学生在第三个小组中合作进行一项探究任务，在这项任务中，他们对第一次世界大战的爆发进行研究。研究者发现，不管是采用这一教学框架的实验组的学生还是控制组的学生，都获得了一阶知识，就是关于过去和所研究事件的具体知识和抽象知识（VanSledright 和 Limón, 2006）。但是，只有那些采用学科策略上课的学生才获得了二阶知识，即历史学家用来建构关于过去的叙事和观点的概念知识。

赖斯曼（Reisman, 2012）设计了一项准实验研究，测量初高中阶段的课程干预对于历史阅读、内容知识和推理的影响。在这项研究中，来自五所城区高中的学生在教学中使用被称为"像历史学家一样阅读"的课程，他们以关于历史问题的文献为基础进行探究。每一节课都采用相同的环节：发展关于主题的背景知识、个人或者小组独立阅读和分析历史文献、全班讨论文献及其意义。在另外一项专门针对历史学习的干预中，参与研究的教师明确地教授溯源、确证和境脉化。实验组的学生在阅读历史文献时反复使用这些策略。结果表明，他们在多项结果测量中的成绩超过控制组，包括：一般推理、阅读理解和历史阅读（Reisman, 2012）。

诺克斯（Nokes）和其同事（2007）测试了四种干预对于学生历史内容学习和学科阅读方法的影响。这四种干预是：（1）传统教材和内容教学；（2）传统

【147】

教材和使用启发式教学（教授策略）阅读历史文献；（3）多种文本和内容教学；（4）多种文本和启发式教学。干预（2）和（4）中的启发式教学中明确引导学生运用溯源、确证和境脉化的方法。两所高中学校的200多名八年级学生被分配到四个实验组中。三周之后，测试学生的内容知识掌握情况和应用学科特定方法进行历史阅读的能力。

结果发现，运用多种文献，即接受干预（3）和干预（4）的学生，在内容知识掌握和阅读时运用启发式方法的能力都是最好的。那些利用多种文本学习和与多种文本互动的学生，学到了更多的内容，阅读理解分数较高，比研究中的另外两个实验组更多地应用溯源和确证的方法。研究者强调他们的研究"指明了阅读多种文本以深化内容知识、促进学生应用历史学家常用的启发式方法的重要性"（Nokes等，2007, p.11）。

正如本节通篇强调的，不同的学科有其独特的思维方式和智力挑战，这些反应了不同的学科在认识论、话语、表征和实践等方面的差异。认识这些差异对于学科教学而言至关重要。

让学习者参与并为其赋权

当教育者关注课堂环境的文化以及学生带入学习过程的文化观念时，结果之一就是，学习者在负责自己的学习方面得到更好的支持。《人是如何学习的Ⅰ》的作者触及了为学生赋权的重要性。例如，他们推荐在教学中运用元认知的方法来帮助学生控制自己的学习。他们建议学校和课堂成为"以学习者为中心"的场所，教育者在这里要关注学习者的态度和对于学习的期望（National Research Council, 2000, p.24）。我们在本报告中讨论的很多主题就是建立在这些观点的基础上。我们讨论的促进各种具体类型和功能的学习的策略，主要就是支持学习者积极前进、自我提升。

在委员会讨论学习的类型与不断发展的脑（第3章）、支持学习的过程（第4章）、知识与推理（第5章）、学习动机（第6章）的过程中，我们识别了学习研究对于学习者的一些具体意蕴。这些发现的一个主题就是：当人们意识到自己的学习、指导自己的学习时,以及当人们参与到挑战性的学习活动之中时,他们会学得更好。

- 在第3章和第4章,我们提出:教师可以通过奖赏引导学习者形成稳定的学术习惯;有效的反馈要指向学习者已经达到的特定阶段,并提供给学习者当时可以参照的引导;帮助学习者建立与已有知识的联系能够帮助他们学习新材料。我们还提出,在引导学习者建立自己的概念模型时,这些模型在帮助他们理解和组织正在学习的知识方面特别有用。
- 在第5章,我们提出:像总结和画图、发展自己的解释、教别人,所有这些方法都可以帮助学习者记忆他们学习的信息。在这一章,我们得出的结论是:有效记忆策略的共同之处是鼓励学习者超越显性的材料,丰富他们对于信息的心智表征,创建有组织的、清晰的知识结构。
- 在第6章,我们描述了促进学生感知其自主性、能力和学术成就的方法,比如,在教学过程中给予他们进行有意义选择的机会,更总括地说,支持他们的控制感和自主感。

【149】

上述每一点都贡献于以下整体发现:通过给学生提供充分支持的策略,教育者能够促进多种类型、多种情境中的学习,这些支持要让学生能够成功但是又鼓励他们、允许他们或多或少地对自己的学习负责。在这一节,我们将探讨几种让学习者参与并为其赋权的途径。我们首先简要地看一下学习者调节自己的学习所面临的挑战。然后,我们将检视一些关于教学策略的证据,这些策略旨在促进学习者参与和引导学习者。

自我调节的学习

《人是如何学习的 I 》中指出,自我调节能力就像元认知其他方面的起始状态一样,在每一个孩子身上都很明显地存在,并随着知识和经验的增长而逐渐发展。那份报告指出,作为"策略性能力"发展的一部分,儿童逐渐理解"如何对于他们的学习进行规划、监控、修改和反思"(National Research Council, 2000, p.112)。不过,这一领域越来越多的研究不仅强调了人们调节自己的学习有多么困难,还强调了提升这一能力的训练的相应价值。

准确地监督或者控制自己的学习过程本身都是很明显的挑战。学习者需要有效的策略来完成这些任务，如果元认知监督不准确，学习者做出的决定和选择都有可能出现偏差。在《人是如何学习的Ⅰ》出版之前，研究者就识别出了能够支持学生实现其学习目标的策略，包括学习者处理学习内容的方式和与学会学习相关的技能。教授这些策略的方法就是让学生学会学习。

最近的元分析提供了关于学习策略的研究综述，既包括与自我调节相关的策略，也包括与其无关的策略。海蒂和多诺霍（Hattie 和 Donoghue, 2016）综述了对于文献的228项元分析。他们识别出了400多项学习策略，其中有302项策略的应用和学业成就有关系。他们发现有效策略的关键要素是：（1）投入于学习的意愿；（2）探索未知的好奇心和意愿；（3）与深度理解内容相关的技能。我们注意到，这些作者采用了一个非常宽泛的"策略"定义，包括了管理环境的方法（如让学生对于学习有所控制、进行关于时间管理的教学）和参与结构（如同伴指导、合作/协作学习）。

如何专门训练学习者，以提升他们的自我调节学习能力，使其能超越具体的学习技能或者策略，这些研究没有直接回答这一问题。最近的一篇综述以关于自我调节的首要动力的三种理论模型为基础，概括了探索一般性自我调节（不特别针对学习）训练的研究的发现（Berkman, 2016）。这三种理论模型分别聚焦于：（1）力量（自我调节是一种力量或者能力，能用于任何领域）；（2）动机（关键是发展对自己进行调节的动机或意愿）；（3）认知过程（关键是启动认知功能，比如，通过形成习惯或者改变对于自我效能的信念）。这篇综述发现，以每一个模型为基础的干预都显现出成效，但是只有有限的迹象表明其会促进一般性自我调节。

教授学习者自我调节的这一想法很吸引家长和教育者，也有很多材料提供了相关的实践建议。[1]一篇综述考察了关于教师在教授自我调节方面的作用

---

[1] 可以在以下网站找到例子：https://www.naeyc.org/files/yc/file/201107/Self-Regulation_Florez_OnlineJuly2011.pdf［October 2017］；http://www.pbs.org/parents/adventures-in-learning/2015/11/games-that-teach-self-regulation［October 2017］；http://teacher.scholastic.com/professional/bruceperry/self_regulation.htm［October 2017］；https://iris.peabody.vanderbilt.edu/module/sr/cresource/q1/p02［October 2017］。

的研究，这些研究的结论是：学习者积极投入自己的学习与其取得正面的学习效果相关联，教师可以通过引导学生指向有意义的目标和策略、监控他们的动机、提供有用的反馈等方法来促进学生的投入（Moos 和 Ringdal, 2012）。这些研究者描述了一个稍显不同的自我调节的框架，反映了这个活跃的研究领域的复杂性，但是他们同样强调了一些重要的概念，如预先考虑、表现监控（performance control）、自我反思、认知、动机。穆斯和林德尔（Moos 和 Ringdal, 2012）的研究表明，不管采用何种模式，他们所综述的研究都支持这样一种观点：教师能够支持学生的自我调节，但是这需要训练才能做到。

研究文献还没有确定能够发展学生自我调节能力的训练方法，这些能力还要能迁移到训练自我调节技能的境脉之外。文化在自我调节过程中的作用这一问题也还没有完全解决，一些研究已经指出了这一点，如最近的一项关于喀麦隆和德国学龄前儿童自我概念和社会化策略的研究（Lamm 等，2017）。不过，正如一位对训练研究进行综述的作者所指出的，"有迥然不同但是很吸引人的证据表明，自我调节可以通过训练得到提升"（Berkman, 2016, p.454）。我们会在本书第 9 章讨论几个颇具前景的研究领域。

【151】

促进学习者参与的教学方法

正如我们在前面几章看到的，人类在理解方面的驱动力是很强大的。人有内在的动力去赋予其经验以意义。这种习性在导向合适的任务和活动的时候，可以成为一个有力的引擎促进学习。另一方面，如果要求学生参与到人为的、脱离境脉的任务，他们会发展出应对策略来为这些情境赋予意义，但是这些策略知识只是简单地去"应付学校"（doing school）。在这一部分，委员会将概览一下那些使学校活动成为"思维的邀约"的方法。有两种教学方法受到了研究者的特别关注，这两种方法都以我们所讨论的方式促进学习者参与、挑战学习者，它们是基于问题 / 项目的学习和协作学习。

基于问题 / 项目的学习

基于问题 / 项目的学习这种策略通过聚焦于长期目标来促进学习者投入到学习挑战中（Shah 和 Kruglanski, 2000）。基于问题的学习最早源于医学教育，是为了支持学生掌握宽广的内容知识和临床实践方法。这一术语指一系列教学方法，这些方法较少关注学习结果，而是更多地关注围绕着一个问题组织起来的学习过程。学生面对的挑战应当能推动学生掌握学科的中心概念和原则并进行建构性的探究，这些探究类似成人在校外进行的项目。

显示这一方法之益处的研究涵盖了中小学阶段，也涉及多种场景，主要体现于社会科学和自然科学课堂上（如 Ferretti 等，2001; Halvorsen 等，2012; Kaldi 等，2011; Parsons 等，2011; Rivet 和 Krajcik，2004）。概而言之，研究者设计了基于项目的学习单元，让学生投入到挑战性项目之中，如弄清机器如何使得建造大的东西或者水族池模型更加容易，并参与多种多样的活动。研究者用多种方法评价学习成果，识别有效项目的特点，并记录正面的结果。不过，康德利夫（Condliffe）及其同事（2016）指出，尽管研究文献越来越多，但是，大多数探索基于项目的学习和学生学习成果之间关系的研究，并不是以支持因果推理的方式设计的。我们也注意到，基于问题的学习的理论框架较为抽象，因而，这些框架不容易支持关于如何设计和实施基于问题的教学的明确结论。

研究者还探讨了实施这一学习方法的相关问题，例如，学生保持多大程度的独立性是最佳的，教师应该提供多少引导和教学，他人设计和提供给教师的基于问题的课程是否能产生与教师自己设计的课程相同的效益（Barron 和 Darling-Hammond, 2008; Halvorsen 等，2012; Thomas, 2000）。这些争论也突出了设计和实施这类教学所需的时间和精力问题，以及用这种方法达到要求的学术目标所面临的挑战。

协作学习

学习不是一个仅仅发生在个体头脑内的孤立过程，对于这一点的认识让很多研究者的目光聚焦于将课堂环境作为一个学习共同体，聚焦于学生间的互动以及和教师的互动如何影响学习（如 Brown 和 Campione, 1995; McCaslin 和 Burross, 2011）。这方面研究的一个焦点就是协作学习，在协作学习过程中，当小组进行一项复杂任务时（比如修改和完善一个科学模型），每一个成员贡献他们的思考，他们有权进行分工、发展权力关系，或者对任务要求进行审视（Roschelle, 1992）。与基于协作学习的教学相关的很多特征，都和我们在前面各章强调的研究发现是一致的。比如，让学生对自己的学习负责，鼓励他们反思自己的假设和思考过程，将教师视为促进者（Kirschner 和 Paas, 2001）。

几项元分析考察了不同内容领域小组学习的益处（阅读方面的研究，见 Slavin 等, 2008; 数学方面的研究，见 Slavin 和 Lake, 2008; 另见 Johnson 等, 2000）。与竞争性的学习或者个体化的学习相比，合作学习的相关益处包括：小组成员间积极的社会接纳、更多的任务定向、更好的心理健康、更高的自尊、更多采纳他人的观点。这些研究表明，当小组成员理解彼此的学习目标，每一位成员感觉对所有成员的学习负有责任的时候，才会产生这些益处（Johnson 等, 2000）。

作为协作学习形式之一的复杂教学（complex instruction），其设计目的是促进公平（Cohen 和 Lotan, 1997; Cohen 等, 1999）。在复杂教学中，小组必须参与到结果开放的任务中，这种任务的设计是要让学习者在完成任务时相互依赖。这种任务结构将学生变成彼此的学术资源和语言资源。这类任务的一个例子是：通过研究中南美洲多种移民群体的经验探索一个问题"人为什么会流动？"。这个问题是复杂的，充分解决这个问题需要对广泛的潜在解释因素进行评估，包括脱离经济困难、寻求政治避难、期望自己和家人过上更好的生活。

学生援引多种资源（如日记、照片、杂志、新闻故事、文档），建构出对于影响移民选择的多重影响因素的理解。这里没有唯一正确的答案；任务本身是不确定的、结果开放的，无论是学生就这一问题达成的结果，还是他们用来产生这些结果的过程，都是如此。教师受到指导，去特别关注学生参与的不均衡问题。例如，教师可以强调，小组对于在考虑的议题可以有不同的诠释，没有唯一正确的答案，小组必须就他们的成果达成共识。而且，这些活动需要多种能力，这样所有的学生都能够贡献他们自己的特长（如在写作、绘图或者信息收集方面的特长）。教师还鼓励学生探索其他的解决方案，从多重视角考察问题。

技术手段，特别是基于网络的资源，为协作学习开辟了新通道，提供了新工具，引发了关于计算机支持的协作学习的研究热点（Goodyear 等, 2014; Graesser, 2013）。对于通过网络进行的协作学习的研究指出了学习经历设计的重要性，提出成功的任务设计具有以下特点：（1）允许学习者控制课业的要素（Kershner 等，2010）；（2）为学生理解和连接复杂观点提供支持和多种资源（Means 等，2015）；（3）为学习者提供手段，分享他们对于学习的多元表征（Scardamalia 和 Bereiter, 2006）。

评价学生的学习

反馈可以识别可能的进步，标识进展状况，通过提供这样的反馈，评价能够向着积极的方向推动学习进程和提升动机。当评价设计反映了对于人是如何学习的这一问题的理解时，评价是最为有效的。

K-12教育的评价直接涉及很多对象。学生需要关于他们是否学到了预期的学科知识和技能的信息；教师想知道他们的教学方法是否在帮助个体学习者学习，是否在帮助班级进步；家长想知道他们的孩子是否在学习重要的内容。利益相关者——从学校、学区、州的官员，到中学后教育机构、工商业界及联邦政府的领导——需要这些信息来对学校教育的成功之处、提升情况和需要采取的行动等方面做出政策判断。评价为学习和学校教育的改进提供了必不可少的反馈。

佩莱格里诺（Pellegrino, 2014）发现，K-12教育评价的目的在于：

- 在课堂上促进学习（被称作形成性评价）。这种评价提供了关于一个学生是否学会了所教内容的具体信息。这些信息向学生提供了关于其进步的反馈，帮助教师调整他的教学以满足学生的需要。
- 在完成一个阶段的学校教育之后，比如在学年末或者课程结束时，评价学生的成绩或能力水平，也就通常所说的终结性评价。
- 在学校、学区、州或者国家层面上，对于学程和机构进行评估，监测学生的学习。这些评价通常离课堂更远一些，会更多地反映州标准的内容，而不是某一节课涵盖的内容。

没有一项测试或者评价能够用于服务于所有人的所有目的。尽管出于不同目的的测试看起来很不相同，但是他们需要相互一致以支持学习。评价系统需要精心设计，使用广泛的评价策略，并根据这些不同的目标加以调适（National

Research Council, 2001a, 2006, 2014）。

向学习者提供反馈

　　课堂上进行的形成性评价，能够提供关于学习的有意义的反馈，引导教与学下一步的选择（Bennett, 2011; Black 和 Wiliam, 2009; Valle, 2015）。如果以清晰定义的学习模型为基础，评价信息可以用于识别学生学习和表现上的当前水平与期望水平之间的鸿沟，并在之后缩小这一鸿沟。评价提供给教师关于学生错误理解的诊断性信息，因而引导教师做出关于如何调整教学的决定，引导学生做出关于如何改进其工作、调整其学习过程的决定，通过这些途径实现上述功能。

　　无论是早期有影响力的综述（Bangert-Drowns 等，1991; Black 和 Wiliam, 1998），还是较近期的元分析（Graham 等，2015; Kingston 和 Nash, 2011），都发现形成性评价和学生学习之间在整体上存在正向关联。在不同的年龄组、不同的核心科目和不同的国家，都有这种正向的效果（Chen, 2015）。

　　不过，不是所有的反馈都同样有效（Ruiz-Primo 和 Li, 2013; Shute, 2008; Van der Kleij 等，2015; Wiliam, 2010, 2013）。有效的形成性评价要清晰描述学习目标，反馈给教师和学生他们与这些目标的距离，为教师的教学调整、学生在学习过程和学习成果改进上的变化提供建议（Andrade, 2016）。研究提出，当反馈具有以下特点时是最为有效的：

- 聚焦于任务和学习目标，即反馈需要是具体的、叙述性的，而不是评估性的、等级性的；
- 以支持性的、与学习者进展一致的方式提供反馈；
- 在学习者能够从中受益的时候提供反馈；
- 将反馈提供给乐于接受的学习者，他要有做出响应所需要的自我效能感。

　　最近的研究对于有效反馈的特征有了更精细的理解。反馈可以说明如何理解任务和执行任务；可以指出完成任务所需的对于行动的自我监控、调节和指导，或者提供对于学习者的个体评价（Hattie 和 Timperley, 2007）。因为学习者对于自身学习的判断和管理能力往往并不完善，因而，研究者探索了使用准确的反馈帮助他们学习的途径（Andrade, 2016; Zimmerman, 2002），比如，在数

【155】

学和地理学习中发展学生自我评价技能的策略（Ross 和 Starling, 2008; Ross 等, 2002），引导学生将同伴评价和自我评价加以结合并运用的策略（Andrade, 2016; Topping, 2013）。

将评价和关于学生如何学习的证据相连接

美国国家研究理事会的报告《知道学生知道什么》描述了一个有效的评价系统需要包含的三个必备部分："关于学生在此领域认知与学习的一个模型、关于提供学习者能力证据的各类观察的一系列信念、理解证据的诠释过程"（National Research Council, 2001a, p.44）。学生学习模型应当与关于学习者如何表征知识和发展专家知识的研究相一致，它是评价设计的统一的基础。观察包含了确定的评价任务或情境，学生通过这些任务和情境提供关于他们学习的证据。诠释方法提供了对观察情况加以理解的途径，范围包括了从统计模型到直觉的或者定性的判断。"这三个要素——认知、观察、诠释——必须明确地加以连接，设计为一个协同的整体"（National Research Council, 2001a, p.2）。

十年之后，布朗和威尔逊（Brown 和 Wilson）指出，大多数评价仍然缺乏明确的认知模型，或者缺少关于学生在一个学科领域如何表征知识和发展能力的理论。他们认为，评价设计者（大概也包括课堂教师）很大程度上被关于"理解是如何发展的"这一隐性知识所牵制，如果没有认知模型的话，关于如何创建有意义的评价就没有清晰的指南。不过，具有前景的近期研究建议了多种方法，将有效评价的设计建立在关于学生如何学习这一领域不断发展的证据的基础上。

基于学习进阶的评价

学习进阶（learning progression）又称学习轨迹（learning trajectory）、构念地图（construct map）或构念模型（construct model），学习进阶这个模型描述了对于一个主题持续完善的思考，特别是儿童学习者展现出来的，从新手到专家的过程（National Research Council, 2007）。基于研究和概念分析，学习进阶描述了一个较长时间段的发展（Heritage, 2009）。比如，如果学习目标是要理解夜晚变冷是因为地球的一部分转到了太阳的另一面，学生必须首先理解地球不仅围绕着太阳公转，还沿着自身的轴自转。框栏 7-2 展示了这一关键概念的学习进阶，其将学习者水平划分为水平 1 到水平 4。

框栏 7-2　评分量表：学生对太阳系中地球的理解状况的构念地图　　【157】

水平 4　学生能够整体理解天空中星球的视运动、实际运动情况。学生知道：

- 地球既围绕着太阳公转，也在沿着自身的轴自转；
- 地球每年绕着太阳公转一圈；
- 地球每天沿着自身的轴自转一圈，引起白天/黑夜的交替，使得我们看起来像是太阳围绕着天空移动；
- 月球每 28 天绕着地球转一圈，产生月相。

常见错误：季节是由于地球和太阳之间距离的变化引起的。

常见错误：月相是行星（太阳或者地球）在月球上的影子引起的。

水平 3　学生知道：

- 地球绕着太阳公转；
- 月亮绕着地球公转；
- 地球沿着自身的轴自转。

但是，学生没有将这些知识整合到一起，形成对于视运动的理解来做出解释，可能没有认识到地球是同时自转和公转的。

常见错误：夜晚变黑是因为地球每天绕着太阳转一圈。

水平 2　学生认识到：

- 太阳看起来每天在天空中移动；
- 可以看到的月球形状以 28 天为周期在改变。

学生可能相信太阳是绕着地球转的。

常见错误：天空中所有的运动都是因为地球沿着自身的轴转动。

常见错误：太阳绕着地球转动。

> **常见错误：** 夜晚变黑，是因为太阳每天绕着月球转一圈。
>
> **常见错误：** 地球是宇宙的中心。
>
> 水平 1　学生没有认识到天空中星球的出现有系统性特点；也可能没有认识到地球是球形的。
>
> **常见错误：** 夜晚变黑是因为有什么东西（比如：云、大气、"黑暗"）遮住了太阳。
>
> **常见错误：** 月相是遮住月球的云引起的。
>
> **常见错误：** 夜晚的时候，太阳落到地球下面了。
>
> 资料来源：改编自 Briggs 等（2006）。

该学习进阶在设计时考虑了州和联邦的课程标准，但是它比大多数标准更为具体，这些标准没有包括达成结果的各等级内和等级间的重要中间步骤（Heritage, 2011）。对于典型的学习过程的具体描述，是对于认知模型的表征，可以引导教学，也可以引导评价结果的设计和诠释。如框栏 7-3 所示，学习进阶还能够指出学生对于一个主题的常见错误概念。

框栏 7-3　根据学生对太阳系中的地球理解状况的构念地图设计的诊断题目

> 对于夜晚变黑，下面哪一个解释是最好的？
>
> A. 月球在夜晚挡住了太阳。[水平 1 的回答]
>
> B. 地球每天沿着自身的轴转一圈。[水平 4 的回答]
>
> C. 太阳每天绕着地球转一圈。[水平 2 的回答]
>
> D. 地球每天绕着太阳转一圈。[水平 3 的回答]
>
> E. 太阳和月球调换它们的位置产生了黑夜。[水平 2 的回答]
>
> 资料来源：Briggs 等（2006）。

学习进阶为教学和评价提供了一个蓝本,因为它表征了终结性评价的目标,阐明了一系列教学活动,能够引导形成性评价过程的设计,形成性评价提供了显示学生理解状况的指标(Corcoran 等,2009;Songer 等,2009)。教师和学区在设计终结性评价和推动学习的形成性评价时,都可以参考学习进阶(例如 Furtak 和 Heredia,2014)。可以提前设计指向常见错误概念的问题,再以口头或书面的形式向学生个人或者小组提出来。例如,在学习地球和太阳系这个单元时,教师可以在某个时候提出所设计的问题,启发学生进行与学习进阶中某一具体目标相关的思考,比如:"地球绕太阳转一圈需要多长时间?你是怎么知道的?"学生对于这些问题的应答提供了有关他们学习的信息,这种信息能够引导教师进行下一步教学。

诊断性问题也可以采用多项选择的方式(Wylie 等,2010)。布里格斯(Briggs)和同事(2006)的研究显示,设计精良的多项选择题能为教师提供关于学生理解的诊断信息。当每个答案选项都与学生理解的发展水平相联系的时候,如框栏 7-3 所示,对于学生反应的选项层面的分析能够显示学生个体和班级整体理解的情况。例如,如果班级中四分之一的学生选择了选项 D,表明他们知道夜晚是因为地球每天绕着太阳转一圈,教师接下来就可以组织结构化的小组讨论,在那些理解日夜交替和不理解这一现象的学生之间展开讨论。更深入的干预可以针对那些处于水平 2 及以下的学生,或者选择 A、C、E 的学生。

根据佩莱格里诺(Pellegrino, 2014, p.70)的观点,"对于认知和学习的研究,产生了关于领域特定的学习和表现的丰富成果,这些成果可用于引导评价设计,特别是阅读、数学和科学的一些领域……此外,我们要以能够有效引导教学和评价设计的方式,对于课程的多个领域的学习进阶进行描绘,在这方面,我们还有许多工作要做。"

以证据为中心的评价设计方法

另外一个广受重视的评价模型是以证据为中心的设计(Mislevy 等,2003,2006),这种模型是以关于认知和学习的经验性证据为基础的。在这一模型中,评价被视作从证据进行推理以评估学生学习的过程。在设计的过程中,第一方面是考察关于学科领域中专家思维和新手思维的研究证据。对所有与某门学科学习相关的因素都加以分析和记录，然后将其用于改进设计过程中的测试。评价专家相信，"当学生正成功地投入到这样的学习过程的时候，或者当他们参与到起反向作用的实践的时候，基于这样的学习科学研究的测试都会更好地将这些动向标示出来"（Yarnall 和 Haertel，2016，p.3）。

第二方面是"观察"，在这个设计阶段，教育者会选择一些题目或者任务，来引发出有关所期望的知识和技能的证据。观察以学生对于这些任务的反应为基础，为开发者提供了需要用以对学生表现进行推断的证据。与传统的测试开发方法不同，以证据为中心的设计开始于证据，也就是关于学习在一个领域如何发生的证据，以此为基础来设计测试。图7-1显示了整个设计过程的这三个基本要素。这个过程的第一步是"尽可能精确地界定一个人想提出的观点，包括关于学生的知识的观点，关于学生知道和理解一个内容领域某一特定方面的途径的观点"（National Research Council，2012a，pp.52-53）（更多关于学习进阶和以证据为中心的设计，以及保证评价信度和效度的方法方面的内容，见 National Research Council，2005，2012a，2014；Pellegrino，2014）。

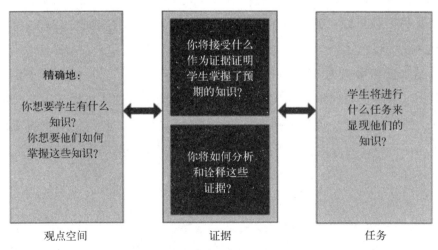

图7-1　以证据为中心的设计过程的三个关键部分及其相互关系的简单示意图

资料来源：National Research Council（2014, Fig.3-2）。

结论

我们对于学习研究的综述为校内学习提供了五条结论：

结论 7-1 有效教学取决于对于以下三组因素的交互作用的理解：(1) 学习者的先前知识、经验、动机、兴趣、语言、认知技能；(2) 教育者自身的经验和文化影响；(3) 学习环境的文化、社会、认知和情感特点。

结论 7-2 多种研究都表明用以下方法让学习者指导自己学习的重要性：在发展元认知技能方面提供指向明确的反馈和支持，提供与学习者现有能力匹配良好的挑战机会，在确定和追求有意义的目标方面提供支持。

结论 7-3 越来越多的研究支持采取一种教育的资产模型，在这一模型中，课程和教学技术支持所有的学习者，将他们的学术目标和他们的校外学习加以连接，这样，每一个学习者在多种场景中的学习经验和机会都能对其自身发挥作用。

【161】

结论 7-4 有意识地教授某些学科（如科学、历史、数学）特定的语言和实践方法，对于帮助学生发展对这些科目的深层理解至关重要。

结论 7-5 评价对于促进和监控学生的学校学习而言是一个关键的工具。如果以清晰定义的学习模型为基础，评价信息可以用于确定并缩小学生在学习和表现上的当前水平和期望水平之间的差距。

第 8 章　数字技术

可用于支持学习的数字技术的进步，可谓《人是如何学习的 I》出版以来最惊人的发展之一。数字技术可以支持学习者在不同的境脉下实现广泛的目标，具体请看以下三个案例。

案例一：有位一年级教师发现，她的学生在使用数字化作业单进行数学运算练习时不能全心投入，他们也很少完成与之相关的家庭作业。后来该教师引入了一个程序，把同样的运算放入游戏情境中。许多学生见到这个游戏很是兴奋，并经常去玩这个游戏，他们的数学技能从中得到了提高。

案例二：飞行器维修店的经理经常收到关于工人们犯错的报告。用于培训工人的软件涉及阅读和记忆故障检测、更换和修理所负责设备的步骤。经理认为，工人需要对设备机理有更深入的理解（心智模型），因此购买了一款智能辅导系统，该系统可提供个性化教学和虚拟现实仿真，还可解释设备机理和常见的错误概念。使用此系统后，错误大大减少了。

案例三：在一次经济大萧条期间，某人因生意失败而破产。他在农村地区找到了一份工作，而胜任这份工作需要一些新技能，包括农业和统计学知识等。他完成了免费在线课程以填补这些知识空白，获得了十几个证书。现在，他在自己的新领域担任领导角色。

这些案例表明，技术能够以多种多样的方式支持各种社会文化境脉中的学习。第一个案例中的游戏适用于数值运算的重复练习，第二个案例中的智能辅导系统能够帮助工人建立关于飞行器的深层心智模型，第三个案例中的免费在线课程则支持了需要转行的个人进行自我调节的学习。正如这些案例所表明的，当学习技术被设计用来满足特定的需求和境脉时是最为有用的。

《人是如何学习的Ⅰ》提到技术可用于以下方面：（1）将真实世界的问题解决纳入班级课程；（2）为学生的学习搭建脚手架；（3）为学生和教师提供更多反馈、反思和修改的机会；（4）为感兴趣并投身于学习的广大学习者创建本地及全球社区；（5）扩展教师学习的机会。自《人是如何学习的Ⅰ》发行以来，新技术不断发展，研究者已拓展了关于数字化技术如何最有效地促进学习的理解。

本章我们讨论将学习技术与学习目标关联一致的方法，其中会引用关于新技术的研究，这些新技术在激发主动学习、支持学校及工作场中的学习方面富有前景。本章还将讨论如何使用技术支持年长学习者，并在最后讨论学习机会的获取问题。

技术与学习目标的匹配

学习技术为支持学习者开启了巨大的可能性。在学习技术领域，研究者使用**给养**（affordance）这一术语指代一项技术使学与教得以可能的机会（Collins 等，2000）。在本节我们首先检视学习技术给养的本质，然后探索技术支持学习的不同方面的研究。

学习技术的给养

给养被定义为某一对象的特征或属性，意指可以为对象的使用者提供与对象建立关联的某种特殊方式（Gibson，1979；Norman，2013）。例如，门把手为使用者提供了转动之并推开门的一种方式，而长绳给使用者能够借以进行拉拽和绑缚的手段。当代数字环境具有文本、图片、图表、视觉强调、声音、语音消息、输入通道（点击、触控）等多媒体显示功能，承载着可为用户提供重要学习机会的信息。框栏8-1总结了支持更深层次学习的信息传递和输入特征以及其他技术给养。所列内容参考了梅耶（2009）以及他和莫雷诺（Moreno）（2007）的工作。

框栏 8-1　学习技术的关键给养

1. 交互性。技术系统地响应学习者的行为。例如，一些严肃的游戏通过角色扮演以及游戏社区中的互动让学习者沉浸其中。读书、听录音带和看电影不是交互式技术，因为这些技术不会呈现新信息以响应学习者的行为。

2. 适应性。技术呈现符合特定学习者行为、知识和特征的信息。有的技术可能是交互式的但并非是适应性的，比如有的游戏为用户提供了选择，但不会根据用户的选择或动作而改变选项。与之不同的是，智能适应性学习程序被设计成兼具适应性和交互性，因此当学习者使用软件时，程序就会对学习者做出的每个与任务相关的行为进行评估并作出选择性的响应，包括给出正确和错误的答案、用于决策的时长以及学习者决策所用策略。

3. 反馈。技术向学习者提供关于学习者表现质量的反馈，有时包括如何改进质量的反馈。反馈可以是一个简短的消息，即学习者的输入或响应是否正确，也可以是一段解释，以说明输入为什么是正确的或不正确的。任务相关的反馈可以是对仅持续几秒的短时事件的响应，也可以是对持续时间较长（比如一学期）的长期表现。

4. 选择。技术为学生提供学什么和如何学的选择，从而学生可以调节自己的学习。例如，以教学为导向的技术是低选择性的，目的在于推进教学进度，它给学生自由探索的选项就很少；而当学生在互联网上寻找个人问题的答案时，就是高选择性的。

5. 非线性访取。技术允许学习者偏离事先设定的顺序选择或开展学习活动。许多商业学习技术提供线性呈现，其中所有学习者以相同的顺序学习材料和主要概念。然而，其他技术提供了对信息的非线性访取：呈现顺

【166】

序取决于学习者的选择，或者借助智能自适应而变化。

6. 链接式表征。技术提供了某一主题不同表征之间的快速联结，这些表征重视的是不同的概念观点、教学策略，以及诸如口语消息、文本、图表、视频和交互仿真等媒介之间的联系。这种联结支持认知的灵活性和编码的可变性，从而支持学习。

7. 开放式学习者输入。技术允许学习者通过自然语言、绘画和其他鼓励主动学习的开放交流形式来表达自己的想法。

8. 与他人交流。学习者与一个或多个其他"人"进行交流，这些他人既可以是同伴，也可以是学科专家。交流可以包括计算机中介的文本交流（电子邮件、聊天、讨论室等）、计算机中介的多媒体交流、计算机支持的协作学习、会话代理、按需辅导以及众包。

通过重复来学习

我们在第 3 章和第 4 章提到的几种类型的学习需要对一些方面（知觉模式、词语、概念、事实、规则和程序等）进行大量的重复和练习，这些学习类型包括知觉和动作学习以及某些记忆学习。我们注意到，当这样的学习发生在不同境脉且分布在不同的时间段时，是最持久的（Koedinger 等，2012; Pashler 等，2007）。交互性和反馈对于支持这些类型的学习是特别有益的两种给养。

传统的基于计算机的教学（曾被称为"计算机辅助教学"），提供了交互性和反馈。例如，有一个成熟的企业提供基于计算机的词汇教学，其中，计算机显示图片和 2~4 个单词，学习者则按照显示，选出图片所对应的单词，并收到即时反馈（配对正确或错误）。计算机可以按照带有交互性和反馈的特定条目呈现顺序，并通过这个简单的程序呈现数以千计的测试。这些训练测试已用在课堂和实验室中，并用于支持课后的家庭作业。如果可以在移动设备上使用这一技术，则可以进行全天候训练。

此类基于计算机的教学有一个缺点，即一些学习者使用某种重复格式时可能会失去动机。提高动机的一种方法是增补适应性这一给养，比如 FaCT 系统就可适应这一情况，它为学习者提供了最佳间隔的训练试验，而不是集中训练（参见第 5 章关于间隔划分的讨论），如果学习者在该系统中正确执行三次，系统则会停止对特定事实的训练（Pavlik 等，2016）。这种方法可以带来更高效的学习，因为学习者不需要浪费时间学习他已经获知的事实。

另一种方法是通过添加拓展反馈（如总得分）、同伴交流排行榜、伙伴竞争等方式使学习**游戏化**（Clark 等，2014; Tobias 和 Fletcher, 2011; Wouters 等，2013）。还有一种维持动机的方法是让学习者选择感兴趣的话题。一些话题可能非常重要但缺乏吸引力，因而过多的选择也可能面临这样的风险，即学习者永远无法获得关键知识或技能。

使用模型进行深度学习

针对复杂技术、社会系统和 21 世纪任务中典型的学科内容主题，人们需要的不仅仅是作为基础的读写能力、数学能力和其他基本能力（Autor 和 Price, 2013; Carnevale 和 Smith, 2013; Griffin 等，2012; National Research Council, 2012b）。深度学习涉及对复杂概念和系统的理解，并体现在以下这些能力上：模型的使用和构建（参见第 3 章）、整合来自多个文档和经验的信息的能力（Wiley 等，2009）以及解释正确和错误的系统行为的能力（VanLehn 等，2016）。复杂问题解决、推理、推理性思考（inferential thinking）以及将知识迁移到新情境，都需要深度学习（Hattie 和 Donoghue, 2016）。

技术的链接式表征以及开放式的学习者输入这两种给养对上述这类学习尤为重要，传统的基于计算机的训练中的交互性、反馈和适应性等给养也很重要。技术的价值在于其表征了来自多个互联视角的情境，这种价值在帮助学习者理解像电路这类系统时是显而易见的。智能技术可以让学习者快速获知事物的多个视角，包括设备中展示的电路图片、组件和连接的功能图、每个组件的属性描述、指定定量规律的公式（例如欧姆定律和基尔霍夫定律）、设备行为的解释以及电路中的某个组件被修改时整个电路的模拟行为［见 Dzikovska 等人（2014）和 Swartout 等人（2016）开发的计算机系统］。这种快速访问允许学习者将这些元素关联起来。对于使用系统模型进行概念学习来说，开放式的学习者输入也很重要。例如，通过要求学习者使用自然语言辅导对话来解释其推理（Graesser, 2016; VanLehn 等，2007）或者创建一个电路来实现特定功能（VanLehn 等，2016），可以确定许多学习者系统模型的状态和关于电子学的迷思概念。

智能辅导系统（Intelligent tutoring system）也可以支持基于模型的深度学习（Sottilare 等，2014; VanLehn, 2011），这在代数、几何、编程语言、工程、科学等科目中已得到证明。"认知导师"（Anderson 等，1995; Ritter 等，2007）和 ALEKS（Doignon 和 Falmagne, 1999; Hu 等，2012）是数学教学中值得关注的例子，其用户群体很大，已在数以千计的学校中投入使用。智能辅导系统的广泛使用在数字素养领域（Kulik 和 Fletcher, 2016）和信息技术领域（Mitrovic 等，2007）产生了显著的学习效果。

智能辅导系统环境在需要学生动"口"的领域也显示了前景。这种辅导工具除了其他给养，还具有开放性学习者输入的特性以及与他人沟通的能力。比如，AutoTutor（Graesser, 2016; Graesser 等，2014; Nye 等，2014）使用自然语言会话来帮助学生学习不同的科目，它与大学生在物理学（VanLehn 等，2007）和计算机素养（Graesser 等，2004）领域的学习效果相关，超出了用相同时间阅读教科书这一方法所带来的效果。其中的代理（agent）是一个发言者头像，他会说话、指点、做手势、展示面部表情。对于学习成绩不佳的大学生以及那些需要深层次推理而不是浅表知识的测验来说，自然语言互动的学习效果是最佳的。然而研究还表明，AutoTutor 的会话交互对于追求更高自主性和自我调节能力的高成就大学生而言，或者，将 AutoTutor 用于仿真环境来促使学生获得非常精准的学科内容模型时，效果并不理想。对于知觉、动作和基于记忆的学习来说，AutoTutor 也不是最佳选择。

智能辅导系统已经在广泛的学科领域和技能训练领域中获得应用，使得中小学、高校、工作场所中的学习者从中受益。数百项研究表明，智能辅导系统有助于促进某些学习者在核心的读写算能力、复杂性 STEM 主题和 21 世纪技能等方面开展深度学习（Kulik 和 Fletcher, 2016）。但是，有两个与实施有关的问题未被注意到。一是，这些系统的建设成本很高，因此，大规模使用这些系统对于预算有限的中小学、大学和员工项目来说可能是一种挑战。这些系统的研发人员正在探索更快速、更便宜的内容开发途径，如美国陆军用于教学的通用智能框架（Sottilare 等，2014）。二是，与任何课堂干预一样，智能辅导系统需要充分整合到教师培训和课程中才能发挥作用（Dynarsky 等，2007）。

协作学习与合作学习

在团队中有效工作的能力是 21 世纪的学习目标之一，这种能力在工作场所中是非常重要的，因而已为许多领域所认定（National Research Council, 2012b; OECD, 2013）。技术为培养协作及合作学习技能提供了许多可能，例如，通过支持团队成员寻找共同点，解释他们的想法以及理解彼此的观点。所有这些过程都与成功的协作问题解决以及模型学习相关（Chi, 2009; Dillenbourg 和 Traum, 2006）。[1]

协作学习与合作学习是有所区别的（Dillenbourg 等，1996; Hesse 等，2015）。协作学习（collaborative learning）需要相互依赖，其中，小组成员必须一起做计划和组织联合活动以完成任务或解决问题。每个人的行动都依赖于他人的行动，一个人的行动可以被小组中的其他人承接或完成。相反，合作学习（cooperative learning）涉及将任务分解为多个部分，组员分开工作，但是他们可以协调且并行开展活动；部件完成后，小组再将其组装起来（Hesse 等，2015）。

近 15 年间，各种通用工具已经可用于支持交流和协作。例如，有些工具允许用户：（1）通过互联网上的 Web 浏览器（如在"Wiki"或"Wiki Website"上）添加、更改或删除内容；（2）上传可共享的文字处理和电子表格文件（如 Google 文档），以便其他人可以访问、评论和编辑；（3）免费拨打语音和视频电话；（4）举行在线会议，利用供团体使用的讯息传递服务（如 Google Hangouts、What's App）；（5）在基于云的设备上存储和共享电子文件（如 Dropbox）；（6）参与到社交媒体中（如 Facebook、Twitter 和 Instagram）。这些工具中有许多都是免费的或成本极低。

---

[1] 有关协作学习的进一步讨论，请参阅第 7 章。

学习技术旨在促进深层的概念学习成为团队协作的一部分。框栏 8-2 中的两个例子描述了开发人员呈现的积极效果。然而，有了合作与协作的通信技术并不一定会转化为学习成果。例如，赖希（Reich）及其同事（2012）研究了从幼儿园到十二年级的教室中使用维基（Wikis）的情况。他们提取了这些教室中随机的维基样本，这些样本来自提供与教育有关的维基的免费主机。他们评估了维基的发展和使用模式，以了解学生是否在协作知识构建（以及其他技能）中使用它们。近四分之三的维基样本中没有显示学生创建内容的证据，只有 1% 的维基样本显示了由学生协作创建了多媒体内容。同样令人沮丧的是，他们发现，在面向高收入群体的学生服务的学校中，学生创建（而不是老师创建）内容更为常见，而在为不富裕群体的学生服务的学校中较为少见。

技术支持的自我调节学习

一些计算机技术已经被开发出来，用以训练学习者获得元认知和自我调节的学习策略。MetaTutor 和 IDRIVE 是两个案例，它们显示了使用数字技术提升元认知和自我调节学习的前景。

MetaTutor（Azevedo 等，2010）针对的是促进生物学主题的自我调节学习。例如，在超媒体学习环境中学习循环系统和消化系统，它使用会话代理训练学生的 13 种策略，如记笔记、绘制图表、重新阅读及做出推论，这些策略在理论上被认为对自我调节的学习很重要（Azevedo 和 Cromley, 2004）。初步研究已经显示出其中一些策略具有积极影响，但并非所有学习策略都有积极影响。其中一个原因可能在于教学是用标准化脚本传递的，而适应学习者的个性化培训可能更有效。

框栏 8-2　基于网络技术的小组学习

知识论坛（Knowledge Forum）是对《人是如何学习的 I》中描述的计算机支持的有意学习环境（Computer-Supported Intentional Learning Environments，CSILE）的重新设计。CSILE 通过创建和评论彼此的"注解"（notes）来分享观点或信息，为学生小组提供了一个开展协作的多媒体数据库（Scardamalia 和 Bereiter, 1993）。使用 CSILE 的小学班级在标准化测试和档案袋评价方面的表现优于其他班级，而且注解功能为教师提供了一个了解学生以何种方式思考主题的窗口。知识论坛还提供"视图"（views），帮助学习者使用概念图或图表等工具组织他们的注解。将视图和注解一起链接到高阶概念框架的性能设计，旨在通过协作和互动促进学生的深度学习和概念发展，类似于科学家们在从事复杂问题时的协作和互动（Scardamalia 和 Bereiter, 2006）。

基于网络的探究科学环境（Web-based Inquiry Science Environment, WISE）是林（Linn）及其同事（2006）开发的一个平台，用于支持科学、技术、工程和数学（STEM）主题的协作和深度学习。这项技术设计用于帮助学生像科学家一样工作：比较各种观点，生成在潜在的丰富观念或从想法中做出选择的标准，将观念组成论点，收集证据以测试想法，以及评论同伴的论证。WISE 课程单元将科学研究方法和协作学习结合在一起，涉及的是学生通常有概念理解困难的生物学、化学、地球科学和物理学中的主题和现象。许多 WISE 项目含有互动模拟、协作头脑风暴和科学论文，利用提示帮助学生对证据做出确认或反驳，并写下与同伴分享的解释和论证。学生们在一起工作，生成并检测预测，为他们所作观察发展解释，并就某个问题达成共识。

工具 IDRIVE（Instruction with Deep-level Reasoning questions In Vicarious Environments，在替代性环境中使用深层次推理问题的教学）训练学习者在 STEM 境脉中问出深层次的问题，其方法是使用计算机代理（代表老师和学习者）参与到对话中，并在其中对深层推理问题的讨论加以示范（Craig 等, 2006; Gholson 等, 2009）。学生代理询问关于科学内容的一系列深层次问题（例如，"谁""如何""如果……则""如果不……则"等这样的问题），教师代理即时回答每个问题。证据显示这种教学增强了目标认知活动（Gholson 和 Craig,

2006; Rosenshine 等, 1996）。

这些技术具有前面描述的两个重要给养。它们为学习者提供了选择，这似乎可以提高学习者的动机，让其与他人交流，这在学习者刚刚开始发展自我调节策略时尤为有力。然而，这种成功途径可谓好坏参半，学习者往往要花上数小时通过许多样例来训练，才能表现出明显的进步（Azevedo 等, 2010; Craig 等, 2006; Gholson 等, 2009）。

激励积极主动学习的技术

我们已经指出重要的是激励学生积极主动地学习，而不是仅仅通过书本和讲授向学生传递信息（参见第 5 章和第 7 章）。数字技术为激发和吸引学习者提供了各种可能。

通过游戏来学习

众所周知，游戏会吸引玩家数小时的注意力，因为玩家积极地参加到竞争或以其他形式让其开心的活动中。社会媒体同样有这些益处。学习技术的设计者可以利用好这些现象并推动社会参与来支持学术学习。

有些游戏最初的目的并不是为了加强学术性学习，但案例研究发现，它们仍然为学习者提供了学习和身份建构的机会，从而能渗透到生活的其他方面。这些发现唤起了许多尝试，使用数字游戏、社会媒体和在线亲和团体等技术吸引学生转向学术目的（Gee, 2009）。另一些情况是，游戏已经专门用于支持学术内容和技能的学习（O'Neil 和 Perez, 2008; Shute 和 Ventura, 2013; Tobias 和 Fletcher, 2011）。无论在课堂还是课外场境中已经大量使用了这些在线游戏：Atlantis、Civilization、Crystal Island、Minecraft、Sim City、Whyville（Dawley 和 Dede, 2014）。

一个由"严肃"游戏研究人员组成的热心团体认为游戏具有教育益处，因为它们可以促进学习的持续参与。但是对这项工作的一份评论并不支持该主张，不认为学习者在游戏中学到的技能可以提升其认知，从而在认知技能测试中表现得更好（Mayer, 2016）。尽管如此，对于某些特定类型的学习结果，游戏可能比其他方法更有效。例如，"射击"类游戏可带来知觉注意技能的迁移性学习（Mayer, 2016）。

与学校教育联系得更加紧密的是近期针对特定学术内容的严肃游戏的评述。大量的定量研究显示，在促进科学知识、数学知识和读写知识的习得以及促进高效的思维习惯的养成（如开放思维、责任心和主动地自我评价等）方面，相较于其他教学方法，游戏具备中等程度的优势（Clark 等, 2014; Tobias 和 Fletcher, 2011; Wouters 和 Van Oostendorp, 2017; Wouters 等, 2013）。

一些研究人员认为，电子游戏（video games）具有内在的吸引力和激发参与的作用（Prensky, 2006; Squire, 2011），对电子游戏的研究可以提供关于教育环境设计的见解（Gee, 2003; Squire, 2011）。例如，马龙（Malone, 1981）认为，电脑游戏本质上是能够调动人的积极性的，因为它们可以提供最佳挑战和幻想，同时激发好奇心。马龙和勒普尔（Malone 和 Lepper, 1987）进一步阐述了电脑游戏的激励因素，认为用户的行为会影响游戏结果，这类游戏给用户一种控制感。吉（Gee, 2003）确定了可用于设计电子游戏的动机因素分类法。

然而，支持上述观点的实证证据还很少（Zusho 等, 2014）。尽管一些研究已将电子游戏与动机联系起来，但这种可能的关系尚未在教育环境中得到研究。此外，有关成年人群体（大学生和其他成年人）的研究表明，用户出于各种各样的认知的、情感的和社会的原因玩电子游戏，比如因为这样的游戏可以满足胜任力、自治和关系等方面的心理需求，而这些需求与内在动机相关（参见第 6 章）。但这些发现对 K-12 群体的适用性尚不明确（Zusho 等, 2014）。此外，不能假设整体上游戏或技术本身会激励所有学习者。究竟技术是否能够激励人们很可能取决于学习者、任务和学习境脉。

利用故事和学习者喜欢的角色

娱乐行业已经建立了一套做法，将电视节目或电影中人们喜欢的角色与社会媒体网站、在线游戏及产品关联起来。教育工作者在这种现象中找到了将教育、培训项目与广为人知的故事、人物和角色相联系的机会（Jenkins 等,

2006），以鼓励人们所称的"跨媒体学习"，即一种"对叙事或核心体验加以表征的可扩展的信息系统，叙事或体验通过多媒体的使用而展现，使得学生自己把情感带入到故事当中"（Raybourn, 2014, p.471）。例如，美国陆军已经使用了跨媒体作战行动，其中包括将在线游戏和社交讯息功能用于文化素养训练。

美国教育部的"准备学习"（Ready to Learn）计划促进了 2～8 岁儿童的跨媒体学习体验的开发和评估。根据该计划，公共广播公司开发了 PBS 儿童实验室（PBS Kids Lab），这是一个包含游戏集合的在线门户网站，其特点是纳入了公共广播系统的儿童节目（如《科学小子席德》和《好奇的乔治》）中的流行角色。游戏可以在计算机、智能手机、平板电脑或交互式白板上运行。PBS 儿童实验室网站（PBS Kids Lab Website）还帮助用户将有关数学和读写课程的游戏内容与家庭、学校或课外等场景中的活动连接起来（Herr-Stephenson 等，2013）。例如，"准备学习"的跨媒体体验的设计人员制作了视频、游戏和数字设备应用程序，通过激发幼儿与其看护人之间的讨论，帮助儿童提出问题、表达他们的想法，从而支持榜样学习（modle learning）（Mihalca 和 Miclea, 2007）。"准备学习"的跨媒体干预，将基于媒体和非媒体的活动结合成连贯的课程单元，对低收入家庭的学龄前儿童的早期阅读和数学技能产生了积极影响（Pasnik 和 Llorente, 2013; Pasnik 等，2015; Penuel 等，2012）。

从历史上看，对幼儿使用技术一直存在争议，主要是因为人们担心大量的屏幕观看时间可能对儿童发展产生负面影响（American Academy of Pediatrics, 1999）。最近，关注幼儿健康和福祉的组织的立场是，可以用适合发展的方式设计和使用技术以改进学习（American Academy of Pediatrics, 2015; National Association for the Education of Young Children and Fred Rogers Center, 2012）。美国儿科学会建议家长和看护人制定家庭媒体方案，方案要考虑每个孩子和整个家庭的健康、教育和娱乐需求（The American Academy of Pediatrics, 2016）。该学会根据年龄提供了如下指南：

- 对于不足 18 个月的儿童，请避免使用屏幕媒体（视频聊天除外）。
- 对于 18 至 24 个月的儿童，父母可以引入数字媒体。但是父母应选择高质量的节目并与孩子一起观看，以便与孩子互动并帮助他们理解所看内容。

- 对于 2 至 5 岁的儿童，观看（高品质节目）时间每天不超过 1 小时。父母应开始帮助孩子理解其中的素材是如何用于他们周围的世界的。
- 对于 6 岁及以上的儿童，父母应对媒体使用时间和媒体类型保持一贯的限制；他们应该确保媒体的使用不会取代充分的睡眠、身体活动和其他对健康十分重要的行为。

（美国儿科学会，2016）

【175】

教育工作者认为数字技术对学术学习的"恩赐"喜忧参半。例如，写作教师报告说，在线活动有助于青少年学习者理解多种观点，但又担心短信和互联网帖子的非正式风格蔓延到学生的学术写作中；诸如"转发"和"复制/粘贴"等常见做法已使学生对抄袭的严重性变得麻木（Purcell 等，2013）。另一个担忧是，习惯于略读在线内容短片段（short snippet）可能降低学生阅读和审思较长文本的意愿（Purcell 等，2013）。目前，关于在线沟通技巧和习惯是否以及如何迁移到学术场境，几乎没有实验研究予以揭示。

为学习者成为创造者和生产者赋能

互联网允许没有编程技能的人创建和发布内容，与数百万用户共享。因而人们可以创建内容、协作并对任何与人们所能想出的话题有关的他人的想法和作品加以评论。此外，学习者可以快速地与分散在世界不同地理位置的小社区建立联系，从而在一个非常专门的话题上变得富有学识并发展出真正的专长。

对非正式学习社区（如那些多用户在线游戏的社区）的研究表明，人们经历了在线创作者和在线生产者的发展阶段（Dawley, 2009; Kafai, 2010）。首先，学习者识别可作为其学习资源的虚拟世界内部及周遭的相关社会网络。学习者潜伏在虚拟世界中，观察更有经验的玩家以及参与其中所要求的文化规范和规则。随着学习者对学习境脉的感受变得比较舒适了，他们会向网络提供少量信息或投入时间。随着他们经验和知识的增多，他们会创建自己的材料，或修改数字环境的某些方面，或对游戏给出详细说明。在最后阶段，他们会起领导作用，包括指导新学员或者管理所属的网络。在这个过程中，新手玩家经常会得到其他玩家的明确指导或提示（Shaffer, 2007; Shaffer 等, 2009）。随着专长的提高，玩家也可获得同伴玩家的认可，这也可能产生积极影响。

例如，一些研究表明，在线学习活动可以在学习者的身份、自我概念、学习动机的发展中发挥作用（Ito 等, 2009; Lemke 等, 2015）。一项关于提供课后富媒体经历的学习项目的评论表明，这些活动有助于学生的社会性发展和情感发展、在障碍面前的坚持不懈，以及支持协作、提供相互支持和开展探究的技能（Lemke 等, 2015）。

维基百科（Wikipedia）和视频、音乐分享网站 YouTube 就是两个在线创新的例子，它们模糊了教师、专家和学习者之间的界限。2013 年，维基百科的英文词条超过 400 万条；其他语种有 285 种。新条目的作者、评论、事实检查和内容编辑主要由志愿者提供，提供支持的专家编辑的数量少得惊人。YouTube 为业余爱好者提供了一个开发免费学习应用程序和其他资源的平台。许多风险企业，比如由萨尔汗创建的用来辅导他表妹数学的可汗学院，起初是出于利他主义或仅仅是为了与他人分享兴趣，但后来发展为成功的公司或非盈利组织。我们仍需研究这些创新对学习的影响，但目前尚不清楚，在社区的创建和使用不断涌现且缺乏控制和协调的环境中，如何收集能够评价对学习有影响的数据。

创制

创客（maker）是指从事建造和创造的人。他们用自己的双手来组装、建造、塑型或修改一个对象（object）。虽然"创制"（making）的流行首先出现在正规教育之外，但它在正式学习中正变得越来越流行。创制在大学工程学的教学中根深蒂固，许多机构投入了大量资源来建立**创客空间**（makerspace）以支持创制活动。创客空间是供人们聚集在一起共享资源、知识和装备以参与创制的物理空间（一个房间或整栋建筑）。创客空间里会有用来焊接、装配、精工制作、3D 打印、激光切割、模制、铸造和雕刻的工具和机器（Barrett 等, 2015;

Jordan 和 Lande, 2014），因此，创客空间就会引入这些工具所使用的技术，以制作出一个物理实体；这些工具为其使用者带来了新的体验，帮助他们理解对象如何组装以及如何起作用。

创制是一种主动学习形式，因为它是体验式的并通过做（doing）让学生自己发展对某领域的理解。主动学习策略通常被理解为学生中心的探究式教学途径（Kuh, 2008）。尽管关于创制和教育成果的研究才刚刚开始（Jordan 和 Lande, 2014），但迄今为止的结果都指出积极的、基于探究的经验（如支持学生在某领域的学习和坚持的创制）是有益的（Freeman 等, 2014; National Research Council, 2012a）。

数字化版本的创制也开始蓬勃发展。通俗地说，电脑俱乐部是学生在放学后去的场所，同学们在这里使用易学的编程语言（如 Scratch）开发电脑程序。其他受欢迎的数字化创制活动包括开发可穿戴设备，比如带闪烁信息的 T 恤或珠宝。数字化创制也正在进入学校，例如，在加利福尼亚州圣马特奥的设计技术高中（Design Tech High School），学生们从事项目工作，这些项目由学生确定问题（如在夜里照明营地），然后使用 Raspberry Pi 软件和简单的外围设备来设计和制作解决方案的原型。可穿戴技术项目在设计中使用 Flora 微控制器、导电材料、传感器和执行器，以解决学生产生的问题。在这两种情况下，学生的设计工作都得到了与创客空间教师合作的行业导师的支持。

具身认知

关于主动学习研究的另一新领域是具身认知，这一领域与数字技术的进步密切相关。具身认知的思想在于，认知决定于机体体验的所有方面，包括身体系统以及身体与其环境相互作用的方式（见 Yannier 等, 2016）。SMALLab 是具身认识技术应用的一个例子，它是一个以学生为中心的混合现实环境[1]。学生在

---

[1] 在混合现实环境中，真实世界和虚拟世界融合在一起（Milgram 和 Kishino, 1994）。例如，图形（或其他数字元件）投影在地板或墙上，并融合于现实世界中的有形物体（如可追踪手持棒）。

15×15 英尺（15 英尺 ≈ 4.572 米）的空间内移动，配备了基于视觉的目标跟踪系统，顶部安装了视觉投影系统、环绕声扬声器，另外，在某些应用中学生可以握住或投掷发光球。关于在高中教室中使用 SMALLab 的一系列研究显示，相比于未使用该方式的教学，SMALLab 在地质层、化学滴定和疾病传播等知识学习中有积极效果（Birchfield 和 Johnson-Glenberg, 2010）。

军事和企业部门已经投入资源，用于开发和测试复杂具身认知数字技术，这些技术尚未用于典型的 K-12 和大学环境中。这些技术的能力在每年的"跨部门行业培训、仿真和教育会议"（Interservice/Industry Training, Simulation and Education Conference）上进行展示[1]。沉浸式游戏和仿真环境旨在帮助士兵在多个方面做出改进，包括射击技术、战斗情况下应对危险信号的敏感性、适当条件下卸下武器，以及涉及认知的知觉、动作、记忆和基本水平的任务表现等。沉浸式环境也被开发用于训练士兵进行设备维护、故障排除和维修，以及其他需要推理和周全缜密思考的任务，其技术包括带有会话代理和化身的混合现实环境，用于语言学习、社会互动以及文化适宜的协作（Johnson 和 Valente, 2009; Swartout 等, 2013）。例如，图 8-1 描述了战术语言和文化训练系统（TLCTS），已有超过 4 万名学习者使用了这一系统，使用范围主要是在军队中。TLCTS 是为数不多的几个关于学习、参与度和学习者印象测量评估的系统之一。对于大多数具身认知数字技术而言，我们很难评估其影响，因为在使用它们的商业和军事环境之外，还没有典型的结果报告出来。

会话代理

另一项可以激发主动学习的新技术是计算机化的会话代理。这种数字化代理旨在让学习者参与对话，以促进推理、社会互动、有意慎思（conscious deliberation）及榜样学习（D'Mello 等, 2014; Lehman 等, 2013）。该会话在设计上允许学生进行所谓的三方对话，其中包括学生和两个计算机代理，他们分别

---

[1] 参见 http://www.iitsec.org [March 2017]。

图8-1 战术语言和文化训练系统（TLCTS）

说明：每门TLCTS课程都纳入了一个基于场景的任务游戏，学习者在仿真目标文化的三维虚拟世界中扮演一个角色。该图展示了《Tactical Dari》使命游戏的截图，该游戏被美国军方用于培训即将被部署到阿富汗的兵役人员，用来学习达里语（Dari Language，一种主要的现代的波斯语方言）和阿富汗文化。玩家（学习者—玩家可以控制左侧的化身）参与到与村长的会议中，讨论当地学校的重建计划。在屏幕的顶端显示对话的文本。玩家通过语音与系统交互。自2009年起，已有4万多名学习者—玩家使用了多语言和文化的TLCTS课程。

资料来源：Johnson和Valente（2009, Fig.2）

承担不同的角色（如两个学生与一个专家或一个学生与两个专家）。图8-2显示了屏幕上两个代理正在通过三方对话与人交互。对这种有会话代理的三方对话的特别测试结果表明，在两个代理意见有分歧的情况下，学生会有更深入的概念性学习，尤其是对经历过困惑的学生来说。

研究表明，代理技术可以通过多种特征激发学习者积极主动学习。单个代理可以作为导师（如AutoTutor，见Graesser, 2016）或作为学习者玩家的同伴。一组代理可以建立多种社会情境，例如，可以模拟期望的行为和社会互动，安排需要推理的辩论，或者通过行动和社会交流吸引学习者—玩家积极贡献

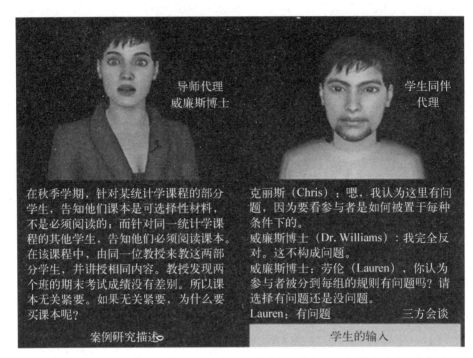

图8-2 截屏：会话代理（一名导师与一名学生）正在与另一名学生讨论一个实验

资料来源：D'Mello 等（2014）。

（Graesser 等，2014）。计算机化代理技术可以实施具有一定保真度的教学方法，这对于不是教学方法专家的人类代理来说，可能是难以做到或不可能做到的。

用于教学的技术

学习技术可以支持教学，本节探讨的证据针对技术支持三种教学目标的能力，包括连接正式与非正式学习以提升学习结果、在课堂上协调统合教学的复杂性，以及通过交互和反馈发展学生的写作。

连接正式与非正式学习

研究人员探索发现，为了帮助学生在学校和工作场所中达成正式学习目标，教育者可能会利用学习者从其文化境脉和自主学习中获得的大量非正式知识。

自《人是如何学习的Ⅰ》出版以来，技术在非正式学习中的作用以及将非正式学习与正式学习链接起来的潜力已愈加凸显，这也是因为日常生活越来越多地依赖于数字和互联网技术的媒介作用。2014—2015年间开展的一项调查发现，88%的美国青少年有机会接触智能手机，86%的人表示每天至少一次会使用移动设备上网（Lenhart，2015）。文字消息已经成为社会沟通的主要部分，这项调查显示，青少年平均每天发送和接收30条文字消息。据报道，84%的青少年男孩和59%的青少年女孩在网上或手机上玩电子游戏。

教育者已经探索了普遍利用这些技术的途径（Bull等，2008; U.S. Departmentof Education，2010）。一种途径是，通过诸如将WiFi部署在校车上这样的机制，来延长学业学习的时间，便于学校离家较远的学生在校车上在线完成家庭作业。基于网络的家庭作业系统，可为学生在校外时间提供适应性练习。有些教师正在试验翻转课堂，让学生在家观看有关学业内容的教学视频，将此作为在课堂上把这些内容应用于问题解决活动的准备（Siemens等，2015）[1]。通过在课堂上做传统上被认为是家庭作业的活动，翻转课堂使得学生之间有机会彼此合作，并且当他们在用知识和技能来解决具体问题遇到困难时，有机会从老师那里得到指导。

在线"群聊"和其他非正式的网上学生小组，在大型讲授型课程中能够支持大学生的学业学习。早期研究表明，学习小组中的成员身份在挑战性课程中可能是有益的（Treisman，1992）。现在，学习小组已经可以在网上会面，参加大规模开放在线课程（MOOCs）的人群中类似小组的形成和运作方式已成为研究的焦点（Gasevic等，2014）。另外也有项目正在为在线学习的学员创建面对面的学习小组。对于公共图书馆中的此类项目，图书馆工作人员会协助解决技术上的困难并为学生的行为提供脚手架支持，以帮助学生开展更深入的学习（U.S. Department of Education，2016）。

在校外，技术同样可以通过其他方式支持学习。例如，为持续智力投入提

---

[1] 也可参见克里斯滕森研究院（Christensen Institute）：http://www.christenseninstitute.org［July 2018］；可汗学院（Kahn Academy）：https://www.khanacademy.org［July 2018］。

供机会。课外俱乐部、青年组织、博物馆及艺术节目就是这样的场景，其中技术支持的活动将学习和娱乐结合起来（National Research Council, 2009）。成年人可以为这种学习提供支持，他们可以扮演能够流畅使用学习技术的榜样角色，也可以帮助感兴趣的儿童和青少年与校外丰富的学习活动建立关联（Barron, 2006）。许多组织，例如电脑俱乐部（Computer Clubhouse）、黑人女孩编程（Black Girls Code）、第五维（5th Dimension）、编程组织（code.org）、数字青年网络（Digital Youth Network），已经开发了校外活动，为低收入人群、女性和少数族裔青年在数字媒体和计算机编程方面提供指导和学习机会。

对教学进行协调统合

K-12教师必须协调统合多种类型的学习，以实现学校系统为将来的大学和职业做准备的远大目标。例如，新的科学标准要求教师通过课堂讨论和相关活动帮助学生发展基于证据的论证技能，这些活动引发学生对科学现象的初步想法，进而提出反向观点和证据来反驳，从而促进学生的概念发展。当开展教学活动的班级中有20—40名学生，且这些学生在先前经验、兴趣、动机和知识方面有显著差异时，使用这种教学方式是一种挑战。无论是在K-12、大学还是公司场景中，技术都可以帮助教育者协调教学的许多方面，并应对教学法的复杂性。教育者会在个人生活中使用技术，而对把技术整合进教学之中却感不适（Bakia等, 2009）。

委员会明确了技术与教学整合的三个层次。在基础层次，教育者用技术呈现内容，或者让学生使用旨在吸引他们参与兴趣的技术工具。在第二层次，学生可以用技术来支持他们按照自己主导而不是教师主导的方式开展个人学习。在第三层次，数字工具允许学习者与课堂外的个人及组织合作，这些应用要求每个参与者或小组都有支持网络和连接的设备。

新技术对教师提出了额外的新要求，这进而对教师的职前培训和在职专业发展项目提出了要求，教师教育项目可以将之有效整合起来，建立模型。此外，虽然针对技术整合之需的有效教师专业发展的特征尚未系统地确立（Lawless和Pellegrino, 2007），但挑战已清楚表明重要的举措应是在整合的实践上用足时间，而不是仅仅通过几个报告或一门课程来介绍整合。满足以下条件时，教师在技术整合方面的专业发展会更加成功：增加进行技术整合教学的时间；给同一学校或项目的老师提供机会，让他们合作进行具体实操练习并互相评论；与学校的其他实践和变革举措保持一致；对充分利用数字学习系统的数据改进学生学习的方式加以示范（Fishman 和 Dede，2016）。

教育者和研究人员早已认识到，以讲授式教学为例的知识传播模式，对于许多学习者和学习类型来说并不理想。对于教育者来说，如果他们没有机会洞悉学生先前理解的本质，那么教学就很难以学生的先前理解为基础。而如果教学无法与"学习者的世界"建立联系的话，那么正在上课的学生可能会充耳不闻（Medimorecc 等，2015）。即使教师在讲课的过程中会提出问题，但能作出回应的学生往往很少。教师获取的信息有限，就无法帮助他们确定班上的学生是否能跟上自己的解释，是否心不在焉地记录，或仅仅是表面上做出专心听讲的样子。在上课人数动辄数百名的大学课程中，这些问题尤为严重，同时，这也激发了技术的发展，通过技术让学生可以对出现在小屏幕或手持设备上的以多项选择格式呈现的问题作出回应，而学生对问题的回答会发送给教师，然后教师可以用条形图（柱状图）将回答的总体情况呈现给全班看（Abrahamson, 2006; Kay 和 LeSage, 2009; Mazur, 1997）。

早期证据显示，使用这样的技术可以让学生的参与度和学习结果都得到改善（Mazur, 1997），其结果可归功于为教师提供了机会，使教师识别并找出学生在物理学导论课中常见的概念混淆的来源。最近的研究表明，采用类似的方法取得了正向结果（Deslauriers 等，2011）。这类系统在高等教育阶段使用得最多，但现已开始扩展到中学甚至小学课堂（Smith 等，2011）。

课堂上进行概念交流的另一个例子是"群涂鸦"（Group Scribbles），这是一种旨在支持协作学习的网络技术。群涂鸦的工作方式与上述学生回应系统类似，不同的是学生可以共享笔记、草图和图片，而不仅仅是给出数字或者在选择题的多个选项中做出选择这样的回应。学生给出的内容会不记名地显示在电子白板上。群涂鸦在美国用于帮助学生理解分数（数学概念），在西班牙用于小学课堂（Prieto 等，2011），在新加坡用于帮助教师教授科学和中文课程（Looi 等，2009）。

【183】

写作教学

为课堂交流提供的另一种技术支持，是能够用于写作教学并围绕学生的写作提供反馈的软件系统。这些系统可用于分发写作任务和学习资源，为学生提供即时反馈，给出学生是否有抄袭行为的反馈，并允许学生将作业提交给教师或同伴来给出评价和反馈。自动化反馈可以让教师专注于学生作文中所反映的对材料的深层理解（Cassidy 等，2016; Warschauer 和 Grimes, 2008）。

自动写作评价也被用于在更深层次上分析学生的写作。例如，Summary Street 是一个分析摘要中的句子和陈述的连贯性的程序，它在小学生的写作中展示了正向效果，比如增加了学生用于修改文章的时间，增加了作文内容的深度（Wade-Stein 和 Kintsch, 2004）。Writing Pal（或 W-Pal）是一种基于策略的培训系统，适用于中学生和成年人，它提供了用于提高议论文撰写技巧的游戏组件。议论文写作在一些高利害评价中是必有的（Allen 等，2016; McNamara 等，2015），通过这个数字系统，学生可以生成主旨句、支持性陈述及结论，面对有挑战性的题目，学生在撰写或修改文章时，起教学法作用的代理会示范好的写作策略，并提供交互的和即时的反馈。Writing Pal 系统建基于写作干预的研究，这些研究表明策略教学是成功的写作教学形式（Graham 和 Perin, 2007）。

有些证据表明，教师可能不会将此类系统视为教师反馈的替代品。例如，一项针对课堂中的三种写作软件系统的研究发现，包括 WriteToLearn（其中整合了 Summary Street）在内，虽然教师很欣赏这些系统提供的即时反馈，但他们仍然认为在学生写作的其他方面，提供教师自己的反馈是重要的（Means 等，2017）。

机遇和挑战

在多个领域中，技术的新进展带来机遇的同时也带来了挑战。在本节，委员会评估的议题关乎数字仪表盘、远程学习、通用设计、移动设备，以及学习科学原理的进一步应用可能针对的技术特征。

数字仪表盘

数字仪表盘让学习者能够在学习环境中监控自己的进展。开放式学习环境（Bull 和 Kay, 2013）使得学习者能够查看不同时间点上，自己在课程和技能方面的表现得分，这可激发和帮助他们发展元认知技能。教师可以在学习管理系统中使用仪表盘（如 Desire to Learn 或 Blackboard），通过仪表盘快速浏览课程、每个学生在每节课中的表现以及哪些学生需要帮助（Dede and Richards, 2012）。仪表盘有一些选项可让教师更详细地研究这些信息。例如，他们可以识别出某项作业中哪些问题学生存在困难，或者学生掌握特定技能和知识的程度。仪表盘还可以基于多个课程提供有关学生情况的更多综合信息，例如，学生完成的课程百分比是多少？学生花了多少时间投入课程？学生陷入困境并需要帮助的频次是多少？使用数字帮助工具的频次是多少？仪表盘还跟踪和显示非认知特征，例如学生情绪和社会互动的概况（Siemens 等, 2015）。

这里有个例子是 ASSISTments[1] 系统，它允许教师创建数学和其他主题的材料，查看学生表现如何，并基于学习科学的视角，与研究人员一起，就一些可能的改进展开互动（Heffernan 和 Heffernan, 2014）。ASSISTments 提供三种视图：构建者视图指导课程设计者或教师创建课程；教师视图显示每个学生在特定课程中的表现；学生视图指导学生完成任务并查看绩效反馈。2015 年，来自 43 个州和 12 个国家的 600 多名教师使用了 ASSISTments，学生们借此解决的问题超过了 1 000 万个。一项使用 ASSISTments 解决家庭作业问题的随机现场试验显示，与没有使用 ASSISTments 提供即时反馈而完成家庭作业的对照组相比，七年级学生在期末测试中的数学成绩有所提高，并且，成绩较低的学生从 ASSISTments 中受益最多（Roschelle 等, 2016）。

当数字仪表盘是必不可少的且用户有时间和资源将这些工具集成到教学中时，它所产生的结果最有可能符合期望。为教师提供有效使用这些数字仪表盘

---

[1] 参见 http://www.assistments.org [January 2018]。

所需的专业发展是一项挑战。许多教师在课堂上还没有经常性地和系统地使用数字平台。在技术的新奇性消退之后，非常简单的计算机—教师界面可能会被忽略或被迅速抛弃（Moeller 和 Reitzes, 2011）。例如，教师可能需要一个系统的课程以促进他们接触、使用和监控数字仪表盘界面，并将之作为其课程教学的常规部分。

远程学习

远程学习被定义为"通常发生在与教学之地不同地方的有计划的学习，因此需要特殊的课程设计方法、教学方法、电子化交流方法及其他技术，还需要特殊的组织和管理安排"（Moore 和 Kearsley, 1996, p.2）。对于远程学习来说，它不一定需要技术，但是数字技术（如 e-learning、在线学习或基于网络的学习）为远程学习提供了许多优势（Siemens 等, 2015）。

数字技术可以支持教师和学生间的同步交流，比如参加直播研讨会、在教室中使用基于技术的教学，或在课程聊天室里交流（师生在空间上是分离的，但可实时互动）。数字技术同样可以支持异步学习，在异步学习中，真人老师和学生通常在时间上不同步（且通常空间上也是分离的），比如老师在课程学习系统或网站上发布一段教学视频或课程。此外，技术还可以支持学习者和基于计算机的教学代理之间的交流，或者是，学习者和智能教学系统之间的交流（如本章前文所述），其中有同步的，也有异步的。

最后，技术可以促进混合学习（将一种或多种形式的远程学习和面对面教学结合起来）。比如教师可以使用学习管理系统来分发教学材料和视频，进行考试、小测验和评分，但还是需要定期与学生进行面对面地互动（Siemens 等, 2015）。

相比于传统的面对面同步学习，教育者历来都对远程学习方式的有效性持有怀疑态度（Thompson, 1990）。的确，早期的研究发现是混杂的。现有证据表明，现代的、富技术的远程学习方式可能与传统方式一样有效，可能比传统方式有效，也可能不如传统方式（Bernard 等, 2009; Means 等, 2013），其效能的大小取决于学生间交互的质量、学习内容以及教师。

那些鼓励学生积极与课程材料互动并与其他学生互动的技术可以对认知结果起到积极影响。一项元分析显示，平均来看，在线和面对面教学的混合比传统的面对面教学产生了更好的学习结果，但该元分析中所评估的研究中，混合学习条件同样包含其他变化，如额外的学习资源或更多的学习时间（Means等，2013）。基于对完整地参加网上课程学生的学业进展情况的分析，许多研究人员担忧完全的在线学习对于低动机、低成就或低熟练度的学生的适宜性（Miron等，2013；Xu和Jaggers，2011a，2011b）。尽管许多学生通过了完全在线课程成功学习，但是对于低成就、年龄较小的学习者而言，一般还是推荐在线和面对面结合的混合式教学（Means等，2010）。

社会交流已经成为现代数字化平台的泛在特征，教师、学生以及有时包括父母都可以通过网络聊天、电子邮件和讨论板相互沟通。这种以电脑为媒介的社会支持已经被常规化地整合进慕课中（Siemens等，2015z），以弥补与教师和与同伴面对面交流的缺失。即使是在传统教室中，大多数学习管理系统也是包括社会沟通媒体的。然而，当前社会交流媒体的使用率却很低，据估算，其在学生当中的使用率只有7%（Siemens等，2015）。随着学习环境的数字化支持、自我调节以及社会联系的加强，社会交流在未来可能会得到更多的应用。

个人移动设备

人们在近几年不断探索用于学习的移动技术，预计这种趋势将会继续（Hirsh-Pasek等，2015；Looi等，2009）。尽管移动技术与其他的电子学习工具有一些共同特征，但是移动技术的平台相对灵活，这是独一无二的。小而便携的装置正在给用户提供便捷的信息搜索、记录创建（拍照、摄像、录音）以及与他人交流的方式（Looi等，2009）。这种灵活性带来的优势超过了标准的在线学习（e-learning），移动应用程序可适配于学校内外各种不同的学习境脉。

设计精良的移动应用程序同样可以适配学习者的能力和愿望，这对于学习过程和人们对其学习经验的态度可能有积极影响（García-Cabot等，2015；Hsu等，2013）。例如，受访学习者报告了他们对于移动技术持有积极态度，调查内容包括使用设备的努力程度、与移动技术使用相关的社会规范、感知到的设备趣味性（即人们认为设备多么有趣）以及移动学习促进自我管理的程度等（Wang等，2009）。该调查的研究者报告了一些发现：在与移动设备使用相关的社会规范方面，存在一些性别和年龄差异；在移动技术的整体接受度的差异上，结果与其他研究相一致（Magsamen-Conrad等，2015）。

尽管研究指出了使用移动设备进行学习的潜在好处，但对此仍然缺乏系统的有效性研究，而且现有研究通常来自应用的开发者自身（Chiong和Shuler, 2010）。同样有报告指出移动学习的缺点，例如，如果笔记本电脑的使用没有具体目的和意图，那就可能妨碍学生集中注意力于学习（Fried, 2008; Sana等，2013）。遵守移动设备的使用指南有助于改进不同教育境脉中的学习（使用指南的例子，见Hirsch-Pasek等，2015）。

技术特征方面存在的问题

教育技术中有很多特征可以促进学生在受控场境下的学习，但同时又会让许多学生分心（Gurung和Daniel, 2005）。例如，电子课本的开发者可能会重视设计一些边栏或通过嵌入式链接使得信息可用，让学生点击、阅读从而继续学习某主题，这是理想的功能。然而，实际上，学生很少会选择打断自己的阅读来使用这一功能（Woody等，2010）。更何况，这些链接会影响对叙述的流畅阅读，增加学习者的认知负荷。同样，当学习者从纸质学习材料转换到电子学习材料时，文本理解和元认知水平会下降（Ackerman和Goldsmith, 2011）。纸质教科书可能使用加粗文字来凸显关键概念，以帮助读者理解，但某些学生太依赖阅读被凸显的材料，而略过其他内容。

教师和设计师可以通过某些途径帮助学生从技术中受益。一是对技术交互提供充分的指导说明。指导说明有时呈现得不好，比如呈现在布局杂乱的计算机屏幕上，以致用户经常跳过它们。在设计时，优先考虑用户参与的便利性和达到预期教学目标的有效性，是非常重要的。做到这一点需要用户参与大量的测试，以确保引导学习者按设计意图使用该技术。设计师还可以依靠基于证据的原则，这些原则得到了人机交互、人因学（human factors）和教育技术领域数十年研究的支持。梅耶（Mayer, 2001, 2009）识别了12项实证支持的指导多媒体学习的原则（见框栏 8-3）。我们最好将这些原则视为设计或选择学习技术的指南。这些原则不是适用于所有多媒体和人群的普适规则，因为实施这些原则可能需要在相互竞争的目标之间进行权衡。

> **框栏 8-3　梅耶多媒体学习指导原则**
>
> **1. 一致性原则。**当无关的词语、图片、声音被排除在外（而不是包括在内）时，人们学得更好。
>
> **2. 凸显原则。**当有突出显示重要材料组织的线索时，人们学得更好。这使得学习者集中于所呈现的关键素材。
>
> **3. 空间邻近原则。**当页面或屏幕上呈现的文字和相应图片离得近（而不是离得远）时，人们学得更好。
>
> **4. 时间邻近原则。**当文字和对应图片被同时呈现（而不是相继呈现）时，人们学得更好。这意味着描述图片的文字应该靠近图形或图片。
>
> **5. 分段原则。**在多媒体课上，当内容的呈现以学生的学习节奏分段，而不是以连续的单元内容分段时，学生学得更好。做到这一点的一个简单方法是，在学习内容中加入一个"继续"按钮，允许学生按照自己的速度学习材料。
>
> **6. 预训练原则。**在多媒体课上，当学生知道主要概念的名称和特征时，他们学得更好。预训练可能对于新手来说最有帮助，因为让他们在接触主要课程之前学习材料里的一些内容，可以改善和加速他们对主要课程的学习。
>
> **7. 通道原则。**相对于动画和屏幕文本，人们通过图示和叙述学得更好。廷德尔·福特（Tindall-Ford）和其同事（1997）发现，当学习材料复杂、学习节奏快且不在学习者控制之下时，通道原则的作用最强。
>
> **8. 多媒体原则。**比起仅仅通过文字，图文并茂能够使人们学得更好。
>
> **9. 冗余原则。**比起图示、叙述和屏幕文本的结合，通过图示和叙述，人们学得更好。霍夫曼（Hoffman, 2006）指出，将听觉叙述和视觉信息的

呈现结合为一体可能会分散学生的注意力，因此，应使用图示结合叙述的呈现方式，以最大限度地提高学习效果。

10. 人格化原则。在多媒体课上，当语言表达是会话式的，而不是正式语体时，人们学得更好。

11. 声音原则。在多媒体课上，当叙述是以友善的人的声音呈现，而不是以机器的声音呈现时，人们学得更好。

12. 图像原则。在多媒体课上，当将授课者的图像加到屏幕上时，人们不一定学得更好。

通用设计

"学习的通用设计"（Universal Design for Learning）是一个框架，它借鉴了有关研究成果为所有学习者，包括为有特殊学习挑战的学生，设计最优教育体验。消除与技术交互的障碍一直是通用设计的关键目标（Burgstahler, 2015; Meyer 等, 2014）。例如，许多人受益于语音助手（如 iPhone 上的 Siri 代理）和革新的音频书格式（起初是为盲人或聋人群体开发的）。通用设计的核心理念是，在设计的初期就考虑技术对于多样化群体的可用性，而不是以事后调整的方式，在初始设计之后再添加一些功能，以让有某种残疾的人可以使用该技术。后面这种方式的一个例子是为无法用手操作电脑的人提供嘴部操作的控制光标[1]。

布格斯塔勒（Burgstahler, 2015）确定了可启发学习技术设计的七条通用设计原则（见表 8-1）。在典型的学习环境中，这些原则经常被违反。例如，教师通常依靠单一媒介（例如只用 PowerPoint 演示）而不是通过多模态融合来应对认知多样性并促进认知灵活性（Mayer, 2009）。

---

[1] 早期，有关学习的通用设计的例子是为了寻找方法，帮助各种残疾人士，如聋哑人、盲人、其他身体残疾人士或心理障碍人士。这类技术突破的例子包括盲文、美国手语，以及最近为盲人提供的文本到语音生成器和为聋哑人提供的语音到文本生成器。其他通用设计的例子包括坡道和轮椅上的车内升降机，以及针对老年人的药物组织器。在美国，针对残疾人教育的联邦标准和指南遵循了一些民权法令，如 1973 年的《美国康复法》和 1990 年的《美国残疾人法》，并于 2008 年进行了修订。

表 8-1　通用设计的原则

通用设计原则	高等教育实践中通用设计举例
公平使用。设计对不同能力的人是有用的且有市场的。	**职业服务**。以不同能力、残疾、年龄和种族/族裔背景的人都可访问的格式发布工作岗位信息。
灵活使用。设计广泛适应不同的个人喜好和能力。	**校园博物馆**。设计上允许访问者选择以阅读或收听的方式来获取有关陈列品内容的描述。
简单直观。无论用户的经验、知识、语言技能或当下的专注程度如何,设计的使用都易于理解。	**评价**。以某种可预测、直接的方式进行测试。
信息易感。无论环境条件或用户的感知能力如何,设计都能有效地向用户传达必要信息。	**宿舍**。紧急报警系统带有视觉、听觉和动觉特征。
容错性好。设计将意外或非意图行为的危害和不良后果降至最低。	**教学软件**。当学生做出不恰当的选择时提供指导的程序。
低耗体力。设计可有效、舒适地使用,并将疲劳程度降至最低。	**课程**。与软件配套的屏幕控制按钮要足够大,以便让精细运动技能有限的学生也能轻松选择。
尺寸空间可及可用。无论用户的身型、姿势或行动灵活性如何,都为其接近、达至、操作和使用工具提供适当的大小和空间（Center for Universal Design, 1997）。	**科学工作**。有可调节的桌子和灵活的工作区,使得左利手或右利手学生都可用,并广泛包容学生不同的身体特征和能力（Burgstahler, 2015）。

来源：根据 Burgstahler（2015）和 Center for Universal Design（1997）的文献整理。

由于人们可能对技术变得有依赖性，因此通用设计的原则也可能在技术崩溃或其他原因无法使用技术时帮助学习者做出调整（Burgstahler, 2015; Meyer 等，2014）。例如，通用设计希望的是，设备不是完全自动化的，用户要对之有一些控制，以便用户能够获得设备如何运行以及如何控制的一些理解，从而做出调整以应对设备故障。

晚年生活中的学习技术

几种趋势表明，数字技术可以支持成年人的正式和非正式学习。老年人对使用技术设备，包括平板电脑等，正变得越来越习惯（Pew Research Center,

2014）。例如，在过去十年中，65岁以上人群的互联网使用量增加了一倍以上，并且随着越来越多的人能够使用接入互联网的电脑，互联网的使用量可能会增加（Pew Research Center, 2014）。尽管刻板印象是老年人对使用互联网资源不感兴趣，但许多老年人报告说，他们对使用互联网是感兴趣的，并且能学会使用互联网（Morrell 等, 2004）。

【191】 技术可以通过提供认知辅助、拓展学习内容和资源的获取、促进社会联系，以及提供沉浸式、多模态和量身定制的学习环境，来支持老年人的认知和学习。技术可以是一种认知支持，如通过跟踪购物清单、即将到来的预约或药物治疗方案，或通过对推荐的医疗程序提供便捷访取的清晰解释（Tait 等, 2014）。中老年人也在利用商业软件和大学提供的在线教育机会，来增加他们对新兴研究领域的接触（Gaumer Erickson and Noonan, 2010）。大学提供的某些MOOCs服务于大量的中老年人，但对这些在线平台的研究还很少。还需要研究

【192】 的是老年学习者的特征以及为他们定制在线学习机会的途径（Kensinger, 2016; Liyanagunawardena 和 Williams, 2016）。

当人们可能因为独自生活，或在偏远地区或行动不便，而在学习中成为孤立者的时候，技术可以将他们聚集在一起开展虚拟交互和协作。社会联结（social connectedness）与成功认知老化有关（Ballesteros 等, 2015），因此，协作学习的机会可能有助于老年人丰富其社会关联，从而改善认知并减轻认知衰退。

借助技术为老年人提供丰富的多模态学习境脉和沉浸式的学习环境，可以优化成年晚期的学习（Kensinger, 2016）。此外，年长成年人可能比年轻人从多模态呈现等机会中受益更多（Mozolic 等, 2012）。当教学能够匹配并支持年长成年人的内在学习动机，并且当他们有自主权引导自己的学习时，他们会从中获益。为个体学习者定制的基于技术的体验，对老年人尤其有用，他们的生活经验和知识有助于自己参与进来并为其学习提供脚手架（Kensinger, 2016）。

虽然老年人可能从技术支持的学习中获益，并且有报告说技术可以改善他们的生活质量（Delello 和 McWhorter, 2015），但也有些老年人在接纳新技术方面遇到了挑战（Kensinger, 2016）。许多成年人所需要的培训既应聚焦如何使

用技术，也应关注他们的学习动机以及技术为其带来的独特益处（Kensinger, 2016）。有证据表明，参与培训本身可能是一种有益的认知干预，相关研究发现，精神刺激活动对年长成年人的认知功能有益（如 Lenehan 等，2016）。例如，与社交活动相比，培训老年人使用平板电脑更有助于其事件记忆并提高处理速度（Chan 等，2014）。另有研究表明，培训老年人使用在线社交网络可以改善执行功能（Myhre 等，2017）。

在技术使用方面，其他与年龄相关的挑战涉及感知能力（如字体大小）、认知能力（如密码带来的工作记忆负载，弹出广告的干扰）、活动能力（如控制鼠标，或用小键盘输入的能力）等方面（Pew Research Center, 2014）。与较富裕、受教育程度高的老年人相比，收入微薄且受教育程度低的老年人更少采用技术（Pew Research Center, 2014），这就可能让那些或许从技术中受益最大的老年人更难用上技术。

数字鸿沟

几十年来，政策制定者一直担心那些可获取大量数字资源和无法获取大量数字资源的人们之间存在的"数字鸿沟"（U.S. Department of Commerce, 2014）。技术获取上的重大差距与收入和教育水平相关，这依然是个问题。2015 年，一项对全美 18 岁及以上成年人的代表性抽样调查显示，智能手机和平板电脑的拥有量增多，而其他类型的计算设备（如笔记本电脑和台式电脑）的拥有量相对不变或已经下降（Anderson, 2015b）。2014 年使用最广泛的计算设备是智能手机，68% 的成年人有智能手机。智能手机的拥有量并没有因种族/族裔身份而不同，但因收入水平、教育和地理位置而有所差异。例如，超过 80% 学士学位以上的成年人拥有智能手机，相比之下，没有完成高中学业的人只有 41% 拥有智能手机。智能手机拥有率的城乡差异为 20 个百分点（72% 对 52%）。

有些人喜欢使用"数字包容"（digital inclusion）而不是"数字鸿沟"来表示促进技术接入与使用的努力，他们认为数字技术获取的程度沿某个连续统而变化，存在的问题是在线活动参与的不平等，而不是某些群体完全缺乏访问权（Livingstone 和 Helsper, 2007）。例如，互联网的使用很普遍，但使用当下的数字学习资源创建在线分发内容的工具要少得多。年轻人使用技术的有关数据呈现出明显的某个范围的连续变化，尽管这代年轻人是"数字原住民"（伴随数字技术成长起来的），知道如何使用技术且更易学会使用技术（Warschauer 和 Matuchniak, 2010）。那些来自弱势群体、缺乏技术指导的年轻人，倾向于将他们的计算设备主要用于给朋友发短信、拍照、玩简单游戏、访问名人网站，而这些活动并不能发展关键的数字技能（Anderson, 2015b）。吉（Gee, 2009）认为，"数字鸿沟"正在扩大，而不是在缩小，因为那些读写技能更高和获得学习支持更多的人，持续地在学习领域中获得越来越大的收益，而这对于手段有限的人来说是无法获得的。此外，数字参与赋能最大的方面——创建或修改在线内容的能力——对许多人来说是遥不可及的。对这些数字机会差距的关注激发了一些俱乐部和社区中心的建立，这些俱乐部和社区中心拥有丰富的技术资源和社会支持，以让更多的美国人能够使用更多的技术。

　　随着时间的推移，美国学校的基本互联网接入对于不同背景的学生来说变得愈加一致（Warschauer 和 Matuchniak, 2010）。此外，由来自不同收入阶层的学生组成的学校，其在技术基础设施方面的差异小于学生各自家庭环境的差异。尽管这些都是积极的发展，但当下一代对数字学习应用程序基础设施的需求也在大幅升高，有证据表明，学校还没有准备好弥合学习者之间的数字机会差距。2016 年宽带进展报告显示，41% 的美国学校未能支持数字学习应用所需传输速度（带宽）的互联网接入（Federal Communications Commission, 2016）。

　　对于生活在人口稀少地区和部落领地的人来说，这种差距尤其严重。此外，仅提供设备和宽带互联网接入是不够的：对于那些低收入群体学生所在的学校，还需提供面向学校教师和领导者的专业支持计划（U.S. Department of Education and Office of Educational Technology, 2016）。那些较富裕学区、父母受过高等教育的孩子更有可能使用诸如仿真这样的先进技术，遇到激励性挑战的机会（如创造产品，或者通过技术解决开放式问题）。相比之下，在不富裕社区上学的儿童，更有可能将技术用于机械操练和应对在线基准评价（Warschauer 和 Matuchniak, 2010; Wenglinsky, 2005）。

　　2013 年，联邦政府发布了一项计划——在 5 年内为 99% 的公立学校提供宽带互联网接入。该计划被称为 ConnectED，旨在为乡村地区提供带宽，以支持互联网上传和下载所需的速度，从而访问数字学习资源。例如，完成升级后，预期整个班级可以同时使用下一代学习应用程序。该计划要求教师准备好利用这种改进的技术基础设施，它还呼吁私营企业通过向国家最贫困的学校捐赠计算设备和支持服务来支持这项工作[1]。然而，为人口稀少地区提供带宽的成本很高，而且关于这一计划的可行性以及如何支付必要的升级费用的争论一直持续不断。因此，像 ConnectED 这样的计划在未来十年内的实施是否足够可行，还有待考察。

系统化实施途径

数字技术的有效实施对学习至关重要，未对实施中的挑战做出适当考虑会极大限制技术使用可以带来的好处。大量证据表明，使用单一的教学技术可能会导致不同学习者在不同背景下产生不同的结果。例如，一项联邦政府资助的大型随机对照试验调查了阅读和数学软件对 132 所学校的学生的影响，结果显示这些软件对某些学校有积极影响，而对另一些学校却存在负面影响（Dynarski 等，2007）。这些结果表明，教育决策者应该对"单一解决方案"技术方法保持谨慎，避免在未确定成功的具体基准和没有证据表明某技术可满足这些基准的情况下，对这项技术进行重大投资。许多因素都会对技术的大规模使用产生影响，包括学习者特征、社会文化境脉、技术所提供给养的性质、用于学习的课程和材料、实施技术的忠实度，以及教师和学习者在实施过程中的参与情况。

一些研究人员主张采用"系统途径"来实施学习技术，以便综合考虑影响技术使用效果的多种因素。在德克萨斯州实施的 SimCalc 研究展示了这种途径（Roschelle 等，2010）。SimCalc[2] 是一项旨在将技术的使用与课程目标、教师的专业发展相结合的学习计划，用于提高中学生对关键数学概念的理解，这些概念是代数和微积分的基础。该计划包括一个围绕故事线索（管理足球队）而建

---

[1] 参见 http://tech.ed.gov/connected/ [March 2017]。
[2] 参见 https://simcalc.sri.com/ [November 2017]。

立的涉及比例、线性函数和比率的课程单元，要求学习小组一起工作、进行课堂讨论以及使用纸质材料和数学软件程序，该软件允许学生查看不同运动模式的动画，并以交互式图形和方程的形式将其与相应的表征链接起来。

课程单元的设计强调不同活动间的一致（连贯）性，所有活动都与单元的主题相关。SimCalc 课程强调在多种境脉中重复应用关键概念，而学习测验中的结果测量则纳入了这种与关键概念相关的深层理解。最后，支持学生学习的课堂教师接受了多日的专业发展培训，获取了包括教师指南在内的相关材料，教师指南中有建议的活动以及可能对于学生反应和错误概念的提示。研究人员发现，使用 SimCalc 的班级，其学生的数学技能得到了提高（Roschelle 等，2010）。

系统途径同样在为成千上万的学校所使用的数学智能辅导系统（如 Cognitive Tutors）所采纳（Koedinger 等，1997; Ritter 等，2007）。诸如此类的例子表明，有几个因素对系统途径是很重要的，比如上面例子中，用户确定学习目标并将学习软件的使用与这些目标相匹配；预先确定好结果的测量方法；系统中每个参与者所扮演的角色都得到了协调；教师和其他助学者受过大量培训。

结论

本章所讨论的研究显示，学习技术的最新进展可带来的益处意义重大，但结果取决于学习目标、境脉、学习内容的类型、学习者特征以及对学习者及教师的支持之间的一致性。负责技术投资的决策者需要掌握有关影响教学技术大规模实施的诸多因素的证据。

根据数字技术在人们学习中使用情况的现有证据，我们得出两个结论：

结论 8-1 做出使用某技术支持学习的决定应基于证据，这些证据要表明该技术在以下方面相似的情境中具有积极影响：

- 学习类型和学习目标；
- 学习者特征；

- 学习环境；
- 可能影响学习的社会和文化境脉特征；
- 为学习者和教育者使用该技术提供支持的程度。

结论 8-2 在正式教育和培训中，有效使用技术需要仔细规划实施方案，应考虑影响学习的所有已知因素。这些因素包括技术与学习目标的一致性、为教学者和学习者提供专业发展和其他支持、技术的平等获取机会。对学生学习的持续性评价以及对实施情况的评估，对于确保技术的某种特定使用达到最佳状态以及识别所需改进十分重要。

第9章 纵贯一生的学习

校外学习发生在每个人身上,且纵贯其一生。在 K-12 阶段,学校教育的教学内容是限定的,个人的选择空间相对较小。然而,在正式的学校教育之外,人们能学什么和能学多少,越来越多地受他们自己的选择和周遭环境的影响。他们可以选择某种形式的高等教育和职业培训,或者直接找一份全职工作、养家糊口,或追求其他东西;随着时间的推移,他们可能会以不同的方式组合这些选择。无论走哪条路,每个人的终身发展都受到其所处的复杂环境提供的资源和机会的影响与约束,这种环境嵌入在文化境脉中,正如我们在第 2 章中所讨论的那样。

《人是如何学习的 I 》的作者们认为,该报告为 K-12 教育推荐的框架也适用于成人学习(National Research Council, 2000)。他们特别指出,很少有教师的专业发展方案符合他们为 K-12 教育环境制定的标准。虽然该报告强调了学习境脉对于知识迁移的重要性,但没有详细说明学习和认知在整个生命周期中的变化。

本报告讨论的学习过程在人的整个生命时期发挥作用,但其中许多因素会随年龄而变化,另外,人们学习所处的境脉以及在一生中投入持续发展的理由也在变化。本章考察的研究针对的是发生在义务教育场境之外的学习以及发生于生命各阶段的变化。我们考虑年龄增长对学习能力的影响,并评估保持认知能力的方法。我们还讨论一生中可能影响学习者的学习障碍的研究。然后，我们把话题转向为成年人所熟悉的两种环境中的学习：中学后教育（postsecodary education）和工作场所。本章最后讨论了促进终身学习的方法，对此，我们依赖基于实验室和基于现场的认知科学研究。

随年龄增长而发生的变化

随着个体的年龄增长而发生的许多变化会影响学习。个体的推理过程和认知能力会不断变化，其知识库和学习动机也会改变。这些变化反映了随着年龄的增长，人们的学习环境以及他们可能从事的学习活动类型会发生变化。

知识与推理

我们在第 5 章中讨论的两种认知资源在人的年龄增长过程中特别重要：一是与生成、转化、控制信息相关的推理能力，二是通过经验和教育积累的知识（个体获得的专长）（Salthouse, 2010）。我们注意到，直到成年早期到来之前，个体的推理能力和知识积累都会增加，之后这两者的发展开始分化。这个时候，作为学习者，我们的推理能力开始逐渐下降，而随年龄的增长我们的知识库会继续保持甚至增长。积累的知识有助于学习者弥补因年龄增长而带来的推理能力的减退。

对于成年学习者来说，个人健康和金融是两个非常重要的知识领域，对二者的研究可解释现有知识如何促进新的学习。研究人员测试了这样一个假设，即拥有一般健康知识基础的老年人会更容易获取有关心脏病的新信息。他们发现，基础知识是新信息保持的前提，特别是对于能够按照自己的步调来学习的参与者来说，可以最大限度地减少认知负荷（Beier 和 Ackerman, 2005）。同样，对于成年人来说，在自定步调的学习环境中，关于投资产品的先前知识促进了关于投资管理的新学习（Ackerman 和 Beier, 2006）。有关新技术学习的研究中已经发现了非常类似的结果（Beier 和 Ackerman, 2005）。一般来说，老年人可能比年轻人知道得更多，知识有助于他们的学习（Ackerman, 2000; Beier 和

Ackerman, 2001, 2003, 2005）。

这项研究进一步佐证了我们在第 5 章中提出的一个观点：随着年龄的增长以及在工作及生活的其他领域中专长的发展，人们会更少地去依赖推理能力而从日常生活经验中学习。然而，如果新的经验与学习者的已知相去甚远，那么他将难以依赖自身的知识库，可能会觉得学习更具挑战性。这里举个例子，假如一位律师或医生想学习从事一种全新的职业，比如 K-12 教学，如果她已届中年，那么相比其年轻的时候，这种职业的改变可能比较困难。当然，通过与其他成年人一起工作并将所获知识应用于管理满是孩子的课堂这样的新挑战，她仍然可以做出这一改变。她可结合先前知识，比如关于如何使用来自新环境的反馈最佳地与他人一起工作的知识，然后确定如何将与成年人在一起时所学的技能迁移到这一新挑战中。

尽管人们对随年龄增长而发生的**一般**变化已有很好的了解，但是因为个体差异，与年龄相关的学习能力轨迹的问题变得复杂起来（Hertzog 等，2008）。这意味着对于不同个体来说，他们的认知水平增长或下降的速度是不同的，这取决于他们所处环境的特征、周围是否有影响神经生理功能的污染物、健康状况、睡眠习惯以及其他许多因素。每个人的轨迹都是独特的，并取决于其在学校教育、工作、家庭和社区、爱好等方面的特殊经历。此外，不存在所谓的"标准年龄"（在该年龄上个体能力会发生变化，影响学习和发展的方式）。年龄相关的一般能力轨迹受常规衰老的影响（这与记忆障碍相反，记忆障碍属于精神病理学的作用，如痴呆或阿尔茨海默病）。

学习动机

在第 6 章中，我们讨论了学习动机对人的影响，这种影响对人的整个生命阶段都适用，但人们看重什么、以及动机的其他方面可能会随着年龄的增长而改变。这些改变将影响人们追求的目标，也会影响他们所认为的对胜任感和幸福感很重要的活动类型（Ebner 等，2006；Kooij 等，2011）。随着人们年龄的增长，没有对学习者提供成长感和成就感的发展活动不可能持续下去（Carstensen 等，1999）。例如，有证据表明，无论是在工作中还是在其他环境中，人们达成某种成就并使其被他人认可的动机都会随着年龄的增长而下降，而另外一些动机，如运用丰富的技能、帮助他人以及保护自身的资源和胜任感等，则随着年龄的增长呈上升趋势。

有些研究者认为，成功老龄化来自多方面的作用，包括**选择**适合年龄的目标，**优化**现有资源，并利用社会或技术资源**补偿**与年龄相关的衰退（Baltes 和 Baltes, 1990; Heckhausen 等, 2010）。另有研究者指出，在学习中对信息的情感偏好随年龄而变这一点是重要的（Carstensen 等, 1999）。例如，一项研究表明，老年人可能比年轻人更喜欢积极的情绪信息并避免消极情绪信息（Wang 等, 2015）。具体而言，老年工作者更愿意对正向的、认为是高质量的、并以公平的方式提供的反馈做出积极回应。他们也更关注反馈的人际本质，而年轻的工作者则更关注有关如何提高其绩效的信息的反馈。还有研究表明，与年轻的学习者相比，年龄较大的学习者在参与基于现有知识、结构良好且允许以时间压力较小的方式来学习的培训和发展计划时，更有可能弥补与年龄相关的推理和认知能力的变化（Heckhausen 等, 2010; Maurer 等, 2003）。

总而言之，这种关于成年期动机的证据表明了学习机会和环境的重要性，其中考虑了学习者在能力、动机和情感偏好等方面与年龄有关的变化。具体而言，研究指出，对于老年学习者的培训要重视提高他们的自我效能感，适应与年龄相关的认知能力差异以及对反馈的情绪反应，使用以被培训者现有知识和技能为基础的内容，且要与被培训者直接相关。

学习活动与学习环境

人们所处的学习环境会随着生命的进程发生变化。成年期的学习可能与一些以职业发展为目的的正式项目关联在一起，或发生在个体继续提高诸如数学素养或英语作为第二语言的技能之时。当然，学习的发生，也可能与发展业余兴趣抑或提高健康和金融素养以应对日常生活挑战的愿望有关（Kanfer 和 Ackerman, 2008）。因此，成年学习者可以参与到正式学习环境中，例如，全职工作的经理人在业余时间参加继续教育课程以学习更多艺术史的内容；又如，失业的维修工人参加与工作相关的软件使用培训。但是,许多成人学习都发生在非正式培训环境中——在个人生活中或是在工作之中,例如,在没有经过正式培训的情况下通过执行工作任务来学习新工作(Tannenbaum 等, 2010);抑或,当一个人到访新的城市或国家、阅读报纸或为退休作计划的时候,也可发生学习。

我们还注意到,随着年龄的增长,人们通常会调整他们以后要学什么和做什么的想法(Carstensen 等, 2003),他们倾向于选择与其已有知识和技能相匹配的环境,这让他们在相关领域学习新信息更容易(Baltes 和 Baltes, 1990)。图 9-1 提供了一个框架,用于思考一个人在一生中可能参与的学习和发展活动的类型。这个框架强调活动是否在学习者自己的意志下完成(自愿选择),以及学习环境的正式性程度(即活动的结构化和预期学习结果的明确性程度)。这张图对形成学习环境的讨论结构是很有助益的,但图中四者的区别可能并不总是界限分明的。比如说,如果某个培训对于获得晋升来说是必须的,那么寻求该培训机会既可视为自主的,也可视为强制的。

非正式环境下自我导向的(自主的)发展	• 通过阅读相关出版物了解行业新闻事件 • 徒步游览历史区域(如宾夕法尼亚葛底斯堡)
正式环境下自我导向的(自主)发展	• 在工作场所之外参加在线课程,扩充相关知识库 • 上摄影课
非正式环境下规定的(强制的)发展	• 接受更有经验的同事的指导,学习必要的工作技能 • 回顾有关特定工作主题的企业政策
正式环境下规定的(强制的)发展	• 参加年度全员就业培训,遵守工作的人力资源政策 • 学校员工急救培训

图 9-1　正式和非正式场境中自主(自我导向)学习和强制学习的例子

如图 9-1 所示,随着教育技术的普及,培训内容之传递形式与其意愿性的解耦可能会变得越来越重要,这增加了在不同正式程度上学习者获得负担得起的、自我导向的培训和发展的活动机会。参与此类活动的动机可能发自个人为了升职或换工作而要发展工作技能的渴望,但这些活动通常都有学习目标、学习安排、课程,可能还有教学大纲等(Siemens 等, 2015)。根据美国国家教育统计中心的数据，2005 年，超过 39% 的 40 至 65 岁的成年人在过去 12 个月中参加了某种形式的正式课程[1]，并且，随着 MOOC 等在线学习机会的激增，参加正式课程的人数应该会进一步增加。有关终生智力发展的所有组成部分，还有待进一步的研究。

认知能力

随着年龄的增长，人们的认知能力轨迹可能会发生很大变化。"超级老人"是一个极端，他们表现得像年轻人一样，并且通常有着类似于比自己年轻二三十岁的年轻人的大脑（如 Harrison 等，2012）。另一个极端是患有轻度认知障碍或痴呆症的老年人。虽然对后者的讨论超出了本报告的范围，但人们越来越感兴趣的是探查可能解释老年人功能差异的一些因素，以及使用结构和功能神经成像方法，来更好地识别哪些神经差异可能与这些表现上的差异相关（Kensinger, 2016）。

与年龄相关的认知变化会影响成年人处理和维持信息的方式，因此也会影响他们的学习方式。认知衰退与学习有关（涉及的能力包括一个人可以投入到学习和智力发展中的注意和认知资源），但又不同于学习。成年人生成并丰富知识库的能力在 60 岁之前都在增加，然后逐渐衰退。然而当分别检查认知能力的时候，可以看到不同的与年龄相关的轨迹。就记忆而言，一些能力（如在记忆中将信息片段加以合并以及在信息提取时提供特定记忆、元记忆的能力等）随着年龄的增长相对衰退，而其他能力（协作记忆、情绪和动机记忆、获取和维持现有知识库等）则随着年龄增长相对保持稳定。

在第 3 章中，我们讨论了成年人的脑通过征用其他资源来弥补某些认知能力下降的方式。尽管在成年后期，与学习新信息、记忆和速度有关的认知能力会衰退，但解决社会困境的技能在这一阶段是有提升的（Grossman 等，2010）。对这种提升的一种解释是，老年人可能比年轻人能更好地评估社会决策的负面后果；另一种观点认为，老年人更关心大局，知道社会冲突如何与更大的价值

---

[1] 参见 https://nces.ed.gov/programs/digest/d14/tables/dt14_507.30.asp [March 2017]。

观和相关者的感受联系起来,这种转变可描述为"变得'智慧'",这在社会中发挥重要的文化作用。

【203】

在西方语境中,"成功老龄化"(successful aging)的理念(Havighurst, 1961)融合了社会参与和认知功能的概念(Rowe 和 Kahn, 1987)。因此,人们越来越关注,为什么个体的社会联结会影响与年龄相关的发展轨迹。研究已经证实,诸如生活上的满意等因素可以缓解因老龄化带来的某些能力下降(Waldinger等,2015)。同样,拥有强大的社交网络(Glymour等,2008)而不是孤单一人(Wilson等,2007),可以降低与年龄相关的认知衰退的速度(Kensinger, 2016)。

年龄增长而带来的一些影响可被认为是个体与环境之间随时间推移逐渐展开的相互作用。这些相互作用可以通过两种方式表现出来。首先,年龄可以减小或增大文化的影响。例如,美国人和中国人对信息进行分类的差异在老年人中比在年轻人中更大(Gutchess 等,2006)。虽然这项研究是横断面的(即同时研究所有年龄群组),但这一结果表明,年龄增长放大了文化差异——这可能是因为老年人沉浸于文化的时间更长。或者说,这可能反映了一个历史变迁:这些群组之间的文化差异在老年参与者年轻时更为明显。反之,随着年龄的增长,文化影响有时会降到最低;这种模式发生的原因被认为是资源因年龄增长而逐渐耗尽,使得文化的影响最小化(Kensinger, 2016; Park 和 Gutchess, 2002)。

其次,文化也可影响随年龄增长而表现出来的认知变化的类型或程度。通过研究更为本土化的环境或亚文化对认知老化的影响,询问社区环境如何影响随年龄变化的认知方式,研究人员调查了这一观点,但这些调查还没有形成明确的答案。也就是说,许多研究已经指出了影响的存在,但是影响的大小以及显示最大影响的特定领域因研究而异(如 Cassarino 等,2015; Wu 等,2015)。此外,社区、社会支持和社交网络的影响之间的交互作用也未得到充分探索。尽管有许多需要了解的地方,但现有研究确实表明,除了更大的文化影响之外,社区环境也需要考虑进来,以便了解认知老化轨迹多样性的原因(Kensinger, 2016)。

学习障碍

我们接下来看一下可能影响每个年龄段学习的障碍。保守估计，公立学校中有 2% 至 5% 的儿童有学习障碍，他们是特殊教育儿童中占比最大的一类。然而，适用于成年人的学习障碍的定义尚未达成一致，因此我们还没有对受其影响的美国成年人的百分比的确切估计（Lindstrom, 2016; Swanson, 2016）。

学习障碍被定义为"人们在学业成绩和相关学习领域所表现出的未料想的（unexpected）明显困难和对高质量教学未做出反应的行为"，而且，他们的困难"不能归于医学、教育、环境或精神病学的原因"（Cortiella 和 Horowitz, 2014, p.3）。重要的是，学习障碍并非教学不佳的结果，这些障碍是由特定的心理加工问题引起的；生物学基础上的神经系统的低效会影响特定任务的表现，如听、说、读、写、推理、数学等能力的获得和使用。要特别说明的是：

- 困难的造成不是由于学习机会不足、一般智力或显著的身体（如听力障碍）、情绪（如压力）、环境（如贫困、家庭虐待）等方面的原因，而是特定心理过程（如记住声音和字母之间的关联）的基础性异常（disiorders）的结果。
- 困难并不体现在学习的所有方面。个体的心理加工缺陷只会抑制学业行为的有限方面。

最常见的是影响阅读、数学或书面表达等方面学习的几类学习障碍。阅读障碍（失读症）是最普遍且容易识别的学习障碍类型，是由在识别语音和学习将语音与字母、单词相关联方面的问题所引起的艰难阅读（阅读困难）。有阅读障碍的个人也可能有其他注意力、语言和行为上的异常，但每一种障碍影响学习的方式各有不同（Cortiella 和 Horowitz, 2014）。虽然学习障碍具有某些共同特征，但受其影响的个体之间存在很大差异（Swanson, 2016）。

造成学习障碍的原因

学习障碍源于大脑结构和功能的神经学差异，这些障碍影响人们接收、存储、处理、检索或传递信息的能力。虽然这些基于脑的异常的具体属性仍未得到充分认识，但在将一些典型的困难映射到大脑特定区域和结构方面已经取得了相当大的进展。证据表明，一些学习障碍具有遗传基础。例如，研究人员已经证明，某些家族内出现特定学习障碍（如注意缺陷多动障碍 AHAD 及其相关疾病）的频率相当高（Cortiella 和 Horowitz, 2014; Lindstrom, 2016）。

学习障碍也可能是由于在出生前或出生时正在发育的脑受到伤害而导致的。例如，母亲患有严重疾病或受到伤害、孕期吸毒或酗酒、产妇营养不良、婴儿出生时体重偏低、缺氧，以及早产或滞产。产后可能导致学习障碍的情况包括创伤性损伤、严重营养缺乏或接触诸如铅等有毒有害物质。

需要强调的是，如果引发学习困难的因素是视觉、听觉或动作障碍、智力障碍（以前称为智力发育迟滞）、情绪波动、文化因素、有限的英语水平、环境或经济劣势，或者不充分的教学，那么这样的学习困难就不属于学习障碍。然而，根据科尔蒂埃拉和霍洛维茨（Cortiella 和 Horowitz）2014 年的报告，生活贫困的人们发生学习障碍的概率较高，可能是因为营养不良、摄入和接触环境毒质（如铅、烟草和酒精）的风险增加，以及在发育早期和重要阶段遭遇其他风险因素的概率较高。此外，鉴于学习受一系列环境和个体变量的复杂影响，学习障碍这一污名也可能影响学习者一生中的持续成长和发展（Lindstrom, 2016）。这里，我们着重探讨被研究者广泛关注的学习障碍的两个子类：阅读障碍和数学障碍。

阅读障碍

很难确切地知道有多少儿童和青少年遭受阅读障碍的困扰，现有的数据还不能根据学习障碍的类型作出细分[1]。研究人员已经确定了三种类型的阅读障

---

[1] 2014—2015 年，13% 的公立学校学生接受了特殊教育服务，35% 的学生被归类为具有某种类型的学习障碍（参见 https://nces.ed.gov/programs/coe/indicator_cgg.asp [June 2017]）。2013 年，学校官方或卫生专业认定的有学习障碍的儿童比例为 8%（参见 https://www.childtrends.org/indicators/learning-disabilities [June 2017]）。"阅读障碍（reading disability）""诵读困难（dyslexia）"以及"阅读中的特殊学习障碍（specific learning disorders in reading）"这三个术语可以互换使用。大多数关注解剖异常的研究人员倾向于使用"诵读困难"一词，而对认知功能障碍感兴趣的研究人员则倾向于使用"阅读障碍"一词（Swanson, 2016）。

碍（Flecher 等，2007）：（1）单字识别和拼写方面的问题；（2）阅读理解上的困难；（3）阅读流畅性和单词阅读自动节律性差等困难[1]。虽然没有针对这类障碍的群体研究，但是一些基于个体的研究认为，有阅读问题的儿童样本中大约有 10% 存在阅读理解困难（Nation 等，1999; Snowling 和 Hulme, 2012; Swanson, 2016）。

研究表明，言语能力的基础性缺陷（包括但不限于阅读障碍）出现于 5 到 18 岁之间。这些发现与神经学研究结果相一致，神经学研究发现，某些脑区的不活跃与言语任务中的认知表现较差相关（Maisog 等，2008; Richlan, 2012; Richlan 等，2009, 2013）。由于大多数阅读障碍的神经影像学研究是针对有多年阅读障碍的儿童或成人进行的，因此无法确定脑差异究竟是与潜在的神经生物学原因有关，还是由于多年来阅读经历的改变且常常是大幅减少（包括阅读网络的补偿性改变）而导致的（Lindstrom, 2016）。然而，各种研究支持的结论是：脑生理基础可解释一些阅读障碍（Fischer 和 Francks, 2006; Hoeft 等，2007; Leppänen 等，2012; Molfese, 2000; Neuhoff 等，2012, 2015; van Zuijen 等，2013）。

数学障碍

数学障碍的研究不如阅读障碍那么全面，但这也是一种很常见的学习障碍[2]。有些儿童在这两个领域都有障碍，这一事实表明，某种类似的认知障碍可以在两个领域中同时起作用（Geary, 1993, 2013）。与其他学习障碍类似，那些特别影响数学学习的障碍（通常被称为"计算障碍"）来自于生物学层面的神经发育异常（American Psychiatric Association, 2013）。

关于数学障碍的文献综述（Geary, 1993; Geary, 2013）识别了三类不同的数学障碍儿童。第一类儿童的障碍特征在于语义记忆缺陷。这些孩子无法从长期

---

[1] 参见 National RcesearchCouncil（1998, 1999e）关于学习阅读和阅读障碍的详细讨论。
[2] 与阅读障碍一样，衡量数学障碍的患病率也具有挑战性。有研究者提出，具有数学障碍的儿童占学龄人口的 3% 至 6% 或 7%（如 Geary, 2013; Reigosa-Crespo 等，2012），但大家对于数学障碍的定义却并不相同。在美国学校里，有相当数量的儿童表现出数学成绩不佳，而学习障碍可能只是其中的一部分原因（Swanson, 2016）。

记忆中提取基本事实,且回忆信息时的错误率很高。此外,这类回忆缺陷的特征(如解决问题所需时间长)表明,这类儿童经历的不仅仅是发育迟缓,他们在一个较长的年龄段内存在更持久的认知障碍(Swanson, 2016)。第二类儿童面临的是程序上的数学障碍。他们通常使用发展得不成熟的程序步骤做数值计算,因此他们难以对一个复杂程序的多个步骤作出排序。第三类儿童面临的是视觉/空间上的数学障碍。这些儿童难以表征分布于空间中的数字信息。例如,在多列排布的算术题中,他们可能难以把数字对准,可能会读错数字符号,可能旋转或把数字倒过来,可能会误解数字位置,可能难以解决代数和几何中要求的涉及空间的问题(Lindstrom, 2016)。

【207】

与低成就的学习者相比,数学缺陷儿童在数字加工、学习算术程序以及记忆基本算术知识方面显示出不足。此外,在解简单算术题时,有数学障碍的儿童使用策略的类型与数学能力正常的同龄人不一定有别,但他们的回忆率和错误量确实与正常同龄人不同,这是由于对简单运算结果(加法结果)不正确的长时记忆和较低的平均工作记忆容量所致。数学障碍儿童在所有工作记忆系统中普遍存在缺陷,但关于工作记忆的特定组成部分与特定的数学认知之间的关系,还有待进一步理解(Geary, 2013; Swanson, 2016)。

在解剖学意义上,研究人员已经明确了造成计算障碍(或数学障碍)的几种常见模式。然而,考夫曼(Kaufmann)及其同事(2011)在一篇对被诊断患有发育性阅读障碍和(或者)数学障碍的儿童进行的磁共振神经成像研究的元分析中,发现儿童的激活模式是受所执行任务的类型(符号的或非符号的、数字比较或计算)调节的。这些研究结果表明发育性阅读障碍和数学障碍的共性和差异;不过,探索这两者之间联系的研究还有待开展。

成年人的学习障碍

尚无唯一、共享的用于评价和计算成年人在读写或数学技能方面有学习障碍的方法(Fletcher, 2010; Gregg 等, 2006; MacArthur 等, 2010; Mellard 和 Patterson, 2008; Miller 等, 2010; Sabatini 等, 2010; Swanson, 2016)。因此,目前尚不清楚有多少成年人在这两个方面有学习障碍。保守估计,有阅读障碍的成年人大约占总人口的 3% 到 5%（Swanson, 2016）。更广一些地看，估计有 20% 至 30% 的美国成年人缺乏日常生活和工作中的阅读和计算所必需的读写技能（Kutner 等，2007）[1]。这些评估将那些认为自己有学习障碍的人（主要是在阅读领域有学习障碍）纳入其中（如 US Department of Education, 1992）。

由于对成年人阅读障碍的研究很有限（对成人数学障碍的研究更少），目前尚不清楚有阅读障碍的成年人是否存在认知缺陷，类似于有阅读障碍的儿童那样；或者，成年人的认知缺陷是否由其他因素导致，比如与没有阅读障碍的成年人相比，他们的一般智力水平较低。在一项对这些问题的调查中，斯旺森（Swanson）及其同事综合分析了许多研究（Flynn 等, 2012; Swanson, 2012; Swanson 和 Hsieh, 2009），这些研究将有阅读障碍的成年人与中等阅读水平的成年人进行了比较，以确定两者在整体阅读能力上有着怎样的不同。结果发现，两者在阅读理解、阅读识别、言语智力、命名速度、语音意识和言语记忆方面均存在差异（Swanson 和 Hsieh, 2009; Swanson, 2016）。

对于有学习障碍的成年人受到了何种社会影响以及其他影响的研究也很少。现有的研究主要集中在中学教育到参加工作的过渡阶段。研究人员发现，与无障碍的同龄人相比，有学习障碍的成年人在高等教育阶段辍学的风险更大（Newman 等, 2009; Rojewski 等, 2014, 2015），高等教育入学率不高且成绩较低（Wagner 等, 2005），工作机会受限（Barkley, 2006），收入更低（Day 和 Newburger, 2002）。有学习障碍的青少年离开学校时，他们获得的工作大多对熟练水平要求不高，且通常是兼职（Barkley, 2006; Gregg, 2009; Rojewski, 1999）。虽然一些研究显示，有学习障碍的成年人与无学习障碍的成年人之间的收入并无真正差异（Newman 等, 2010），甚至是在工资按通货膨胀而调整后仍然如此，但是依然有证据表明，由于受教育程度的差距拉大，有学习障碍和无障碍的成年人之间的收入差距正在扩大（Day 和 Newburger, 2002; Swanson, 2016; Wagner 等, 2005）。

---

[1] 国际成人能力评估计划（The Program for International Assessment of Adult Competencies, PIAAC）收集了有关成年人读写能力的数据，并根据在这些领域中五个不同熟练度水平的成年人的百分比进行报告（参见：https://nces.ed.gov/surveys/piaac/results/makeselections.aspx [June 2017]）。

成年人的读写能力

美国和世界各地的许多成年人缺乏基本的读写能力。在亚洲、北美、欧洲和澳大利亚等 22 个国家和地区开展的研究中,美国成年人在富含科技的环境中的读写能力、计算能力和问题解决能力的得分低于世界平均水平(Goodman 等,2013)。美国有超过 5 000 万的成年人在找工作时缺乏足够的阅读水平,但这些成年人中只有一小部分(约 200 万)报名参加了联邦政府资助的成人教育项目以提升技能(National Research Council, 2012c)。即使成年人参加了成人教育,读写项目也面临许多困阻,如资金不足、教师和导师的专业发展有限、缺勤率和退学率高;并且学生在种族、族裔、性别认同、年龄(16 至 80 岁以上)以及就业、教育、语言状况等诸多方面存在着多样性(Greenberg, 2008)。

成人学习者肩负着工作和家庭的责任,难以参加面授课程,因而技术是为成人提供教育机会的重要工具。技术的应用还使得为成人学习者定制培训更加容易,也使得培训适应不同学习者的不同技能和阅读水平(Kruidenier, 2002; National Institute of Literacy, 2008)。适应性的智能化辅导项目可以提供各种技能的学习,以满足各种需求,并且,在线项目允许成人学习者自己在家中、社区图书馆、学校、教堂或工作场所等环境中学习。技术还可用于开发激励学习者的环境,例如,社交媒体平台、具有智能会话代理的计算机系统,以及针对成人特定兴趣的基于网络的读物库(National Research Council, 2012c)。

成人读写能力研究中心(CSAL)[1] 提供了大量针对成年人的、难度范围为三到八年级阅读水平的研究。该研究探讨了改善阅读的干预措施,包括教师或导师的人为干预或者通过其他计算机技术实施的干预。例如,一项有效的干预是基于成功教师的干预,称为 PHAST-PACES,它使用基于补救的语音学框架,专注于单词识别和解码障碍(Lovett 等, 2012)。CSAL 结合了直接教学和基于对话的元认知训练,量身定制了该项目,来支持成年读者的读写学习。

需要强调的是,要想通过干预措施提高成年人的读写能力,必须优化许多

---

[1] 更多信息参见:http://csal.gsu.edu[March 2017]。

因素。另外，非常重要的是，要考虑潜在参与者的动机、情感、兴趣和社会生活，保证在干预中使用的材料对他们的生活有实用价值。

干预

有学习障碍的成年人和儿童是多样化的群体，没有一个通用的教学模式可以推荐给他们所有人（Swanson, 2016）。有几项元分析调查了关于儿童的数学（如 Gersten 等，2009; Xin 和 Jitendra, 1999）、写作（Graham 和 Perin, 2007）、阅读等领域的教学干预（如 Berkeley 等, 2010; Edmonds 等, 2009; Swanson, 1999; Wanzek 等, 2013）。

这些研究结果表明，有学习障碍的儿童通常会对精度教学（intense instruction）作出积极反应。例如，对照实验研究显示，在使用特定模型进行精度教学后，学生的成绩有较大的改善（Swanson 等, 1999）。这些干预措施包括：（a）深入地讲解少量概念和策略，而不是泛泛涉猎；（b）教学生如何进行自我监控；（c）告诉他们何时何处使用策略从而加强概括能力；（d）将策略教学作为现有课程的一部分；（e）为所监管的学生提供反馈和练习机会。结果表明，清晰的策略指导（步骤明确的练习、详细描述、策略提示）和小组互动在对学习障碍的治疗效果上具有最明显的促进作用（Swanson, 2000）。

有人希望将这些发现推广到有学习障碍的成年人群体中，但仍需就此开展进一步研究（Flynn 等, 2012; Hock, 2012; Mellard 和 Patterson, 2008; Swanson, 2016）。与成年人相关的工作大多仅限于为有学习障碍的成年人找到方便评估的办法（如提供更长的测试时间）。由于对成年人学习障碍的研究（包括评估工具）还很有限，目前尚不清楚儿童的认知缺陷是否与成年人的学习障碍类似。虽然不能为所有有学习障碍的成年人和儿童推荐一个通用的教学模式，但我们已知的是，儿童通常对精度教学项目有所回应。

我们还注意到，许多与学习障碍相关的困难（如阅读障碍、计算障碍和注意力缺陷障碍等），起因于个体神经心理的先在倾向（predisposition），这种倾向往往既不能与学习者的优势相匹配，也无法适配于学习境脉的要求（见 McDermott 和 Varenne, 1996）。例如，在使用复杂拼写规约的表音文字（字母书写系统（如英语）的国家中，阅读困难学习者的语音解码缺陷（即无法关联字母和语音）尤其成问题。在希腊、德国等拼写规约较为简单易懂的国家，阅读困难的发生率较低（Landerl 等，2013; Vellutino 等，2004）。

学习者和境脉之间的匹配对于取得良好的学习效果至关重要：在有利的环境和适当的支持下，有学习障碍和精神疾病的学生同样可以成功。例如，有证据表明，允许有注意缺陷/多动障碍的学生适应性地构建他们的学习环境和资源，可以促进他们的学习（Fugate 等，2013）。其他人所具有的人类的品质和能力也同样反映在有障碍的个体身上。充分利用学生个人的、作为其学习资产的能力（如阅读困难学习者在图案识别和周边视觉上的优势）开展教育，对于这些学生来说尤其重要（Lorusso 等，2004; Schneps 等，2007; von Károlyi 等，2003; 见 Wei 等，2013，关于自闭症患者的研究）。

【211】

中学后教育经历

人们完成义务教育后，可以在各种场境中继续接受教育（如在社区学院、学院、大学、职业或技术学校等）。K-12 与中学后教育场境之间存在若干重要差异。

首先，成人教育机构的目标是多样化的。许多学术机构依据学习者以前的学业成绩和能力来筛选出那些他们认为能够在所提供的学业环境中成功并蒸蒸日上的人；而对于那些没有录取或在所提供的环境中未能成功的人，也并不承担责任。虽然也有例外，比如成人读写能力和再培训项目，但对于大多数提供职业训练的学术机构和组织而言，重点在于甄别和奖赏英才，而不是提升那些处境艰难的人的表现。尽管学术机构和教育工作者越来越重视影响学生成绩和坚持（如调整大学生活和学习技能）的因素，但事实是，如果学生在中学时成绩不够好，大学仍然不会招收他们。而在工作环境中，对于无法学习新技能的人来说，处境可能更加残酷；不能或不去学习所需技能的工人可能被告知要另找工作。上面两个例子说明，K-12 的经历是很重要的，因为它使学生为大学及以后的发展需求做好一些准备。

其次，中学后教育或其他提供类似培训和发展的工作场所提供的课堂体验与K-12也明显不同。中学后教育中，学生可能需要在课堂以外完成比在高中时更多的工作，但他们可以自由决定学习的优先顺序并完成之。在工作环境中，主管要做的，很少是评估员工是否学会了执行任务所需的技能，而是希望员工自己解决问题、提出自己的问题。这种增加的自主权突出了兴趣、动机以及监控和调节自身进步的能力的重要性。

对于K-12和中学后教育阶段的学生，研究者尚未直接评估哪个阶段的兴趣和动机更重要。然而，一些实证证据表明，兴趣和动机，加上认知能力以及诸如文化背景（如作为"第一代大学生"[1]）等社会心理境脉的影响，对于中学后教育环境中的成功非常重要（见 Ackerman 等，2013; Richardson 等，2012）。大多数研究会使用平均绩点作为学习指标，尽管许多因素可能会影响它。研究表明，学习者的认知能力（通常通过标准化测试来测量）和高中表现往往是造成大学平均绩点差异的最主要原因，但学业自我效能感、内在动机和目标取向等动机因素也与学业成绩呈正相关（Ackerman 等，2013; Richardson 等，2012）。

研究人员已经开始调查学生在大学之前的经历和文化背景，以更好地了解导向成功的因素。他们发现许多高校的社会氛围并不能很好地服务于少数族裔和第一代大学生（Stephens 等，2012）。这些学生经常遇到其他学生不会遇到的挑战。例如，第一代大学生的家庭资源往往远远少于再生代大学生（contuning-generation），因此他们更可能在大学期间靠打工支付学费或生活费（Phinney 和 Haas，2003），从而没有多少时间投入进一步的学习和发展（如无偿实习）（Pascarella 等，2004）。

少数族裔和第一代大学生还面临文化上的挑战，因为许多美国大学支持中产阶级的独立性准则（如铺平自己的道路），这可能与工薪阶层的相互依赖准则（如与他人联系、关注他人的需求）不一致。针对第一代大学生的文化失配可能产生的影响的研究表明，对第一代大学生来说，将大学文化定位为独立的会使学业任务变得更难，而将大学文化表现为相互依赖的则会促进他们的学业表现

---

[1] 第一代大学生是指父母中没有任何一方毕业于四年制学院或大学的学生。

（Stephens 等，2012）。这只是一个个案，尽管相关研究仍在继续调查促进或阻碍学生表现的高等教育环境因素，但更多工作亟待开展。框栏 9-1 描述了解决这个问题的方法。

框栏 9-1　迈耶霍夫学者计划

> 马里兰州大学巴尔的摩县的迈耶霍夫学者计划成功地增加了未来科学、工程和相关领域领导者的多样性。迈耶霍夫学者是提名产生的，他们是前途看好的本科生，有攻读科学、工程及相关领域的博士学位的打算，这些学生对这些科技领域中少数族裔的进步表现出了兴趣。该计划旨在建立一个密切联系的学习共同体，学生们藉此互相激励，相互超越。该计划的报告称，参加该学者计划的学生就读科学、技术、工程、数学等相关领域硕士、博士项目或者从这些项目中毕业的可能性，是获邀但拒绝加入该学者计划而就读其他大学的学生的 5.3 倍（参见 http://meyerhoff.umbc.edu）。

劳动力培训

正式培训在工作场所学习中所占比例相对较小，但对许多学习者来说，它仍然很重要（Tannenbaum 等，2010）。开发有效的培训项目需要考虑组织及员工的需求，以及组织运行中的各种限制（Goldstein 和 Ford，2002）。

一些研究调查了不同年龄学习者的培训表现，发现年龄通常与培训中的表现呈负相关，因为年龄较大的学习者通常需要更长的培训时间，而且在培训后的表现不如年轻学习者（Kubeck 等，1996；Ng 和 Feldman，2008）。尽管如此，研究确实表明，如果环境旨在满足学习者的个性需求，老年人仍可以在培训环境中学习（Callahan 等，2003；Charness 和 Schumann，1992）。最重要的是，对于各个年龄层的工作场所培训来说，针对动机和能力各异的个体学习者定制教学是基本准则，并且相同的培训干预对不同的个体来说会有不同的效果（Cronbach，

1957; Snow, 1989）。学习者表现出来的与年龄相关的差异（这种差异在为老年人规划培训时需要考虑）可能与前文讨论的推理能力及动机的变化有关。

很少有研究来检视为在职成年人定制的教学，但现有证据表明，在极为复杂的培训环境中，年龄较大的学习者可能会从更加结构化的内容（即按部就班的指导）中受益（Carter 和 Beier, 2010; Gully 等, 2002）。不过该领域的研究寥寥无几，要确定适合不同年龄个体学习者的最佳培训干预，尚有许多工作要做。然而，我们注意到，培训设计方面的技术进步提供了新的、便捷的培训定制方法，以满足个体学习者的需求和兴趣（Snow, 1989; Wolfson 等, 2014）。例如，员工可以使用在线培训教程修改项目结构以满足自己的需要，其方法是，当学习者不熟悉所要学习的内容时，通过更改交互界面可以提供按部就班的教学，当学习者熟悉学习内容时，就调回原样并提供少量指导。支持定制教学的技术对于工作场所培训有很好的前景，值得进一步研究（Gully 和 Chen, 2010; Wolfson 等, 2014）。

如何判定工作场所中学习的发生

工作场所培训的有效性通常以四种方式进行评估。这些方式源于一个评估框架，这一框架旨在评估从受训者反应到企业投资回报的一系列结果（Alliger 和 Janak, 1989; Kirkpatrick, 1967）。评估的第一种方式是，培训结束后立即通过访谈等方式调查受训者关于培训各方面的反应和满意度。第二种方式是，培训结束后直接进行受训者评价（通常是知识测验），以测量每个受训者获得的知识。第三种方式是，在培训结束后，通过观察受训者在工作中的行为评估其将培训中所学迁移到工作中的程度。

第四种方式，其指标同样也是可测量的，即衡量随着时间推移，企业从培训投资中获益的程度。虽然计算投资回报的过程可能很复杂，因为除了培训之外还有许多不同的变量（从市场趋势到企业的各种计划）会影响企业的成功，但是该指标对企业来说依然很重要。2014 年，企业为每位员工在培训和发展活动上平均支出超过 1 200 美元，从企业的角度来看，如果学员未将培训中所学应用于工作，那么这笔钱就是白白浪费（Goldstein 和 Ford, 2002）。虽然员工培训的经济效益可能难以评估，但受训者的学习以及受训者将所学迁移到新情境的能力是可衡量的（Alliger 和 Janak, 1989）。

以上四种指标也许并不能为培训的有效性给出全面的答案。例如，这些指标可能更便于捕捉受训者对培训的态度或复述其所听内容的能力，评估的并非实际的学习。第三个层次的评估（测量迁移到工作中的培训内容）按理说能够得到最接近真实的学习评估，但与培训后直接评估受训者的知识和态度的做法相比，这种方法的挑战更大，因此并不常用。工作场所与其他教育场境中的评估面临着相似的挑战：评估能比较容易地弄清楚学生有多享受课程以及在结课之日知道什么，却不易测出什么学习真正让学生铭记于心。

【215】

培训迁移

前文讨论的第三层次的评估考察的是培训的迁移或在工作中应用所学。认知心理学家广泛研究了这种迁移和应用；他们开发了区分近迁移和远迁移的分类系统（Barnett 和 Ceci, 2002）。近迁移是在培训环境和培训时间以外应用培训中所学的技能。远迁移是指将一项经过训练的技能与其他要素结合起来，以及/或者距培训相隔很久再运用某项经过培训习得的技能。有关技能学习的迁移已经在其他境脉中有了一些研究，研究发现也适用于企业培训环境。例如，如果培训和迁移的环境相似，并且培训设置了有价值的难度（即培训对学习者构成了可应对的挑战，但学习者须有高阶认知水平上的投入），那么学习者在培训中学到的知识将更有可能发生迁移（Schmidt 和 Bjork, 1992）。然而，组织环境的特征，比如多大程度上管理者和同侪会支持员工使用新学技能，会影响到这一培训到工作的迁移（Blume 等, 2010; Rouiller 和 Goldstein, 1993）。

一项对劳动力培训迁移研究的元分析识别了学习者特征，例如，能力或个性的差异（责任心、可赖性等）和有利于发生培训迁移的培训环境（Blume 等, 2010）。作者提出了工作环境中的三个重要元素：

- 培训的环境支持，包括同侪和管理者的支持；
- 迁移氛围，环境中有含蓄的暗示，即在工作中应使用培训所得是被期望的，比如积极迁移新知识的同侪是受鼓励的；

- 组织限制，比如缺乏自主权和其他情境因素；

这些研究发现，环境支持对迁移的影响最大；组织限制有一定（modest）影响。一些证据表明管理者对使用新技能的支持可能比同侪支持更重要。

一些例子说明了情境暗示和机会如何影响培训迁移（Blume 等，2010; Rouiller 和 Goldstein，1993）。如果员工参加了关于数据库管理软件程序运用的培训却很少用在工作中，并且几个月来，他也没有机会来练习培训中新学到的技能，那么他可能无法有效地将所学迁移到工作中。另一方面，来自同事或管理者的环境信号（情境暗示）可以支持员工使用新技能。这些信号可能成为受训者感知到的后果：如果员工认为他尝试使用在培训中学到的新技能或工具会与负面后果关联，那么他将不太可能使用新学技能（Blume 等，2010; Rouiller 和 Goldstein，1993）。例如，一个旨在简化以前涉及多个电子表格流程的数据库管理新软件，当刚接受培训的员工首次使用它时，可能会感到困难、低效且容易出错。而实际上，如果主管和同事不认为实施这项新技能是困难的，而且也没有特别鼓励大家使用新程序，那么员工可能会采用旧方法而赶在最后期限之前完成任务。这就不幸成为对组织资源的浪费。此外，对技能学习的研究表明，在使用新习得技能时感到困难是在预料之中的——至少在初期阶段是这样的，但经过充分练习后，员工们就能够用这一专长执行复杂任务（Ackerman, 1988; Anderson, 1982）。

工作场所中的自主学习

工作场所的学习是多种多样的，专业人员参与的学习可能是偶然和非正式的（即作为工作的副效应），也可能是有意但非正式的（与工作活动有关），或者是正式的工作内外的培训和教育（Tynjälä, 2008）。工作中，自我导向的学习或自主学习是最常见的劳动力发展方法，但非正式方法——比如在职培训和同伴学习——还未得到充分研究（Ellingson 和 Noe, 2017）。原因之一是学习和发展在整个职业生涯中无处不在：人们往往没有意识到他们所参与的活动就是在发展自己。非正式发展活动通常被认为是"工作的一部分"（Tannenbaum, 1997）。这些经历可能包括从失败中学习、掌握新工具以提高工作效率、或承担新项目所需的具有挑战性的工作角色。因为学习者倾向于不将这些活动和事件视为学习经历，所以难以对这种学习进行系统评估（Boud 和 Middleton，2003）。

工作场所中广泛存在的自主学习，是过去 50 年工业化国家许多职业变化方向的反映。组织研究者指出，在 20 世纪中后期，许多工人可能期望将他们的大部分职业生涯限定在一个企业中，且通常期望带着作为对其忠诚之奖赏的养老金计划退休。最优人才的全球竞争和预期寿命的延长，将人们预期的退休后的平均寿命从不到 10 年延长至超过 20 年（Hall 和 Mirvis，1995，2013），推动了人们在职业认知上的变化。现在，职业发展完全由员工自己而不是企业负责。今天，大多数工作者可能期望在职业生涯中追求在多个组织中从事不同工作甚至不同职业。假设机会均等且没有年龄上的偏见，人们可以在他们希望的任何年龄就职或离职。如今，职业上的成功航行需要持续的学习和发展，以促成专业技能、兴趣和职业身份的发展（Hall 和 Mirvis，1995，2013）。组织科学家将这种现象称为**多变性职业生涯**（the Protean career），以此反映其不断变化的本质（Hall 和 Mirvis，1995）。

【217】

向多变性职业生涯的转变凸显了个人和环境的特征对工作轨迹的重要影响。由于进化和适应的需要，个人特征（如工作者的能力、兴趣、态度和动机）将在整个个人工作生涯的学习和发展中发挥越来越重要的作用。终生发展在本质上是个体的，因此受每个工作者的期望、决定、兴趣、坚持和能力驱动。这些个人因素也与工作内（氛围和发展机会等）和工作外（如工作之外的使其难以参与技能发展的生活方面要求）的因素相互作用，从而影响学习者的持续学习（Ackerman，2000；Beier 等，2017）。例如，儿童或老年人缺少照顾、图书馆、社区活动、甚至可靠的互联网连接，都可能会干扰自主学习。人们获得正式（如参与社区教育计划和大规模开放在线课程）和非正式（如借助书籍、网站和人际网络）的学习机会可以极大地促进自主学习（Comings 和 Cuban，2000）。支持或障碍的影响并非微不足道，例如，在个人决定是否要在工作之外花时间发展新技能时，配偶、同伴或父母的支持可能比职业兴趣和目标更重要（Lent 等，2000；Tang 等，1999）。

学习上的坚持也可能受环境与个人因素间相互作用的影响。例如，一个认为自己的记忆力随着年龄增长下降的人，不太可能在被解雇后学习与工作相关的新技能（Maurer 等，2003）。发展过程中的任何环境障碍（没有互联网或到培训地的交通工具有限等）都会降低参与发展活动的可能。

对自我调节学习的研究提供了思考个体在工作场所中学习的另一视角。例如，一项质性研究调查了跨国能源公司的知识型劳动者如何设定并实现他们的学习和发展目标以完成特定的项目或任务（Margaryan 等，2013）。研究人员发现，参与者倾向于关注成果目标（与项目相关的短期和长期的企业需求），而不是过程目标，并且当他们做计划并向着目标努力时，他们更热衷于倾听来自管理者、导师以及同事的反馈。研究者的结论是，参与者对其学习的导向高度依赖于社会和组织境脉。

这项工作表明，组织环境或组织的学习文化可以在促进员工发展方面发挥关键作用（Tannenbaum, 1997）。以下是有助在工作场所持续发展的重要文化因素：

- **提升员工的"大局"观，让员工知道组织的目标是什么**。这能使工作者的发展与组织的目标相一致。
- **提供的任务允许人们在工作职责说明之外的拓展**。在学习型组织中，人们被分派的任务为其提供了尝试新事物、学习新技能和将所学应用于工作的机会（Ford 等，1992; Schoorman 和 Schneider, 1988）。
- **营造让人们可从错误中学习的氛围**。在学习型组织中，错误是可以容忍的，特别是当人们在学习的早期阶段尝试新事物时。研究表明，容易出错的练习实际上可以改进学习，因此，如果错误是许可的，则可带来更大的发展（Keith 和 Frese, 2008）。
- **让员工对自己的发展负责**。例如，可以让员工对自己从事自主的职业发展情况评分，并纳入绩效评估。

向多变性职业生涯模式转变的另一个影响是，学习越来越成为一种不受组织控制的个体经验，因此从业者的发展越来越异质化。这使得对工作场所中的自主学习和发展活动进行任何系统性评估都极为困难。尽管如此，我们仍有可能从组织层面考察自主学习的好处，其方法是跟踪组织在一段时间内发生的自主学习的数量、类型和质量，并将这些因素与效果（诸如员工的能力、留任，以及员工对企业中学习和发展的文化的看法等）联系起来（Tannenbaum 等，2010）。像这样从组织层面对工作场所中自主的学习加以量化，将有助于明确这样的学习如何发生以及为何有益等问题；然而，到目前为止，我们还没有找到任何这方面的研究。

【219】

虽然对纵贯一生的学习和发展的科学研究还十分有限，但自主学习的价值对于从业者本人来说是显而易见的。以组织内的实践共同体（即具有共同专业兴趣的从业者）为对象的质性研究表明，除非员工对特定工作技能感兴趣，否则他们并不倾向于通过正式培训经历来发展自身。相反，从业者们会根据自己的兴趣、动机、能力以及工作和家庭环境中可用的人脉、资源和时间，来探索自主发展的机会（Boud 和 Middleton, 2003）。实际上，这种主动发起的学习在成年工作者中普遍存在。一项覆盖若干职业包括 400 多名工作者的访谈，明确了工作场所学习最常见的方法是：向同事和同伴学习、在职培训、试错以及观察他人；而提及大学的课堂学习或正式的组织培训对于工作中的发展的重要性的，则少得多（Tannenbaum, 1997）。

针对在职培训，组织科学家研究了工作本身的影响。工作，特别是那些对工作者有认知挑战且又能让其对所从事的任务加以控制的工作，能够为工作者提供学习机会（Hackman 和 Oldham, 1976; Karasek 等 , 1998; Morgeson 和 Humphrey, 2006）。高度自主的工作要求员工自己决定工作方法、工作安排以及制定整体决策，而不是依赖组织的指令。复杂度高的工作是挑战性的、刺激思考的和深度参与的。大多数研究都侧重于考查工作特性对工作场所态度和相关行为（如工作满意度和离职率）的影响（见 Morgeson 和 Hurphreys, 2006），但研究者已经开始将学习作为不同类型工作特性的重要结果进行考察。例如，一项访谈调查了不同行业 800 多名年龄在 18 到 65 岁之间的工作者，发现工作要求和自主性对工作中的学习（根据自我报告）有积极影响（Raemdonck 等，2014）。未来的研究可能考虑的是更客观的学习效果（如获得的知识），但这项对工作者自我感知的初步研究是有前景的。

工作场所中的自我调节学习

虽然工作场所中的培训很重要，但大多数工作场所中的学习都是由员工主导的（employee-directed）(Tannenbaum, 1997)。员工（即学习者）必须明确自己的知识能力和差距，设定学习目标，监控进度，并且调整策略以满足学习要求，从而管理其与工作相关的学习。所有这些活动都是自我调节学习的要素（Schultz 和 Stamov Roßnagel, 2010; Zimmerman, 2000）。关于自我调节的研究体量巨大，但我们对于专业人士如何在日常工作中调节自己的学习却知之甚少。该领域的大多数研究都集中在 K-12 学生身上。此外，对于成人和儿童，自我调节学习的研究通常是在实验室条件下进行的，这不一定能说明现实社会和组织环境对个人行为的影响（Margaryan 等, 2013）。

然而，一些有关工作场所中学习的自我调节问题的研究表明，每个工作场所都是一个复杂系统，个人的工作和学习活动深受工作场所共同体及其社会规范的影响。工作场所系统和共同体会影响学习目标的界定和评估、社会和组织规范的适应策略以及学习激励抑或阻障因素的性质（Siadaty 等, 2012）。学习环境的独特特征也会对学习者是否采用自我调节实践以及是否达成预期目标产生影响（Boekaerts 和 Cascallar, 2006; Siadaty 等, 2012; Whipp 和 Chiarelli, 2004）。这项研究的一个例子是上面引用的质性研究，即跨国能源公司的知识型劳动者为了完成特定任务，如何设定并实现学习和发展目标（Margaryan 等, 2013）。研究人员发现，这个工作场所中的学习是结构化的，并与工作任务和紧要程度深度整合，聚焦于结果（与项目相关的短期和长期组织需求），而不是过程目标。

积极主动参与的重要性

人们积极主动地参与到所处环境中能够实现持续学习；有研究表明，参与某些活动有助于健康老龄化，包括认知任务方面的表现（Bielak 等, 2012）。然而，活动的类型很重要（Bielak, 2010; Carlson 等, 2012; Christensen 等, 1996）。例如，积极参与型的生活方式（engaged lifestyle）与老年人认知障碍风险的降低呈正相关（Carlson 等, 2012），而其中相关性最大的活动是体育活动（Gow 等, 2012）。

工作这一活动，特别是智力要求高的工作，也被证明对降低认知障碍风险很重要（Bosma 等，2002）。研究发现，工作挑战对认知功能的影响不仅在就业期间有作用，在退休后也有作用（Fisher 等，2014）。相比于仅涉及与他人交往这样的复杂性不高的工作，需与他人共同完成的高复杂性工作（指导他人或督导等）与邻近退休的几年中言语能力的提高有关（Finkel 等，2009）。观察发现，曾从事对体力或视力有较高要求工作的个体，其认知表现会下降（Potter 等，2006）。

类似地，波特（Potter）及其同事（2008）发现，需要更高智力水平和社交努力的工作与更好的认知结果相关，而需要更多体力劳动的工作则与认知下降相关。这一发现似乎与体育锻炼提高认知能力的发现相反（Gow 等，2012）。目前还没有关于该主题的权威研究，但认知需求和身体锻炼之间的平衡似乎能维持认知能力。也有可能是，繁重的体力劳动并不能促进这类与改进认知能力有关的身体活动（比如有氧训练和诸如提拉这种静态力量型训练是不同的）（Hertzog 等，2008）。

虽然大多数关于活动和老龄化的研究在本质上是相关性研究或观察研究，但一些实验研究已经证明了活动对认知结果的因果影响。例如，斯汀·莫罗（Stine-Morrow）及其同事（2008）发现，在推理能力测量中，涉及团队竞争和问题解决的项目是有益的；另一项研究发现，积极进行事件记忆对老年人有益（Park 等，2014）。

促进终生学习

研究人员探索了支持个体在一生中持续学习的方法。他们没有为特定年龄的人确定特定的教育和学习干预，但该研究提出了支持个体持续学习的因素。

与他人协作共事是学习者在许多境脉下遇到的机遇与挑战。许多情况下，团队对规划、解决问题和制定决策至为关键（National Research Council, 2011）。经合组织（OECD）决定将这种能力纳入 2015 年学生知识和技能调查中，这反映了协作解决问题对经济稳定和增长的重要性（OECD, 2013）。基于团队和项目的培训、协作也被认为是 21 世纪关键技能（Care 等，2016; National Research

Council, 2011c, 2012b）。针对该境脉下的学习的研究还很少，但对团队绩效的研究能得出与学习有关的推论。例如，在团队训练中，让一些团队成员主导学习环境可能对学习结果不利。

协作使得分工更有效，并且通过协同来完成任务能够融汇多种来源的知识、观点和经验。然而，究竟是小组的解决方案质量更好，还是个体独自工作然后汇集成一套解决方案更好，已有研究对此莫衷一是。从积极的方面来说，由一个小组给出的问题解决方案有时比个体成员解决方案的汇集更好（Aronson 和 Patnoe, 1997; Dillenbourg, 1996; Schwartz, 1995）。当团队成员探索并设法解决不同意见、分歧、冲突以及其他各种形式的社会性不平衡时，更好的解决方案就会产生。然而，如果团队存在长期不和谐，一个人过度支配、部分团队成员没有充分贡献，或者成员在无关紧要的沟通上浪费精力，则团队工作的益处就会减低（Dillenbourg, 1996; Rosen 和 Rimor, 2009）。

如果团队中有一个不愿合作的成员或者帮倒忙的成员，则该团队的成功会受到威胁；而如果有一个出色的领导者能确保所有成员都为团队积极奉献，那么就可以促进团队成功。研究表明，熟练的协作和社会沟通对于一般工作场所中的成效都有促进作用（Klein 等, 2006; Salas 等, 2008），尤其是工程和软件开发工作（Sonnentag 和 Lange, 2002）、航天地面指挥中心（Fiore 等, 2014）以及科学家之间的跨学科研究（Nash 等, 2003）这些工作情境中更需要协作和沟通。

训练何时以及如何最优地应用协作技能可让人们受益（Care 等, 2016; Mullins 等, 2011）。例如，如果团队成员要优化他们的互动和解决方案，则必须了解协作情境的基本规则。学生需要知道何时、为什么以及哪些方面的协作对于改善所要获取的知识和所要解决的问题是富有成效的。何时关注分歧最好？何时更好地谈判以达成共识？小组如何在任务目标和团队组织方面找到共同点？哪些任务最好是独立进行？哪些任务最好是由团队紧密协作？对于高度互赖的任务（即那些不可能单独实现的任务），发起行动和完成目标的步骤安排和沟通框架应该是怎样的？如何在团队组织中为成员分配任务？如何对潜在问题加以监控和补救？

对这些关键的团队合作技能训练的研究才刚刚起步。国际学生能力评估项目（PISA）使用的协作问题解决框架（the Collaborative Problem Solving framework）确定了三种核心的协作能力：（1）建立和保持共同理解；（2）采取适当行动解决问题；（3）建立和维继团队组织（OECD, 2013）。这些能力与问题解决能力相互交叉，问题解决能力包括：探索和理解、形成问题表征、规划和执行计划，以及监控和反思问题解决措施。2015 年该项目的基于计算机的评估可以作为在课程中提升这些能力的依据（见 OECD, 2015）。

结论

【223】

个体一生中都在持续学习。而在义务教育阶段结束之后，人们还能学到什么、能学到多少，则在很大程度上取决于他们自己的选择和周遭环境。推理能力和知识的增长都会持续到成年早期，此后，这二者的发展出现分叉：快速生成、迁移和操纵事实性信息的推理能力开始下降，而知识水平保持稳定或升高。我们注意到，由于在 K-12 以外的环境中，通过随机对照实验或准实验研究检视培训干预的有效性是有难度的，因而尚无支持干预措施的有力结论。但是，在这里，我们提供关于终身学习的两个主要结论。

结论 9-1 人们在整个生命历程中不断学习和成长，他们的选择、动机、自我调节能力以及他们的境遇，会影响其学到多少、学得如何，也会影响其将学习向新情境迁移多少，迁移得如何。

结论 9-2 人们通过积极投入于自己所处环境中的许多场境而不断学习；在义务教育环境之外发生的学习受学习者的动机、兴趣和机会的影响。从事工作（特别是有智力和社会性要求的复杂工作）、社会性参与、身体锻炼和充足睡眠都与终生学习和健康老龄化有关。

第 10 章　研究议程

　　所有学习者是如何在文化所定义的境脉中以文化所定义的方式成长和学习的？带着这一问题，我们开启了本报告的讨论。在第 2 章，委员会阐述了一种学习的社会文化观，并提出将发展和跨文化心理学研究中的相关工作与发现用于对学习和教育的理解。这一讨论也为探讨来自认知科学、神经心理学和其他领域关于学习的诸多过程和功能、对学习的特定影响以及将这些知识用于终身学习和教育中的研究，做好了准备。我们的综述指出要加强这些研究领域之间的联系，并探讨了这些联系如何支持了关于学习之动态本质的更好理解。在本章，我们把这些研究工作的主题简要地统合起来。我们提出一个研究议程作为本报告的结束，希望这一议程可为研究人员和研究资助者更深入地理解人类学习提供一些指引。

学习的动态本质

　　学习是动态的、持续的过程，同时也是一个生物的、文化的过程。每一个个体学习者身处并活动于复杂的发展、认知、身体、社会和文化系统之中。学习受到诸多层面因素的影响，包括从微观层面的影响到学习者的邻里、社区以及生活所处时期的特征的影响。此外，即使是在最基本的个体层面，也有证据表明，脑发育和认知（以及皮层区域间的连通性）也受到文化、社会、情感和生理等经验的影响并由这些经验所组织，学习中与年龄相关的差异以及个体间的差异也受到它们的影响。

【226】

学习涉及内联网络的协调统合。没有一种技能的习得仅使用脑的某一个部分，脑的不同系统支持着人类经验的各个方面：社会、认知、情感和文化功能，甚至健康和生理意义上的生存。因此，既要注意个体层面的影响因素（如发育阶段；身体、情感和心理上的健康，以及兴趣和动机等），也要注意个体外部的影响因素（如学习者所处的环境、社会和文化境脉以及可用的学习机会），这是全面理解学习本质所必须的。

我们着重关注了文化与学习互动的特定方式的研究，它们揭示：文化不是作为一种外部的影响，而是作为人类本身的一个核心特征。例如，研究已经显示，学习领域之间存在文化差异，体现在诸如不同的数系对脑组织的影响、概念模型（如一个人的时间模型）的影响以及学习期望的影响上。研究表明，文化差异可能导致记忆、引导因果推理的预期以及其他认知过程上的差异。文化价值观可能会影响学习者的思维方式和目标，很久以来得到确立的认识是，文化刻板印象和价值观会影响学习者的自我建构或参照他人而形成的自我定义，还会影响其作为学习者的信心和期望，以及目标和表现。文化不仅反映在人们完成任务和解决问题的过程中，也反映在人们对待这些任务的社会情感倾向中。积极的文化认同可以促进学习参与和成就获得。文化还与认知变化的类型或程度有关，这些变化随着年龄的增长而显现出来，这在一定程度上解释了个体学习者学习及发展轨迹的显著差异。

在第1章绪论中，我们已经多次阐释了这一观点，即"学习"是一个主动动词，它指的是人类通过有意识和无意识的生理和认知反应，不断适应所遇到的独特环境和经验的一个动态过程。我们还重点讨论了一些可以从各种研究工作中提炼出来的重要观念（ideas），它们建基于2000年《人是如何学习的Ⅰ》出版时所形成的人如何学习的这一图景之上。如今这幅图景已然更加丰富而精细，但更多的还有待探知。

研究议程

对于人如何学习的科学和实践，我们已经了解了许多，但是众多不同且快速前进的研究共同体正在为这一知识基础作着贡献，他们的探索凸显出了有待进一步研究的前沿领域。委员会确定了需要展开研究的两大广阔领域：理解和接受学习的变异性（variability），以及技术对学习的潜在用途和影响。这些领域中的进展不仅将扩大对人如何学习的认识，而且将为正式与非正式学习场境中的教育者以及在工作场所中开展培训的教育者的工作提供支持。我们描述了这两大领域的具体研究目标，并希望这些目标能对研究人员和研究资助者在确定未来工作的优先次序时，起到有益的指导作用。

这里描述的战略投资方面的工作无疑需要综合考虑跨层次的分析、方法和理论框架。我们注意到，新的数据源有助于我们理解正式学校教育（如管理性记录所反映的）以外的学习情况，从而可以提供新的研究途径；而跨领域的伙伴关系则可以激发对不同来源的信息进行分析的创新。我们希望本报告通过强调当前研究中的有力发现和知识进步的机会，来推进这一努力。

> **研究领域 1：** 通过将学习的内在机制研究与境脉性变化（包括文化、社会境脉、教学和生活时间）的形塑作用联系起来，满足所有学习者的需求。

尽管关于人如何学习的研究非常多，但这些研究在研究人群、境脉间的结合和其他重要因素方面仍然存在局限。实验室科学（研究）不能充分反映课堂学习的情况，并且，其实验结果在课堂上的应用往往是生硬的、不够精细的。从最基础的层次来看，需要更多的资源以发起和支撑基础研究向学习科学研究的转化，同时也应该允许将教育现场的发现放回到基础研究中进行探索。此外，还应寻求建立和维系真正的跨学科协作的途径。

有几个研究方向可以解决上文提到的这些局限。一是开展跨学科研究，以考察个体变异（variation）及发展性和境脉性因素（包括社会、情感、环境、制度和经验因素）是如何影响终生学习过程和学习结果的。研究工作应包括考察教育活动的社会、情感和生理反应的跨层次影响，以及对近期和长远学习结果的影响。此外，应该在不同的时间跨度上针对跨层次影响展开研究，以便对不同学习成果的短期和长期的支持作用加以协调，这些研究应该关注促进或抑制学习努力及结果的事件，阐明与这些事件有关的路径和时间轨迹。

委员会也注意到，需要重点研究不同文化群体组织学习的方式、学习者如何适应不同的文化系统（如家庭和学校之间），以及不同人群的学习需求，包括那些有学习障碍的人和老龄学习者的需求。具体的重点领域应包括如下方面：

研究人群。在研究人群方面，对某些文化和社会经济群体的过度采样，往往限制了学习研究结果的普遍性和稳健性。为了对基于实验室的学习研究给予补充，提高其对现实课堂场境的适用性，研究工作需要包括更多样化的研究人群。此外，应避免根据单一的种族、文化或族裔来狭隘地确定研究参与者。研究文化和人口统计变量以及组内差异，将有助于理解文化和个体的差异性如何能够在学习情境中得以维护和支持。

学习兴趣。需要进一步研究影响情境兴趣的因素。这些因素包括个体的先前经验、不同学习结构的作用，以及兴趣保持的外部激励、心智模式取向和学习进度。还需要进一步研究个体如何在竞争性和互补性的生活及教育目标之间分配时间和精力的影响因素和过程。

学习中身份的作用。需要研究来更精确地解释对于一个人认知能力的信念以何种方式改变学习目标和学习身份。还需要研究不同的学习经验如何集合起来形成了学习身份（learning identity），以及在人类发展的特定时期，学习身份是否具有或多或少的可塑性。最后，还需要进一步的研究来解释：学习者如何将感知到的与其现在和未来身份相关联的社会文化规范整合起来，以实现学习目标；他们的这些观念如何影响不同学习策略的使用。

学习动机。需要对动机有更为一致的理解，因为已证明许多因素在动机和学习中发挥作用，它们相互关联且经常重叠，对它们既要进行区分又要加以整合。这些因素涉及心理过程、社会互动和文化方面。需要研究探讨当前知识的边界条件：当前对动机的理解适用于谁？在什么情况下适用？此外，还需要研究如何影响动机和支持整个生命时期中的学习,以便在日常学习环境中(学校、家庭和工作场所等)评估实践并检验来自学习和动机理论的相关假设。当下的大多数动机研究集中于教学当中和特定活动或任务境脉下的心理过程,以及同伴间、师生间的两者或群体互动。需要更多的研究去关注和探索正式的学校结构和其他因素如何影响心理动机过程,探索如何通过改变正式教育结构等途径,以最好地促进学习者的参与、坚持和目标实现。

自我调节的学习。最好是在特定的学习环境和目标中来理解自我调节。就此,需要关注三个方面的发展性研究:(1)探索跨时间、跨领域和跨学科的自我调节的发展;(2)检视有关个体发展中自我调节的有效指导;(3)研究有助于自主发现并发展一系列自我调节策略的环境。这些研究的结果可以阐明自我调节是否是学术和生活成功的基本技能,自我调节的发展是否可以在不同时间持续,以及在什么发展时期的从业者有可能最有效地做到自我调节干预。还需要通过研究来更好地解释学科及跨学科领域中,促进自我调节的教学策略与学科特定的思考及推理工具之间的关系。

学习环境的影响。学习环境的文化如何影响学习者的归属感、适应力、能动性和学习效果,还有待进一步研究。研究者应识别与特定学习任务和环境相关的学习类型,并应追踪对学习、动机、情绪和社会互动的预估影响。最后,需要研究来解释教学方法如何在促成当前的学习努力和期望的未来结果之间建立正向联系。

纵贯一生的学习。委员会主张开展几项大规模试点研究来建立纵向数据库,其中涵盖从婴儿期到老年期的学习经历和结果。与冰岛和瑞典维护的健康数据库相似,这些数据库将是对未来发现的投资,其目标指向对终生学习、心理健康、生产力和知情公民的支持。开发这种全面的数据库,需要决定与学习者经验有关的数据库条目的粒度和内容,并需要考虑隐私问题。美国人口的中值年龄正在升高,因此需要研究如何优化干预措施,以保持认知和脑健康。此类研究的直接目标应该是确定有望成功的干预措施,并确定其潜在的有效性和可推广性。研究人员对纵贯一生学习与发展的决定性因素进行研究时,应超越对先前成就的关照,而且应检查所有学习者的能力、态度、动机和自我调节过程。

【230】

至于高等教育环境，迫切需要在促进或阻碍学生成绩的措施方面展开更多的工作，同样迫切需要研究如何利用技术手段来支持教学定制。

学习障碍。实验设计和神经影像学方法的进步有可能极大地改善学习障碍的界定和诊断方法。但不幸的是，神经科学领域和学习障碍干预研究之间的整合还很缺乏。因此，需要将治疗结果的数据与神经科学所提供的关于基本条件的理解更好地结合起来，从而为障碍的确定和矫治取得进展提供支持。技术本身构成了工作的一部分，快速发展的数字化、电子化和机械技术为适应不同的学习障碍人群带来了希望，但是需要更多的研究来更好地理解学习的通用设计。

> **研究领域 2：** 学习科学给支持纵贯一生学习的技术设计带来的启示；学习者特征、学习内容与学习环境间的复杂交互；技术对人们需要学什么本身以及学习者的心理可能有怎样的影响；可能的弊端。

自《人是如何学习的Ⅰ》出版以来，数字技术在教育领域的应用迅猛推进。然而，数字学习技术并不总是以学习科学为指导来设计的。进一步要强调的是，学习技术设计应适合于在多种社会文化境脉当中发挥作用的个体学习者，学习者必须能够在适当的境脉中、在适当的时间点，针对适当的任务使用适当的技术，这样，技术才能促进学习。我们建议开展几项研究，以确保学习技术的效益最大化。

鉴于学习境脉的变化多样，有必要使用一些方法来确定一项技术究竟是否适合其可能用于的"学习的特定生境"（the ecological learning niche）。通过对不同的学习技术（智能辅导系统、用于记忆练习的移动应用程序等）及技术的不同功能（与虚拟代理对话、有反馈的扩展练习等）对于不同类型学习及不同用户的影响的研究，进行全面系统的元分析，可以提供必要信息，以改进学习技术与预期学习结果之间的协调性。

与学习境脉的变化多样相关的另一议题是，关于沟通技能和习惯在在线社交媒体与学术媒体之间的迁移，还缺乏实验研究来揭示。需要对密集持续地使用在线技术以及自主选择的在线活动对学术学习的影响，开展纵向追踪研究。

这样的研究应该检视在线经验如何改变人们理解、体验和介入世界的方式，以及这些经验如何影响学业成绩和素养能力（如在阅读、写作、科学、数学等方面）。在学习环境方面，一些证据表明，非正式场境中基于技术的学习可以提高学习者的在校成绩；然而，这一证据不足以有力指导可靠实践。可以通过对连接校内外学习的基于技术的干预展开进一步的研究和开发，来弥补这一差距。

还需要针对整套可用学习技术的改进开展研究。例如，有证据表明在教育场境中，非常简单的计算机—教师界面经常被忽视或很快被弃于不顾，这不免让人惊讶，这肯定会限制它们在实践中的效用。研发工作要探究数字仪表盘的设计和相关的教师培训，从而促进定期和有效地利用学生学习系统的数据来优化教学，这可以改进学习技术的课堂效用。研究应该充分利用（并促进利用）日益提升的学习技术数据的可用性，要充分利用新兴数据技术（如机器学习）。这些进步将有助于技术设计，从而支持和适应不同境脉中使用这些技术的学习者差异。

同样，目前支持移动教育应用程序有效性的证据，抑或用于可靠地描述会话代理对学习的影响的证据，都还十分有限。一旦有了大量的评估数据，对移动学习应用程序有效性的第三方评估以及随后对此类研究的元分析，就可以帮助解决上述问题。例如，需要研究不同类型的虚拟代理、具有不同程度领域特定知识的代理，以及具有和不具有自适应特征的代理的相对有效性，以证实此类代理在学习环境中的效用。

最后，关于工作场所中的学习技术，委员会发现需要进一步研究的是，相对于通过心智操作进行学术性科目的学习而言，通过虚拟现实和增强现实技术以及利用可识别非语言行为的传感器技术，支持具身认知的相对有效性如何。

参考文献

Abrahamson, L. (2006). A brief history of networked classrooms: Effects, cases, pedagogy, and implications. In D.A. Banks (Ed.), *Audience Response Systems in Higher Education* (pp. 1-25). Hershey, PA: Information Science.

Ackerman, P.L. (1988). Determinants of individual differences during skill acquisition: Cognitive abilities and information processing. *Journal of Experimental Psychology: General*, 117(3), 288-318.

Ackerman, P.L. (1996). A theory of adult intellectual development: Process, personality, interests, and knowledge. *Intelligence*, 22(2), 227-257. doi.org/10.1016/S0160-2896(96)90016-1.

Ackerman, P.L. (2000). Domain-specific knowledge as the "dark matter" of adult intelligence: Gf/Gc, personality and interest correlates. *Journals of Gerontology: Series B: Psychological Sciences and Social Sciences*, 55(2), P69-P84.

Ackerman, P.L., and Beier, M.E. (2006). Determinants of domain knowledge and independent study learning in an adult sample. *Journal of Educational Psychology*, 98(2), 366-381.

Ackerman, P.L., Bowen, K.R., Beier, M.B., and Kanfer, R. (2001). Determinants of individual differences and gender differences in knowledge. *Journal of Educational Psychology*, 93, 797-825.

Ackerman, P.L., Kanfer, R., and Beier, M.E. (2013). Trait complex, cognitive ability, and domain knowledge predictors of baccalaureate success, STEM persistence, and gender differences. *Journal of Educational Psychology*, 105(3), 911-927. doi.org/10.1037/a0032338.

Ackerman, R., and Goldsmith, M. (2011). Metacognitive regulation of text learning: On screen versus on paper. *Journal of Experimental Psychology: Applied*, 17(1), 18-32. doi:10.1037/a0022086.

Adams, C., Labouvie-Vief, G., Hobart, C.J., and Dorosz, M. (1990). Adult age group differences in story recall style. *Journal of Gerontology*, 45(1), P17-P27.

Ader, R., Felten, D.L., and Cohen, N. (2001). *Psychoneuroimmunology* (3rd ed.). San Diego, CA: Academic Press.

Ainley, M., Hidi, S., and Berndorff, D. (2002). Interest, learning, and the psychological processes that mediate their relationship. *Journal of Educational Psychology*, *94*(3), 545-561. doi.org/10.1037/0022-0663.94.3.545.

Albaili, M. (1998). Goal orientations, cognitive strategies and academic achievement among United Arab Emirates college students. *Educational Psychology*, *18*(2), 195-203. doi.org/10.1080/0144341980180205.

Alea, N., and Wang, Q. (2015). Going global: The functions of autobiographical memory in cultural context. *Memory*, *23*(1), 1-10.

Alea, N., Bluck, S., and Ali, S. (2015). Function in context: Why American and Trinidadian young and older adults remember the personal past. *Memory*, *23*(1), 55-68.

Aleven, V., and Koedinger, K.R. (2002). An effective metacognitive strategy: Learning by doing and explaining with a computer-based Cognitive Tutor. *Cognitive Science*, *26*(2), 147-179. doi:10.1016/s0364-0213(02)00061-7.

Alexander, P.A., and Jetton, T.L. (1996). The role of importance and interest in the processing of text. *Educational Psychology Review*, *8*(1), 89-121. doi:10.1007/BF01761832.

Alexander, V., Bahr, M., and Hicks, R. (2015). Ability to recall specific detail and general detail (gist) in young old, middle old, and older adults. *Psychology*, *6*(16), 2071-2080.

Alfieri, L., Brooks, P.J., Aldrich, N.J., and Tenenbaum, H.R. (2011). Does discovery-based instruction enhance learning? *Journal of Educational Psychology*, *103*(1), 1-18. doi:10.1037/a0021017.

Alfieri, L., Nokes-Malach, T.J., and Schunn, C.D. (2013). Learning through case comparisons. *Educational Psychologist, 48*, 87-113.

Allen, L.K., Snow, E.L., and McNamara, D.S. (2016). The narrative waltz: The role of flexibility on writing performance. *Journal of Educational Psychology*, *108*(7), 911-924. doi.org/10.1037/edu0000109.

Alliger, G.M., and Janak, E.A. (1989). Kirkpatrick's levels of training criteria: Thirty years later. *Personnel Psychology*, *42*(2), 331-342. doi.org/10.1111/j.1744-6570.1989.tb00661.x.

Alloway, T.P., and Gathercole, S.E. (2006). How does working memory work in the classroom? *Educational Research and Reviews*, *1*(4), 134-139.

Alloway, T.P., Gathercole, S.E., Kirkwood, H.J., and Elliott, J.E. (2009). The cognitive and behavioural characteristics of children with low working memory. *Child Development*, *80*(2), 606-621. doi:10.1111/j.1467-8624.2009.01282.x.

Altschul, I., Oyserman, D., and Bybee, D. (2006). Racial-ethnic identity in mid-adolescence: Content and change as predictors of academic achievement. *Child Development*, *77*(5), 1155-1169.

Amalric, M., and Dehaene, S. (2016). Origins of the brain networks for advanced mathematics in expert mathematicians. *Proceedings of the National Academy of Sciences of the United States of America*, *113*(18), 4909-4917. doi:10.1073/pnas.1603205113.

Ambady, N., and Bharucha, J. (2009). Culture and the brain. *Current Directions in Psychological Science*, *18*(6), 342-345. doi:10.1111/j.1467-8721.2009.01664.x.

Amedi, A., Stern, W.M., Camprodon, J.A., Bermpohl, F., Merabet, L., Rotman, S., Hermond, C., Meijer, P., and Pascual-Leone, A. (2007). Shape conveyed by visual-to-auditory sensory substitution activates the lateral occipital complex. *Nature Neuroscience*, *10*(6), 687-689. doi:10.1038/nn1912.

American Academy of Pediatrics. (1999). Media education. *Pediatrics*, *104*(2), 341-343.

American Academy of Pediatrics. (2015). *Media and Children*. Elk Grove Village, IL: Author.

American Academy of Pediatrics. (2016). New recommendations for children's electronic media use. *ScienceDaily*. Available: http:// www.sciencedaily.com/releases/2016/10/161021121843.

htm [January 2018].

American Psychiatric Association. (2013). *Diagnostic and Statistical Manual of Mental Disorders* (5th ed.). Washington, DC: Author.

Ames, C. (1986). Conceptions of motivation within competitive and noncompetitive goal structures. In R. Schwarzer (Ed.), *Self-related Cognitions in Anxiety and Motivation* (pp. 229-245). Hillsdale, NJ: Lawrence Erlbaum Associates.

Ames, C. (1992). Achievement goals and adaptive motivation patterns: The role of the environment. In G. Roberts (Ed.), *Motivation in Sport and Exercise* (pp. 161-176). Champaign, IL: Human Kinetics.

Ames, C., and Ames, R. (1984). Goal structures and motivation *The Elementary School Journal, 85*(1), 38-52.

Ames, C., and Archer, J. (1988). Achievement goals in the classroom: Students learning strategies and motivational processes. *Journal of Educational Psychology, 80*(3), 260-267.

Anderman, E.M., and Maehr, M.L. (1994). Motivation and schooling in the middle grades. *Review of Educational Research, 64*(2), 287-309. doi.org/10.2307/1170696.

Anderman, E.M., and Midgley, C. (1997). Changes in achievement goal orientations, perceived academic competence, and grades across the transition to middle level schools. *Contemporary Educational Psychology, 22*(3), 269-298. doi.org/10.1006/ceps.1996.0926.

Andersen, S.L. (2003). Trajectories of brain development: Point of vulnerability or window of opportunity? *Neuroscience and Biobehavioral Reviews, 27*(1-2), 3-18.

Anderson, J.R. (1982). Acquisition of cognitive skill. *Psychological Review, 89*(4), 369-406. doi.org/10.1037/0033-295X.89.4.369.

Anderson, J.R., Corbett, A.T., Koedinger, K.R., and Pelletier, R. (1995). Cognitive tutors: Lessons learned. *Journal of the Learning Sciences, 4*(2), 167-207. doi.org/10.1207/s15327809jls0402_2.

Anderson, M.L. (2015a). *After Phrenology: Neural Reuse and the Interactive Brain*. Cambridge, MA: MIT Press.

Anderson, M.L. (2015b). *Technology Device Ownership: 2015*. Washington, DC: Pew Research Center. Available: http://www.pewinternet.org/2015/10/29/technology-device-ownership-2015 [December 2017].

Anderson, R.C., and Pichert, J.W. (1978). Recall of previously unrecallable information following a shift in perspective. *Journal of Verbal Learning and Verbal Behavior, 17*(1), 1-12. doi.org/10.1016/S0022-5371(78)90485-1.

Andrade, H. (2016, unpublished). *Classroom Assessment and Learning: A Selective Review of Theory and Research*. Paper commissioned by the Committee on the Science of Practice and Learning, National Academies of Sciences, Engineering, and Medicine, Washington, DC.

Antonucci, T.C., Lansford, J.E., Schaberg, L., Baltes, M., Takahashi, K., Dartigues, J.F., Smith, J., Akiyama, H., and Fuhrer, R. (2001). Widowhood and illness: A comparison of social network characteristics in France, Germany, Japan, and the United States. *Psychology and Aging, 16*(4), 655-665.

Aronson, J. (2004). *The Effects of Conceiving Ability as Fixed or Improvable on Responses to Stereotype Threat*. Unpublished manuscript. New York: New York University.

Aronson, E., and Patnoe, S. (1997). *Cooperation in the Classroom: The Jigsaw Method*. New York: Longman.

Aronson, J., and Salinas, M.F. (1997). *Stereotype Threat: Is Low Performance the Price of Self-esteem for Mexican Americans?* Paper presented to the Western Psychological Association

Conference, Seattle, WA, April.
Aronson, J., Lustina, M.J., Good, C., Keough, K., Steele, C.M., and Brown, J. (1999). When White men can't do math: Necessary and sufficient factors in stereotype threat. *Journal of Experimental Social Psychology, 35*(1), 29-46.
Aronson, J., Fried, C.B., and Good, C. (2001). Reducing the effects of stereotype threat on African American college students by shaping theories of intelligence. *Journal of Experimental Social Psychology, 38*(2), 113-125. doi:10.1006/jesp.2001.1491.
Autor, D.H., and Price, B. (2013). *The Changing Task Composition of the U.S. Labor Market: An Update of Autor, Levy and Murnane (2003)*. Available: https://economics.mit.edu/files/11600 [December 2017].
Avineri, N., Johnson, E., Brice-Heath, S., McCarty, T., Ochs, E., Kremer-Sadlik, T., Blum, S., Zentella, A.C., Rosa, J., Flores, N., Alim, H.S., and Paris, D. (2015). Invited forum: Bridging the "language gap." *Journal of Linguistic Anthropology, 25*(1), 66-86. doi:10.1111/jola.12071.
Azevedo, R., and Aleven, V. (2013). *International Handbook of Metacognition and Learning Technologies*. New York: Springer.
Azevedo, R., and Cromley, J.G. (2004). Does training on self-regulated learning facilitate students' learning with hypermedia? *Journal of Educational Psychology, 96*(3), 523-535. doi:10.1037/0022-0663.96.3.523.
Azevedo, R., Johnson, A., Chauncey, A., and Burkett, C. (2010). Self-regulated learning with MetaTutor: Advancing the science of learning with MetaCognitive tools. In M.S. Khine and I.M. Saleh (Eds.), *New Science of Learning* (pp. 225-247). New York: Springer.
Bain, R. (2006). Rounding up unusual suspects: Facing the authority hidden in the history classroom. *Teachers College Record, 108*(10), 2080-2114.
Baker, R.D., and F.R. Greer (2010). Diagnosis and prevention of iron deficiency and iron-deficiency anemia in infants and young children (0-3 years of age). *Pediatrics, 126*(5), 1040-1050.
Bakia, M., Means, B., Gallagher, L., Chen, E., and Jones, K. (2009). *Evaluation of the Enhancing Education Through Technology Program: Final Report*. Washington, DC: U.S. Department of Education. Available: http://files.eric.ed.gov/fulltext/ED527143.pdf [December 2017].
Ballesteros, S., Kraft, E., Santana, S., and Tziraki, C. (2015). Maintaining older brain functionality: A targeted review. *Neuroscience & Biobehavioral Reviews, 55*, 453-477. doi:10.1016/j.neubiorev.2015.06.008.
Balota, D.A., Duchek, J.M., and Paullin, R. (1989). Age-related differences in the impact of spacing, lag, and retention interval. *Psychology and Aging, 4*(1), 3-9.
Balota, D.A., Duchek, J.M., Sergent-Marshall, S.D., and Roediger, H.L. (2006). Does expanded retrieval produce benefits over equal-interval spacing? Explorations of spacing effects in healthy aging and early stage Alzheimer's disease. *Psychology and Aging, 21*(1), 19-31. doi:10.1037/0882-7974.21.1.19.
Baltes, P.B., and Baltes, M.M. (1990). Psychological perspectives on successful aging: The model of selective optimization with compensation. In P.B. Baltes and M.M. Baltes (Eds.), *Successful Aging: Perspectives from the Behavioral Sciences* (pp. 1-34). New York: Cambridge University Press.
Baltes, P.B., and Staudinger, U.M. (2000). Wisdom: A metaheuristic (pragmatic) to orchestrate mind and virtue toward excellence. *American Psychologist, 5*(1), 122-136.
Bandura, A. (1965). Influence of models' reinforcement contingencies on the acquisition of imitative responses. *Journal of Personality and Social Psychology, 1*(6), 589-595.
Bandura, A. (1977). *Social Learning Theory*. Englewood Cliffs, NJ: Prentice-Hall.

Bandura, A. (1989). Social cognitive theory. In R. Vasta (Ed.), *Annals of Child Development. Six Theories of Child Development* (vol. 6, pp. 1-60). Greenwich, CT: JAI Press.

Bandura, A., and Schunk, D.H. (1981). Cultivating competence, self-efficacy, and intrinsic interest through proximal self-motivation. *Journal of Personality and Social Psychology, 41*(3), 586-598. doi.org/10.1037/0022-3514.41.3.586.

Bandura, A., Ross, D., and Ross, S.A. (1961). Transmission of aggression through imitation of aggressive models. *Journal of Abnormal and Social Psychology*, 63, 575-582.

Bandura, A., Ross, D., and Ross, S.A. (1963). Imitation of film-mediated aggressive models. *Journal of Abnormal and Social Psychology*, 66, 3-11.

Bang, M., Alfonso, J., Faber, L., Marin, A., Marin, M., Medin, D., Waxman, S., and Woodring, J. (in press). Perspective taking in early childhood books: Implications for early science learning. *Culture Studies in Science Education*.

Bang, M., Medin, D.L., and Atran, S. (2007). Cultural mosaics and mental models of nature. *Proceedings of the National Academy of Sciences of the United States of America, 104*(35), 13868-13874.

Bangert-Drowns, R.L., Kulik, C.C., Kulik, J.A., and Morgan, M.T. (1991). The instructional effect of feedback in test-like events. *Review of Educational Research, 61*, 213-238.

Banks, J.A., and McGee Banks, C.A. (Eds.) (2010). *Multicultural Education: Issues and Perspectives, 7th Edition*. Hoboken, NJ: John Wiley & Sons.

Barab, S., Thomas, M., Dodge, T., Carteaux, R., and Tuzun, H. (2005). Making learning fun: Quest Atlantis, a game without guns. *Educational Technology Research and Development, 53*(1), 86-107.

Bargh, J.A., and Schul, Y. (1980). On the cognitive benefits of teaching. *Journal of Educational Psychology, 72*(5), 593-604. doi:10.1037/0022-0663.72.5.593.

Barker, J.E., Semenov, A.D., Michaelson, L., Provan, L.S., Snyder, H.R., and Munakata, Y. (2014). Less-structured time in children's daily lives predicts self-directed executive functioning. *Frontiers in Psychology, 5*, 1-16. doi.org/10.3389/fpsyg.2014.00593.

Barkley, R.A. (2006). *Attention-Deficit Hyperactivity Disorder: A Handbook for Diagnosis and Treatment* (3rd Edition). New York: Guilford Press.

Barnett, S.M., and Ceci, S.J. (2002). When and where do we apply what we learn? A taxonomy for far transfer. *Psychological Bulletin, 128*(4), 612-637. doi.org/10.1037/0033-2909.128.4.612.

Barnett, W.S., Jung, K., Yarosz, D.J., Thomas, J., Hornbeck, A., Stechuk, R., and Burns, S. (2008). Educational effects of the tools of the mind curriculum: A randomized trial. *Early Childhood Research Quarterly, 23*(3), 299-313.

Barrett, T., Pizzico, M., Levy, B., Nagel, R., Linsey, J., Talley, K., Forest, C.R., and Newstetter, W. (2015). *A Review of University Maker Spaces*. Paper presented at 122nd Annual Conference and Exposition of the American Society Engineering Education, Seattle, WA. Available: https://smartech.gatech.edu/handle/1853/53813 [December 2017].

Barron, B. (2006). Interest and self-sustained learning as catalysts of development: A learning ecology perspective. *Human Development, 49*(4), 193-224.

Barron, B., and Darling-Hammond, L. (2008). Powerful learning: Studies show deep understanding derives from collaborative methods. *Edutopia*, October 8. Available: https://www.edutopia.org/inquiry-project-learning-research [December 2017].

Bassett, D.S., Wymbs, N.F., Porter, M.A., Mucha, P.J., Carlson, J.M., and Grafton, S.T. (2011). Dynamic reconfiguration of human brain networks during learning. *Proceedings of the National Academies of Sciences of the United States of America, 108*(18), 7641-7646.

doi:10.1073/pnas.1018985108.

Basso, K.H. (1996). *Wisdom Sits in Places: Landscape and Language among the Western Apache*. Albuquerque, NM: UNM Press.

Bates, E. (1979). *The Emergence of Symbols: Cognition and Communication in Infancy*. New York: Academic Press.

Bauer, P.J. (2009). Neurodevelopmental changes in infancy and beyond: Implications for learning and memory. In O.A. Barbarin and B.H. Wasik (Eds.), *Handbook of Child Development and Early Education: Research to Practice* (pp. 78-102). New York: Guilford Press.

Bauer, P.J., and Jackson, F.L. (2015). Semantic elaboration: ERPs reveal rapid transition from novel to known. *Journal of Experimental Psychology: Learning, Memory, and Cognition, 41*(1), 271-282. doi:10.1037/a0037405.

Bauer, P.J., and Larkina, M. (2016). Predicting remembering and forgetting of autobiographical memories in children and adults: A 4-year prospective study. *Memory (Hove, England), 24*(10), 1345-1368. doi:10.1080/09658211.2015.1110595.

Bauer, P.J., and San Souci, P. (2010). Going beyond the facts: Young children extend knowledge by integrating episodes. *Journal of Experimental Child Psychology, 107*(4), 452-465. doi:10.1016/j.jecp.2010.05.012.

Bauer, P.J., and Varga, N.L. (2015). The developmental cognitive neuroscience of memory: Implications for education. In E. Tardif and P. Doudin (Eds.), *Collective Work on the Topics of Neuroscience, Cognition and Education* (pp. 1-16). Oxford, UK: De Boeck.

Bauer, P.J., King, J.E., Larkina, M., Varga, N.L., and White, E.A. (2012). Characters and clues: Factors affecting children's extension of knowledge through integration of separate episodes. *Journal of Experimental Child Psychology, 111*(4), 681-694. doi:10.1016/j.jeep2011.10.005.

Bednall, T.C., and Kehoe, E.J. (2011). Effects of self-regulatory instructional aids on self-directed study. *Instructional Science, 39*(2), 205-226. doi:10.1007/s11251-009-9125-6.

Beier, M.E., and Ackerman, P.L. (2001). Current events knowledge in adults: An investigation of age, intelligence and non-ability determinants. *Psychology and Aging, 16*(4), 615-628.

Beier, M.E., and Ackerman, P.L. (2003). Determinants of health knowledge: An investigation of age, gender, abilities, personality, and interests. *Journal of Personality and Social Psychology, 84*(2), 439-448.

Beier, M.E., and Ackerman, P.L. (2005). Age, ability, and the role of prior knowledge on the acquisition of new domain knowledge: Promising results in a real-world learning environment. *Psychology and Aging, 20*(2), 341-355. doi.org/10.1037/0882-7974.20.2.341.

Beier, M.E., Torres, W.J., and Gilberto, J.M. (2017). Continuous development throughout a career: A lifespan perspective on autonomous learning. In J.E. Ellingson and R.A. Noe (Eds.), *Autonomous Learning in the Workplace: SIOP Organizational Frontier Series* (pp. 179-200). New York: Routledge.

Beilock, S.L. (2010). *Choke: What the Secrets of the Brain Reveal About Getting it Right When You Have To*. New York: Simon & Schuster.

Beilock, S.L., Rydell, R.J., and McConnell, A.R. (2007). Stereotype threat and working memory: Mechanisms, alleviation, and spill over. *Journal of Experimental Psychology: General, 136*(2), 256-276. doi:10.1037/0096-3445.136.2.256.

Beilock, S.L., Lyons, I.M., Mattarella-Micke, A., Nusbaum, H.C., and Small, S.L. (2008). Sports experience changes the neural processing of action language. *Proceedings of the National Academy of Sciences of the United States of America, 105*(36), 13269-13273. doi:10.1073/pnas.0803424105.

Bell, P., Tzou, C., Bricker, L., and Baines, A.D. (2012). Learning in diversities of structures of social practice: Accounting for how, why and where people learn science. *Human Development*, 55(5-6), 269-284.

Beller, S., Bender, A., and Song, J. (2009). Weighing up physical causes: Effects of culture, linguistic cues and content. *Journal of Cognition and Culture*, 9(3), 347-365.

Benassi, V.A., Overson, C.E., and Hakala, C.M. (2014). *Applying Science of Learning in Education: Infusing Psychological Science into the Curriculum*. Washington, DC: Society for the Teaching of Psychology. Available: https://scholars.unh.edu/cgi/viewcontent.cgi?referer=https://www.google.com/&httpsredir=1&article=1286&context=psych_facpub [December 2017].

Bender, A., Beller, S., and Medin, D.L. (2017). Causal cognition and culture. In M.R. Waldmann (Ed.), *The Oxford Handbook of Causal Reasoning*. Oxford, UK: Oxford University Press. doi:10.1093/oxfordhb/9780199399550.013.34.

Bendlin, B.B., Fitzgerald, M.E., Ries, M.L., Xu, G., Kastman, E.K., Thiel, B.W., and Johnson, S.C. (2010). White matter in aging and cognition: A cross-sectional study of microstructure in adults aged eighteen to eighty-three. *Developmental Neuropsychology*, 35(3), 257-277. doi.org/10.1080/87565641003696775.

Bengtsson, S.L., Nagy, Z., Skare, S., Forsman, L., Forssberg, H., and Ullén, F. (2005). Extensive piano practicing has regionally specific effects on white matter development. *Nature Neuroscience*, 8(9), 1148-1150.

Benjamin, A.S., and Tullis, J. (2010). What makes distributed practice effective? *Cognitive Psychology*, 61(3), 228-247. doi:10.1016/j.cogpsych.2010.05.004.

Bennett, R. (2011). Formative assessment: A critical review. *Assessment in Education: Principles, Policy and Practice*, 18(1), 5-25.

Berkeley, S., Scruggs, T.E., and Mastropieri, M.A. (2010). Reading comprehension instruction for students with learning disabilities, 1995-2006: A meta-analysis. *Remedial and Special Education*, 31(6), 423-436. doi:10.1177/0741932509355988.

Berkman, E.T. (2016). Self-regulation training. In K.D. Vohs and R.F. Baumeister (Eds.), *Handbook of Self-Regulation* (3rd ed., pp. 440-457). New York: Guilford Press.

Berkman, L.F. (1985). The relationship of social networks and social support to morbidity and mortality. In S. Cohen and S.L. Syme (Eds.), *Social Support and Health*. New York: Academy Press.

Bernard, R.M., Abrami, P.C., Borokhovski, E., Wade, A., Tamim, R., Surkes, M.A., and Bethel, E.C. (2009). A meta-analysis of three interaction treatments in distance education. *Review of Educational Research*, 79(3), 1243-1289. doi:10.3102/0034654309333844v1.

Bernstein, I.L., Webster, M.M., and Bernstein, I.D. (1982). Food aversions in children receiving chemotherapy for cancer. *Cancer*, 50(12), 2961-2963.

Best, J.R. (2010). Effects of physical activity on children's executive function: Contributions of experimental research on aerobic exercise. *Developmental Review*, 30(4), 331-351.

Bialystok, E. (2017). The bilingual adaptation: How minds accommodate experience. *Psychological Bulletin*, 143(3), 233-262.

Bialystok, E., Abutalebi, J., Bak, T.H., Burke, D.M., and Kroll, J.F. (2016). Aging in two languages: Implications for public health. *Ageing Research Reviews*, 27, 56-60. doi:10.1016/j.arr.2016.03.003.

Bielak, A.A.M. (2010). How can we not "lose it" if we still don't understand how to "use it"? Unanswered questions about the influence of activity participation on cognitive performance in older age—a mini-review. *Gerontology*, 56(5), 507-519. doi.org/10.1159/000264918.

Bielak, A.A.M., Anstey, K.J., Christensen, H., and Windsor, T.D. (2012). Activity engagement is related to level, but not change in cognitive ability across adulthood. *Psychology and Aging, 27*(1), 219-228. doi.org/10.1037/a0024667.

Birchfield, D., and Johnson-Glenberg, M.C. (2010). A next gen Interface for embodied learning: SMALLab and the geological layer cake. *International Journal of Gaming and Computer-mediated Simulation, 2*(1), 49-58.

Birnbaum, M.S., Kornell, N., Bjork, E.L., and Bjork, R.A. (2013). Why interleaving enhances inductive learning: The roles of discrimination and retrieval. *Memory & Cognition, 41*(3), 392-402. doi:10.3758/s13421-012-0272-7.

Biswas, G., Leelawong, K., Schwartz, D., and Vye, N. (2005). Learning by teaching: A new agent paradigm for educational software. *Applied Artificial Intelligence, 19*(3-4), 363-392. doi:10.1080/08839510590910200.

Bjork, R.A., Dunlosky, J., and Kornell, N. (2013). Self-regulated learning: Beliefs, techniques, and illusions. *Annual Review of Psychology, 64*, 417-444. doi:10.1146/annurev-psych-113011-143823.

Bjorklund, D.F., Dukes, C., and Brown, R.D. (2009). The development of memory strategies. In M. Courage and N. Cowan (Eds.), *The Development of Memory in Infancy and Childhood* (pp. 145-175). Hove East Sussex, UK: Psychology Press.

Black, P., and Wiliam, D. (1998). Assessment and classroom learning. *Assessment in Education: Principles, Policy & Practice, 5*(1), 7-74.

Black, P., and Wiliam, D. (2009). Developing the theory of formative assessment. *Educational Assessment, Evaluation and Accountability, 21*(1), 5-31.

Blackmore, S. (2000). *The Meme Machine*. Oxford, UK: Oxford University Press.

Blackwell, L.S., Trzesniewski, K.H., and Dweck, C.S. (2007). Implicit theories of intelligence predict achievement across an adolescent transition: A longitudinal study and an intervention. *Child Development, 78*(1), 246-263.

Blair, C., and Razza, R.P. (2007). Relating effortful control, executive function, and false belief understanding to emerging math and literacy ability in kindergarten. *Child Development, 78*(2), 647-663.

Blakemore, S.-J. (2010). The developing social brain: Implications for education. *Neuron, 65*(6), 744-747. doi: 10.1016/j.neuron.2010.03.004.

Blume, B.D., Ford, J.K., Baldwin, T.T., and Huang, J.L. (2010). Transfer of training: A meta-analytic review. *Journal of Management, 36*(4), 1065-1105. doi.org/10.1177/0149206309352880.

Blumenfeld, P.C., Mergendoller, J.R., and Swarthout, D.W. (1987). Tasks as heuristics for understanding student learning and motivation. *Journal of Curriculum Studies, 19*(2), 135-148.

Blunden, S., and Galland, B. (2014). The complexities of defining optimal sleep: Empirical and theoretical considerations with a special emphasis on children. *Sleep Medicine Reviews, 18*(5), 371-378.

Bodrova, E., and Leong, D. (2007). *Tools of the Mind: The Vygotskian Approach to Early Childhood Education* (2nd Edition). Upper Saddle River, NJ: Pearson/Merrill Prentice Hall.

Boekaerts, M., and Cascallar, M. (2006). How far have we moved toward the integration of theory and practice in self-regulation? *Educational Psychology Review, 18*(3), 199-210.

Bonawitz, E.B., and Lombrozo, T. (2012). Occam's rattle: Children's use of simplicity and probability to constrain inference. *Developmental Psychology, 48*(4), 1156-1164. doi:10.1037/a0026471.

Bopp, K.L., and Verhaeghen P. (2005). Aging and verbal memory span: A meta-analysis. *Journals

of Gerontology, Series B, Psychological Sciences and Social Sciences, 60(5), 223-233.
Bornstein, M. (2010). *Handbook of Cultural Developmental Science.* New York: Psychology Press.
Bosma, H., van Boxtel, M.P.J., Ponds, R.W.H.M., Jelicic, M., Houx, P., Metsemakers, J., and Jolles, J. (2002). Engaged lifestyle and cognitive function in middle and old-aged, non-demented persons: A reciprocal association? *Zeitschrift Für Gerontologie Und Geriatrie, 35*(6), 575-581. doi.org/10.1007/s00391-002-0080-y.
Boud, D., and Middleton, H. (2003). Learning from others at work: Communities of practice and informal learning. *Journal of Workplace Learning, 15*(5), 194-202.
Bower, G.H., Clark, M.C., Lesgold, A.M., and Winzenz, D. (1969). Hierarchical retrieval schemes in recall of categorized word lists. *Journal of Verbal Learning and Verbal Behavior, 8*(3), 323-343. doi.org/10.1016/S0022-5371(69)80124-6.
Boykin, A.W., Lilja, A., and Tyler, K.M. (2004). The influence of communal vs. individual learning context on the academic performance in social studies of African American 4th and 5th grade children. *Learning Environments Research Journal, 7*(3), 227-244.
Boykin, W., and Noguera, P. (2011). *Creating the Opportunity to Learn: Moving from Research to Practice to Close the Achievement Gap.* Alexandria, VA: ASCD.
Braboszcz, C., Cahn, B.R., Balakrishnan, B., Maturi, R.K., Grandchamp, R., and Delorme, A. (2013). Plasticity of visual attention in Isha yoga meditation practitioners before and after a 3-month retreat. *Frontiers in Psychology, 4*, 914. doi.org/10.3389/fpsyg.2013.00914.
Briggs, D.C., Alonzo, A.C., Schwab, C., and Wilson, M. (2006). Diagnostic assessment with ordered multiple choice items. *Educational Assessment, 11*(1), 33-63.
Briones, T.L., Klintsova, A.Y., and Greenough, W.T. (2004). Stability of synaptic plasticity in the adult rat visual cortex induced by complex environment exposure. *Brain Research, 1018*(1), 130-135. doi:10.1016/j.brainres.2004.06.001.
Briscoe, J., and Rankin, P.M. (2009). Exploration of a "double-jeopardy" hypothesis within working memory profiles for children with specific language impairment. *International Journal of Language & Communication Disorders, 44*(2), 236-250. doi:10.1080/13682820802028760.
Bronfenbrenner, U. (1977). Toward an experimental ecology of human development. *American Psychologist, 32*(7), 513-531.
Bronfenbrenner, U. (1994). Ecological models of human development. In *International Encyclopedia of Education* (2nd ed., vol. 3). Oxford, UK: Elsevier.
Brown, W. (1923). To what extent is memory measured by a single recall? *Journal of Experimental Psychology, 6*(5), 377-382. doi:10.1037/h0073877.
Brown, A.L., and Campione, J.C. (1995). Guided discovery in a community of learners. In E. McGilly (Ed.), *Classroom Learners: Integrated Cognitive Theory and Classroom Practice* (Chapter 9) (pp. 229-249). Cambridge, MA: The MIT Press. Available: http://www.cogsci.ucsd.edu/~deak/classes/EDS115/brown_campione2_ps.pdf [December 2017].
Brown, D., and Clement, J. (1989). Overcoming misconceptions via analogical reasoning: Factors influencing understanding in a teaching experiment. *Instructional Science, 18*, 237-261.
Brown, A.L., Day, J.D., and Jones, R.S. (1983). The development of plans for summarizing texts. *Child Development, 54*(4), 968-979. doi:10.2307/1129901.
Brown, A.L., Kane, M.J., and Echols, C.H. (1986). Young children's mental models determine analogical transfer across problems with a common goal structure. *Cognitive Development, 1*(2), 103-121.
Bruner, J.S. (1961). The act of discovery. *Harvard Educational Review, 31*(1), 21-32.
Bryan, J., Osendarp, S., Hughes, D., Calvaresi, E., Baghurst, K., and van Klinken, J.W. (2004). Nutri-

ents for cognitive development in school-aged children. *Nutrition Reviews, 62*(8), 295-306.
Bubolz, M.M., and Sontag, M.S. (2009). Human ecology theory. In P.G. Boss, W.J. Doherty, R. LaRossa, W.R. Schumm, and S.K. Steinmetz (Eds.), *Sourcebook of Family Theories and Methods: A Contextual Approach* (pp. 419-448). New York: Springer.
Budde, H., Voelcker-Rehage, C., Pietraßyk-Kendziorra, S., Ribeiro, P., and Tidow, G. (2008). Acute coordinative exercise improves attentional performance in adolescents. *Neuroscience Letters, 441*(2), 219-223.
Bull, S., and Kay, J. (2013). Open learner models as drivers for metacognitive processes. In R. Azevedo and V. Aleven (Eds.), *International Handbook of Metacognition and Learning Technologies* (pp. 349-365). New York: Springer.
Bull, R., and Scerif, G. (2001). Executive functioning as a predictor of children's mathematics ability: Inhibition, switching, and working memory. *Developmental Neuropsychology, 19*(3), 273-293.
Bull, G., Thompson, A., Searson, M., Garofalo, J., Park, J., Young, C., and Lee, J. (2008). Connecting informal and formal learning: Experiences in the age of participatory media. *Contemporary Issues in Technology and Teacher Education, 8*(2), 100-107.
Burgstahler, S. (2015). *Equal Access: Universal Design of Instruction. A Checklist for Inclusive Teaching*. Seattle: University of Washington, DO-IT. Available: http://www.washington.edu/doit/Brochures/Academics/equal_access_udi.html [December 2017].
Burkam, D.T., Ready, D.D., Lee, V.E., and LoGerfo, L.F. (2004). Social-class differences in summer learning between kindergarten and first grade: Model specification and estimation. *Sociology of Education, 77*(1), 1-31.
Burns, K.C., and Isbell, L.M. (2007). Promoting malleability is not one size fits all: Priming implicit theories of intelligence as a function of self-theories. *Self and Identity, 6*(1), 51-63. doi:10.1080/15298860600823864.
Bybee, J., and McClelland, J.L. (2005). Alternatives to the combinatorial paradigm of linguistic theory based on domain general principles of human cognition. *Linguistic Review, 22*(2-4), 381-410. doi.org/10.1515/tlir.2005.22.2-4.381.
Cabeza, R. (2002). Hemispheric asymmetry reduction in older adults: The HAROLD model. *Psychology and Aging, 17*(1), 85-100.
Cadinu, M., Maass, A., Rosabianca, A., and Kiesner, J. (2005). Why do women underperform under stereotype threat? Evidence for the role of negative thinking. *Psychological Science, 16*(7), 572-578.
Cajete, G.A. (1999). *The Native American Learner and Bicultural Science Education*. Available: https://files.eric.ed.gov/fulltext/ED427908.pdf [July 2018].
Cain, K., and Oakhill, J.V. (1999). Inference making ability and its relation to comprehension failure in young children. *Reading and Writing, 11*(5-6), 489-503. doi:10.1023/A:1008084120205.
Calabrese Barton, A., and Tan, E. (2009). Funds of knowledge and discourses and hybrid space. *Journal of Research in Science Teaching, 46*(1), 50-73.
Callahan, J.S., Kiker, D.S., and Cross, T. (2003). Does method matter? A meta-analysis of the effects of training method on older learner training performance. *Journal of Management, 29*(5), 663-680. doi.org/10.1016/S0149-2063(03)00029-1.
Cameron, J., Pierce, W.D., Banko, K.M., and Gear, A. (2005). Achievement-based rewards and intrinsic motivation: A test of cognitive mediators. *Journal of Educational Psychology, 97*(4), 641-655. doi:10.1037/0022-0663.97.4.641.
Campbell, K.L., Hasher, L., and Thomas, R.C. (2010). Hyper-binding: A unique age effect. *Psy-

chological Science, 21(3), 399–405.

Care, E., Scoular, C., and Griffin, P. (2016). Assessment of collaborative problem solving in education environments. *Applied Measurement in Education, 29*(4), 250–264. doi.org/10.1080/08957347.2016.1209204.

Carey, S. (1985). *Conceptual Change in Childhood*. Cambridge, MA: The MIT Press.

Carey, S. (2009). *The Origin of Concepts*. New York: Oxford University Press.

Carlson, M.C., Parisi, J.M., Xia, J., Xue, Q.-L., Rebok, G.W., Bandeen-Roche, K., and Fried, L.P. (2012). Lifestyle activities and memory: Variety may be the spice of life. The Women's Health and Aging Study II. *Journal of the International Neuropsychological Society, 18*(2), 286–294. doi.org/10.1017/S135561771100169X.

Carnevale, A.P., and Smith, N. (2013). *Recovery: Job Growth and Education Requirements through 2020*. Washington, DC: Georgetown University Center on Education and the Workforce. Available: https://cew.georgetown.edu/cew-reports/recovery-job-growth-and-education-requirements-through-2020 [December 2017].

Carpenter, S.K., and Mueller, F.E. (2013). The effects of interleaving versus blocking on foreign language pronunciation learning. *Memory & Cognition, 41*(4), 671–682. https://doi.org/10.3758/s13421-012-0291-4.

Carpenter, S.K., Cepeda, N.J., Rohrer, D., Kang, S.H.K., and Pashler, H. (2012). Using spacing to enhance diverse forms of learning: Review of recent research and implications for instruction. *Educational Psychology Review, 24*(3), 369–378. doi:10.1007/s10648-012-9205-z.

Carstensen, L.L., Isaacowitz, D.M., and Charles, S.T. (1999). Taking time seriously: A theory of socioemotional selectivity. *American Psychologist, 54*(3), 165–181.

Carstensen, L.L., Fung, H.H., and Charles, S.T. (2003). Socioemotional selectivity theory and the regulation of emotion in the second half of life. *Motivation and Emotion, 27*(2), 103–123.

Carter, M., and Beier, M.E. (2010). The effectiveness of error management training with working-aged adults. *Personnel Psychology, 63*(3), 641–675. doi.org/10.1111/j.1744-6570.2010.01183.x.

Carvalho, P.F., and Goldstone, R.L. (2014a). Effects of interleaved and blocked study on delayed test of category learning generalization. *Frontiers in Psychology, 5*(936), 1–11. doi:10.3389/fpsyg.2014.00936.

Carvalho, P.F., and Goldstone, R.L. (2014b). Putting category learning in order: Category structure and temporal arrangement affect the benefit of interleaved over blocked study. *Memory & Cognition, 42*(3), 481–495. doi:10.3758/s13421-013-0371-0.

Carver, C., and Scheier, M.F. (2017). Self-regulation of action and affect. In K. Vohs and R.F. Bauminster (Eds.), *Handbook of Self-Regulation: Research, Theory, and Applications* (3rd ed., pp. 3–23). New York: Guilford Press.

Cassarino, M., O'Sullivan, B., Keny, R.A., and Setti, A. (2015). Environment and cognitive aging: A cross-sectional study of place of residence and cognitive performance in the Irish longitudinal study on ageing. *Neuropsychology, 30*(5), 543–557. doi:10.1037/neu0000253.

Cassidy, L., Ortlieb, E., and Grote-Garcia, S. (2016). Beyond the common core: Examining 20 years of literacy priorities and their impact on struggling readers. *Literacy Research and Instruction, 55*(2), 91–104. doi:10.1080/19388071.2015.1136011.

Caterino, M.C., and Polak, E.D. (1999). Effects of two types of activity on the performance of 2nd, 3rd and 4th grade students on a test of concentration. *Perceptual and Motor Skills, 89*(1), 245–248.

Cattell, R.B. (1987). *Intelligence: Its Structure, Growth, and Action*. New York: Elsevier Science.

Cavanagh, J.C., and Blanchard-Fields, F. (2002). *Adult Development and Aging* (4th ed.). Belmont, CA: Wadsworth-Thomson.

Cazden, C. (1988). *Classroom Discourse: The Language of Teaching and Learning*. Portmouth, NH: Heinemann.

Center for Universal Design. (1997). *The Principles of Universal Design* (Version 2.0). Raleigh, NC: Author.

Centers for Disease Control and Prevention. (2009). Perceived insufficient rest or sleep among adults—United States, 2008. *Morbidity and Mortality Weekly Report, 58*(42), 1175-1179.

Cepeda, N.J., Pashler, H., Vul, E., Wixted, J.T., and Rohrer, D. (2006). Distributed practice in verbal recall tasks: A review and quantitative synthesis. *Psychological Bulletin, 132*(3), 354-380. doi:10.1037/0033-2909.132.3.354.

Cepeda, N.J., Vul, E., Rohrer, D., Wixted, J.T., and Pashler, H. (2008). Spacing effects in learning: A temporal ridgeline of optimal retention. *Psychological Science, 19*(11), 1095-1102. doi:10.1111/j.1467-9280.2008.02209.x.

Cerasoli, C.P., Nicklin, J.M., and Nassrelgrgawi, A. (2016). Performance, incentives, and needs for autonomy, competence, and relatedness: A meta-analysis. *Motivation & Emotion, 40*(6), 781-813. doi:10.1007/s11031-016-9578-2.

Challis, B.H. (1993). Spacing effects on cued-memory tests depend on level of processing. *Journal of Experimental Psychology: Learning, Memory, and Cognition, 19*(2), 389-396.

Chan, K.-W., and Lai, P.-Y. (2006). *Revisiting the Trichotomous Achievement Goal Framework for Hong Kong Secondary Students: A Structural Model Analysis*. Paper presented at the meeting of Australia Association for Research in Education, Adelaide, Australia, November. Available: https://www.aare.edu.au/publications-database.php/4989/revisiting-the-trichotomous-achievement-goal-framework-for-hong-kong-secondary-students-a-structural.

Chan, M.Y., Haber, S., Drew, L.M., and Park, D.C. (2014). Training older adults to use tablet computers: Does it enhance cognitive function? *The Gerontologist, 56*(3), 475-484. Available: https://doi.org/10.1093/geront/gnu057 [January 2018].

Chang, Y. (2014). Reorganization and plastic changes of the human brain associated with skill learning and expertise. *Frontiers in Human Neuroscience, 8*, 35. doi:10.3389/fnhum.2014.00035.

Charness, N., and Schumann, C.E. (1992). Training older adults in word processing: Effects of age, training technique, and computer anxiety. *International Journal of Technology & Aging, 5*(1), 79-106.

Chaudry, A., Morrissey, T., Weiland, C., and Yoshikawa, H. (2017). *Cradle to Kindergarten: A New Plan to Combat Inequality*. New York: Russell Sage Foundation.

Chavous, T.M., Bernat, D.H., Schmeelk-Cone, K., Caldwell, C.H., Kohn-Wood, L., and Zimmerman, M.A. (2003). Racial identity and academic attainment among African American adolescents. *Child Development, 74*(4), 1076-1090.

Chechik, G., Meilijison, I., and Ruppin, E. (1999). Neuronal regulation: A mechanism for synaptic pruning during brain maturation. *Neural Computation, 11*(8), 2061-2680. doi:10.1162/089976699300016089.

Chen, F. (2015). *The Impact of Criteria-Referenced Formative Assessment on Fifth Grade Students' Theater Arts and English Language Arts Achievement*. Doctoral dissertation. University at Albany—SUNY.

Chi, M.T.H. (2009). Active-constructive-interactive: A conceptual framework for differentiating learning activities. *Topics in Cognitive Science, 1*(1), 73-105. doi:10.1111/j.1756-8765.2008.01005.x.

Chi, M.T.H., Hutchinson, J., and Robin, A. (1989a). How inferences about novel domain-related concepts can be constrained by structured knowledge. *Merrill-Palmer Quarterly, 35*(1), 27-62.

Chi, M.T.H., Bassok, M., Lewis, M.W., Reimann, P., and Glaser, R. (1989b). Self-explanations: How students study and use examples in learning to solve problems. *Cognitive Science, 13*(2), 145-182. doi:10.1207/s15516709cog1302_1.

Chi, M.T.H., De Leeuw, N., Chiu, M.H., and LaVancher, C. (1994). Eliciting self-explanations improves understanding. *Cognitive Science, 18*(3), 439-477.

Chi, M.T.H., Roscoe, R., DSlotta, J., Roy, M., and Chase, M. (2012). Misconceived causal explanations for "emergent" processes. *Cognitive Science, 36*(1), 1-61. doi:10.1111/j.1551-6709.2011.01207.x.

Chin, C., and Osborne, J. (2012). Supporting argumentation through students' questions: Case studies in science classrooms. *Journal of the Learning Sciences, 19*(2), 230-284. doi.org/10.1080/10508400903530036.

Chiong, C., and Shuler, C. (2010). *Learning: Is There an App for That? Investigations of Young Children's Usage and Learning with Mobile Devices and Apps.* New York: The Joan Ganz Cooney Center at Sesame Workshop. Available: http://pbskids.org/read/files/cooney_learning_apps.pdf [December 2017].

Christensen, H., Korten, A., Jorm, A.F., Henderson, A.S., Scott, R., and Mackinnon, A.J. (1996). Activity levels and cognitive functioning in an elderly community sample. *Age and Ageing, 25*(1), 72-80.

Christle, C.A., Jolivette, K., and Nelson, C.M. (2005). Breaking the school to prison pipeline: Identifying school risk and protective factors for youth delinquency. *Exceptionality, 13*(2), 69-88.

Chua, H.F., Boland, J.E., and Nisbett, R.E. (2005). Cultural variation in eye movements during scene perception. *Proceedings of the National Academy of Sciences of the United States of America, 102*(35), 12629-12633.

Chung, H.J., Weyandt, L.L., and Swentosky, A. (2014). The physiology of executive functioning. In S. Goldstein and J.A. Naglieri (Eds.), *Handbook of Executive Functioning* (pp. 13-27). New York: Springer.

Cialdini, R.B. (2007). Descriptive social norms as underappreciated sources of social control. *Psychometrika, 72*(2), 263-268.

Cialdini, R.B., Reno, R.R., and Kallgren, C.A. (1990). A focus theory of normative conduct: Recycling the concept of norms to reduce littering in public places. *Journal of Personality and Social Psychology, 58*(6), 1015-1026.

Clark, D., Tanner-Smith, E., Killingsworth, S. (2014). *Digital Games, Design and Learning: A Systematic Review and Meta-Analysis* (Executive Summary). Menlo Park, CA: SRI International. Available: https://www.sri.com/sites/default/files/publications/digital-games-design-and-learning-executive_summary.pdf [December 2017].

Cleeremans, A. (1996). Principles of implicit learning. In D. Berry (Ed.), *How Implicit is Implicit Learning?* (pp. 196-234). Oxford, UK: Oxford University Press.

Clegg, J., Wen, N., Legare, C., Gauthier, I., and Cowan, N. (2017). Is non-conformity WEIRD? Cultural variation in adults' beliefs about children's competency and conformity. *Journal of Experimental Psychology: General, 146*(3), 428-441.

Clement, J. (2000). Model based learning as a key research area for science education. *International Journal of Science Education, 22*(9), 1041-1053.

Cobb, P., and Bauersfeld, H. (Eds.), (1995). *The Emergence of Mathematical Meaning: Interaction in Classroom Cultures.* Hillsdale, NJ: Lawrence Erlbaum Associates.

Coffman, J.L., Ornstein, P.A., McCall, L.E., and Curran, P.J. (2008). Linking teachers' memory-relevant language and the development of children's memory skills. *Developmental Psychol-*

ogy, *44*(6), 1640-1654. doi:10.1037/a0013859.
Cohen, E.G., and Lotan, R.A. (Eds.). (1997). *Working for Equity in Heterogeneous Classrooms: Sociological Theory in Practice*. New York: Teachers College Press.
Cohen, G.L., and Steele, C.M. (2002). A barrier of mistrust: How negative stereotypes affect cross-race mentoring. In J. Aronson (Ed.), *Improving Academic Achievement: Impact of Psychological Factors on Education* (pp. 305-331). San Diego, CA: Academic Press.
Cohen, G.L., Steele, C.M., and Ross, L.D. (1999). The mentor's dilemma: Providing critical feedback across the racial divide. *Personality and Social Psychology Bulletin, 25*(10), 1302-1318.
Cohen, G.L., Garcia, J., Apfel, N., and Master, A. (2006). Reducing the racial achievement gap: A social-psychological intervention. *Science, 313*(5791), 1307-1310. doi:10.1126/science.1128317.
Cohen, G.L., Garcia, J., Purdie-Vaughns, V., Apfel, N., and Brzustoski, P. (2009). Recursive processes in self-affirmation: Intervening to close the minority achievement gap. *Science, 324*(5925), 400-403. doi:10.1126/science.1170769.
Cohen-Kadosh, K., and Johnson, M.H. (2007). Developing a cortex specialized for face perception. *Trends in Cognitive Science, 11*(9), 367-369. doi:10.1016/j.tics.2007.06.007.
Colcombe, S., and Kramer, A.F. (2003). Fitness effects on the cognitive function of older adults: A meta-analytic study. *Psychological Science, 14*(2), 125-130.
Cole, M. (1995). Culture and cognitive development: From cross-cultural research to creating systems of cultural mediation. *Culture & Psychology, 1*, 25-54.
Cole, M. (1998). *Cultural Psychology: A Once and Future Discipline*. Cambridge, MA: Harvard University Press.
Cole, M., and Packer, M. (2005). Culture in development. In M.H. Bornstein and M.E. Lamb (Eds.), *Cognitive Development: An Advanced Textbook* (pp. 67-124). New York: Psychology Press.
Cole, M., and Scribner, S. (1974). *Culture and Thought: A Psychological Introduction*. Oxford, UK: John Wiley & Sons.
Collette, F., Hogge, M., Salmon, E., and Van der Linden, M. (2006). Exploration of the neural substrates of executive functioning by functional neuroimaging. *Neuroscience, 139*(1), 209-221.
Collins, A., Neville, P., and Bielaczyc, K. (2000). The role of different media in designing learning environments. *International Journal of Artificial Intelligence in Education, 11*, 144-162.
Collins, F. (2004). What we do and don't know about "race," "ethnicity," genetics, and health at the dawn of the genome era. *Nature Genetics, 36*(11, Suppl.), S13-S15.
Comings, J.T., and Cuban, S. (2000). *So I Made Up My Mind: Introducing a Study of Adult Learner Persistence in Library Literacy Programs*. Available: http://eric.ed.gov/?id=ED446772 [December 2017].
Condliffe, B., Visher, M.G., Bangser, M.R., Drohojowska, S., and Saco, L. (2016). *Projectbased Learning: A Literature Review*. Available: https://s3-us-west-1.amazonaws.com/ler/MDRC+PBL+Literature+Review.pdf [December 2017].
Cooper, S., Khatib, F., Treuille, A., Barbero, J., Lee, J., Beenen, M., Leaver-Fay, A., Baker, D., and Popovic, Z. (2010). Predicting protein structures with a multiplayer online game. *Nature, 466*(7307), 756-760. doi:10.1038/nature09304.
Cooper, M.M., Kouyoumdjian, H., and Underwood, S.M. (2016). Investigating students' reasoning about acid-base reactions. *Journal of Chemical Education, 93*, 1703-1712.
Corcoran, T., Mosher, F.A., and Rogat, A. (2009). *Learning Progressions in Science: An Evidence-Based Approach to Reform*. Available http://www.cpre.org/images/stories/cpre_pdfs/lp_science_rr63.pdf [July 2018].

Correa-Chávez, M., and Rogoff, B. (2009). Children's attention to interactions directed to others: Guatemalan Mayan and European American patterns. *Developmental Psychology*, *45*(3), 630-641.

Cortiella, C., and Horowitz, S.H. (2014). *The State of Learning Disabilities: Facts, Trends and Emerging Issues*. New York: National Center for Learning Disabilities. Available: https://www.ncld.org/wp-content/uploads/2014/11/2014-State-of-LD.pdf [December 2017].

Coutanche, M.N., Gianessi, C.A., Chanales, A.J.H., Willison, K.W., and Thompson-Schill, S.L. (2013). The role of sleep in forming a memory representation of a two-dimensional space. *Hippocampus*, *23*(12), 1189-1197. doi:10.1002/hipo.22157.

Covington, M.V. (2000). Goal theory, motivation, and school achievement: An integrative review. *Annual Review of Psychology*, *51*(1), 171-200. doi:10.1146/annurev.psych.51.1.171.

Craig, S.D., Sullins, J., Witherspoon, A. and Gholson, B. (2006). Deep-level reasoning questions effect: The role of dialog and deep-level reasoning questions during vicarious learning. *Cognition and Instruction*, *24*(4), 563-589.

Craik, F.I.M., and Bialystok, E. (2006). Cognition through the lifespan: Mechanisms of change. *Trends in Cognitive Sciences*, *10*(3), 131-138.

Craik, F.I.M., and Rose, N.S. (2012). Memory encoding and aging: A neurocognitive perspective. *Neuroscience & Biobehavioral Reviews*, *36*(7), 1729-1739.

Craik, F.I.M., and Salthouse, T.A. (Eds.). (2008). *Handbook of Cognitive Aging* (3rd ed.). New York: Psychology Press.

Craik, F.I.M., and Tulving, E. (1975). Depth of processing and the retention of words in episodic memory. *Journal of Experimental Psychology: General*, *104*(3), 268-294. doi:10.1037/0096-3445.104.3.268.

Creswell, J.D., and Lindsay, E.K. (2014). How does mindfulness training affect health? A mindfulness stress buffering account. *Current Directions in Psychological Science*, *23*(6), 401-407.

Cronbach, L.J. (1957). The two disciplines of scientific psychology. *American Psychologist*, *12*(11), 671-684.

Crone, E.A., and Dahl, R.E. (2012). Understanding adolescence as a period of social-affective engagement and goal flexibility. *Nature Reviews Neuroscience*, *13* (9), 636-650. doi:10.1038/nrn3313

Crouch, C.H., and Mazur, E. (2001). Peer instruction: Ten years of experience and results. *American Journal of Physics*, *69*, 970-977. doi.org/10.1119/1.1374249.

Crouzevialle, M., and Butera, F. (2013). Performance-approach goals deplete working memory and impair cognitive performance. *Journal of Experimental Psychology: General*, *142*(3), 666-678. doi:10.1037/a0029632.

Cvencek, D., Meltzoff, A.N., and Greenwald, A.G. (2011). Math–gender stereotypes in elementary school children. *Child Development*, *82*(3), 766-779.

Damasio, A. (1994). *Descartes' Error: Emotion, Reason and the Human Brain*. New York: Random House.

Danaher, K., and Crandall, C.S. (2008). Stereotype threat in applied settings re-examined. *Journal of Applied Social Psychology*, *38*(6), 1639-1655. doi:10.1111/j.1559-1816.2008.00362.x.

Darby, K.P., and Sloutsky, V.M. (2015). The cost of learning: Interference effects in memory development. *Journal of Experimental Psychology: General*, *144*(2), 410-431. doi:10.1037/xge0000051.

Dar-Nimrod, I., and Heine, S.J. (2006). Exposure to scientific theories affects women's math performance. *Science*, *314*(5798), 435.

Darnon, C., Harackiewicz, J., Butera, F., Mugny, G., and Quiamzade, A. (2007). Performance-approach and performance-avoidance goals: When uncertainty makes a difference. *Personality and Social Psychology Bulletin*, *33*(6), 813-827.

Davidson, R.J., and Lutz, A. (2008). Buddha's brain: Neuroplasticity and meditation. *IEEE Signal Processing Magazine*, *25*(1), 176-174.

Davis, C.L., Tomporowski, P.D., McDowell, J.E., Austin, B.P., Miller, P.H., Yanasak, N.E., Allison, J.D., and Naglieri, JA. (2011). Exercise improves executive function and alters neural activation in overweight children: A randomized controlled trial. *Health Psychology: Official Journal of the Division of Health Psychology, American Psychological Association*, *30*(1), 91-98. doi:10.1037/a0021766.

Dawley, L. (2009). Social network knowledge construction: Emerging virtual world pedadogy. *On The Horizon*, *17*(2), 109-121.

Dawley, L., and Dede, C. (2014). Situated learning in virtual worlds and immersive simulations. In M. Spector, M.D. Merrill, J. Elen, and M.J. Bishop (Eds.), *Handbook of Research on Educational Communications and Technology* (pp. 723-734). New York: Springer.

Day, J.C., and Newburger, E.C. (2002). *The Big Payoff: Educational Attainment and Synthetic Estimates of Work-Life Earnings*. Washington, DC: U.S. Census Bureau. Available: http://www.census.gov/prod/2002pubs/p23-21pdf [December 2017].

de Bruin, A.B.H., Rikers, R.M.J.P., and Schmidt, H.G. (2007). The effect of self-explanation and prediction on the development of principled understanding of chess in novices. *Contemporary Educational Psychology*, *32*(2), 188-205. doi:10.1016/j.cedpsych.2006.01.001.

de Frias, C.M., Dixon, R.A., Fisher, N., and Camicioli, R. (2007). Intraindividual variability in neurocognitive speed: A comparison of Parkinson's disease and normal older adults. *Neuropsychologia*, *45*(11), 2499-2507.

De La Paz, S., Monte-Sano, C., Felton, M., Croninger, R., Jackson, C., and Worland, K. (2017). A historical writing apprenticeship for adolescents: Integrating disciplinary learning with cognitive strategies. *Reading Research Quarterly*, *52(1)*, 31-52. doi:10.1002/rrq.147.

Deci, E.L., and Ryan, R.M. (1985). *Intrinsic Motivation and Self-determination in Human Behavior*. New York: Plenum Press.

Deci, E.L., and Ryan, R.M. (2000). The "what" and "why" of goal pursuits: Human needs and the self-determination of behavior. *Psychological Inquiry*, 11, 227-268.

Deci, E.L., Koestner, R., and Ryan, R.M. (1999). A meta-analytic review of experiments examining the effects of extrinsic rewards on intrinsic motivation. *Psychological Bulletin*, *125*(6), 627-668.

Deci, E.L., Koestner, R., and Ryan, R.M. (2001). Extrinsic rewards and intrinsic motivation in education: Reconsidered once again. *Review of Educational Research, 71*(1), 1-27.

Dede, C., and Richards, J. (2012). Synthesis: Next steps in the evolution of digital teaching platforms. In C. Dede and J. Richards (Eds.), *Digital Teaching Platforms: Customizing Classroom Learning for Each Student* (pp. 201-208). New York: Teacher's College Press.

Dee, T.S. (2015). Social identity and achievement gaps: Evidence from an affirmation intervention. *Journal of Research on Educational Effectiveness*, *8*(2), 149-168.

Dehaene, S., and Cohen, L. (2011). The unique role of the visual word form area in reading. *Trends in Cognitive Sciences*, *15*(6), 254-262.

Dehaene, S., Pegado, F., Braga, L.W., Ventura, P., Nunes Filho, G., Jobert, A., Dehaene-Lambertz, G., Kolinsky, R., Morais, J., and Cohen, L. (2010). How learning to read changes the cortical networks for vision and language. *Science*, *330*(6009), 1359-1364.

Dekker, S., and Fischer, R. (2008). Cultural differences in academic motivation goals: A meta-analysis across thirteen societies. *Journal of Educational Research, 102*(2), 99-110. doi.org/10.3200/JOER.102.2.99-110.

Delello, J.A., and McWhorter, R.R. (2015). Reducing the digital divide: Connecting older adults to iPad technology. *Journal of Applied Gerontology, 36*(1), 3-28. doi:10.1177/0733464815589985.

Delpit, L. (1995). *Other Peoples' Children: Cultural Conflict in the Classroom.* New York: The New Press.

Dembo, M.H., and Howard, K. (2007). Advice about the use of learning styles: A major myth in education. *Journal of College Reading and Learning, 37*(2), 101-109.

Dempster, F.N. (1996). Distributing and managing the conditions of encoding and practice. In E.L. Bjork and R.A. Bjork (Eds.), *Handbook of Perception and Cognition* (pp. 317-344). New York: Academic Press.

Deslauriers, L., Schelew, E., and Wieman, C. (2011). Improved learning in a large-enrollment physics class. *Science, 332*(6031), 862-864.

Diamond, A., Barnett, W.S., Thomas, J., and Munro, S. (2007). Preschool program improves cognitive control. *Science (New York, N.Y.), 318*(5855), 1387-1388. doi.org/10.1126/science.1151148.

Diamond, M.C., Krech, D., and Rosenzweig, M.R. (1964). The effects of an enriched environment on the rat cerebral cortex. *Journal of Comparative Neurology, 123*, 111-119.

Diekelmann, S., and Born, J. (2010). The memory function of sleep. *Nature Reviews Neuroscience, 11*, 114-126.

Dill, E., and Boykin, A.W. (2000). The comparative influence of individual, peer tutoring, and communal learning contexts on the text-recall of African American children. *Journal of Black Psychology, 26*(1), 65-78.

Dillenbourg, P. (1996). Some technical implications of the distributed cognition approach on the design of interactive learning environments. *Journal of Artificial Intelligence in Education, 7*(2), 161-180.

Dillenbourg, P., and Traum, D. (2006). Sharing solutions: Persistence and grounding in multimodal collaborative problem solving. *Journal of the Learning Sciences, 15*(1), 121-151.

Dillenbourg, P., Baker, M., Blaye, A., and O'Malley, C. (1996). The evolution of research on collaborative learning. In E. Spada and P. Reiman (Eds.), *Learning in Humans and Machines: Towards an Interdisciplinary Learning Science* (pp. 189-211). Oxford, UK: Elsevier.

Dirette, D.P. (2014). Questions about race as a research variable. *The Open Journal of Occupational Therapy, 2*(3), 1-7.

D'Mello, S.K., Lehman, B., Pekrun, R., and Graesser, A.C. (2014). Confusion can be beneficial for learning. *Learning and Instruction, 29*(1), 153-170.

Doignon, J.-P., and Falmagne, J.-C. (1999). *Knowledge Spaces.* Berlin: SpringerVerlag.

Dollman, J., Ridley, K., Olds, T., and Lowe, E. (2007). Trends in the duration of school day sleep among 10- to 15-year-old south Australians between 1985 and 2004. *Acta Paediatrica, 96*(7), 1011-1014.

Dornisch, M.M., and Sperling, R.A. (2006). Facilitating learning from technology-enhanced text: Effects of prompted elaborative interrogation. *The Journal of Educational Research, 99*(3), 156-165. doi:10.3200/joer.99.3.156-166.

Dow, S.P., Glassco, A., Kass, J., Schwarz, M., Schwartz, D.L., and Klemmer, S.R. (2010). Parallel prototyping leads to better design results, more divergent creations, and self-efficacy gains. *ACM Transactions on Computer-Human Interaction, 17*(4), 1-24.

Draganski, B., Gaser, C., Busch, V., Schuirer, G., Bogdahn, U., and May, A. (2004). Neuroplasticity: Changes in grey matter induced by training. *Nature, 427*(6972), 311-312. doi:10.1038/427311a.

Draganski, B., Gaser, C., Kempermann, G., Kuhn, H.G., Winkler, J., Buchel, C., and May, A. (2006). Temporal and spatial dynamics of brain structure changes during extensive learning. *Journal of Neuroscience, 26*(23), 6314-6317.

Duncan, G.J., and Murnane, R.J. (Eds.). (2011). *Whither Opportunity*. New York: Russell Sage Foundation.

Dunleavy, M., and Dede, C. (2013). Augmented reality teaching and learning. In J.M. Spector, M.D Merrill, J. Elen, and M.J. Bishop (Eds.), *The Handbook of Research on Educational Communications and Technology* (4th Edition) (pp. 735-745). New York: Springer.

Dunlosky, J., and Metcalfe, J. (2009). *Metacognition*. Thousand Oaks, CA: Sage Publications Inc.

Dunlosky, J., and Rawson, K.A. (2005). Why does rereading improve metacomprehension accuracy? Evaluating the levels-of-disruption hypothesis for the rereading effect. *Discourse Processes, 40*(1), 37-55.

Dunlosky, J., Rawson, K.A., Marsh, E.J., Nathan, M.J., and Willingham, D.T. (2013). Improving students' learning with effective learning techniques: Promising directions from cognitive and educational psychology. *Psychological Science in the Public Interest, 14*(1), 4-58. doi:10.1177/1529100612453266.

Duschl, R.A., and Osborne, J. (2002). Supporting and promoting argumentation discourse in science education. *Studies in Science Education, 38*(1), 39-72.

Dweck, C.S. (1986). Motivational processes affecting learning. *American Psychologist, 41*(10), 1040-1048.

Dweck, C.S. (1999). *Self-Theories: Their Role in Motivation, Personality and Development*. Philadelphia, PA: Psychology Press.

Dweck, C.S., and Elliott, E.S. (1983). Achievement motivation. In P. Mussen and E.M. Hetherington (Eds.), *Handbook of Child Psychology* (Vol. 4) (pp. 643-691). New York: John Wiley & Sons.

Dweck, C.S., and Leggett, E.L. (1988). A social-cognitive approach to motivation and personality. *Psychological Review, 95*(2), 256-273. doi.org/10.1037/0033-295X.95.2.256.

Dweck, C.S., and Master, A. (2009). Self-theories and motivation: Students' beliefs about intelligence. In K.R. Wenzel, and A. Wigfield (Eds.), *Handbook of Motivation at School* (pp. 123-140). New York: Routledge/Taylor and Francis Group.

Dynarski, M., Agodini, R., Heaviside, S. Novak, T. Carey, N., and Campuzano, L. (2007). *Effectiveness of Reading and Mathematics Software Products: Findings from the First Student Cohort. Report to Congress*. NCEE 2007-4005. Washington, DC: U.S. Department of Education.

Dzikovska, M., Steinhauser, N., Farrow, E., Moore, J., and Campbell, G. (2014). BEETLE II: Deep natural language understanding and automatic feedback generation for intelligent tutoring in basic electricity and electronics. *International Journal of Artificial Intelligence in Education, 24*(3), 284-332. doi:10.1007/s40593-014-0017-9.

Ebner, N.C., Freund, A.M., and Baltes, P.B. (2006). Developmental changes in personal goal orientation from young to late adulthood: From striving for gains to maintenance and prevention of losses. *Psychology and Aging, 21*(4), 664-678.

Eccles, J.S., and Midgley, C. (1989). Stage/environment fit: Developmentally appropriate classrooms for early adolescents. In R. Ames and C. Ames (Eds.), *Research on Motivation in Education*, (Vol. 3, pp. 139-181). New York: Academic Press.

Eccles, J.S., and Wigfield, A. (2002). Motivational beliefs, values, and goals. *Annual Review of*

Psychology, 53, 109-132. doi.org/10.1146/annurev.psych.53.100901.135153.

Eccles, J.S, Lord, S., and Midgley, C. (1991). What are we doing to early adolescents? The impact of educational contexts on early adolescents. *American Journal of Education, 99*(4), 521-542.

Eccles, J.S., Adler, T.F., Fullerman, R., Goff, S.B., Kaczala, C.M., Meece, J., and Midgley, C. (1983). Expectancies, values and academic behaviors. In J.T. Spence (Ed.), *Achievement and Achievement Motives* (pp. 75-146). San Francisco, CA: W.H. Freeman.

Eccles, J.S., Midgley, C., Wigfield, A., Buchanan, C.M., Reuman, D., Flanagan, C., and Iver, D.M. (1993a). Development during adolescence. The impact of stage-environment fit on young adolescents' experiences in schools and in families. *American Psychologist, 48*(2), 90-101.

Eccles, J.S., Wigfield, A., Harold, R.D., Blumenfeld, P. (1993b). Ontogeny of children's self-perceptions and subjective task values across activity domains during the early elementary school years. *Child Development, 64*, 830-847

Eccles, J.S., Wong, C.A., and Peck, S.C. (2006). Ethnicity as a social context for the development of African-American adolescents. *Journal of School Psychology, 44*(5), 407-426.

Edmonds, M.S., Vaughn, S., Wexler, J., Reutebuch, C., Cable, A., Tackett, K.K., and Schnakenberg, J.W. (2009). A synthesis of reading interventions and effects on reading comprehension outcomes for older struggling readers. *Review of Educational Research, 79*(1), 262-300. doi:10.3102/0034654308325998.

Eigsti, I.M., Zayas, V., Mischel, W., Shoda, Y., Ayduk, O., Dadlani, M.B., Davidson, M.C., Lawrence Aber, J., and Casey, B.J. (2006). Predicting cognitive control from preschool to late adolescence and young adulthood. *Psychological Science, 17*(6), 478-484.

Elbert, T., Pantev, C., Wienbruch, C., Rockstroh, B., and Taub, E. (1995). Increased cortical representation of the fingers of the left hand in string players. *Science, 270*(5234), 307-307.

Ellingson, J.E., and Noe, R.A. (2017). *Autonomous Learning in the Workplace: SIOP Organizational Series* (1st Edition). New York: Routledge.

Elliot, A.J. (1997). Integrating the "classic" and "contemporary" approaches to achievement motivation: A hierarchical model of approach and avoidance motivation. In M. Maehr and P. Pintrich (Eds.), *Advances in Motivation and Achievement* (vol. 10, pp. 143-179). Greenwich, CT: JAI Press.

Elliot, A.J. (1999). Approach and avoidance motivation and achievement goals. *Educational Psychologist, 34*(3), 169-189.

Elliot, A.J., and McGregor, H.A. (2001). A 2 X 2 achievement goal framework. *Journal of Personality and Social Psychology, 80*(3), 501-519.

Elliot, A.J., and Murayama, K. (2008). On the measurement of achievement goals: Critique, illustration, and application. *Journal of Educational Psychology, 100*(3), 613-628.

Elliot, A.J., Chirkov, V.I., Kim, Y., and Sheldon, K.M. (2001). A cross-cultural analysis of avoidance (relative to approach) personal goals. *Psychological Science, 12*(6), 505-510.

Ericsson, K.A. (1996). The acquisition of expert performance: An introduction to some of the issues. In K.A. Ericsson (Ed.), *The Road to Excellence: The Acquisition of Expert Performance in the Arts and Sciences, Sports, and Games* (pp. 1-50). Mahwah, NJ: Lawrence Erlbaum Associates.

Erickson, F. (2010). Culture in society and in educational practices. In J.A. Banks and C.A. McGee (Eds.), *Multicultural Education: Issues and Perspectives* (7th ed., pp. 33-58). Indianapolis, IN: Jossey-Bass.

Esposito, A.G., and Bauer, P.J. (2017). Going beyond the lesson: Self-generating new factual knowledge in the classroom. *Journal of Experimental Child Psychology, 153*, 110-125.

doi:10.1016/j.jecp.2016.09.003.

Etnier, J.L., Nowell, P.M., Landers, D.M., and Sibley, B.A. (2006). A meta-regression to examine the relationship between aerobic fitness and cognitive performance. *Brain Research Reviews*, *52*(1), 119-130.

Fabiani, M., Low, K.A., Wee, E., Sable, J.J., and Gratton, G. (2006). Reduced suppression or labile memory? Mechanisms of inefficient filtering of irrelevant information in older adults. *Journal of Cognitive Neuroscience*, *18*(4), 637-650.

Fandakova, Y., Lindenberger, U., and Shing, Y.L. (2014). Deficits in process-specific prefrontal and hippocampal activations contribute to adult age differences in episodic memory interference. *Cerebral Cortex*, *24*(7), 1832-1844.

Farah, M.J. (2010). Mind, brain, and education in socioeconomic context. In M. Ferrari and L. Vuletic (Eds.), *The Developmental Relations among Mind, Brain and Education* (pp. 243-256). Dordrecht, The Netherlands: Springer.

Federal Communications Commission. (2016). *2016 Broadband Progress Report*. Available: https://apps.fcc.gov/edocs_public/attachmatch/FCC-16-6A1.pdf [December 2017].

Ferretti, R.P., MacArthur, C.D., and Okolo, C.M. (2001). Teaching for historical understanding in inclusive classrooms. *Learning Disability Quarterly*, *24*(1), 59-71.

Figueroa, P. (1991). *Education and the Social Construction of "Race."* New York: Routledge.

Finkel, D., Andel, R., Gatz, M., and Pedersen, N.L. (2009). The role of occupational complexity in trajectories of cognitive aging before and after retirement. *Psychology and Aging*, *24*(3), 563-573. doi.org/10.1037/a0015511.

Fiore, S.M., Wiltshire, T.J., Oglesby, J.M., O'Keefe, W.S., and Salas, E. (2014). Complex collaborative problem solving in mission control. *Aviation, Space, and Environmental Medicine*, *85*(4), 456-461.

Fiorella, L., and Mayer, R.E. (2014). Role of expectations and explanations in learning by teaching. *Contemporary Educational Psychology*, *39*(2), 75-85. doi:10.1016/j.cedpsych.2014.01.001.

Fiorella, L., and Mayer, R.E. (2015a). Eight ways to promote generative learning. *Educational Psychology Review*, *28*(4), 717-741. doi:10.1007/s10648-015-9348-9.

Fiorella, L., and Mayer, R.E. (2015b). *Learning as a Generative Activity: Eight Learning Strategies That Promote Understanding*. New York: Cambridge University Press.

Fischer, K.W., and Bidel, T.R. (2006). Dynamic development of action and thought. In W. Damon and R.M. Lerner (Eds.), *Handbook of Child Psychology* (6th ed., vol. 1, pp. 313-339). New York: John Wiley & Sons.

Fisher, G.G., Stachowski, A., Infurna, F.J., Faul, J.D., Grosch, J., and Tetrick, L.E. (2014). Mental work demands, retirement, and longitudinal trajectories of cognitive functioning. *Journal of Occupational Health Psychology*, *19*(2), 231-242. doi.org/10.1037/a0035724.

Fisher, S.E., and Francks, C. (2006). Genes, cognition and dyslexia: Learning to read the genome. *Trends in Cognitive Sciences*, *10*(6), 250-257. doi:10.1016/j.tics.2006.04.003.

Fishman, B., and Dede, C. (2016). Teaching and technology: New tools for new times. In D.H. Gitomer and C.A. Bell (Eds.), *Handbook of Research on Teaching* (5th ed.). Washington, DC: American Educational Research Association.

Fjell, A.M., Walhovd, K.B., Fennema-Notestine, C., McEvoy, L.K., Hagler, D.J., Holland, D., Brewer, J.B., and Dale, A.M. (2009). One-year brain atrophy evident in healthy aging. *Journal of Neuroscience*, *29*(48), 15223-15231. doi:10.1523/JNEUROSCI.3252-09.2009.

Fletcher, J.M. (2010). Construct validity of reading measures in adults with significant reading difficulties. *Journal of Learning Disabilities*, *43*(2), 166-168.

Fletcher, J.M., Lyon, G.R., Fuchs, L.S., and Barnes, M.A. (2007). *Learning Disabilities: From Identification to Intervention*. New York: Guilford Press.

Flowerday, T., Schraw, G., and Stevens, J. (2004). The role of choice and interest in reader engagement. *The Journal of Experimental Education*, 72(2), 93-114.

Flynn, L.J., Zheng, X., and Swanson, H.L. (2012). Instructing struggling older readers: A selective meta-analysis of intervention research. *Learning Disabilities Research and Practice*, 27(1), 21-32. doi:/10.1111/j.1540-5826.2011.00347.x.

Ford, J.K., Quiñones, M.A., Sego, D.J., and Sorra, J.S. (1992). Factors affecting the opportunity to perform trained tasks on the job. *Personnel Psychology*, 45(3), 511-527. doi:10.1111/j.1744-6570.1992.tb00858.x.

Freeman, S., Eddy, S.L., McDonough, M., Smith, M.K., Okoroafor, N., Jordt, H., and Wenderoth, M.P. (2014). Active learning increases student performance in science, engineering, and mathematics. *Proceedings of the National Academy of Sciences of the United States of America*, 111(23), 8410-8415.

Fried. C.B. (2008). In-class laptop use and its effects on student learning. *Computers & Education*, 50(3), 906-914.

Friedel, J.M., Cortina, K.S., Turner, J.C., and Midgley, C. (2007). Achievement goals, efficacy beliefs and coping strategies in mathematics: The roles of perceived parent and teacher goal emphases. *Contemporary Educational Psychology*, 32(3), 434-458. doi:10.1016/j.cedpsych.2006.10.009.

Fryberg, S.A., Troop-Gordon, W., D'Arrisso, A., Flores, H., Ponizovskiy, V., Ranney, J.D., Mandour, T., Tootoosis, C., Robinson, S., Russo, N., and Burack, J.A. (2013). Cultural mismatch and the education of Aboriginal youths: The interplay of cultural identities and teacher ratings. *Developmental Psychology*, 49(1), 72-79. doi:10.1037/a0029056.

Fugate, C.M., Zentall, S.S., and Gentry, M. (2013). Creativity and working memory in gifted students with and without characteristics of attention deficit hyperactive disorder: Lifting the mask. *Gifted Child Quarterly*, 57(4), 234-246.

Fuligni, A.A., Witkow, M., and Garcia, C. (2005). Ethnic identity and the academic adjustment of adolescents from Mexican, Chinese, and European backgrounds. *Developmental Psychology*, 41(5), 799-811.

Funder, D.C. (1995). On the accuracy of personality judgment: A realistic approach. *Psychological Review*, 102(4), 652-670.

Furtak, E.M., and Heredia, S.C. (2014). Exploring the influence of learning progressions in two teacher communities. *Journal of Research in Science Teaching*, 51(8), 982-1020.

Gabbard, C., and Barton, J. (1979). Effects of physical activity on mathematical computation among young children. *Journal of Psychology*, 103(2), 287-288.

Gallup, Inc. (2014). *Gallup Student Poll*. Available: http://www.gallup.com/services/180029/gallup-student-poll-2014-overall-report.aspx [December 2017].

García, J., Kimeldorf, D.J., and Koelling, R.A. (1955). Conditioned aversion to saccharin resulting from exposure to gamma radiation. *Science*, 122(3160), 157-158.

García-Cabot, A., de-Marcos, L., and García-López, E. (2015). An empirical study on m-learning adaptation: Learning performance and learning contexts. *Computers & Education*, 82, 450-459. doi.org/10.1016/j.compedu.2014.12.007.

Gardner, R.C. (1985). *Social Psychology in Second Language Learning: The Role of Attitudes and Motivation*. London, UK: Edward Arnold.

Gasevic, D., Kovanovic, V., Joksimovic, S., and Siemens, G. (2014). Where is research on massive open online courses headed? A data analysis of the MOOC research initiative. *The International Review of Research in Open and Distributed Learning, 15*(5). Available: http://www.irrodl.org/index.php/irrodl/article/view/1954 [December 2017].

Gathercole, S.E., Alloway, T.P., Willis, C.S., and Adams, A.M. (2006). Working memory in children with reading disabilities. *Journal of Experimental Child Psychology, 93*(3), 265-281.

Gaumer Erickson, A.S., and Noonan, P.M. (2010). Late-career adults in online education: A rewarding experience for individuals aged 50 to 65. *MERLOT Journal of Online Learning and Teaching, 6*(2), 388-397.

Gauvain, M. (2009). Social and cultural transactions in cognitive development: A cross-generational view. In A. Sameroff (Ed.), *The Transactional Model of Development: How Children and Contexts Shape Each Other* (pp. 163-182). Washington, DC: American Psychological Association. doi.org/10.1037/11877-009.

Gauvain, M., and Monroe, R.L. (2009). Contributions of societal modernity to cognitive development: A comparison of four cultures. *Child Development, 80*(6), 1628-1642.

Gauvain, M., and Monroe, R.L. (2012). Cultural change, human activity, and cognitive development. *Human Development, 55*(4), 205-228. doi:10.1159/000339451.

Geary, D.C. (1993). Mathematical disabilities: Cognition, neuropsychological and genetic components. *Psychological Bulletin, 114*, 345-362. doi:10.1016/j.lindif.2009.10.008.

Geary, D.C. (2013). Learning disabilities in mathematics: Recent advances. In H.L. Swanson, K. Harris, and S. Graham (Eds.), *Handbook of Learning Disabilities* (2nd ed., pp. 239-255). New York: Guilford Press.

Geary, D.C., Hoard, M.K., Nugent, L., and Bailey, D.H. (2012). Mathematical cognition deficits in children with learning disabilities and persistent low achievement: A five-year prospective study. *Journal of Educational Psychology, 104*(1), 206-223. doi:10.1037/a0025398.

Gee, J.P. (2003). *What Video Games Have to Teach Us About Learning and Literacy*. New York: Palgrave/Macmillan.

Gee, J.P. (2004). *Situated Language And Learning: A Critique of Traditional Schooling*. New York: Routledge.

Gee, J.P. (2009). Games, learning, and 21st century survival skills. *Journal of Virtual Worlds Research, 2*(1), 4-9. doi.org/10.4101/jvwr.v2i1.623.

Gehlbach, H., Brinkworth, M.E., King, A.M., Hsu, L.M., McIntyre, J., and Rogers, T. (2016). Creating birds of similar feathers: Leveraging similarity to improve teacher-student relationships and academic achievement. *Journal of Educational Psychology, 108*(3), 342-352.

Gelfand, M.J. (2012). Culture's constraints: International differences in the strength of social norms. *Current Directions in Psychological Science, 21*(6), 420-424.

Gelfand, M.J., Raver, J.L., Nishii, L., Leslie, L.M., Lun, J., Lim, B.C., Duan, L., Almaliach, A., Ang, S., Arnadottir, J., Aycan, Z., Boehnke, K., Boski, P., Cabecinhas, R., Chan, D., Chhokar, J., D'Amato, A., Ferrer, M., Fischlmayr, I.C., Fischer, R., Fülöp, M., Georgas, J., Kashima, E.S., Kashima, Y., Kim, K., Lempereur, A., Marquez, P., Othman, R., Overlaet, B., Panagiotopoulou, P., Peltzer, K., Perez-Florizno, L.R., Ponomarenko, L., Realo, A., Schei, V., Schmitt, M., Smith, P.B., Soomro, N., Szabo, E., Taveesin, N., Toyama, M., Van de Vliert, E., Vohra, N., Ward, C., and Yamaguchi, S. (2011). Differences between tight and loose cultures: A 33-nation study. *Science, 332*(6033), 1100-1104. doi:10.1126/science.1197754.

Gentner, D., Loewenstein, J., Thompson, L., and Forbus, K.D. (2009). Reviving inert knowledge: Analogical abstraction supports relational retrieval of past events. *Cognitive Science, 33*, 1343-1382.

Gersten, R., Chard, D.J., Jayanthi, M., Baker, S.K., Morphy, P., and Flojo, J. (2009). Mathematics instruction for students with learning disabilities: A meta-analysis of instructional components. *Review of Educational Research, 79*(3), 1202-1242.

Gesell, A. (1934). *An Atlas of Infant Behavior: A Systematic Delineation of the Forms and Early Growth of Human Behavior Patterns.* New Haven, CT: Yale University Press.

Gholson, B., and Craig, S.D. (2006). Promoting constructive activities that support vicarious learning during computer-based instruction. *Educational Psychology Review, 18*(2), 119-139.

Gholson, B., Witherspoon, A., Morgan, B., Brittingham, J.K., Coles, R., Graesser, A.C., Sullins, J., and Craig, S.D. (2009). Exploring the deep-level reasoning questions effect during vicarious learning among eighth to eleventh graders in the domains of computer literacy and Newtonian physics. *Instructional Science, 37*(5), 487-493.

Gibson, J.J. (1979). *The Ecological Approach to Visual Perception.* Hillsdale, NJ: Lawrence Erlbaum Associates.

Gick M.J., and Holyoak, K.J. (1980). Analogical problem solving. *Cognitive Psychology, 12*, 306-355.

Gick, M.L., and Holyoak, K.J. (1983). Schema induction and analogical transfer. *Cognitive Psychology, 15*(1), 1-38.

Gilbert, C.D., Sigman, M., and Crist, R.E. (2001). The neural basis of perceptual learning. *Neuron, 31*(5), 681-697.

Gilliam, W., Maupin, A.N., Reyes, C.R., Accavitti, M., and Shic, F. (2016). *Do Early Educators' Implicit Biases Regarding Sex and Race Relate to Behavior Expectations and Recommendations of Preschool Expulsions and Suspensions?* A Research Study Brief. New Haven, CT: Yale University Child Study Center. Available: http://ziglercenter.yale.edu/publications/Preschool%20Implicit%20Bias%20Policy%20Brief_final_9_26_276766_5379_v1.pdf [December 2017].

Glymour, M.M., Weuve, J., Fay, M.E., Glass, T., and Berkman, L.F. (2008). Social ties and cognitive recovery after stroke: Does social integration promote cognitive resilience? *Neuroepidemiology, 31*(1), 10-20.

Gobert, J.D., and Clement, J.J. (1999). Effects of student-generated diagrams versus student-generated summaries on conceptual understanding of causal and dynamic knowledge in plate tectonics. *Journal of Research in Science Teaching, 36*(1), 39-53. doi:10.1002/(sici)1098-2736(199901)36:1<39::aid-tea4>3.0.co;2-i.

Gobet, F., Lane, P.C., Croker, S., Cheng, P.C., Jones, G., Oliver, I., and Pine, J.M. (2001). Chunking mechanisms in human learning. *Trends in Cognitive Sciences, 5*(6), 236-243.

Goldin-Meadow, S. (2000). Beyond words: The importance of gesture to researchers and learners. *Child Development, 71*(1), 231-239.

Goldman, S.V., and Booker, A. (2009). Making math a definition of the situation: Families as sites for mathematical practices. *Anthropology and Education Quarterly, 40*(4), 369-387.

Goldman, S.R., Britt, M.A., Brown, W., Cribb, C., George, M.A., Greenleaf, C., Lee, C.D., and Shanahan, C. (2016). Disciplinary literacies and learning to read for understanding: A conceptual framework for disciplinary literacy. *Educational Psychologist, 51*(2), 219-246. doi: 10.1080/00461520.2016.1168741.

Goldstein, I.L., and Ford, K. (2002). *Training in Organizations: Needs Assessment, Development, and Evaluation* (4th Edition). Belmont, CA: Wadsworth.

Goldstone, R.L. (1996). Isolated and interrelated concepts. *Memory & Cognition, 24*, 608-628.

Gollwitzer, A., Oettingen, G., Kirby, T.A., Duckworth, A.L., and Mayer, D. (2011). Mental contrasting facilitates academic performance in school children. *Motivation and Emotion, 35*(4),

403-412. doi:10.1007/s11031-011-9222-0.
Gonzales, P., Blanton, H., and Williams, K.J. (2002). The effects of stereotype threat and double-minority status on the test performance of Latino women. *Personality and Social Psychology Bulletin, 28*(5), 659-670.
Good, C., Aronson, J., and Harder, J.A. (2008). Problems in the pipeline: Stereotype threat and women's achievement in high-level math courses. *Journal of Applied Developmental Psychology, 29*(1), 17-28. doi:10.1016/j.appdev.2007.10.004.
Good, C., Aronson, J., and Inzlicht, M. (2003). Improving adolescents' standardized test performance: An intervention to reduce the effects of stereotype threat. *Journal of Applied Developmental Psychology, 24*(6), 645-662. doi:10.1016/j.appdev.2003.09.002.
Goodman, M., Finnegan, R., Mohadjer, L., Krenzke, T., and Hogan, J. (2013). *Literacy, Numeracy, and Problem Solving in Technology-Rich Environments Among U.S. Adults: Results from the Program for the International Assessment of Adult Competencies 2012: First Look.* NCES 2014-008. Washington, DC: National Center for Education Statistics. Available: https://nces.ed.gov/pubs2014/2014008.pdf [December 2017].
Goodwin, C. (1994). Professional vision. *American Anthropologist, 96*(3), 606-633.
Goodyear, P., Jones, C., and Thompson, K. (2014). Computer-supported collaborative learning: Instructional approaches, group processes and educational designs. In J.M. Spector, M.D. Merrill, J. Elen, and M.J. Bishop (Eds.), *Handbook of Research on Educational Communications and Technology* (pp. 439-451). New York: Springer. doi:10.1007/978-1-4614-3185-5_35.
Goswami, U. (2002). *Blackwell Handbook of Childhood Cognitive Development.* Hoboken, NJ: John Wiley & Sons.
Goswami, I., and Urminsky, O. (2017). The dynamic effect of incentives on post-reward task engagement. *Journal of Experimental Psychology: General, 146*(1), 1-19.
Gow, A.J., Mortensen, E.L., and Avlund, K. (2012). Activity participation and cognitive aging from age 50 to 80 in the Glostrup 1914 cohort. *Journal of the American Geriatrics Society, 60*(10), 1831-1838.
Grady, C.L., Maisog, J.M., Horwitz, B., Ungerleider, L.G., Mentis, M.J., Salerno, J.A., Pietrini, P., Wagner, E., and Haxby, J.V. (1994). Age-related changes in cortical blood flow activation during visual processing of faces and location. *Journal of Neuroscience, 14*(3, Pt. 2), 1450-1462.
Graesser, A.C. (2013). Evolution of advanced learning technologies in the 21st century. *Theory Into Practice, 52*(Suppl. 1), 93-101.
Graesser, A.C. (2016). Conversations with AutoTutor help students learn. *International Journal of Artificial Intelligence in Education, 26*(1), 124-132.
Graesser, A.C., and Lehman, B. (2012). Questions drive comprehension of text and multimedia. In M.T. McCrudden, J. Magliano, and G. Schraw (Eds.), *Text Relevance and Learning from Text* (pp. 53-74). Greenwich, CT: Information Age.
Graesser, A.C., and Olde, B.A. (2003). How does one know whether a person understands a device? The quality of the questions the person asks when the device breaks down. *Journal of Educational Psychology, 95*(3), 524-536.
Graesser, A.C., Li, H., and Forsyth, C. (2014). Learning by communicating in natural language with conversational agents. *Current Directions in Psychological Science, 23*(5), 374-380.
Graesser, A.C., Lu, S., Jackson, G.T., Mitchell, H.H., Ventura, M., Olney, A. and Louwerse, M.M. (2004). AutoTutor: A tutor with dialogue in natural language. *Behavior Research Methods, Instruments, & Computers, 36*(2), 180-192. doi:10.3758/BF03195563.
Graesser, A.C., Singer, M., and Trabasso, T. (1994). Constructing inferences during narrative text

comprehension. *Psychological Review, 101*(3), 371-395.

Graham, S. (1994). Motivation in African Americans. *Review of Educational Research, 64*(1), 55-117.

Graham, S., and Perin, D. (2007). A meta-analysis of writing instruction for adolescent students. *Journal of Educational Psychology, 99*(3), 445-476.

Graham, S., Hebert, M., and Harris, K.R. (2015). Formative assessment and writing: A meta-analysis. *The Elementary School Journal, 115*(4), 523-547.

Grammer, J., Coffman, J.L., and Ornstein, P. (2013). The effect of teachers' memory-relevant language on children's strategy use and knowledge. *Child Development, 84*(6), 1989-2002. doi.org/10.1111/cdev.12100.

Greenberg, D. (2008). The challenges facing adult literacy programs. *Community Literacy Journal, 3*(1), 39-54.

Greenfield, P.M. (2004). *Weaving Generations Together: Evolving Creativity in the Maya of Chiapas* (1st Edition). Santa Fe, NM: School of American Research Press.

Greenfield, P.M. (2009). Linking social change and developmental change: Shifting pathways of human development. *Developmental Psychology, 45*(2), 401-418.

Greeno, J.G., Collins, A.M., and Resnick, L.B. (1996). Cognition and learning. In D. Beliner and R. Calfee (Eds.), *Handbook of Educational Psychology* (pp. 15-46). New York: Macmillan.

Greenough, W.T., Black, J.E., and Wallace, C.S. (1987). Experience and brain development. *Child Development, 58*(3), 539-559.

Gregg, N. (2009). *Adolescents and Adults with Learning Disabilities and ADHD: Assessment and Accommodation.* New York: Guilford Press.

Gregg, N., Coleman, C., David, M., Lindstrom, W., and Hartwig, J. (2006). Critical issues for the diagnosis of learning disabilities in the adult population. *Psychology in the Schools, 43*(8), 889-899.

Gresky, D.M., Ten Eyck, L.L., Lord, C.G., and McIntyre, R.B. (2005). Effects of salient multiple identities on women's performance under mathematics stereotype threat. *Sex Roles, 53*(9-10), 703-716.

Griffin, P., McGaw, B., and Care, E. (2012). *Assessment and Teaching of 21st Century Skills.* New York: Springer.

Grossman, M., Eslinger, P.J., Troiani, V., Anderson, C., Avants, B., Gee, J.C., McMillan, C., Massimo, L., Khan A., and Antani, S. (2010). The role of ventral medial prefrontal cortex in social decisions: Converging evidence from fMRI and frontotemporal lobar degeneration. *Neuropsychologia, 48*(12), 3505-3512.

Gully, S.M., and Chen, G. (2010). Individual differences, attribute-treatment interactions, and training outcomes. In S.W.J. Kozlowski and E. Salas (Eds.), *Learning, Training, and Development in Organizations* (pp. 3-64). San Francisco, CA: Jossey-Bass.

Gully, S.M., Incalcaterra, K.A., Joshi, A., and Beaubien, J.M. (2002). A meta-analysis of team efficacy, potency, and performance: interdependence and level of analysis as moderators of observed relationships. *Journal of Applied Psychology, 87*(5), 819-832.

Gupta, P.M., Perrine, C.G., Mei, Z., and Scanlon, K.S. (2016). Iron, anemia, and iron deficiency anemia among young children in the United States. *Nutrients, 8*(6), 330. doi.org/10.3390/nu8060330.

Gurung, R.A.R., and Daniel, D. (2005). Evidence-based pedagogy: Do pedagogical features enhance student learning? In D.S. Dunn and S.L. Chew (Eds.), *Best Practices for Teaching Introduction to Psychology* (pp. 41-55). Mahwah, NJ: Lawrence Erlbaum Associates.

Gutchess, A.H., Yoon, C., Luo, T., Feinberg, F., Hedden, T., Jing, Q., Nisbett, R.E., and Park, D.C. (2006). Categorical organization in free recall across culture and age. *Gerontology, 52*(5), 314-323.

Guthrie, J.T., Van Meter, P., McCann, A.D., Wigfield, A., Bennett, L., Punndstone, C.C., Rice, M.E., Faibisch, F.M., Hunt, B., and Mitchell, A.M. (1996). Growth of literacy engagement: Changes in motivations and strategies during concept-oriented reading instruction. *Reading Research Quarterly, 31*, 306-332.

Guthrie, J.T., Hoa, L.W., Wigfield, A., Tonks, S.M., and Perencevich, K. C. (2006). From spark to fire: Can situational reading interest lead to long-term reading motivation? *Reading Research and Instruction, 45*, 91-117.

Gutiérrez, K. (2008). Developing a sociocritical literacy in the third space. *Reading Research Quarterly, 43*(2), 148-164.

Gutiérrez, K.D., and Rogoff, B. (2003). Cultural ways of learning: Individual traits or repertoires of practice. *Educational Researcher, 32*(5), 19-25.

Gutiérrez, K., Rymes, B., and Larson, J. (1995). Script, counterscript, and underlife in the classroom: James Brown versus *Brown vs. Board of Education. Harvard Educational Review, 65*(3), 445-471.

Hackman, D.A., and Farah, M.J. (2009). Socioeconomic status and the developing brain. *Trends in Cognitive Sciences, 13*(2), 65-73.

Hackman, J.R., and Oldham, G.R. (1976). Motivation through the design of work: Test of a theory. *Organizational Behavior and Human Performance, 16*(2), 250-279. doi.org/10.1016/0030-5073(76)90016-7.

Hahn, U., and Harris, A.J.L. (2014). What does it mean to be biased: Motivated reasoning and rationality. In B. Ross (Ed.), *The Psychology of Learning and Motivation* (Vol. 61). London, UK: Elsevier.

Hall, D.T., and Mirvis, P.H. (1995). The new career contract: Developing the whole person at midlife and beyond. *Journal of Vocational Behavior, 47*(3), 269-289. doi.org/10.1006/jvbe.1995.0004.

Hall, D.T., and Mirvis, P.H. (2013). Redefining work, work identity, and career success. In D.L. Blustein (Ed.), *The Oxford Handbook of the Psychology of Working* (pp. 203-217). New York: Oxford University Press.

Halvorsen, A., Duke, N.K., Brugar, K.A., Block, M.K., Strachan, S.L., Berka, M.B., and Brown, J.M. (2012). Narrowing the achievement gap in second-grade social studies and content area literacy: The promise of a project-based approach. *Theory and Research in Social Education, 40*(3), 198-229. doi:10.1080/00933104.2012.705954.

Hambrick, D.Z., and Engle, R.W. (2002). Effects of domain knowledge, working memory capacity, and age on cognitive performance: An investigation of the knowledge-is-power hypothesis. *Cognitive Psychology, 44*, 339-387.

Han, J.J., Leichtman, M.D., and Wang, Q. (1998). Autobiographical memory in Korean, Chinese, and American children. *Developmental Psychology, 34*(4), 701-713.

Hanakawa, T., Honda, M., Okada, T., Fukuyama, H., and Shibasaki, H. (2003). Neural correlates underlying mental calculation in abacus experts: A functional magnetic resonance imaging study. *Neuroimage, 19*(2, Pt. 1), 296-307.

Hanselman, P., Rozek, C.S., Grigg, J., and Borman, G.D. (2017). New evidence on self-affirmation effects and theorized sources of heterogeneity from large-scale replications. *Journal of Educational Psychology, 109*(3), 405-424. doi.org/10.1037/edu0000141.

Hapgood, S., Magnusson, S.J., and Palincsar, A.S. (2004). A very science-like kind of thinking: How young children make meaning from first- and second-hand investigations. *Journal of the Learning Sciences, 13*(4), 455-506.

Harackiewicz, J.M., Barron, K.E., Pintrich, P.R., Elliot, A.J., and Thrash, T.M. (2002). Revision of achievement goal theory: Necessary and illuminating. *Journal of Educational Psychology, 94*(3), 638-645. doi.org/10.1037/0022-0663.94.3.638.

Harrison, T.M., Weintraub, S., Mesulam, M., and Rogalski, E. (2012). Superior memory and higher cortical volumes in unusually successful cognitive aging. *Journal of the International Neuropsychological Society, 18*(6), 1081-1085. doi:10.1017/S1355617712000847.

Hartshorne, J.K., and Germine, L.T. (2015). When does cognitive functioning peak? The asynchronous rise and fall of different cognitive abilities across the life span. *Psychological Science, 26*(4), 1-11. doi.org/10.1177/0956797614567339.

Haselton, M.G., and Buss, D.M. (2000). Error management theory: A new perspective on biases in cross-sex mind reading. *Journal of Personality and Social Psychology, 78*(1), 81-91.

Haselton, M.G., and Funder, D.C. (2006). The evolution of accuracy and bias in social judgment. In M. Schaller, J.A. Simpson, and D.T. Kenrick (Eds.), *Evolution and Social Psychology* (pp. 15-37). New York: Psychology Press.

Hasher, L., Lustig, C., and Zacks, R. (2008). Inhibitory mechanisms and the control of attention. In A. Conway, C. Jarrold, M. Kane, A. Miyake, and J. Towse (Eds.), *Variation in Working Memory* (pp. 227-249). New York: Oxford University Press.

Hastings, E.C., and West, R.L. (2011). Goal orientation and self-efficacy in relation to memory in adulthood. *Aging, Neuropsychology, and Cognition, 18*(4), 471-493. doi:10.1080/13825585.2011.575926.

Hatano, G., and Inagaki, K. (1986). Two courses of expertise. In H. Stevenson, J. Azuma, and K. Hakuta (Eds.), *Child Development and Education in Japan* (pp. 262-272). New York: W. H. Freeman & Co.

Hatano, G., and Osawa, K. (1983). Digit memory of grand experts in abacus-derived mental calculation. *Cognition, 15*(1), 95-110.

Hatano, G., and Oura, Y. (2003). Commentary: Reconceptualizing school learning using insight from expertise research. *Educational Researcher, 32*, 26-29.

Hatta, T., and Ikeda, K. (1988). Hemispheric specialization of abacus experts in mental calculation: Evidence from the results of time-sharing tasks. *Neuropsychologia, 26*(6), 877-893. doi.org/10.1016/0028-3932(88)90056-5.

Hattie, J.A.C., and Donoghue, G.M. (2016). Learning strategies: A synthesis and conceptual model. *NPJ Science of Learning, 1*(16013). doi:10.1038/npjscilearn.2016.13.

Hattie, J.A.C., and Timperley, H. (2007). The power of feedback. *Review of Educational Research, 77*(1), 81-112.

Havighurst, R.J. (1961). Successful aging. *The Gerontologist, 1*(1), 8-13. doi:10.1093/geront/1.1.8.

Heckhausen, J., Wrosch, C., and Schulz, R. (2010). A motivational theory of life-span development. *Psychological Review, 117*(1), 32-60.

Hedden, T., and Gabrieli, J.D. (2004). Insights into the ageing mind: A view from cognitive neuroscience. *Nature Reviews Neuroscience, 5*(2), 87-96.

Heffernan, N., and Heffernan, C. (2014). The ASSISTments Ecosystem: Building a Platform that Brings Scientists and Teachers Together for Minimally Invasive Research on Human Learning and Teaching. *International Journal of Artificial Intelligence in Education, 24*(4), 470-497. doi:10.1007/s40593-014-0024-x.

Henderson, L.M., Weighall, A.R., Brown, H., and Gaskell, M.G. (2012). Consolidation of vocabulary is associated with sleep in children. *Developmental Science, 15*(5), 674-687. doi:10.1111/j.1467-7687.2012.01172.x.

Henrich, J., Heine, S.J., and Norenzayan, A. (2010a). Most people are not WEIRD. *Nature, 466*(7302), 29. doi:10.1038/466029a.

Henrich, J., Heine, S.J., and Norenzayan, A. (2010b). The weirdest people in the world? *Behavioral and Brain Sciences, 33*(2-3), 61-83.

Heritage, M. (2009). *The Case for Learning Progressions*. San Francisco, CA: Stupski Foundation.

Heritage, M. (2011). *Developing learning progressions*. Paper presentation at the annual conference of the American Educational Research Association. New Orleans, LA.

Herr-Stephenson, B., Alper, M., Reilly, E. and Jenkins, H. (2013). *T Is for Transmedia: Learning through Transmedia Play*. Los Angeles and New York: USC Annenberg Innovation Lab and The Joan Ganz Cooney Center at Sesame Workshop. Available: http://joanganzcooneycenter.org/wp-content/uploads/2013/03/t_is_for_transmedia.pdf [December 2017].

Hersher, R. (2012). FoldIt game's next play: Crowdsourcing better drug design. *Spoonful of Medicine: A Blog from Nature Medicine*, April 13. Available: http://blogs.nature.com/spoonful/2012/04/foldit-games-next-play-crowdsourcing-better-drug-design.html?WT.mc_id=TWT_NatureBlogs [November 2017].

Hertzog, C., Kramer, A.F., Wilson, R.S., and Lindenberger, U. (2008). Enrichment effects on adult cognitive development: Can the functional capacity of older adults be preserved and enhanced? *Psychological Science in the Public Interest, 9*(1), 1-65. doi.org/10.1111/j.1539-6053.2009.01034.x.

Herzog, N.B. (2007). Transporting pedagogy: Implementing the project approach in two first grade classrooms. *Journal of Advanced Academics, 18*(4), 530-564.

Hesse, F., Care, E., Buder, J., Sassenberg, K., and Griffin, P. (2015). A framework for teachable collaborative problem solving skills. In P. Griffin and E. Care (Eds.), *Assessment and Teaching of 21st Century Skills* (pp. 37-56). Dordrecht, The Netherlands: Springer.

Heyn, P., Abreu, B.C., and Ottenbacher, K.J. (2004). The effects of exercise training on elderly persons with cognitive impairment and dementia: A meta-analysis. *Archives of Physical Medicine and Rehabilitation, 85*(10), 1694-1704.

Hidi, S., and Renninger, K.A. (2006). The four-phase model of interest development. *Educational Psychologist, 24*(2), 111-127. doi.org/10.1207/s15326985ep4102_4.

Higgins, E., and Ross, B. (2011) Comparisons in category learning: How best to compare for what. In: *Proceedings of the 33rd Annual Conference of the Cognitive Science Society*. Cognitive Science Society, Austin, pp. 1388-1393.

Hillman, C.H., Erickson, K.I., and Kramer, A.F. (2008). Be smart, exercise your heart: Exercise effects on brain and cognition. *Nature Reviews Neuroscience, 9*(1), 58-65.

Hillman, C.H., Pontifex, M.B., Raine, L.B., Castelli, D.M., Hall, E.E., and Kramer, A.F. (2009). The effect of acute treadmill walking on cognitive control and academic achievement in preadolescent children. *Neuroscience, 159*(3), 1044-1054. doi:10.1016/j.neuroscience.2009.01.057.

Hirschfeld, L.A., and Gelman, S.A. (1994). *Mapping the Mind: Domain-Specificity in Culture and Cognition*. New York: Cambridge University Press.

Hirsh-Pasek, K., Zosh, J.M., Golinkoff, R.M., Gray, J.H., Robb, M.B., and Kaufman, J. (2015). Putting education in "educational" apps lessons from the science of learning. *Psychological Science in the Public Interest, 16*(1), 3-34. doi:10.1177/1529100615569721.

Hirshkowitz, M., Whiton, K., Albert, S.M., Alessi, C., Bruni, O., DonCarlos, L., Hazen, N., Herman,

J., Katz, E.S., Kheirandish-Gozal, L., Neubauer, D.N., O'Donnell, A.E., Ohayon, M., Peever, J., Rawding, R., Schdeva, R.C., Setters, B., Vitiello, M.V., Ware, J. C., and Hillard, P.J.A. (2015). National Sleep Foundation's sleep time duration recommendations: Methodology and results summary. *Sleep Health: Journal of the National Sleep Foundation, 1*(1), 40–43. Available: https://sleepfoundation.org/sites/default/files/STREPchanges_1.png [December 2017].

Hirst, W., Phelps, E.A., Meksin, R., Vaidya, C.J., Johnson, M.K., Mitchell, K.J., Buckner, R.L., Budson, A.E., Gabrieli, J.D., Lustig, C., Mather, M., Ochsner, K.N., Schacter, D., Simons, J.S., Lyle, K.B., Cuc, A.F., and Olsson, A. (2015). A ten-year follow-up of a study of memory for the attack of September 11, 2001: Flashbulb memories and memories for flashbulb events. *Journal of Experimental Psychology: General, 144*(3), 604–623. doi:10.1037/xge0000055.

Hmelo-Silver, C.E. (2004). Problem-based learning: What and how do students learn? *Educational Psychology Review, 16*, 235–266.

Hock, M.F. (2012). Effective literacy instruction for adults with specific learning disabilities: Implications for adult educators. *Journal of Learning Disabilities, 45*(1), 64–78. doi.org/10.1177/0022219411426859.

Hoeft, F., Meyler, A., Hernandez, A., Juel, C., Taylor-Hill, H., Martindale, J.L., McMillon, G., Kolchugina, G., Black, J.M., Faizi, A., Deutsch, G.K., Siok, W.T., Reiss, A.L., Whitfield-Gabrieli, S., and Gabrieli, J.E. (2007). Functional and morphometric brain dissociation between dyslexia and reading ability. *Proceedings of the National Academy of Sciences of the United States of America, 104*(10), 4234–4239. doi:10.1073/pnas.0609399104.

Hoffman, B. (2006). *The Encyclopedia of Educational Technology*. San Diego, CA: Montezuma Press.

Hoffmann, L., and Haussler, P. (1998). An intervention project promoting girls' and boys' interest in physics. In L. Hoffmann, A. Krapp, K.A. Renninger, and J. Baumert (Eds.), *Interest and Learning: Proceedings of the Seeon Conference on Interest and Gender* (pp. 301–316). Kiel, Germany: IPN.

Hofstede, G. (1997). *Cultures and Organizations: Software of the Mind*. New York: McGraw Hill.

Hollan, J., Hutchins, E., and Kirsh, D. (2000). Distributed cognition: Toward a new foundation for human–computer interaction research. *ACM Transactions on Computer-Human Interaction (TOCHI), 7*(2), 174–196.

Holmes, J., Gathercole, S.E., and Dunning, D. (2009). Adaptive training leads to sustained enhancement of poor working memory in children. *Developmental Science, 12*(4), F9–F15. doi:10.1111/j.1467-7687.2009.00848.x.

Holyoak, K.J., Junn, E.N., and Billman, D.O. (1984). Development of analogical problem-solving skill. *Child Development, 55*(6), 2042–2055.

Hong, H.Y., and Lin-Siegler, X. (2012). How learning about scientists' struggles influences students' interest and learning in physics. *Journal of Educational Psychology, 104*(2), 469–484.

Hsu, C.-K., Hwang, G.-J., and Chang, C.-K. (2013). A personalized recommendation-based mobile learning approach to improving the reading performance of EFL students. *Computers & Education, 63*, 327–336. doi.org/10.1016/j.compedu.2012.12.004.

Hu, X., Craig, S.D., Bargagliotti A.E., Graesser, A.C., Okwumabua, T., Anderson, C., Cheney, K.R., and Sterbinsky, A. (2012). The effects of a traditional and technology-based after-school program on 6th grade students' mathematics skills. *Journal of Computers in Mathematics and Science Teaching, 31*(1), 17–38.

Hulleman, C.S., Durik, A.M., Schweigert, S., and Harackiewicz, J.M. (2008). Task values, achievement goals, and interest: An integrative analysis. *Journal of Educational Psychology,*

100(2), 398-416.

Hulleman, C.S., Schrager, S.M., Bodmann, S.M., and Harackiewicz, J.M. (2010). A meta-analytic review of achievement goal measures: Different labels for the same constructs or different constructs with similar labels? *Psychological Bulletin, 136*(3), 422-449. doi:10.1037/a0018947.

Hunsu, N.J., Adesope, O., and Van Wie, B.J. (2017). Engendering situational interest through innovative instruction in an engineering classroom: What really mattered? *Instructional Science, 45*(6), 789-804. doi.org/10.1007/s11251-017-9427-z.

Hurley, S., and Chater, N. (Eds.). (2005). *Perspectives on Imitation: From Neuroscience to Social Science*. Cambridge, MA: MIT Press.

Hurley, E.A., Boykin, W.A., and Allen, B.A. (2005). Communal versus individual learning of a math-estimation task: African-American children and the culture of learning contexts. *Journal of Psychology, 139*(6), 513-527.

Hurley, E.A., Allen, B.A., and Boykin, A.W. (2009). Culture and the interaction of student ethnicity with reward structure in group learning. *Cognition and Instruction, 27*(2), 121-164.

Huttenlocher, J., Vasilyeva, M., Cymerman, E., and Levine, S. (2002). Language input and child syntax. *Cognitive Psychology, 45*(3), 337-374.

Iglowstein, I., Jenni, O.G., Molinari, L., and Largo, R.H. (2003). Sleep duration from infancy to adolescence: Reference values and generational trends. *Pediatrics, 111*(2), 302-307.

Ikeda, K., Castel, A.D., and Murayama, K. (2015). Mastery-approach goals eliminate retrieval-induced forgetting: The role of achievement goals in memory inhibition. *Personality and Social Psychology Bulletin, 41*(5), 687-695. doi.org/10.1177/0146167215575730.

Immordino-Yang, M.H. (2015). *Emotions, Learning and the Brain: Exploring the Educational Implications of Affective Neuroscience*. New York: W.W. Norton and Company.

Immordino-Yang, M.H., and Damasio, A.R. (2007). We feel, therefore we learn: The relevance of affective and social neuroscience to education. *Mind, Brain and Education, 1*(1), 3-10.

Immordino-Yang, M.H., and Fischer, K.W. (2010). Brain development. In I. Weiner and E. Craighead (Eds.), *Corsini Encyclopedia of Psychology* (4th ed., pp. 254-256). New York: John Wiley & Sons.

Immordino-Yang, M.H., and Gotlieb, R. (2017). Embodied brains, social minds, cultural meaning: Integrating neuroscientific and educational research on social-affective development. *American Educational Research Journal: Centennial Issue, 54*(1), 344S-367S. Available: http://journals.sagepub.com/doi/abs/10.3102/0002831216669780 [November 2017].

Immordino-Yang, M.H., and Sylvan, L. (2010). Admiration for virtue: Neuroscientific perspectives on a motivating emotion. *Contemporary Educational Psychology, 35*(2), 110-115.

Immordino-Yang, M.H., McColl, A., Damasio, H., and Damasio, A. (2009). Neural correlates of admiration and compassion. *Proceedings of the National Academy of Sciences of the United States of America, 106*(19), 8021-8026.

Immordino-Yang, M.H., Christodoulou, J., and Singh, V. (2012). Rest is not idleness: Implications of the brain's default mode for human development and education. *Perspectives on Psychological Science, 7*(4), 352-364.

Immordino-Yang, M.H., Yang, X., and Damasio, H. (2014). Correlations between social-emotional feelings and anterior insula activity are independent from visceral states but influenced by culture. *Frontiers in Human Neuroscience, 8*, 728. doi:10.3389/fnhum.2014.00728.

Institute of Medicine. (2000). *From Neurons to Neighborhoods: The Science of Early Childhood Development*. Washington, DC: National Academy Press.

Institute of Medicine. (2006). *Sleep Disorders and Sleep Deprivation: An Unmet Public Health Problem*. Washington, DC: The National Academies Press.

Institute of Medicine. (2011). *Early Childhood Obesity Prevention Policies*. Washington, DC: The National Academies Press.

Institute of Medicine and National Research Council. (2015). *Transforming the Workforce for Children Birth Through Age 8: A Unifying Foundation*. Washington, DC: The National Academies Press.

Ionas, I.G., Cernusca, D., and Collier, H.L. (2012). Prior knowledge influence on self-explanation effectiveness when solving problems: An exploratory study in science learning. *International Journal of Teaching and Learning in Higher Education*, 24(3), 349-358.

Ito, M., Baumer, S., Bittanti, M., Boyd, D., Cody, R., Herr-Stephenson, R., Horst, H.A., Lange, P.G., Mahendran, D., Martínez, K.,Z., Pascoe, C.J., Perkel, D., Robinson, L., Sims, C., and Tripp, L. (2009). *Hanging Out, Messing Around, Geeking Out: Living and Learning with New Media*. Cambridge, MA: MIT Press.

Izuma, K., Saito, D.N., and Sadato, N. (2010). Processing of the incentive for social approval in the ventral striatum during charitable donation. *Journal of Cognitive Neuroscience*, 22(4), 621-631. doi:10.1162/jocn.2009.21228.

Jacini, W.F., Cannonieri, G.C., Fernandes, P.T., Bonilha, L., Cendes, F., and Li, L.M. (2009). Can exercise shape your brain? Cortical differences associated with judo practice. *Journal of Science and Medicine in Sport*, 12(6), 688-690. doi:10.1016/j.jsams.2008.11.004.

Jackson, G.T., and McNamara, D.S. (2013). Motivation and performance in a game-based intelligent tutoring system. *Journal of Educational Psychology*, 105(4), 1036-1049. doi.org/10.1037/a0032580.

Jackson, M.L., Gunzelmann, G., Whitney, P., Hinson, J.M., Belenky, G., Rabat, A., and Van Dongen, H.P. (2013). Deconstructing and reconstructing cognitive performance in sleep deprivation. *Sleep Medicine Reviews*, 17(3), 215-225.

Jacobs, J., Lanza, S., Osgood, D. W., Eccles, J.S., and Wigfield, A. (2002). Changes in children's self-competence and values: Gender and domain differences across grades one through twelve. *Child Development*, 73(2), 509-527.

Jäncke, L., Koeneke, S., Hoppe, A., Rominger, C., and Hänggi, J. (2009) The architecture of the golfer's brain. *PLoS One*, 4(3), e4785. doi.org/10.1371/journal.pone.0004785.

Janiszewski, C., Noel, H., and Sawyer, A.G. (2003). A meta-analysis of spacing effect in verbal learning: Implications for research on advertising repetition and consumer memory. *Journal of Consumer Research*, 30(1), 138-149.

Järvelä, S., and Renninger, K.A. (2014). Designing for learning: Interest, motivation, and engagement. In R.K. Sawyer (Ed.), *Cambridge Handbook of the Learning Sciences* (2nd ed., pp. 668-685). New York: Cambridge University Press.

Jenkins, H., Purushotma, R., Clinton, K., Weigel, M., and Robison, A.J. (2006). *Confronting the Challenges of Participatory Culture: Media Education for the 21st Century*. Chicago, IL: MacArthur Foundation.

Ji, L.-J., Guo, T., Zhang, Z., and Messervey, D. (2009). Looking into the past: Cultural differences in perception and representation of past information. *Journal of Personality and Social Psychology*, 96(4), 761-769. doi:10.1037/a0014498.

John-Steiner, V., and Mahn, H. (1996). Sociocultural approaches to learning and development: A Vygotskian framework. *Educational Psychologist*, 31(3/4), 191-206.

Johns, M., Inzlicht, M., and Schmader, T. (2008). Stereotype threat and executive resource depletion: Examining the influence of emotion regulation. *Journal of Experimental Psychology: General, 137*(4), 691-705. doi.org/10.1037/a0013834.

Johnson, D.W., Johnson, R.T., and Stanne, M.E. (2000). *Cooperative Learning Methods: A Meta-Analysis*. Minneapolis: University of Minnesota, Cooperative Learning Center. Available: https://www.researchgate.net/profile/David_Johnson50/publication/220040324_Cooperative_learning_methods_A_meta-analysis/links/00b4952b39d258145c000000/Cooperative-learning-methods-A-meta-analysis.pdf [December 2017].

Johnson, W.L., and Valente, A. (2009). Tactical language and culture training systems: Using AI to teach foreign languages and cultures. *AI Magazine, 30*(2), 72-83.

Jones, P.D., and Holding, D.H. (1975). Extremely long-term persistence of the McCollough effect. *Journal of Experimental Psychology: Human Perception and Performance, 1*(4), 323-327.

Jordan, S., and Lande, M. (2014). Might young makers be the engineers of the future? In *Proceedings of the IEEE Frontiers in Education (FIE) Conference* (pp. 1-4). Available: http://ieeexplore.ieee.org/document/7044218 [December 2017]. doi.org/10.1109/FIE.2014.7044218.

Jurado, M.B., and Rosselli, M. (2007). The elusive nature of executive functions: A review of our current understanding. *Neuropsychology Review, 17*(3), 213-233.

Kafai, Y.B. (2010). The world of Whyville: Living, playing, and learning in a tween virtual world. *Games and Culture, 5*(1), 3-22. doi:10.1177/1555412009351264.

Kahan, D.M., Peters., E., Wittlin, M., Slovic, P., Ouellette, L.L., Braman, D., and Mandel, G. (2012). The polarizing impact of science literacy and numeracy on perceived climate change risks. *Nature Climate Change, 2*, 732-735. doi:10.1038/nclimate1547.

Kahraman, N., and Sungur, S. (2011). The contribution of motivational beliefs to students' metacognitive strategy use. *Education and Science, 36*(160), 3-10.

Kail, R.V., and Miller, C.A. (2006). Developmental changes in processing speed: Domain specificity and stability during childhood and adolescence. *Journal of Cognition and Development, 7*(1), 119-137. doi.org/10.1207/s15327647jcd0701_6.

Kalakoski, V., and Saariluoma, P. (2001). Taxi drivers' exceptional memory of street names. *Memory & Cognition, 29*(4), 634-638.

Kaldi, S., Filippatou, D., and Govaris, C. (2011). Project-based learning in primary schools: Effects on pupils' learning and attitudes. *Education, 39*(1), 35-47. doi:10.1080/03004270903179538.

Kanfer, R. (2015). Motivation. *Wiley Encyclopedia of Management, 11*, 1-8.

Kanfer, R., and Ackerman, P.L. (2008). Aging and work motivation. In C. Wankel (Ed.) *Handbook of 21st Century Management* (pp. 106-109). Thousand Oaks, CA: Sage.

Kang, S.H.K. (2016). Spaced repetition promotes efficient and effective learning: Policy implications for instruction. *Policy Insights from the Behavioral and Brain Sciences, 3*(1), 12-19. doi:10.1177/2372732215624708.

Kaplan, A., and Maehr, M.L. (1999). Achievement goals and student well-being. *Contemporary Educational Psychology, 24*(4), 330-358.

Kaplan, A., and Midgley, C. (1999). The relationship between perceptions of the classroom goal structure and early adolescents' affect in school: The mediating role of coping strategies. *Learning and Individual Differences, 11*(2), 187-212. doi.org/10.1016/S1041-6080(00)80005-9.

Karasek, R., Brisson, C., Kawakami, N., Houtman, I., Bongers, P., and Amick, B. (1998). The Job Content Questionnaire (JCQ), An instrument for internationally comparative assessments of psychosocial job characteristics. *Journal of Occupational Health Psychology, 3*(4), 322-355. doi.org/10.1037/1076-8998.3.4.322.

Karasik, L.B., Adolph, K.E., Tamis-LeMonda, C.S., and Bornstein, M.H. (2010). WEIRD walking: Cross-cultural research on motor development. *The Behavioral and Brain Sciences, 33*(2-3), 95-96.

Karmiloff-Smith, A. (1986). From meta-processes to conscious access: Evidence from children's metalinguistic and repair data. *Cognition, 23*(2), 95-147.

Karmiloff-Smith, A. (1990). Constraints on representational change: Evidence from children's drawing. *Cognition, 34*(1), 57-83.

Karpicke, J.D. (2016). A powerful way to improve learning and memory: Practicing retrieval enhances long-term, meaningful learning. *American Psychological Association Psychological Science Agenda*, June. Available: http://www.apa.org/science/about/psa/2016/06/learning-memory.aspx [December 2017].

Karpicke, J.D., Butler, A.C., and Roediger, H.L. (2009). Metacognitive strategies in student learning: Do students practice retrieval when they study on their own? *Memory, 17*(4), 471-479. doi:10.1080/09658210802647009.

Kataria, S., Swanson, M.S., and Trevathan, G.E. (1987). Persistence of sleep disturbances in preschool children. *Journal of Pediatrics, 110*(4), 642-646.

Kaufmann, L., Wood, G., Rubinsten, O., and Henik, A. (2011). Meta-analyses of developmental fMRI studies investigating typical and atypical trajectories of number processing and calculation. *Developmental Neuropsychology, 36*(6), 763-787. doi.org/10.1080/87565641.2010.549884.

Kay, R.H., and LeSage, A. (2009). A strategic assessment of audience response systems used in higher education. *Australian Journal of Educational Technology, 25*(2), 235-249.

Keeley, T.J., and Fox, K.R. (2009). The impact of physical activity and fitness on academic achievement and cognitive performance in children. *International Review of Sport and Exercise Psychology, 2*(2), 198-214.

Keith, N., and Frese, M. (2008). Effectiveness of error management training: A meta-analysis. *Journal of Applied Psychology, 93*(1), 59-69. doi.org/10.1037/0021-9010.93.1.59.

Keller, H., Borke, J., Staufenbiel, T., Yovsi, R.D., Abels, M., Papaligoura, Z., Jensen, H., Lohaus, A., Chaudhary, N, Lo, W., and Su, Y. (2009). Distal and proximal parenting as alternative parenting strategies during infants' early months of life: A cross-cultural study. *International Journal of Behavioral Development, 33*, 412-420.

Keller, J. (2007). Stereotype threat in classroom settings: The interactive effect of domain identification, task difficulty and stereotype threat on female students' maths performance. *British Journal of Educational Psychology, 77*(Pt. 2), 323-338. doi:10.1348/000709906X113662.

Keller, H. (2017). Culture and development: A systematic relationship. *Perspectives on Psychological Science, 12*(5), 833-840. doi.org/10.1177/1745691617704097.

Kellman, P.J., Massey, C.M., and Son, J.Y. (2010). Perceptual learning modules in mathematics: Enhancing students' pattern recognition, structure extraction, and fluency. *Topics in Cognitive Science, 2*(2), 285-305.

Kemmelmeier, M., and Chavez, H.L. (2014). Biases in the perception of Barack Obama's skin tone. *Analyses of Social Issues and Public Policy, 14*, 137-161. doi 10.1111/asap.12061.

Kempton, W. (1986). Two theories of home heat control. *Cognitive Science, 10*(1), 75-90. doi.org/10.1016/S0364-0213(86)80009-X.

Kensinger, E.A. (2016, unpublished). *Learning in Middle and Late Adulthood*. Paper commissioned by the Committee on the Science of Practice and Learning, National Academies of Sciences, Engineering, and Medicine, Washington, DC.

Kershner, R., Mercer, N., Warwick, P., and Kleine Staarman, J. (2010). Can the interactive whiteboard support young children's collaborative communication and thinking in classroom science activities? *Computer-supported Collaborative Learning, 5*(4), 359-383.

Keunen, K., Counsell, S.J., and Benders, M.J.N.L. (2017). The emergence of functional architecture during early brain development. *NeuroImage, 160*, 2-14. doi.org/10.1016/j.neuroimage.2017.01.047.

Keuroghlian, A.S., and Knudsen, E.I. (2007). Adaptive auditory plasticity in developing and adult animals. *Progress in Neurobiology, 82*(3), 109-121. doi:10.1016/j.pneurobio.2007.03.005.

Khatib, F., Dimaio, F., Cooper, S., Kazmierczyk, M., Gilski, M., Krzywda, S., Zabranska, H., Pichova, I., and Thompson, J. (2011). Crystal structure of a monomeric retroviral protease solved by protein folding game players. *Nature Structural & Molecular Biology, 18*(10), 1175-1177. doi:10.1038/nsmb.2119.

Kim, J.I., Schallert, D.L., and Kim, M. (2010). An integrative cultural view of achievement motivation: Parental and classroom predictors of children's goal orientations when learning mathematics in Korea. *Journal of Educational Psychology, 102*(2), 418-437. doi:10.1037/a0018676.

King, R.B. (2015). Examining the dimensional structure and nomological network of achievement goals in the Philippines. *Journal of Adolescence, 44*, 214-218. doi:10.1016/j.adolescence.2015.07.019.

King, R.B., and McInerney, D.M. (2016). Culture and motivation: The road travelled and the way ahead. In K. Wentzel and D. Miele (Eds.), *Handbook of Motivation at School* (2nd Edition) (pp. 275-299). New York: Routledge.

Kingston, N., and Nash, B. (2011). Formative assessment: A meta-analysis and a call for research. *Educational Measurement: Issues and Practice, 30*(4), 28-37.

Kirkland, D.E. (2008). The rose that grew from concrete: Postmodern blackness and New English education. *English Journal, 97*(5), 69-75.

Kirkpatrick, D.L. (1967). Evaluation of training. In R.L. Craig and L.R. Bittel (Eds.), *Training and Development Handbook* (pp. 87-112). New York: McGraw-Hill.

Kirschner, P.A., and Paas, F. (2001). Web-enhanced higher education: A tower of Babel. *Computers in Human Behavior, 17*(4), 347-353.

Kitayama, S., and Cohen, D. (2007). *Handbook of Cultural Psychology*. New York: Guilford.

Kitayama, S., and Park, J. (2010). Cultural neuroscience of the self: Understanding the social grounding of the brain. *Social Cognitive and Affective Neuroscience, 5*(2), 111-129. doi:10.1093/scan/nsq052.

Kitayama, S., and Tompson, S. (2010). Envisioning the future of cultural neuroscience. *Asian Journal of Social Psychology, 13*(2), 92-101.

Kitayama, S., and Uskul, A.K. (2011). Culture, mind, and the brain: Current evidence and future directions. *Annual Review of Psychology, 62*(1), 419-449. doi:10.1146/annurev-psych-120709-145357.

Kitayama, S., Yanagisawa, K., Ito, A., Ueda, R., Uchida, Y, and Abe, N. (2017). Reduced orbitofrontal cortical volume is associated with interdependent self-construal. *Proceedings of the National Academy of Sciences of the United States of America, 114*(30), 7969-7974. doi:10.1073/pnas.1704831114.

Klein, C., DeRouin, R.E., and Salas, E. (2006). Uncovering workplace interpersonal skills: A review, framework, and research agenda. In G.P. Hodgkinson and J.K. Ford (Eds.), *International Review of Industrial and Organizorganisational Psychology* (vol. 21, pp. 80-126). New York: John Wiley & Sons.

Koedinger, K.R., Anderson, J.R., Hadley, W.H., and Mark, M.A. (1997). Intelligent tutoring goes to school in the big city. *International Journal of Artificial Intelligence in Education, 8*, 30-43. Available: http://repository.cmu.edu/cgi/viewcontent.cgi?article=1000&context=hcii [December 2017].

Koedinger, K.R., Corbett, A.T., and Perfetti, C. (2012). The knowledge-learning-instruction framework: Bridging the science-practice chasm to enhance robust student learning. *Cognitive Science, 36*(5), 757-798.

Koedinger, K.R., Booth, J.L., and Klahr, D. (2013). Instructional complexity and the science to constrain it. *Science, 342*, 935-937.

Koller, K., Brown, T., Spurgeon, A., and Levy, L. (2004). Recent developments in low-level lead exposure and intellectual impairment in children. *Environmental Health Perspectives, 112*(9), 987-994. doi.org/10.1289/ehp.6941.

Kolodner, J.L., Camp, P.L., Crismond, D., Fasse, B., Gray, J., Holbrook, J., Puntambekar, S., and Ryan, M. (2003). Problem-based learning meets case-based reasoning in the middle school science classroom: Putting Learning by Design™ into practice. *Journal of the Learning Sciences, 4*, 495-547.

Kooij, D.T.A.M., de Lange, A.H., Jansen, P.G.W., Kanfer, R., and Dikkers, J.S.E. (2011). Age and work-related motives: Results of a meta-analysis. *Journal of Organizational Behavior, 32*(2), 197-225. doi:10.1002/job.665.

Kornell, N. (2014). Attempting to answer a meaningful question enhances subsequent learning even when feedback is delayed. *Journal of Experimental Psychology: Learning, Memory, and Cognition, 40*(1), 106-114. doi:10.1037/a0033699.

Kornell, N., and Bjork, R.A. (2008). Learning concepts and categories: Is spacing the "enemy of induction?" *Psychological Science, 19*(6), 585-592. doi:10.1111/j.1467-9280.2008.02127.x.

Kornell, N., and Son, L.K. (2009). Learners' choices and beliefs about self-testing. *Memory, 17*(5), 493-501. doi:10.1080/09658210902832915.

Kroll, J.F., Dussias, P.E., Bogulski, C.A., and Valdes-Kroff, J. (2012). Juggling two languages in one mind: What bilinguals tell us about language processing and its consequences for cognition. In B. Ross (Ed.), *The Psychology of Learning and Motivation* (vol. 56, pp. 229-262). San Diego, CA: Academic Press.

Kronenfeld, D.B., Bennardo, G., de Munck, V.C. and Fischer, M.D. (eds). (2011). *A Companion to Cognitive Anthropology*. Hoboken, NJ: Blackwell.

Kruidenier, J. (2002). *Research-based Principles for Adult Basic Education*. Washington, DC: National Institute for Literacy.

Kubeck, J.E., Delp, N.D., Haslett, T.K., and McDaniel, M.A. (1996). Does job-related training performance decline with age? *Psychology and Aging, 11*(1), 92-107.

Kuh, G.D. (2008). *High-Impact Educational Practices: What They Are, Who Has Access to Them, and Why They Matter*. Washington, DC: Association of American Colleges and Universities. Available: https://keycenter.unca.edu/sites/default/files/aacu_high_impact_2008_final.pdf [December 2017].

Kuhl, P.K., Williams, K.A., Lacerda, F., Stevens, K.N., and Lindblom, B. (1992). Linguistic experience alters phonetic perception in infants by 6 months of age. *Science, 255*(5044), 606-608.

Kulik, J.A., and Fletcher, J.D. (2016). Effectiveness of intelligent tutoring systems: A meta-analytic review. *Review of Educational Research, 86*(1), 42-78. doi:10.3102/0034654315581420.

Kulkofsky, S., Wang, Q., and Koh, J.B.K. (2009). Functions of memory sharing and mother-child reminiscing behaviors: Individual and cultural variations. *Journal of Cognition and Devel-*

opment, 10(1-2), 92-114.

Kutner, M., Greenberg, E., Jin, Y., Boyle, B., Hsu, Y., Dunleavy, E., and White, S. (2007). *Literacy in Everyday Life: Results from the 2003 National Assessment of Adult Literacy*. NCES 2007-480. Washington, DC: National Center for Education Research.

Ladson-Billings, G. (1995). Toward a theory of culturally relevant pedagogy. *American Educational Research Journal, 32*, 465-491.

Ladson-Billings, G. (2006). From the achievement gap to the education debt: Understanding achievement in U.S. schools. *Educational Researcher, 35*(7), 3-12.

Lake, B.M., Salakhutdinov, R., and Tenenbaum, J.B. (2015). Human-level concept learning through probabilitic program induction. *Science, 350*, 1332-1338.

Lake, B.M., Ullman, T.D., Tenenbaum, J.B., and Gershman, S.J. (2017). Building machines that learn and think like people. *Behavioral and Brain Sciences, e253*. doi:10.1017/S0140525X16001837.

Lamm, B., Keller, H., Teiser, J., Gudi, H., Yovsi, R.D., Freitag, C., Poloczek, S., Fassbender, I., Suhrke, J., Teubert, M., Vöhringer, I., Knopf, M., Schwarzer, G., and Lohaus, A. (2017). Waiting for the second treat: Developing culture-specific modes of self-regulation. *Child Development*. doi:10.1111/cdev.12847.

Landerl, K., Ramus, F., Moll, K., Lyytinen, H., Leppänen, P.H.T., Lohvansuu, K., O'Donovan, M., Williams, J., Bartling, J., Bruder, J., Kunze, S., Neuhoff, N., Tóth, D., Honbolygó, F., Csépe, V., Bogliotti, C., Iannuzzi, S., Chaix, Y., Démonet, J.-F., Longeras, E., Valdois, S., Chabernaud, C., Delteil-Pinton, F., Billard, C., George, F., Ziegler, J.C., Comte-Gervais, I., Soares-Boucaud, I., Gérard, C.-L., Blomert, L., Vaessen, A., Gerretsen, P., Ekkebus, M., Brandeis, D., Maurer, U., Schulz, E., van der Mark, S., Müller-Myhsok, B., and Schulte-Körne, G. (2013), Predictors of developmental dyslexia in European orthographies with varying complexity. *Journal of Child Psychology and Psychiatry, 54*(6), 686-694. doi:10.1111/jcpp.12029.

Lareau, A. (2011). *Unequal Childhoods: Class, Race, and Family Life, with an Update a Decade Later*. Berkeley: University of California Press.

Lauderdale, D.S., Knutson, K.L., Yan, L.L., Rathouz, P.J., Hulley, S.B., Sidney, S., and Liu, K. (2006). Objectively measured sleep characteristics among early-middle-aged adults: The Cardia Study. *American Journal of Epidemiology, 164*(1), 5-16.

Lave, J., and Wenger, E. (1991). *Situated Learning: Legitimate Peripheral Participation*. Cambridge, MA: Cambridge University Press.

Lawless, K.A., and Pellegrino, J.W. (2007). Professional development in integrating technology into teaching and learning: Knowns, unknowns, and ways to pursue better questions and answers. *Review of Educational Research, 77*(4), 575-614.

Lawrence, J.S., Marks, B.T., and Jackson, J.S. (2010). Domain identification predicts black students' underperformance on moderately difficult tests. *Motivation and Emotion, 34*(2), 105-109.

Lazar, S.W., Kerr, C.E., Wasserman, R.H., Gray, J.R., Greve, D.N., Treadway, M.T., McGarvey, M., Quinn, B.T., Dusek, J.A., Benson, H., Rauch, S.L., Moore, C.I., and Fischl, B. (2005). Meditation experience is associated with increased cortical thickness. *Neuroreport, 16*(17), 1893-1897.

Lazowski, R.A., and Hulleman, C.S. (2016). Motivation interventions in education: A meta-analytic review. *Review of Educational Research, 86*(2), 602-640. doi:10.3102/0034654315617832.

Lee, C.D. (2001). Is October Brown Chinese? A cultural modeling activity system for underachieving students. *American Educational Research Journal, 38*(1), 97-141.

Lee, C.D. (2006). "Every good-bye ain't gone": Analyzing the cultural underpinnings of classroom talk. *International Journal of Qualitative Studies in Education, 19*(3), 305-327.

Lee, Y.J. (2012). Identity-based research in science education. In B.J. Fraser., K. Tobin., and C.J. McRobbie (Eds.), *Second International Handbook of Science Education* (pp. 34-45). Dordrecht, The Netherlands: Springer.

Lee, H.S., and Anderson, J.R. (2013). Student learning: What has instruction got to do with it? *Annual Review of Psychology, 64*, 445-469. doi:10.1146/annurev-psych-113011-143833.

Lee, C.D., Spencer, M.B., and Harpalani, V. (2003). Every shut eye ain't sleep: Studying how people live culturally. *Educational Researcher, 32*(5), 6-13.

Lee, C.D., Goldman, S.R., Levine, S., and Magliano, J.P. (2016). Epistemic cognition in literary reasoning. In J. Green, W. Sandoval, and I. Braten (Eds.), *Handbook of Epistemic Cognition* (pp. 165-183). New York: Routledge.

Lehman, B., D'Mello, S., Strain, A., and Graesser, A. (2013). Inducing and tracking confusion with contradictions during complex learning. *International Journal of Artificial Intelligence in Education, 22*(1-2), 85-105.

Leichtman, M.D., Pillemer, D.B., Wang, Q., Koreishi, A., and Han, J.J. (2000). When Baby Maisy came to school: Mothers' interview styles and preschoolers' event memories. *Cognitive Development, 15*(1), 99-114.

Leisman, G. (2011). Brain networks, plasticity, and functional connectivities inform current directions in functional neurology and rehabilitation. *Functional Neurology, Rehabilitation, and Ergonomics, 1*, 315-356.

Leisman, G., Rodriguez-Rojas, R., Batista, K., Carballo, M., Morales, J.M., Iturria, Y., and Machado, C. (2014). Measurement of axonal fiber connectivity in consciousness evaluation. In *Proceedings of the 2014 IEEE 28th Convention of Electrical and Electronics Engineers in Israel*. Minneapolis, MN: IEEE. doi.org/10.13140/2.1.4845.7289.

Leisman, G., Mualem, R., and Mughrabi, S.K. (2015). The neurological development of the child with the educational enrichment in mind. *Psicología Educativa, 21*(2), 79-96. doi.org/10.1016/j.pse.2015.08.006.

Lemke, J.L. (1990). *Talking Science: Language, Learning, and Values*. Norwood, NJ: Ablex.

Lemke, J.L., Lecusay, R., Cole, M., and Michalchik, V. (2015). *Documenting and Assessing Learning in Informal and Media-Rich Environments*. Cambridge, MA: MIT Press.

Lenehan, M.E., Summers, M.J., Saunders, N.L., Summers, J.J., Ward, D.D., Ritchie, K., and Vickers, J.C. (2016). Sending your grandparents to university increases cognitive reserve: The Tasmanian Healthy Brain Project. *Neuropsychology, 30*(5), 525-531. doi:10.1037/neu0000249.

Lenhart, A. (2015). *Teen, Social Media and Technology Overview 2015*. Pew Research Center. Available: http://www.pewinternet.org/2015/04/09/teens-social-media-technology-2015/# [January 2018].

Lenroot, R.K., and Giedd, J.N. (2006). Brain development in children and adolescents: Insights from anatomical magnetic resonance imaging. *Neuroscience Biobehavioral Review, 30*(6), 718-729.

Lent, R.W., Brown, S.D., and Hackett, G. (2000). Contextual supports and barriers to career choice: A social cognitive analysis. *Journal of Counseling Psychology, 47*(1), 36-49.

Leopold, C., and Leutner, D. (2012). Science text comprehension: Drawing, main idea selection, and summarizing as learning strategies. *Learning and Instruction, 22*(1), 16-26. doi:10.1016/j.learninstruc.2011.05.005.

Leppänen, J.M., and Nelson, C.A. (2009). Tuning the developing brain to social signals of emotions. *Nature Reviews Neuroscience, 10*, 37-47.

Leppänen, P.H., Hamalainen, J.A., Guttorm, T.K., Eklund, K.M., Salminen, H., Tanskanen, A., and Lyytinen, H. (2012). Infant brain responses associated with reading-related skills before school and at school age. *Neurophysiologie Clinique, 42*(1-2), 35-41. doi:10.1016/j.neucli.2011.08.005.

Lepper, M.R., Corpus, J.H., and Iyengar, S.S. (2005). Intrinsic and extrinsic motivational orientations in the classroom: Age differences and academic correlates. *Journal of Educational Psychology, 97*(2), 184-196. doi.org/10.1037/0022-0663.97.2.184.

Levine, R. (1997). *A Geography of Time.* New York: Basic Books

Lewis, P.A., and Durrant, S.J. (2011). Overlapping memory replay during sleep builds cognitive schemata. *Trends in Cognitive Sciences, 15*(8), 343-351. doi:10.1016/j.tics.2011.06.004.

Leyens, J., Desert, M., Croizet, J., and Darcis, C. (2000). Stereotype threat: Are lower status and history of stigmatization preconditions of stereotype threat? *Personality and Social Psychology Bulletin, 26*(10), 1189-1199.

Libby, L.K., Shaeffer, E.M., and Eibach, R.P. (2009). Seeing meaning in action: A bidirectional link between visual perspective and action identification level. *Journal of Experimental Psychology: General, 138*(4), 503-516.

Lindstrom, J.H. (2016, unpublished). *Critical Issues in Learning Disabilities Over the Past Decade: An Evolving Landscape.* Paper commissioned by the Committee on the Science of Practice and Learning, National Academies of Sciences, Engineering, and Medicine, Washington, DC.

Linn, M.C., Lee, H.-S., Tinker, R., Husic, F., and Chiu, J.L. (2006). Teaching and assessing knowledge integration in science. *Science, 313*(5790), 1049-1050.

Linnenbrink, E.A. (2005). The dilemma of performance-approach goals: The use of multiple goal contexts to promote students' motivation and learning. *Journal of Educational Psychology, 97*(2), 197-213.

Linnenbrink-Garcia, L., and Patall, E.A. (2016). Motivation. In E. Anderman and L. Corno (Eds.), *Handbook of Educational Psychology* (3rd ed., pp. 91-103). New York: Taylor & Francis.

Linnenbrink-Garcia, L., Tyson, D.F., and Patall, E.A. (2008). When are achievement goal orientations beneficial for academic achievement? A closer look at moderating factors. *International Review of Social Psychology, 21*(1-2), 19-70.

Linnenbrink-Garcia, L., Patall, E.A., and Messersmith, E. (2013). Antecedents and consequences of situational interest in science. *British Journal of Educational Psychology, 83*(4), 591-614.

Lipko-Speed, A., Dunlosky, J., and Rawson, K.A. (2014). Does testing with feedback help grade-school children learn key concepts in science? *Journal of Applied Research in Memory and Cognition, 3*(3), 171-176. doi:10.1016/j.jarmac.2014.04.002.

Livingstone, S., and Helsper, E. (2007). Gradations in digital inclusion: Children, young people and the digital divide. *New Media and Society, 9*(4), 671-696. doi:10.1177/1461444807080335.

Liyanagunawardena, T.R., and Williams S.A. (2016). Elderly learners and massive open online courses: A review. *Interactive Journal of Medical Research, 5*(1), e1. doi:10.2196/ijmr.4937.

LoBue, V. (2014). Measuring attentional biases for threat in children and adults. *Journal of Visualized Experiments : JoVE,* (92), 52190. http://doi.org/10.3791/52190.

Locke, E.A., Shaw, K.N., Saari, L.M., and Latham, G.P. (1981). Goal setting and task performance: 1969-1980. *Psychological Bulletin, 90*(1), 125-152.

Lodge, J. (2013). Session I—From the laboratory to the classroom: Translating the learning sciences for use in technology-enhanced learning. *ACER Research Conferences, 16.* Available: https://research.acer.edu.au/research_conference/RC2013/5august/16 [December 2017].

Loewenstein, J. (2017). Structure mapping and vocabularies for thinking. *Topics in Cognitive*

Science, 9, 842-858.
Lombrozo, T. (2007). Simplicity and probability in causal explanation. *Cognitive Psychology, 55*(3), 232-257. doi:10.1016/j.cogpsych.2006.09.006.
Lombrozo, T. (2012). Explanation and abductive inference. In K.J. Holyoak and R.G. Morrison (Eds.), *Oxford Handbook of Thinking and Reasoning* (pp. 260-276). Oxford, UK: Oxford University Press. doi:10.1093/oxfordhb/9780199734689.013.0014.
Looi, C.K., Seow, P., Zhang, B.H., So, H.-J., and Chen, W. (2009). Leveraging mobile technology for sustainable seamless learning: A research agenda. *British Journal of Educational Technology, 41*(2), 154-169.
López, I.H. (2006). *White by Law*. New York: New York University Press.
Lorusso, M.L., Facoetti, A., Pescenti, S., Cattaneo, C., Molteni, M., and Gieger, G. (2004). Wider recognition in peripheral vision common to different subtypes of dyslexia. *Vision Research, 44*(20), 2413-2424.
Lövdén, M., Bodammer, N.C., Kühn, S., Kaufmann, J., Schütze, H., Tempelmann, C., Heinze, H.D., Düzel, E., Schmiedek, F., and Lindenberger, U. (2010). Experience-dependent plasticity of white-matter microstructure extends into old age. *Neuropsychologia, 48*(13), 3878-3883. doi:10.1016/j.neuropsychologia.2010.08.026.
Lovett, M.W., Lacerenza, L., De Palma, M., and Frijters, J.C. (2012). Evaluating the efficacy of remediation for struggling readers in high school. *Journal of Learning Disabilities, 45*(2), 151-169. doi:10.1177/0022219410371678.
Loyens, S.M.M., Magda, J. and Rikers, R.M.J.P. (2008). Self-directed learning in problem-based learning and its relationships with self-regulated learning. *Educational Psychology Review, 20*(4), 411-427. doi:10.1007/s10648-008-9082-7.
Low, L.K., and Cheng, H.-J. (2006). Axon pruning: An essential step underlying the developmental plasticity of neuronal connections. *Philosophical Transactions of the Royal Society B: Biological Sciences, 361*(1473), 1531-1544. doi:10.1098/rstb.2006.1883.
Lozano, S.C., Hard, B.M., and Tversky, B. (2006). Perspective taking promotes action understanding and learning. *Journal of Experimental Psychology: Human Perception and Performance, 32*(6), 1405-1421.
Lozoff, B. (2007). Iron deficiency and child development. *Food and Nutrition Bulletin, 28*(4 Suppl.), S560-S571.
Lozoff, B. (2011). Early iron deficiency has brain and behavior effects consistent with dopaminergic dysfunction. *Journal of Nutrition, 141*(4), 740S-746S.
Lozoff, B., Castillo, M., Clark, K.M., Smith, J.B., and Sturza, J. (2014). Iron supplementation in infancy contributes to more adaptive behavior at 10 years of age. *The Journal of Nutrition, 144*(6), 838-845. doi:10.3945/jn.113.182048.
Lubinski, D. (2000). Scientific and social significance of assessing individual differences: "Sinking shafts at a few critical points." *Annual Review of Psychology, 51*, 405-444.
Lyall, A.E., Savadjiev, P., Shenton, M.E., and Kubicki, M. (2016). Insights into the brain: Neuroimaging of brain development and maturation. *Journal of Neuroimaging in Psychiatry and Neurology, 1*(1), 10-19. doi.org/10.17756/jnpn.2016-003.
Lyons, I.M., and Beilock, S.L. (2012). When math hurts: Math anxiety predicts pain network activation in anticipation of doing math. *PLoS One, 7*(10), e48076. doi.org/10.1371/journal.pone.0048076.
MacArthur, C.A., Konold, T.R., Glutting, J.J., and Alamprese, J.A. (2010). Reading component skills of learners in adult basic education. *Journal of Learning Disabilities, 43*(2), 108-121.

MacIver, D., and Epstein, J. (1993). Middle grades research: Not yet mature, but no longer a child. *Elementary School Journal, 93*, 519-533.

MacLeod, J. (1987). *Ain't No Making It: Aspirations and Attainment in a Low-Income Neighborhood.* Boulder, CO: Westview Press.

MacLeod, J. (1995). *Ain't No Making It.* Boulder, CO: Westview Press.

Maehr, M.L. (1984). Meaning and motivation: Toward a theory of personal investment. In R. Ames and C. Ames (Eds.), *Research on Motivation in Education* (vol. 1, pp. 39-73). San Diego, CA: Academic Press.

Maehr, M.L., and Midgley, C. (1996). *Transforming School Cultures.* Boulder, CO: Westview Press.

Maehr, M.L., and Zusho, A. (2009). Achievement goal theory: The past, present, and future. In K.R. Wentzel and A. Wigfield (Eds.), *Handbook of Motivation in School* (pp. 77-104). New York: Taylor Francis.

Magnusson, S.J., and Palincsar, A.S. (2005). Teaching to promote the development of scientific knowledge and reasoning about light at the elementary school level. In J. Bransford and S. Donovan (Eds.), *How Students Learn: History, Mathematics, and Science in the Classroom* (pp. 421-474). Washington, DC: National Academies Press.

Magsamen-Conrad, K., Dowd, J., Abuljadail, M., Alsulaiman, S., and Shareefi, A. (2015). *Life-Span Differences in the Uses and Gratifications of Tablets: Implications for Older Adults.* Media and Communications Faculty Publications, Paper 39. Available: http://scholarworks.bgsu.edu/smc_pub/39 [December 2017].

Maisog, J.M., Einbinder, E.R., Flowers, D.L., Turkeltaub, P.E., and Eden, G.F. (2008). A meta-analysis of functional neuroimaging studies of dyslexia. *Annals of the New York Academy of Sciences, 1145*, 237-259. doi:10.1196/annals.1416.024.

Maki, Y., Kawasaki, Y., Demiray, B., and Janssen, S.M. (2015). Autobiographical memory functions in young Japanese men and women. *Memory, 23*(1), 11-24.

Malone, T.W. (1981). Toward a theory of intrinsically motivating instruction. *Cognitive Science, 5*(4), 333-369.

Malone, T., and Lepper (1987). Making learning fun: A taxonomy of intrinsic motivations for learning. In R. Snow and M.J. Farr (Eds.), *Aptitude, Learning, and Instruction Volume 3: Conative and Affective Process Analyses.* Hillsdale, NJ: Lawrence Earlbaum Associates.

Mandler, J.M. (1988). How to build a baby: On the development of an accessible representational system. *Cognitive Development, 3*(2), 113-136.

Mangels, J.A., Butterfield, B., Lamb, J., Good, C., and Dweck, C.S. (2006). Why do beliefs about intelligence influence learning success? A social cognitive neuroscience model. *Social Cognitive and Affective Neuroscience, 1*(2), 75-86.

Margaryan, A., Littlejohn, A., and Milligan, C. (2013). Self-regulated learning in the workplace: Strategies and factors in the attainment of learning goals. *International Journal of Training and Development, 17*(4), 245-259. doi:10.1111/ijtd.12013.

Markus, H.R., and Kitayama, S. (1991). Culture and the self: Implications for cognition, emotion, and motivation. *Psychological Review, 98*(2), 224-253. doi.org/10.1037/0033-295X.98.2.224.

Marsh, E.J., Fazio, L.K., and Goswick, A.E. (2012). Memorial consequences of testing school-aged children. *Memory, 20*(8), 899-906. doi:10.1080/09658211.2012.708757.

Martens, A., Johns, M., Greenberg, J., and Schimel, J. (2006). Combating stereotype threat: The effect of self-affirmation on women's intellectual performance. *Journal of Experimental Social Psychology, 42*(2), 236-243. doi.org/10.1016/j.jesp.2005.04.010.

Marvel, C.L., and Desmond, J.E. (2010). Functional topography of the cerebellum in verbal working memory. *Neuropsychology Review, 20*(3), 271-279.

Master, A., Cheryan, S., and Meltzoff, A.N. (2015). Computing whether she belongs: Stereotypes undermine girls' interest and sense of belonging in computer science. *Journal of Educational Psychology, 108*(3), 424-437.

Maurer, T.J., Weiss, E.W., and Barbeite, F.G. (2003). A model of involvement in work-related learning and development activity: The effects of individual, situational, motivational, and age variables. *Journal of Applied Psychology, 88*(4), 707-724.

Mawdsley, M., Grasby, K., and Talk, A. (2014). The effect of sleep on item recognition and source memory recollection among shift-workers and permanent day-workers. *Journal of Sleep Research, 23*(5), 538-544.

Mayer, R.E. (2001). *Multimedia Learning*. New York: Cambridge University Press

Mayer, R.E. (2004). Should there be a three-strikes rule against pure discovery learning? The case for guided methods of instruction. *American Psychologist, 59*(1), 14-19.

Mayer, R.E. (2009). *Multimedia Learning* (2nd ed.). New York: Cambridge University Press.

Mayer, R.E. (2014). *Computer Games for Learning: An Evidence-based Approach*. Cambridge, MA: MIT Press.

Mayer, R.E. (2016). What should be the role of computer games in education? *Policy Insights from the Behavioral and Brain Sciences, 3*(1), 20-26. doi:10.1177/2372732215621311.

Mayer, R.E., and Johnson, C.I. (2010). Adding instructional features that promote learning in a game-like environment. *Journal of Educational Computing Research, 42*(3), 241-265. doi:10.2190/EC.42.3.a.

Mazur, E. (1997). *Peer Instruction: A User's Manual*. Upper Saddle River, NJ: Prentice Hall.

McCaslin, M., and Burross, H.L. (2011). Research on individual differences within a sociocultural perspective: Co-regulation and adaptive learning. *Teachers College Record, 113*(2), 325-349.

McClelland, M.M., Cameron, C.E., Connor, C.M., Farris, C.L., Jewkes, A.M., and Morrison, F.J. (2007). Links between behavioral regulation and preschoolers' literacy, vocabulary, and math skills. *Developmental Psychology, 43*(4), 947-959.

McCollough, C. (1965). Color adaptation of edge-detectors in the human visual system. *Science, 149*(3688), 1115-1116.

McDaniel, M.A., and Donnelly, C.M. (1996). Learning with analogy and elaborative interrogation. *Journal of Educational Psychology, 88*(3), 508-519. doi:10.1037/0022-0663.88.3.508.

McDermott, R.P., and Varenne, H. (1996). Culture, development, disability. In R. Jessor, A. Colby, and R.A. Shweder (Eds.), *Ethnograpny and Human Development*. Chicago: The University of Chicago Press.

McGinnis, D., Goss, R., Tessmer, C., and Zelinski, E.M. (2008). Inference generation in young, young-old and old-old adults: Evidence for semantic architecture stability. *Applied Cognitive Psychology, 22*(2), 171-192.

McKoon, G., and Ratcliff, R. (1992). Inference during reading. *Psychological Review, 99*(3), 440-466.

McKown, C., and Strambler, M.J. (2009). Developmental antecedents and social and academic consequences of stereotype-consciousness in middle childhood. *Child Development, 80*(6), 1643-1659. doi:10.1111/j.1467-8624.2009.01359.x.

McNamara, D.S. (2004). SERT: Self-explanation reading training. *Discourse Processes, 38*(1), 1-30. doi:10.1207/s15326950dp3801_1.

McNamara, D.S., Jacovina, M.E., and Allen, L.K. (2015). Higher order thinking in comprehension. In P. Afflerbach (Ed.), *Handbook of Individual Differences in Reading: Text and Context* (pp. 164-176). New York: Taylor and Francis, Routledge.

McNaughten, D., and Gabbard, C. (1993). Physical exertion and immediate mental performance of sixth-grade children. *Perceptual and Motor Skills*, 77(3 Suppl.), 1155-1159.

McQueen, A., and Klein, W.M.P. (2006). Experimental manipulations of self-affirmation: A systematic review. *Self and Identity,* 5(4), 289-354. doi.org/10.1080/15298860600805325.

Means, B., Toyama, Y., Murphy, R., Bakia, M., and Jones, K. (2010). *Evaluation of Evidence Based Practices in Online Learning: A Meta-Analysis and Review of Online Learning Studies.* Monograph. Available: http://www.ed.gov/about/offices/list/opepd/ppss/reports.html [November 2017].

Means, B., Toyama, Y., Murphy, R., and Baki, M. (2013). The effectiveness of online and blended learning: A meta-analysis of the empirical literature. *Teachers College Record, 115,* 1-47. Available: https://www.sri.com/sites/default/files/publications/effectiveness_of_online_and_blended_learning.pdf [December 2017].

Means, B., Shear, L., and Roschelle, J. (2015). *Using Technology and Evidence to Promote Cultures of Educational Innovation: The Example of Science and Mathematics Education.* Menlo Park, CA: SRI International.

Means, B., Murphy, R., and Shear, L. (2017). *Pearson | SRI Series on Building Efficacy in Learning Technologies* (Vol. 1). London, UK: Pearson.

Medaglia, J.D., Lynall, M.E., and Bassett, D.S. (2015). Cognitive network neuroscience. *Journal of Cognitive Neuroscience,* 27(8), 1471-1491.

Medimorecc, M.A., Pavlik, P., Olney, A., Graesser, A.C., and Risko, E.F. (2015). The language of instruction: Compensating for challenge in lectures. *Journal of Educational Psychology, 107*(4), 971-990.

Medin, D.L., and Bang, M. (2013). Culture in the classroom. *Phi Delta Kappan,* 95(4), 64-67.

Medin, D.L., and Bang, M. (2014). *Who's Asking? Native Science, Western Science and Science Education.* Cambridge, MA: MIT Press.

Meeusen, R., Piacentini, M.F., and De Meirleir, K. (2001). Brain microdialysis in exercise research. *Sports Medicine, 31*(14), 965-983.

Mellard, D.F., and Patterson, M.B. (2008). Contrasting adult literacy learners with and without specific learning disabilities. *Remedial and Special Education, 29*(3), 133-144. doi.org/10.1177/0741932508315053.

Metcalfe, B. (2013). Metcalfe's law after 40 years of ethernet. *Computer, 46*(12), 26-31. doi:10.1109/MC.2013.374.

Meyer, A.N.D., and Logan, J.M. (2013). Taking the testing effect beyond the college freshman: Benefits for lifelong learning. *Psychology and Aging, 28*(1), 142-147. doi:10.1037/a003089010.1037/a0030890.supp.

Meyer, A., Rose, D.H., and Gordon, D. (2014). *Universal Design for Learning: Theory and Practice.* Wakefield, MA: CAST Professional.

Michaels, S., and O'Connor, C. (2012). *Talk Science Primer.* Available: https://inquiryproject.terc.edu/shared/pd/TalkScience_Primer.pdf [July 2018].

Middleton, M.J., and Midgley, C. (1997). Avoiding the demonstration of lack of ability: An unexplored aspect of goal theory. *Journal of Educational Psychology,* 89(4), 710-718.

Midgley, C., Arunkumar R., and Urdan, T. (1996). If I don't do well tomorrow, there's a reason: Predictors of adolescents' use of academic self-handicapping behavior. *Journal of Educational Psychology,* 88(3), 423-434. doi.org/10.1037/0022-0663.88.3.423.

Midgley, C., Kaplan, A., and Middleton, M.J. (2001). Performance approach goals: Good for what, for whom under what circumstances, and at what cost? *Journal of Educational Psychology, 93*(1), 77-86. doi.org/10.1037/0022-0663.93.1.77.

Mihalca, L., and Miclea, M. (2007). Current trends in educational technology research. *Cognition, Brain, Behavior, 9*(1), 115-129.

Milgram, P., and Kishino, A.F. (1994). Taxonomy of mixed reality visual displays. *IEICE Transactions on Information Systems, E77-D*(12), 1321-1329. Available: http://citeseerx.ist.psu.edu/viewdoc/download?doi=10.1.1.102.4646&rep=rep1&type=pdf [December 2017].

Miron, G., Huerta, L., Cuban, L., Horvitz, B., Gulosino, C., Rice, J.K., and Shafer, S.R. (2013). *Virtual Schools in the U.S. 2013: Politics, Performance, Policy, and Research Evidence.* Boulder, CO: National Education Policy Center. Available: http://nepc.colorado.edu/publication/virtual-schools-annual-2013 [December 2017].

Mislevy, R.J., Steinberg, L.S., and Almond, R.G. (2003). On the structure of educational assessments. *Measurement: Interdisciplinary Research and Perspectives, 1*(1), 3-62.

Mislevy, R.J., Steinberg, L.S., Almond, R.G., and Lukas, J.F. (2006). Concepts, terminology, and basic models of evidence-centered design. In D.M. Williamson, I.I. Bejar, and R.J. Mislevy (Eds.), *Automated Scoring of Complex Tasks in Computer-Based Testing* (pp. 15-48). Mahwah, NJ: Erlbaum.

Mitchell, K.J., Johnson, M.K., Raye, C.L., Mather, M., and D'Esposito, M. (2000). Aging and reflective processes of working memory: Binding and test load deficits. *Psychological Aging, 15*(3), 527-541.

Mitrovic, A., Martin, B., and Suraweera, P. (2007). Intelligent tutors for all: The constraint-based approach. *IEEE Intelligent Systems, 22*(4), 38-45.

Miyake, A., Kost-Smith, L.E., Finkelstein, N.D., Pollock, S.J., Cohen, G.L., and Ito, T.A. (2010). Reducing the gender achievement gap in college science: A classroom study of values affirmation. *Science, 330*(6008), 1234-1237. doi:10.1126/science.1195996.

Moeller, B., and Reitzes, T. (2011). *Education Development Center, Inc. (EDC). Integrating Technology with Student-Centered Learning.* Quincy, MA: Nellie Mae Education Foundation.

Moffitt, T.E., Arseneault, L., Belsky, D., Dickson, N., Hancox, R.J., Harrington, H., Houts, R., Poulton, R., Roberts, B.W., Ross, S., Sears, M.R., Thomson, W.M., and Caspi, A. (2011). A gradient of childhood self-control predicts health, wealth, and public safety. *Proceedings of the National Academy of Sciences of the United States of America, 108*(7), 2693-2698. doi:10.1073/pnas.1010076108.

Moje, E.B., Ciechanowski, K.M., Kramer, K., Ellis, L., Carrillo, R., and Collazo, T. (2004). Working toward third space in content area literacy: An examination of everyday funds of knowledge and discourse. *Reading Research Quarterly, 39*(1), 38-70.

Molfese, D. (2000). Predicting dyslexia at 8 years of age using neonatal brain responses. *Brain & Language, 72*(3), 238-245.

Moll, L., Amanti, C., Neff, D., and Gonzalez, N. (1992). Funds of knowledge for teaching: Using a qualitative approach to connect homes and classrooms. *Theory Into Practice, XXXI*(2), 132-141.

Moller, A.C., Deci, E.L., and Ryan, R.M. (2006). Choice and ego-depletion: The moderating role of autonomy. *Personality and Social Psychology Bulletin, 32*(8), 1024-1036.

Moore, M.G., and Kearsley, G. (1996). *Distance Education: A Systems View.* New York: Wadsworth.

Moos, D., and Rongdal, A. (2012). Self-regulated learning in the classroom: A literature review on the teacher's role. *Education Research International*, Article ID 423284. Available: https://www.hindawi.com/journals/edri/2012/423284 [December 2017]. doi.org/10.1155/2012/423284.

Moreno, R., and Mayer, R.E. (2007). Interactive multimodal learning environments. *Educational Psychology Review, 19*(3), 309-326.

Morgeson, F.P., and Humphrey, S.E. (2006). The Work Design Questionnaire (WDQ), Developing and validating a comprehensive measure for assessing job design and the nature of work. *Journal of Applied Psychology, 91*(6), 1321-1339. doi.org/10.1037/0021-9010.91.6.1321.

Morrell, E. (2008). Six summers of YPAR: Learning, action and change in urban education. In J. Cammarota and M. Fine (Eds.), *Revolutionizing Education: Youth Participatory Action Research in Motion* (pp. 155-184). New York: Routledge.

Morrell, R.W., Mayhorn, C.B., and Echt, K.V. (2004). Why older adults use or do not use the Internet. In D.C. Burdick and S. Kwon (Eds.), *Gerotechnology: Research and Practice in Technology and Aging* (pp. 71-85). New York: Springer..

Morris, M.W., and Peng, K. (1994). Culture and cause: American and Chinese attributions for social and physical events. *Journal of Personality and Social Psychology, 67*(6), 949-971. Available: http://citeseerx.ist.psu.edu/viewdoc/download?doi=10.1.1.320.1966&rep=rep1&type=pdf [December 2017].

Morris, M.W., Chiu, C., and Liu, Z. (2015). Polycultural psychology. *Annual Reviews of Psychology, 66*, 631-659. doi.org/10.1146/annurev-psych-010814-015001.

Moscovitch, M. (1992). Memory and working-with-memory: A component process model based on modules and central systems. *Journal of Cognitive Neuroscience, 4*(3), 257-267. doi:10.1162/jocn.1992.4.3.257.

Moss, P., and Haertel, E. (2016). Engaging methodological pluralism. In D. Gitomer and C. Bell (Eds.), *Handbook of Research on Teaching* (5th ed., pp. 127-248). Washington, DC: American Educational Research Association.

Mourey, J.A., Lam, B.C.P., and Oyserman, D. (2015). Consequences of cultural fluency. *Social Cognition, 33*(4), 308-344.

Mozolic, J.L., Hugenschmidt, C.E., Peiffer, A.M., and Laurienti, P.J. (2012). Multisensory integration and aging. In M.M. Murray and M.T. Wallace (Eds.), *The Neural Bases of Multisensory Processes* (pp. 381-394). Boca Raton, FL: CRC Press/Taylor & Francis.

Mueller, C.M., and Dweck, C.S. (1998). Praise for intelligence can undermine children's motivation and performance. *Journal of Personality and Social Psychology, 75*(1), 33-52.

Mueller, P.A., and Oppenheimer, D.M. (2014). The pen is mightier than the keyboard. *Psychological Science, 25*(6), 1159-1168. doi:10.1177/0956797614524581.

Mullen, M.K. (1994). Earliest recollections of childhood: A demographic analysis. *Cognition, 52*(1), 55-79.

Mullins, D., Rummel, N., and Spada, H. (2011). Are two heads always better than one? Differential effects of collaboration on students' computer-supported learning in mathematics. *International Journal of Computer-Supported Collaborative Learning, 6*(3), 421-443.

Murayama, K., and Kuhbandner, C. (2011). Money enhances memory consolidation—but only for boring material. *Cognition, 119*(1), 120-124. doi:10.1016/j.cognition.2011.01.001.

Murayama, K., Pekrun, R., Lichtenfeld, S., and Vom Hofe, R. (2013). Predicting long-term growth in students' mathematics achievement: the unique contributions of motivation and cognitive strategies. *Child Develpoment, 84*(4), 1475-1490. doi 10.1111/cdev.12036.

Murayama, K., Matsumoto, M., Izuma, K., Sugiura, A., Ryan, R.M., Deci, E.L., and Matsumoto K. (2015). How self-determined choice facilitates performance: A key role of the ventromedial prefrontal cortex. *Cerebral Cortex, 25*(5), 1241-1251. doi:10.1093/cercor/bht317.

Myhre, J.W., Mehl, M.R., and Glisky, E.L. (2017). Cognitive benefits of online social networking for healthy older adults. *Journals of Gerontology. Series B: Psychological Sciences and Social Sciences, 72*(5), 752-760. doi:10.1093/geronb/gbw025.

Myles-Worsley, M., Johnston, W.A., and Simons, M.A. (1988). The influence of expertise on X-ray image processing. *Journal of Experimental Psychology: Learning, Memory, and Cognition, 14*(3), 553-557.

Nader, K. (2003). Memory traces unbound. *Trends in Neurosciences, 26*(2), 65-72.

Nash, J., Collins, B., Loughlin, S.E., Solbrig, M., Harvey, R., Krishnan-Sarin, S., Unger, J., Miner, C., Rukstalis, M., Shenassa, E., Dubé, C., and Spirito, A. (2003). Training the transdisciplinary scientist: A general framework applied to tobacco use behavior. *Nicotine and Tobacco Research, 5*(Suppl. 1), S41-S53.

Nasir, N.S. (2002). Identity, goals, and learning: Mathematics in cultural practice. *Mathematical Thinking and Learning, 4*(2-3), 213-247.

Nasir, N.S., and de Royston, M. (2013). Power, identity, and mathematical practices outside and inside school. *Journal of Research in Mathematics Education, 44*(1), 264-287.

Nasir, N.S., and Hand, V.M. (2006). Exploring Sociocultural perspectives on race, culture, and learning. *Review of Educational Research, 76*, 449-475.

Nasir, N.S., Rosenbery, A.S., Warren, B., and Lee, C.D. (2006). Learning as a cultural process: Achieving equity through diversity. In R.K. Sawyer (Ed.), *The Cambridge Handbook of the Learning Sciences* (pp. 489-504). New York: Cambridge University Press.

Nation, K., Adams, J.W., Bowyer-Crane, C.A., and Snowling, M.J. (1999). Working memory deficits in poor comprehenders reflect underlying language impairments. *Journal of Experimental Child Psychology, 73*(2), 139-158. doi:10.1006/jecp.1999.2498.

National Academies of Sciences, Engineering, and Medicine. (2017). *Promoting the Educational Success of Children and Youth Learning English: Promising Futures*. Washington, DC: The National Academies Press.

National Association for the Education of Young Children and Fred Rogers Center. (2012). *Key Messages of the NAEYC/Fred Rogers Center Position Statement on Technology and Interactive Media in Early Childhood Programs*. Available: https://www.naeyc.org/files/naeyc/file/positions/KeyMessages_Technology.pdf [December 2017].

National Institute for Literacy. (2008). *Investigating the Language and Literacy Skills Required for Independent Online Learning*. Washington, DC: Author. Available: http://eric.ed.gov/PDFS/ED505199.pdf [December 2017].

National Research Council. (1998). *Preventing Reading Difficulties in Young Children*. Washington, DC: National Academy Press.

National Research Council. (1999b). *How People Learn: Brain, Mind, Experience, and School*. Washington, DC: National Academy Press.

National Research Council. (1999c). *How People Learn: Bridging Research and Practice*. Washington, DC: National Academy Press.

National Research Council. (2000). *How People Learn: Brain, Mind, Experience, and School: Expanded Edition*. Washington, DC: National Academy Press.

National Research Council. (2001a). *Knowing What Students Know: The Science and Design of Educational Assessment*. Washington, DC: National Academy Press.

National Research Council. (2001b). *Adding It Up: Helping Children Learn Mathematics*. Washington, DC: National Academy Press.

National Research Council. (2005). *How Students Learn: History, Mathematics, and Science in the Classroom*. Washington, DC: The National Academies Press.
National Research Council. (2006). *America's Lab Report: Investigations in High School Science*. Washington, DC: The National Academies Press.
National Research Council. (2007). *Taking Science to School: Learning and Teaching Science in Grades K-8*. Washington, DC: The National Academies Press.
National Research Council. (2009). *Learning Science in Informal Environments: People, Places, and Pursuits*. Washington, DC: The National Academies Press.
National Research Council. (2011a). *Incentives and Test-based Accountability in Education*. Washington, DC: The National Academies Press.
National Research Council. (2011b). *Mathematics Learning in Early Childhood: Paths toward Excellence and Equity*. Washington, DC: The National Academies Press.
National Research Council. (2011c). *Assessing 21st Century Skills: Summary of a Workshop*. Washington, DC: The National Academies Press. doi:10.17226/13215.
National Research Council. (2012a). *Discipline-Based Education Research: Understanding and Improving Learning in Undergraduate Science and Engineering*. Washington, DC: The National Academies Press.
National Research Council. (2012b). *Education for Life and Work: Developing Transferable Knowledge and Skills in the 21st Century*. Washington, DC: The National Academies Press.
National Research Council. (2012c). *Improving Adult Literacy Instruction: Options for Practice and Research*. Washington, DC: The National Academies Press.
National Research Council. (2014). *Developing Assessments for the Next Generation Science Standards*. Washington, DC: The National Academies Press.
National Research Council and Institute of Medicine. (2009). *Preventing Mental, Emotional, and Behavioral Disorders Among Young People: Progress and Possibilities*. Washington, DC: The National Academies Press.
National Research Council and Institute of Medicine. (2015). *Transforming the Workforce for Children Birth Through Age 8: A Unifying Foundation*. Washington, DC: The National Academies Press.
National Scientific Council on the Developing Child. (2006). *Early Exposure to Toxic Substances Damages Brain Architecture*. Working Paper No. 4. Available: https://developingchild.harvard.edu/resources/early-exposure-to-toxic-substances-damages-brain-architecture [December 2017].
National Sleep Foundation. (2006).T*eens and Sleep*. Washington, DC: National Sleep Foundation. Available: http://www.sleepfoundation.org/article/sleep-america-polls/2006-teens-and-sleep [June 2018].
National Sleep Foundation. (2008). *2008 Sleep in America Poll*. Available: https://sleepfoundation.org/sites/default/files/2008%20POLL%20SOF.PDF [December 2017].
Naveh-Benjamin, M., and Kilb, A. (2012). How the measurement of memory processes can affect memory performance: The case of remember/know judgments. *Journal of Experimental Psychology: Learning, Memory and Cognition, 38*(1), 194-203.
Naveh-Benjamin, M., Brav, T.K., and Levy, O. (2007). The associative memory deficit of older adults: The role of strategy utilization. *Psychology and Aging, 22*(1), 202-208.
Nelson, C.A., Zeanah, C.H., Fox, N.A., Marshall, P.J., Smyke, A.T., and Guthrie, D. (2007). Cognitive recovery in socially deprived young children: The Bucharest Early Intervention Project. *Science, 318*(5858), 1937-1940.

Nelson, C.A., Furtado, E.A., Fox, N.A., and Zeanah, C.H. (2009). The deprived human brain. *American Scientist, 97,* 222-229.

Nelson, C.A., Fox, N.A., and Zeanah, C.H. (2014). *Romania's Abandoned Children: Deprivation, Brain Development and the Struggle for Recovery.* Cambridge, MA: Harvard University Press.

Nelson, K. (1974). Concept, word, and sentence: Interrelations in acquisition and development. *Psychological Review, 81*(4), 267-285. doi.org/10.1037/h0036592.

Neuhoff, N., Bruder, J., Bartling, J., Warnke, A., Remschmidt, H., Müller-Myhsok, B., and Schulte-Körne, G. (2012). Evidence for the late MMN as a neurophysiological endophenotype for dyslexia. *PLoS One, 7*(5), 1-7. doi:10.1371/journal.pone.0034909.

Nevarez, M.D., Rifas-Shiman, S.L., Kleinman, K.P., Gillman, M.W., and Taveras, E.M. (2010). Associations of early life risk factors with infant sleep duration. *Academic Pediatrics, 10*(3), 187-193.

Nevo, E., and Breznitz, Z. (2011). Assessment of working memory components at 6 years of age as predictors of reading achievements a year later. *Journal of Experimental Child Psychology, 109*(1), 73-90. doi.org/10.1016/j.jecp.2010.09.010.

Newman, L., Wagner, M., Cameto, R., and Knokey, A. (2009). *The Post-High School Outcomes of Youth with Disabilities up to 4 Years after High School: A Report from the National Longitudinal Transition Study-2 (NLTS2).* NCSER 2009-3017. Menlo Park, CA: SRI International.

Newman, L., Wagner, M., Cameto, R., Knokey, A.M., and Shaver, D. (2010). *Comparisons across Time of the Outcomes of Youth with Disabilities up to 4 Years after High School.* Menlo Park, CA: SRI International. Available: www.nlts2.org/reports/2010_09/nlts2_report_2010_09_complete.pdf [December 2017].

Ng, T.W.H., and Feldman, D.C. (2008). The relationship of age to ten dimensions of job performance. *Journal of Applied Psychology, 93*(2), 392-423. doi.org/10.1037/0021-9010.93.2.392.

Nicholls, J.G. (1984). Achievement motivation: Conceptions of ability, subjective experience, task choice and performance. *Psychological Review, 91*(3), 328-346. doi.org/10.1037/0033-295X.91.3.328.

Nielsen, M., Haun, D., Kärtner, J., and Legare, C.H. (2017). The persistent sampling bias in developmental psychology: A call to action. *Journal of Experimental Child Psychology, 162,* 31-38. doi.org/10.1016/j.jecp.2017.04.017.

Nile, E., and Van Bergen, P. (2015). Not all semantics: Similarities and differences in reminiscing function and content between Indigenous and non-Indigenous Australians. *Memory, 23*(1), 83-98.

Nisbett, R.E., Peng, K., Choi, I., and Norenzayan, A. (2001). Culture and systems of thought: Holistic versus analytic cognition. *Psychological Review, 108*(2), 291-310.

Nobel, K.G., Engelhardt, L.E., Brito, N.H., Mack, L.J., Nail, E.J., Angal, J., Barr, R., Fifer, W.P., Elliott, A.J., and in collaboration with the PASS Network.(2015). Socioeconomic disparities in neurocognitive development in the first two years of life. *Developmental Psychobiology, 57,* 535-551.

Nokes, J.D., Dole, J.A., and Hacker, D.J. (2007). Teaching high school students to use heuristics while reading historical texts. *Journal of Educational Psychology, 99*(3), 492-504.

Nokes-Malach, T.J., VanLehn, K., Belenky, D.M., Lichtenstein, M., and Cox, G. (2013). Coordinating principles and examples through analogy and self-explanation. *European Journal of Psychology of Education, 28*(4), 1237-1263. doi:10.1007/s10212-012-0164-z.

Norman, D.A. (2013), *The Design of Everyday Things: Revised and Expanded Edition.* New York: Basic Books.

Norton, E.S., Beach, S.D., and Gabrieli, J.D. (2015). Neurobiology of dyslexia. *Current Opinion in Neurobiology, 30*, 73-78. doi:10.1016/j.conb.2014.09.007.

Núñez, R., and Cooperrider, K. (2013). The tangle of space and time in human cognition. *Trends in Cognitive Sciences, 17*(5), 220-229.

Nye, B.D., Graesser, A.C., and Hu, X. (2014). AutoTutor and family: A review of 17 years of natural language tutoring. *International Journal of Artificial Intelligence, 24*(4), 427-469.

OECD. (2013). *PISA 2015: Draft Collaborative Problem Solving Framework*. Available: https://www.oecd.org/pisa/pisaproducts/Draft%20PISA%202015%20Collaborative%20Problem%20Solving%20Framework%20.pdf [December 2017].

OECD. (2015). *PISA 2015 Released Field Trial Cognitive Items*. Available: www.oecd.org/pisa/pisaproducts/PISA2015-Released-FT-Cognitive-Items.pdf [December 2017].

Öhman, A., and Mineka, S. (2001). Fears, phobia, and preparedness: Toward an evolved module of fear and fear learning. *Psychological Review, 108*(3), 483-522.

Ojalehto, B.L., and Medin, D. (2015a). Emerging trends in culture and concepts. In R. Scott and S. Kosslyn (Eds.), *Emerging Trends in the Social and Behavioral Sciences: An Interdisciplinary, Searchable, and Linkable Resource*. New York: John Wiley & Sons.

Ojalehto, B.L., and Medin, D. (2015b). Perspectives on culture and concepts. *Annual Review of Psychology, 66*, 249-275. doi.org/10.1146/annurev-psych-010814-015120.

Ojalehto, B., and Medin, D.L. (2015c). Theory of mind in the Pacific: Reasoning across cultures. *Ethos, 43*(1), E5-E8.

Okonofua, J.A., Paunesku, D., and Walton, G.M. (2016). Brief intervention to encourage empathic discipline cuts suspension rates in half among adolescents. *Proceedings of the National Academy of Sciences of the United States of America, 113*(9), 5221-5226.

Old, S.R., and Naveh-Benjamin, M. (2012). Age differences in memory for names: The effect of prelearned semantic associations. *Psychology and Aging, 27*(2), 462-473.

Oliver, M., and Conole, G. (2003). Evidence-based practice and e-learning in higher education: Can we and should we? *Research Papers in Education, 18*(4), 385-397. doi:10.1080/0267152032000176873.

O'Neil, H.F., and Perez, R.S. (2008). *Computer Games and Team and Individual Learning*. Boston, MA: Elsevier.

Ornstein, P.A., Coffman, J.L., Grammer, J.K., San Souci, P.P., and McCall, L.E. (2010). Linking the classroom context and the development of children's memory skills. In J. Meece and J. Eccles (Eds.), *Handbook of Research on Schools, Schooling, and Human Development* (pp. 42-59). New York: Routledge.

Osborne, R., and Freyberg, P. (1985). *Learning in Science: The Implications of Children's Science*. Auckland, New Zealand: Heinneman.

Osborne, J., Erduran, S., and Simon, S. (2004). Enhancing the quality of argumentation in school science. *Journal of Research in Science Teaching, 41*(10), 994-1020.

Oyserman, D. (2011). Culture as situated cognition: Cultural mindsets, cultural fluency, and meaning making. *European Review of Social Psychology, 22*(1), 164-214.

Oyserman, D., Gant, L., and Ager, J. (1995). A socially contextualized model of African American identity: Possible selves and school persistence. *Journal of Personality and Social Psychology, 69*(6), 1216-1232. doi.org/10.1037/0022-3514.69.6.1216.

Oyserman, D., Sorensen, N., Reber, R., and Chen, S.X. (2009). Connecting and separating mindsets: Culture as situated cognition. *Journal of Personality and Social Psychology, 97*(2), 217-235. doi:10.1037/a0015850.

Oyserman, D., Destin, M., and Novin, S. (2015). The context-sensitive future self: Possible selves motivate in context, not otherwise. *Self and Identity, 14*(2), 173-188. doi:10.1080/15298868.2014.965733.

Ozgungor, S., and Guthrie, J.T. (2004). Interactions among elaborative interrogation, knowledge, and interest in the process of constructing knowledge from text. *Journal of Educational Psychology, 96*(3), 437-443. doi:10.1037/0022-0663.96.3.437.

Pacer, M., and Lombrozo, T. (2017). Occam's razor cuts to the root: Simplicity in causal explanation. *Journal of Experimental Psychology: General, 146*(12), 1761-1780.

Packer, M.J. (1985). Hermeneutic inquiry in the study of human conduct. *American Psychologist, 40*(10), 1081-1093. doi.org/10.1037/0003-066X.40.10.1081.

Palincsar, A.S. (2013). Reciprocal teaching. In J. Hattie and E. M. Anderman (Eds.), *International Guide to Student Achievement* (pp. 369-371). New York: Routledge/Taylor and Francis Group.

Palincsar, A.S., and Brown, A.L. (1984). Reciprocal teaching of comprehension-fostering and comprehension-monitoring activities. *Cognition and Instruction, 1*(2), 117-175. doi:10.1207/s1532690xci0102_1.

Palincsar, A.S., and Magnusson, S.J. (2001). The interplay of firsthand and text-based investigations to model and support the development of scientific knowledge and reasoning. In S. Carver and D. Klahr (Eds.), *Cognition and Instruction: Twenty Five Years of Progress* (pp. 151-194). Mahwah, NJ: Lawrence Erlbaum.

Panadero, E. (2017). A review of self-regulated learning: Six models and directions for research. *Frontiers in Psychology, 8*, 422. doi:10.3389/fpsyg.2017.00422.

Panksepp, J., and Biven, L. (2012). *The Archaeology of the Mind: Neuroevolutionary Origins of Human Emotions*. New York: W.W. Norton & Company.

Paris, D. (2012). Culturally sustaining pedagogy a needed change in stance, terminology, and practice. *Educational Researcher, 41*(3), 93-97.

Paris, S., and Upton, L. (1976). Children's memory for inferential relationships in prose. *Child Development, 47*(3), 660-668. Available: http://www.jstor.org/stable/1128180 [December 2017].

Park, D.C., and Gutchess, A.H. (2002). Aging, cognition, and culture: A neuroscientific perspective. *Neuroscience & Biobehavioral Reviews, 26*(7), 859-867.

Park, D.C., and Reuter-Lorenz, P.A. (2009). The adaptive brain: Aging and neurocognitive scaffolding. *Annual Review of Psychology, 60*, 173-196. doi:10.1146/annurev.psych.59.103006.093656.

Park, D.C., Lautenschlager, G., Hedden, T., Davidson, N.S., Smith, A.D., and Smith, P.K. (2002). Models of visuospatial and verbal memory across the adult life span. *Psychology and Aging, 17*(2), 299-320.

Park, D.C., Lodi-Smith, J., Drew, L., Haber, S., Hebrank, A., Bischof, G.N., and Aamodt, W. (2014). The impact of sustained engagement on cognitive function in older adults. The Synapse Project. *Psychological Science, 25*(1), 103-112.

Parsons, S.A., Metzger, S.R., Askew, J., and Carswell, A. (2011). Teaching against the grain: One Title I school's journey toward project-based literacy instruction. *Literacy Research and Instruction, 50*(1), 1-14. doi.org/10.1080/19388070903318413.

Pascarella, E., Pierson, C., Wolniak, G., and Terenzini, P. (2004). First-generation college students: Additional evidence on college experiences and outcomes. *Journal of Higher Education, 75*(3), 249-284.

Pashler, H., Bain, P.M., Bottge, B.A., Graesser, A., Koedinger, K., McDaniel, M., and Metcalfe, J. (2007). *Organizing Instruction and Study to Improve Student Learning: A Practice Guide*. NCER 2007-2004. Washington, DC: Institute of Education Sciences.

Pashler, H., McDaniel, M., Rohrer, D., and Bjork, R. (2008). Learning styles concepts and evidence. *Psychological Science in the Public Interest, 9*(3), 105-119.

Pasnik, S., and Llorente, C. (2013). *Preschool Teachers Can Use a PBS KIDS Transmedia Curriculum Supplement to Support Young Children's Mathematics Learning: Results of a Randomized Controlled Trial.* Waltham, MA: Center for Technology in Learning and Menlo Park, CA: SRI International.

Pasnik, S., Llorente, C., Hupert, N., and Moorthy, S. (2015). *Children's Educational Media 2010-2015: A Report to the CPB-PBS Ready to Learn Initiative.* Menlo Park, CA: SRI International and New York: Education Development Center.

Patall, E.A. (2013). Constructing motivation through choice, interest, and interestingness. *Journal of Educational Psychology, 105*(2), 522-534. doi: 10.1037/a0030307.

Patall, E.A., Cooper, H., and Robinson, J.C. (2008). The effects of choice on intrinsic motivation and related outcomes: A meta-analysis of research findings. *Psychological Bulletin, 134*(2), 270-300. doi.org/10.1037/0033-2909.134.2.270.

Patall, E.A., Cooper, H., and Wynn, S.R. (2010). The effectiveness and relative importance of choice in the classroom. *Journal of Educational Psychology, 102*(4), 896-915.

Patall, E.A., Sylvester, B.J., and Han, C.W. (2014). The role of competence in the effects of choice on motivation. *Journal of Experimental Social Psychology, 50*(1), 27-44. doi:10.1016/j.jesp.2013.09.002.

Patel, V.L., and Groen, G.J. (1991). Developmental accounts of the transition from medical student to doctor: Some problems and suggestions. *Medical Education, 25*(6), 527-535.

Patel, V.L., Groen, G.J., and Frederiksen, C.H. (1986). Differences between medical students and doctors in memory for clinical cases. *Medical Education, 20*(1), 3-9.

Pavlik, P.I. Jr., and Anderson, J.R. (2008). Using a model to compute the optimal schedule of practice. *Journal of Experimental Psychology: Applied, 14*(2), 101-117.

Pavlik, P.I. Jr., Kelly, C., and Maass, J.K. (2016). The Mobile Fact and Concept Training System (MoFaCTS). In A. Micarelli, J. Stamper, and K. Panourgia (Eds.), *Intelligent Tutoring Systems. ITS 2016. Lecture Notes in Computer Science* (Vol. 9684). Cham, Switzerland: Springer.

Peich, M.-C., Husain, M., and Bays, P.M. (2013). Age related decline of precision and binding in visual working memory. *Psychology and Aging, 28*(3), 729-743. doi:10.1037/a0033236.

Pellegrino, J.W. (2014). Assessment as a positive influence on 21st century teaching and learning: A systems approach to progress. *Psicología Educativa, 20*, 65-77.

Pennington, C.R., Heim, D., Levy, A.R., and Larkin, D.T. (2016). Twenty years of stereotype threat research: A review of psychological mediators. *PLoS One, 11*(1), 1-25. doi:10.1371/journal.pone.0146487.

Penuel, W.R., Bates, L., Gallagher, L.P., Pasnik, S., Llorente, C., Townsend, E., Hupert, N., Domínguez, X, and VanderBorght, M. (2012). Supplementing literacy instruction with a media-rich intervention: Results of a randomized controlled trial. *Early Childhood Research Quarterly, 27*(1), 115-127. doi.org/10.1016/j.ecresq.2011.07.002.

Pesce, C., Crova, C., Cereatti, L., Casella, R., and Bellucci, M. (2009). Physical activity and mental performance in preadolescents: Effects of acute exercise on free-recall memory. *Mental Health and Physical Activity, 2*(1), 16-22.

Pew Research Center. (2014). *Older Adults and Technology Use.* Available: http://www.pewinternet.org/2014/04/03/older-adults-and-technology-use [December 2017].

Phinney, J.S., and Haas, K. (2003). The process of coping among ethnic minority first-generation college freshman: A narrative approach. *The Journal of Social Psychology, 143*(6), 707-726.

Pinkard, N., Erete, S., Martin, C., and McKinney de Royston, M. (2017). Digital youth divas: Exploring narrative-driven curriculum to trigger middle school girls' interest in computational activities. *Journal of the Learning Sciences, 26*(3), 477-516. doi.org/10.1080/10508406. 2017.1307199.

Pintrich, P.R. (2000). Multiple goals, multiple pathways: The role of goal orientation in learning and achievement. *Journal of Educational Psychology, 92*(3), 544-555.

Pintrich, P.R. (2003). A motivational science perspective on the role of student motivation in learning and teaching contexts. *Journal of Educational Psychology, 95*(4), 667-686.

Poldrack, R.A. (2000). Imaging brain plasticity: Conceptual and methodological issues. *Neuroimage, 12*(1), 1-13.

Pollock, J.I. (1994). Night-waking at five years of age: Predictors and prognosis. *Journal of Child Psychology and Psychiatry and Allied Disciplines, 35*(4), 699-708.

Potter, G.G., Plassman, B.L., Helms, M.J., Foster, S.M., and Edwards, N.W. (2006). Occupational characteristics and cognitive performance among elderly male twins. *Neurology, 67*(8), 1377-1382. doi.org/10.1212/01.wnl.0000240061.51215.ed.

Potter, G.G., Helms, M.J., and Plassman, B.L. (2008). Associations of job demands and intelligence with cognitive performance among men in late life. *Neurology, 70*(19), 1803-1808. doi.org/10.1212/01.wnl.0000295506.58497.7e.

Prensky, M. (2006). *Don't Bother Me, Mom, I'm Learning!: How Computer and Video Games are Preparing Your Kids for 21st Century Success and How You Can Help!* St. Paul, MN: Paragon House.

Pressley, M., McDaniel, M.A., Turnure, J.E., Wood, E., and Ahmad, M. (1987). Generation and precision of elaboration: Effects on intentional and incidental learning. *Journal of Experimental Psychology: Learning, Memory, and Cognition, 13*(2), 291-300. doi:10.1037/0278-7393.13.2.291.

Prieto, L.P., Dlab, M.H., Gutiérrez, I., Abdulwahed, M., and Balid, W. (2011). Orchestrating technology enhanced learning: A literature review and a conceptual framework. *International Journal of Technology Enhanced Learning, 3*(6), 583-598.

Pronin, E., Puccio, C., and Ross, L. (2002). Understanding misunderstanding: Social psychological perspectives. In T. Gilovich and D. Griffin (Eds.), *Heuristics and Biases: The Psychology of Intuitive Judgment* (pp. 636-665). New York: Cambridge University Press

Purcell, K., Heaps, A., Buchanan, J., and Friedrich, L. (2013). *The Impact of Digital Tools on Student Writing and How Writing Is Taught in Schools.* Washington, DC: Pew Research Center's Internet and American Life Project.

Pyc, M.A., and Rawson, K.A. (2010). Why testing improves memory: Mediator effectiveness hypothesis. *Science, 330*(6002), 335. doi:10.1126/science.1191465.

Rader, H.B. (2002). 21st century literacy summit. *Library Hi Tech News, 19*(7), 21.

Radinsky, J., Alamar, K., and Oliva, S. (2010). Camila, the earth, and the sun: Constructing an idea as shared intellectual property. *Journal of Research in Science Teaching, 47*, 619-642.

Raemdonck, I., Gijbels, D., and van Groen, W. (2014). The influence of job characteristics and self-directed learning orientation on workplace learning. *International Journal of Training and Development, 18*(3), 188-203. doi.org/10.1111/ijtd.12028.

Rauh, V.A., and Margolis, A.E. (2016). Research review: Environmental exposures, neurodevelopment, and child mental health—new paradigms for the study of brain and behavioral effects. *Journal of Child Psychology and Psychiatry, 57*(7), 775-793. doi:10.1111/jcpp.12537.

Raviv, S., and Low, M. (1990). Influence of physical activity on concentration among junior high-school students. *Perceptual and Motor Skills, 70*(1), 67-74.

Raybourn, E.M. (2014). A new paradigm for serious games: Transmedia learning for more effective training and education. *Journal of Computational Science, 5*(3), 471-481. doi.org/10.1016/j.jocs.2013.08.005.

Raz, N., Lindenberger, U., Rodrigue, K.M., Kennedy, K.M., Head, D., Williamson, A., Dahle, C., Gerstorf, D., and Acker, J.D. (2005). Regional brain changes in aging healthy adults: General trends, individual differences and modifiers. *Cerebral Cortex, 15*(11), 1676-1689.

Raz, N., Ghisletta, P., Rodrigue, K.M., Kennedy, K.M., and Lindenberger, U. (2010). Trajectories of brain aging in middle-aged and older adults: Regional and individual differences. *Neuroimage, 51*(2), 501-511.

Rea, C.P., and Modigliani, V. (1987). The spacing effect in 4- to 9-year-old children. *Memory & Cognition, 15*(5), 436-443.

Reardon, S.F. (2011). The widening academic achievement gap between the rich and the poor: New evidence and possible explanations. In R. Murnane and G. Duncan (Eds.), *Whither Opportunity? Rising Inequality and the Uncertain Life Chances of Low-Income Children* (pp. 91-116). New York: Russell Sage Foundation Press.

Reich, J., Murnane, R., and Willett, J. (2012). The state of wiki usage in U.S. K-12 schools: Leveraging Web 2.0 data warehouses to assess quality and equity in online learning environments. *Educational Researcher, 41*(1), 7-15.

Reigosa-Crespo, V., Valdés-Sosa, M., Butterworth, B., Estévez, N., Rodríguez, M., Santos, E., and Lage, A. (2012). Basic numerical capacities and prevalence of developmental dyscalculia: The Havana survey. *Developmental Psychology, 48*(1), 123-135. doi.org/10.1037/a0025356.

Reisman, A. (2012). Reading like a historian: A document-based history curriculum intervention in urban high schools. *Cognition and Instruction, 30*, 86-112.

Renier, L.A., Anurova I., De Volder A.G., Carlson S., VanMeter J., and Rauschecker J.P. (2010). Preserved functional specialization for spatial processing in the middle occipital gyrus of the early blind. *Neuron, 68*(1), 138-148.

Renninger, K.A., and Hidi, S. (2002). Student interest and achievement: Developmental issues raised by a case study. In A. Wigfield and J.S. Eccles (Eds.), *Development of Achievement Motivation* (pp. 173-195). New York: Academic Press.

Reuter-Lorenz, P.A., and Cappell, K.A. (2008). Neurocognitive aging and the compensation hypothesis. *Current Directions in Psychological Science, 17*(3), 177-182.

Richardson, M., Abraham, C., and Bond, R. (2012). Psychological correlates of university students' academic performance: A systematic review and meta-analysis. *Psychological Bulletin, 138*(2), 353-387. doi:10.1037/a0026838.

Richlan, F. (2012). Developmental dyslexia: Dysfunction of a left hemisphere reading network. *Frontiers in Human Neuroscience, 6*, 120. doi:10.3389/fnhum.2012.00120.

Richlan, F., Kronbichler, M., and Wimmer, H. (2009). Functional abnormalities in the dyslexic brain: A quantitative meta-analysis of neuroimaging studies. *Human Brain Mapping, 30*(10), 3299-3308. doi:10.1002/hbm.20752.

Richlan, F., Kronbichler, M., and Wimmer, H. (2013). Structural abnormalities in the dyslexic brain: A meta-analysis of voxel-based morphometry studies. *Human Brain Mapping, 34*(11), 3055-3065. doi:10.1002/hbm.22127.

Riggs, N.R., Jahromi, L.B., Razza, R.P., Dillworth, J.E., and Mueller, U. (2006). Executive function and the promotion of social-emotional competence. *Journal of Applied Developmental Psychology, 27*(4), 300-309. doi:10.1016/j.appdev.2006.04.002.

Ritter, S., Anderson, J.R., Koedinger, K, and Corbett, A. (2007). Cognitive tutor: Applied research in mathematics education. *Psychonomic Bulletin and Review, 14*(2), 249-255.

Rittle-Johnson, B. (2006). Promoting transfer: Effects of self-explanation and direct instruction. *Child Development, 77*(1), 1-15. doi:10.1111/j.1467-8624.2006.00852.x.

Rivet, A.E., and Krajcik, J.S. (2004). Achieving standards in urban systemic reform: An example of a sixth grade project-based science curriculum. *Journal of Research in Science Teaching, 41*(7), 669-692. doi:10.1002/tea.20021.

Roberts, R.E., Anderson, E.J., and Husain, M. (2013). White matter microstructure and cognitive function. *The Neuroscientist, 19*(1), 8-15.

Roediger, H.L. (1980). Memory metaphors in cognitive psychology. *Memory & Cognition, 8*(3), 231-246. doi:10.3758/bf03197611.

Roediger, H.L., and Karpicke, J.D. (2006a). Test-enhanced learning: Taking memory tests improves long-term retention. *Psychological Science, 17*(3), 249-255. doi:10.1111/j.1467-9280.2006.01693.x.

Roediger, H.L., and Karpicke, J.D. (2006b). The power of testing memory: Basic research and implications for educational practice. *Perspectives on Psychological Science, 1*(3), 181-210. doi:10.1111/j.1745-6916.2006.00012.x.

Roediger, H.L., and McDermott, K.B. (1995). Creating false memories: Remembering words not presented in lists. *Journal of Experimental Psychology: Learning, Memory, and Cognition, 21*(4), 803-814. doi:10.1037/0278-7393.21.4.803.

Rogoff, B. (2003). *The Cultural Nature of Human Development*. New York: Oxford University Press.

Rogoff, B. (2015). Human teaching and learning involve cultural communities, not just individuals. *Behavioral and Brain Sciences, 38*, e60. doi:10.1017/S0140525X14000818.

Rogoff, B. (2016). Culture and participation: A paradigm shift. *Current Opinion in Psychology, 8*, 182-189. doi:10.1016/j.copsyc.2015.12.002.

Rogoff, B., and Chavajay, P. (1995). What's become of research on the cultural basis of cognitive development. *American Psychologist, 50*(10), 859-877.

Rohrer, D. (2012). Interleaving helps students distinguish among similar concepts. *Educational Psychology Review, 24*(3), 355-367. doi:10.1007/s10648-012-9201-3.

Rohrer, D., Dedrick, R.F., and Stershic, S. (2015). Interleaved practice improves mathematics learning. *Journal of Educational Psychology, 107*(3), 900-908. doi:10.1037/edu0000001.

Rojewski, J.W. (1999). Occupational and educational aspirations and attainment of young adults with and without LD 2 years after high school completion. *Journal of Learning Disabilities, 32*(6), 533-552.

Rojewski, J.W., Lee, I.H., and Gregg, N. (2014). Intermediate work outcomes for adolescents with high-incidence disabilities. *Career Development and Transition for Exceptional Individuals, 37*(2), 106-118. doi.org/10.1177/2165143412473352.

Rojewski, J.W., Lee, I.H., and Gregg, N. (2015). Causal effects of inclusion on postsecondary education outcomes of individuals with high-incidence disabilities. *Journal of Disability Policy Studies, 25*(4), 210-219. doi.org/10.1177/1044207313505648.

Rosch, E., and Mervis, C.B. (1975). Family resemblance: Studies in the internal structure of categories. *Cognitive Psychology, 7*(4), 573-605. doi.org/10.1016/0010-0285(75)90024-9.

Roschelle, J. (1992). Learning by collaborating: Convergent conceptual change. *The Journal of the Learning Sciences, 2*(3), 235-276.

Roschelle, J., Shechtman, N., Tatar, D., Hegedus, S., Hopkins, B., Empson, S., Knudsen, J., and Gallagher, L. (2010). Integration of technology, curriculum, and professional development for advancing middle school mathematics: Three large-scale studies. *American Educational Research Journal, 44*(4), 833-878.

Roschelle, J., Feng, M., Murphy, R.F., and Mason, C.A. (2016). Online mathematics homework increases student achievement. *AERA Open, 2*(4), 1-12.

Roscoe, R.D., and Chi, M.T.H. (2007). Understanding tutor learning: Knowledge-building and knowledge-telling in peer tutors' explanations and questions. *Review of Educational Research, 77*(4), 534-574. doi:10.3102/0034654307309920.

Rosen, Y., and Rimor, R. (2009). Using collaborative database to enhance students' knowledge construction. *Interdisciplinary Journal of E-Learning and Learning Objects, 5*, 187-195. Available: http://www.ijello.org/Volume5/IJELLOv5p187-195Rosen671.pdf [December 2017].

Rosenshine, B., Meister, C., and Chapman, S. (1996). Teaching students to generate questions: A review of the intervention studies. *Review of Educational Research, 66*(2), 181-221.

Ross, J.A., and Starling, M. (2008). Self-assessment in a technology supported environment: The case of grade 9 geography. *Assessment in Education, 15*(2), 183-199.

Ross, J.A., Hogaboam-Gray, A., and Rolheiser, C. (2002). Student self-evaluation in grade 5-6 mathematics: Effects on problem-solving achievement. *Educational Assessment, 8*(1), 43-58. doi.org/10.1207/S15326977EA0801_03.

Rouiller, J.Z., and Goldstein, I.L. (1993). The relationship between organizational transfer climate and positive transfer of training. *Human Resource Development Quarterly, 4*(4), 377-390. doi.org/10.1002/hrdq.3920040408.

Rowe, J.W., and Kahn, R.L. (1987). Human aging: Usual and successful. *Science, 237*(4811), 143-149. doi:10.1126/ science.3299702.

Ruiz-Primo, M.A., and Li, M. (2013). Examining formative feedback in the classroom context: New research perspectives. In J.H. McMillan (Ed.), *SAGE Handbook of Research on Classroom Assessment* (pp. 215-231). New York: SAGE.

Ryan, R.M., and Deci, E.L. (2000). Intrinsic and extrinsic motivations: Classic definitions and new directions. *Contemporary Educational Psychology, 25*(1), 54-67. doi:10.1006/ceps.1999.1020.

Sabatini, J.P., Sawaki, Y., Shore, J.R., and Scarborough, H.S. (2010). Relationships among reading skills of adults with low literacy. *Journal of Learning Disabilities, 43*(2), 122-138.

Sadoski, M., and Paivio, A. (2001). *Imagery and Text: A Dual Coding Theory Reading and Writing*. New York: Lawrence Erlbaum Associates.

Saffran, J.R., Aslin, R.N., and Newport, E.L. (1996). Statistical learning by 8-month-old infants. *Science, 274*(5294), 1926-1928.

Salas, E., Cooke, N.J., and Rosen, M.A. (2008). On teams, teamwork, and team performance: Discoveries and developments. *Human Factors, 50*(3), 540-548.

Salthouse, T.A. (2009). When does age-related cognitive decline begin? *Neurobiology of Aging, 30*(4), 507-514. doi:10.1016/j.neurobiolaging.2008.09.023.

Salthouse, T.A. (2010). *Major Issues in Cognitive Aging*. New York: Oxford University Press.

Sana, F., Weston, T., and Cepeda, N.J. (2013). Laptop multitasking hinders classroom learning for both users and nearby peers. *Computers and Education, 62*, 24-31. doi:10.1016/j.

compedu.2012.10.003.
Sandoval, W.A., and Reiser, B.J. (2004). Explanation-driven inquiry: Integrating conceptual and epistemic scaffolds for scientific inquiry. *Science Education, 88*(3), 345-372.
Saxe, G.B. (2012a). Approaches to reduction in treatments of culture-cognition relations: Affordances and limitations. Commentary on Gauvain and Munroe. *Human Development, 55*, 233-242. doi:10.1159/000341975.
Saxe, G.B. (2012b). *Cultural Development of Mathematical Ideas: Papua New Guinea Studies.* New York: Cambridge University Press.
Scardamalia, M., and Bereiter, C. (1993). Computer support for knowledge-building communities. *Journal of the Learning Sciences, 3*(3), 265-283.
Scardamalia, M., and Bereiter, C. (2006). Knowledge building: Theory, pedagogy, and technology. In K. Sawyer (Ed.), *Cambridge Handbook of the Learning Sciences* (pp. 97-118). New York: Cambridge University Press.
Schacter, D.L., Koutstaal, W., and Norman, K.A. (1997). False memories and aging. *Trends in Cognitive Sciences, 1*(6), 229-236.
Schacter, D.L., Gaesser, B., and Addis, D.R. (2013). Remembering the past and imagining the future in the elderly. *Gerontology, 59*(2), 143-151.
Schapiro, A.C., and Turk-Browne, N.B. (2015). Statistical learning. In A.W. Toga and R.A. Poldrack (Eds.), *Brain Mapping: An Encyclopedic Reference* (pp. 501-506). London, UK: Academic Press.
Schedlowski, M., Enck, P., Rief, W., and Bingel, U. (2015). Neuro-bio-behavioral mechanisms of placebo and nocebo responses: Implications for clinical trials and clinical practice. *Pharmacological Reviews, 67*(3), 697-730. doi:10.1124/pr.114.009423.
Schiefele, U. (2009). Situational and individual interest. In K.R. Wentzel and A. Wigfield (Eds.), *Handbook of Motivation in School* (pp. 197-223). New York: Taylor Francis.
Schlichting, M.L., and Preston, A.R. (2015). Memory integration: Neural mechanisms and implications for behavior. *Current Opinion in Behavioral Sciences, 1*, 1-8. doi.org/10.1016/j.cobeha.2014.07.005.
Schmader, T., and Johns, M. (2003). Converging evidence that stereotype threat reduces working memory capacity. *Journal of Personality and Social Psychology, 85*(3), 440-452.
Schmader, T., Johns, M., and Forbes, C. (2008). An integrated process model of stereotype threat effects on performance. *Psychological Review, 115*(2), 336-356. doi.org/10.1037/0033-295X.115.2.336.
Schmeck, A., Mayer, R.E., Opfermann, M., Pfeiffer, V., and Leutner, D. (2014). Drawing pictures during learning from scientific text: Testing the generative drawing effect and the prognostic drawing effect. *Contemporary Educational Psychology, 39*(4), 275-286. doi:10.1016/j.cedpsych.2014.07.003.
Schmidt, R.A., and Bjork, R.A. (1992). New conceptualizations of practice: Common principles in three paradigms suggest new concepts for training. *Psychological Science, 3*(4), 207-217.
Schneps, M.H., Rose, L.T. and Fischer, K.W. (2007). Visual learning and the brain: Implications for dyslexia. *Mind, Brain, and Education, 1*(3), 128-139. doi:10.1111/j.1751-228X.2007.00013.x.
Scholz, J., Klein, M.C., Behrens, T.E.J., and Johansen-Berg, H. (2009). Training induces changes in white matter architecture. *Nature Neuroscience, 12*(11), 1370-1371.
Schoorman, F.D., and Schneider, B. (1988). Integration and overview of the research on work facilitation. In F.D. Schoorman and B. Schneider (Eds.), *Facilitating Work Effectiveness* (pp. 215-230). Lexington, MA: Lexington Books/D.C. Heath and Company.

Schraw, G., and Lehman, S. (2001). Situational interest: A review of the literature and directions for future research. *Educational Psychology Review, 13*(1), 23-52. doi:10.1023/A:1009004801455.

Schraw, G., Bruning, R., and Svoboda, C. (1995). Sources of situational interest. *Journal of Reading Behavior, 27*(1), 1-17. Available: http://journals.sagepub.com/doi/pdf/10.1080/10862969509547866 [December 2017].

Schulz, M., and Stamov Roßnagel, C. (2010). Informal workplace learning: An exploration of age differences in learning competence. *Learning and Instruction, 20*(5), 383-399. doi.org/10.1016/j.learninstruc.2009.03.003.

Schultz, W.P., Nolan, J.M., Cialdini, R.B., Goldstein, N.J., and Griskevicius, V. (2007). The constructive, destructive, and reconstructive power of social norms. *Psychological Science, 18*(5), 429-434.

Schunk, D.H., and Cox, P.D. (1986). Strategy training and attributional feedback with learning disabled students. *Journal of Educational Psychology, 78*(3), 201-209. doi.org/10.1037/0022-0663.78.3.201.

Schwamborn, A., Mayer, R.E., Thillmann, H., Leopold, C., and Leutner, D. (2010). Drawing as a generative activity and drawing as a prognostic activity. *Journal of Educational Psychology, 102*(4), 872-879. doi:10.1037/a0019640.

Schwartz, D.L. (1995). The emergence of abstract dyad representations in dyad problem solving. *The Journal of the Learning Sciences, 4*(3), 321-354. doi.org/10.1207/s15327809jls0403_3.

Schwartz, D.L., Martin, T., and Pfaffman, J. (2005). How mathematics propels the development of physical knowledge. *Journal of Cognition and Development, 6*(1), 65-88. doi 10.1207/s15327647jcd0601_5.

Schyns, P.G., Goldstone, R.L., and Thibaut, J.-P. (1998). The development of features in object concepts. *Behavioral and Brain Sciences, 21*, 1-54.

Seabrook, R., Brown, G.D.A., and Solity, J.E. (2005). Distributed and massed practice: From laboratory to classroom. *Applied Cognitive Psychology, 19*(1), 107-122. doi:10.1002/acp.1066.

Seehagen, S., Konrad, C., Herbert, J.S., and Schneider, S. (2015). Timely sleep facilitates declarative memory consolidation in infants. *Proceedings of the National Academy of Sciences of the United States of America, 112*(5), 1625-1629.

Seel, N.M. (2012). *Encyclopedia of the Sciences of Learning*. Boston, MA: Springer.

Segall, M.H., Campbell, D.T., and Herskovits, M.J. (1966). *The Influence of Culture on Visual Perception*. Indianapolis, IN: Bobbs-Merrill Company.

Senko, C., Hulleman, C.S., and Harackiewicz, J.M. (2011). Achievement goal theory at the crossroads: Old controversies, current challenges, and new directions. *Educational Psychologist, 46*(1), 26-47. doi:10.1080/00461520.2011.538646.

Serpell, R., and Boykin, A.W. (1994). Cultural dimensions of cognition: A multiplex, dynamic system of constraints and possibilities. In R.J. Sternberg (Ed.), *Thinking and Problem Solving* (pp. 235-258). San Diego, CA: Academic Press.

Serpell, R., and Boykin, A.W. (1994). Cultural dimensions of cognition: A multiplex, dynamic system of constraints and possibilities. In R.J. Sternberg (Ed.), *Handbook of Perception and Cognition, Vol. 12: Thinking and Problem Solving* (pp. 369-408). San Diego, CA: Academic Press.

Serpell, Z.N., Boykin, A.W., Madhere, S., and Nasim, A. (2006). The significance of contextual factors in African American students' transfer of learning. *Journal of Black Psychology, 32*(4), 418-441.

Shaffer, D.W. (2007). *How Computer Games Help Children Learn*. New York: Palgrave.

Shaffer D.W., Hatfield D., Svarovsky G.N., Nash P., Nulty A., Bagley E., Frank, K., Rupp, A.A., and Mislevy, R. (2009). Epistemic network analysis: A prototype for 21st-century assessment of learning. *International Journal of Learning and Media, 1*(2), 33-53. doi:10.1162/ijlm.2009.0013.

Shah, J.Y., and Kruglanski, A.W. (2000). Aspects of goal networks: Implications for self-regulation. In M. Boekaerts, P.R. Pintrich, and M. Zeidner (Eds.), *Handbook of Self-Regulation* (pp. 85-110). San Diego, CA: Academic Press.

Shim, S.S., Ryan, A.M., and Anderson, C.J. (2008). Achievement goals and achievement during early adolescence: Examining time-varying predictor and outcome variables in growth-curve analysis. *Journal of Educational Psychology, 100*(3), 655-671. doi.org/10.1037/0022-0663.100.3.655.

Shute, V. (2008). Focus on formative feedback. *Review of Educational Research, 78*(1), 153-189.

Shute, V.J., and Ventura, M. (2013). *Measuring and Supporting Learning in Games: Stealth Assessment*. Cambridge, MA: The MIT Press.

Siadaty, M., Gašević, D., Jovanović, J., Pata, K., Milikić, N., Holocher-Ertl, T., Jeremić, Z., Ali, L., Giljanović, A., and Hatala, M. (2012). Self-regulated workplace learning: A pedagogical framework and semantic web-based environment. *Educational Technology and Society, 15*(4), 75-88.

Sibley, B.A., and Etnier, J.L. (2003). The relationship between physical activity and cognition in children: A metaanalysis. *Pediatric Exercise Science, 15*(3), 243-256. doi.org/10.1123/pes.15.3.243.

Siemens, G., Gaševi , D., and Dawson, S. (2015*). Preparing for the Digital University: A Review of the History and Current State of Distance, Blended, and Online Learning*. Available: http://linkresearchlab.org/PreparingDigitalUniversity.pdf [December 2017].

Silveri, M.M. (2012). Adolescent brain development and underage drinking in the United States: Identifying risks of alcohol use in college populations. *Harvard Review of Psychiatry, 20*(4), 189-200.

Simone, P.M., Bell, M.C., and Cepeda, N.J. (2012). Diminished but not forgotten: Effects of aging on magnitude of spacing effect benefits. *Journals of Gerontology Series B: Psychological Sciences and Social Sciences, 68*(5), 674-680. doi:10.1093/geronb/gbs096.

Siuda-Krzywicka, K., Bola, L., Paplińska, M., Sumera, E., Jednoróg, K., Marchewka, A., Śilwińska, M.W., Amedi, A., and Szwed, M. (2016). Massive cortical reorganization in sighted Braille readers. *eLife,* 5, e10762. http://doi.org/10.7554/eLife.10762.

Slavin, R.E. (2008). Perspectives on evidence-based research in education: What works? *Educational Researcher, 37*(1), 5-14. doi:10.3102/0012189X08314117.

Slavin, R.E. (2016). *Educational Psychology: Theory and Practice*. London: Pearson.

Slavin, R.E., and Lake, C. (2008). Effective programs in elementary mathematics: A best-evidence synthesis. *Review of Educational Research, 78*(3), 427-515. doi.org/10.3102/0034654308317473.

Smedley, A., and Smedley, B.D. (2005). Race as biology is fiction, racism as a social problem is real: Anthropological and historical perspectives on the social construction of race. *American Psychologist, 60*(1), 16-26.

Smeyers, P., and Depaepe, M. (2013). Making sense of the attraction of psychology: On the strengths and weaknesses for education and educational research. In P. Smeyers and M. Depaepe (Eds.), *Educational Research: The Attraction of Psychology* (pp. 1-10). Dordrecht,

The Netherlands: Springer.
Smith, M.K., Wood, W.B., Krauter, K., and Knight, J.K. (2011). Combining peer discussion with instructor explanation increases student learning from in-class concept questions. *CBE-Life Sciences Education, 10*(1), 55-63. doi:10.1187/cbe.10-08-0101.
Smith-Spark, J.H., and Fisk J.E. (2007). Working memory functioning in developmental dyslexia. *Memory, 15*(1), 34-56. doi:10.1080/09658210601043384.
Snow, R.E. (1989). Cognitive-conative aptitude interactions in learning. In R. Kanfer, P.L. Ackerman, and R. Cudeck (Eds.), *Abilities, Motivation, and Methodology: The Minnesota Symposium on Learning and Individual Differences* (pp. 435-474). Hillsdale, NJ: Lawrence Erlbaum Associates.
Snowling, M.J., and Hulme, C. (2012). Annual research review: The nature and classification of reading disorders—a commentary on proposals for DSM-5. *Journal of Child Psychology and Psychiatry, 53*(5), 593-607. doi:10.1111/j.1469-7610.2011.02495.x.
Sobel, H.S., Cepeda, N.J., and Kapler, I.V. (2011). Spacing effects in real-world classroom vocabulary learning. *Applied Cognitive Psychology, 25*(5), 763-767. doi:10.1002/acp.1747.
Songer, N., Kelcey, B., and Gotwals, A. (2009). How and when does complex reasoning occur? Empirically driven development of a learning progression focused on complex reasoning about biodiversity. *Journal for Research in Science Teaching, 46*(6), 610-631.
Sonnentag, S., and Lange, I. (2002). The relationship between high performance and knowledge about how to master cooperative situations. *Applied Cognitive Psychology, 16*, 491-508. Available: https://pdfs.semanticscholar.org/f850/d8a0f6155107149d92edaded7f7cede442c3.pdf [December 2017].
Sottilare, R., Graesser, A., Hu, X., and Goldberg, B. (Eds.). (2014). *Design Recommendations for Intelligent Tutoring Systems* (Vol. 2). Orlando, FL: U.S. Army Research Laboratory. Available: http://ict.usc.edu/pubs/Intelligent%20Tutoring%20Support%20for%20Learners%20Interacting%20with%20Virtual%20Humans.pdf [December 2017].
Spelke, E.S. (2004). Core knowledge. In N. Kanwisher and J. Duncan (Eds.), *Attention and Performance* (Vol. 20). Oxford, UK: Oxford University Press.
Spelke, E.S., and Kinzler, K.D. (2007). Core knowledge. *Developmental Science, 10*(1), 89-96.
Spencer, J.A. (1999). Learner centered approaches in medical education. *British Medical Journal, 318*, 1280-1283. doi.org/10.1136/bmj.318.7193.1280.
Spencer, S.J., Steele, C.M., and Quinn, D.M. (1999). Stereotype threat and women's math performance. *Journal of Experimental Social Psychology, 35*(1), 4-28. doi:10.1006/jesp.1998.1373.
Spencer, W.D., and Raz, N. (1995). Differential effects of aging on memory for content and context: A meta-analysis. *Psychology and Aging, 10*(4), 527-539.
Spilsbury, J.C., Storfer-Isser, A., Drotar, D., Rosen, C.L., Kirchner, L.H., Benham, H., and Redline, S. (2004). Sleep behavior in an urban U.S. sample of school-aged children. *Archives of Pediatrics and Adolescent Medicine, 158*(10), 988-994.
Sporns, O. (2011). *Networks of the Brain*. Cambridge, MA: MIT Press.
Spreng, R.N., Wojtowicz, M., and Grady, C.L. (2010). Reliable differences in brain activity between young and old adults: A quantitative meta-analysis across multiple cognitive domains. *Neuroscience and Biobehavioral Reviews, 34*, 1178-1194.
Squire, K. (2011). *Video Games and Learning: Teaching and Participatory Culture in the Digital Age. Technology, Education—Connections (the TEC series)*. New York: Teachers College Press.

Stark, S.M., Yassa, M.A., and Stark, C.E. (2010). Individual differences in spatial pattern separation performance associated with healthy aging in humans. *Learning & Memory, 17*(6), 284-288.

Steele, C.M. (1997). A threat in the air: How stereotypes shape intellectual identity and performance. *American Psychologist, 52*(6), 613-629.

Steele, C.M., and Aronson, J. (1995). Stereotype threat and the intellectual test performance of African Americans. *Journal of Personality and Social Psychology, 69*(5), 797-811.

Steele, C.M., Spencer, S.J., and Aronson, J. (2002). Contending with group image: The psychology of stereotype and social identity threat. In M. Zanna (Ed.), *Advances in Experimental Social Psychology* (vol. 34, pp. 379-440). New York: Academic Press.

Stephens, N.M., Fryberg, S.A., Markus, H.R., Johnson, C.S., and Covarrubias, R. (2012). Unseen disadvantage: How American universities' focus on independence undermines the academic performance of first-generation college students. *Journal of Personality and Social Psychology, 102*(6), 1178-1197. doi:10.1037/a0027143.

Sternberg, R.J. (2004). Culture and intelligence. *American Psychologist, 59*(5), 325-338. doi.org/10.1037/0003-066X.59.5.325.

Stiles, J., and Jernigan, T.L. (2010). The basics of brain development. *Neuropsychology Review, 20*(4), 327-348. doi.org/10.1007/s11065-010-9148-4.

Stine-Morrow, E.A.L., Parisi, J.M., Morrow, D.G., and Park, D.C. (2008). The effects of an engaged lifestyle on cognitive vitality: A field experiment. *Psychology and Aging, 23*(4), 778-786. doi.org/10.1037/a0014341.

Stoel, G.L., van Drie, J.P., and van Boxtel, C.A.M. (2015). Teaching towards historical expertise. Developing a pedagogy for fostering causal reasoning in history. *Journal of Curriculum Studies, 47*, 49-76.

Stroth, S., Kubesch, S., Dieterle, K., Ruchsow, M., Heim, R., and Kiefer, M. (2009). Physical fitness, but not acute exercise modulates event-related potential indices for executive control in healthy adolescents. *Brain Research*, 1269, 114-124. doi:10.1016/j.brainres.2009.02.073.

Sue, S., and Dhindsa, M.K. (2006). Ethnic and racial health disparities research: Issues and problems. *Health Education and Behavior, 33*(4), 459-469. doi.org/10.1177/1090198106287922.

Super, C.M., and Harkness, S. (1986). The developmental niche: A conceptualization at the interface of child and culture. *International Journal of Behavioral Development, 9*(4), 545-569.

Super, C.M., and Harkness, S. (2010). Culture and infancy. In J.G. Bremner and T.D. Wachs (Eds.), *The Wiley-Blackwell Handbook of Infant Development* (2nd ed., vol. 1). Oxford: Blackwell.

Swanson, H.L. (1999). Reading research for students with LD: A meta-analysis in intervention outcomes. *Journal of Learning Disabilities, 32*(6), 504-532. doi:10.1177/002221949903200605.

Swanson, H.L. (2000). Searching for the best cognitive model for instructing students with learning disabilities: A component and composite analysis. *Educational and Child Psychology, 17*(3), 101-121.

Swanson, H.L. (2012). Adults with reading disabilities: Converting a meta-analysis to practice. *Journal of Learning Disabilities, 45*(1), 17-30. doi.org/10.1177/0022219411426856.

Swanson, H.L. (2016, unpublished). *Learning Disabilities*. Paper commissioned by the Committee on the Science of Practice and Learning, National Academies of Sciences, Engineering, and Medicine, Washington, DC.

Swanson, H.L., and Hsieh, C. (2009). Reading disabilities in adults: A selective meta-analysis of the literature. *Review of Educational Research, 79*(4), 1362-1390.

Swanson, H.L., Hoskyn, M., and Lee, C. (1999). *Interventions for Students with Learning Disabilities: A Meta-analysis of Treatment Outcomes*. New York: Guilford Press.

Swartout, W., Artstein, R., Forbell, E., Foutz, S., Lane, H.C., Lange, B., Morie, J.F., Rizzo, A. S., and Traum, D. (2013). Virtual humans for learning. *AI Magazine, 34*(4), 13-30.

Swartout, W., Nye, B.D., Hartholt, A., Reilly, A., Graesser, A.C., VanLehn, K.,Wetzel, J., Liewer, M., Morbini, F., Morgan, B. Wang, L., Benn, G., and Rosenberg, M. (2016). Designing a personal assistant for life-long learning (PAL3). In *Proceedings of the 29th International Florida Artificial Intelligence Research Society Conference, FLAIRS 2016* (pp. 491-496). Palo Alto, CA: AAAI Press.

Swisher, K. (1990). Cooperative learning and the education of American Indian/Alaskan Native Students: A review of the literature and suggestions for implementation. *Journal of American Indian Education, 29*, 2, 36-43.

Tadmor, C.T., Chao, M.M., Hong, Y.Y., and Polzer, J.T. (2013). Not just for stereotyping anymore: Racial essentialism reduces domain-general creativity. *Psychological Science, 24*(1), 99-105. doi:10.1177/0956797612452570.

Tait, A.R., Voepel-Lewis, T., Chetcuti, S.J., Brennan-Martinez, C., and Levine, R. (2014). Enhancing patient understanding of medical procedures: Evaluation of an interactive multimedia program with in-line exercises. *International Journal of Medical Informatics, 83*(5), 376-384.

Tajfel, H., and Turner, J.C. (1979). An integrative theory of intergroup conflict. In W.G. Austin, and S. Worchel (Eds.), *The Social Psychology of Intergroup Relations* (pp. 33-37). Monterey, CA: Brooks/Cole.

Tang, M., Fouad, N.A., and Smith, P.L. (1999). Asian Americans' career choices: A path model to examine factors influencing their career choices. *Journal of Vocational Behavior, 54*(1), 142-157. doi.org/10.1006/jvbe.1998.1651.

Tannenbaum, S.I. (1997). Enhancing continuous learning: Diagnostic findings from multiple companies. *Human Resource Management, 36*(4), 437-452. doi.org/10.1002/(SICI)1099-050X(199724)36:4<437::AID-HRM7>3.0.CO;2-W.

Tannenbaum, S.I., Beard, R.L., McNall, L.A., and Salas, E. (2010). Informal learning and development in organizations. In S W.J. Kozlowski and E. Salas (Eds.), *Learning, Training, and Development in Organizations* (pp. 303-331). New York: Routledge/Taylor and Francis Group.

Taras, H. (2005). Nutrition and student performance at school. *Journal of School Health, 75*(6), 199-213.

Tate, W. (2001). Science education as a civil right: Urban schools and opportunity-to-learn considerations. *Journal of Research in Science Teaching, 38*(9), 1015-1028.

Tauber, S.K., Dunlosky, J., Rawson, K.A., Wahlheim, C.N., and Jacoby, L.L. (2013). Self-regulated learning of a natural category: Do people interleave or block exemplars during study? *Psychonomic Bulletin & Review, 20*, 356-363.

Taylor, S.E., and Brown, J.D. (1988). Illusion and well-being: A social psychological perspective on mental health. *Psychological Bulletin, 103*(2), 193-201.

Tenenbaum, J.B., Kemp, C., Griffiths, T.L., and Goodman, N.D. (2011). How to grow a mind: Statistics, structure, and abstraction. *Science, 331*(6022), 1279-1285.

Thomas, J.W. (2000). *A Review of Research on Project-based Learning*. Available: http://www.bie.org/images/uploads/general/9d06758fd346969cb63653d00dca55c0.pdf [December 2017].

Thompson, G. (1990). How can correspondence-based distance education be improved?: A survey of attitudes of students who are not well disposed toward correspondence study. *International Journal of E-Learning and Distance Education, 5*(1), 53-65.

Thorell, L.B., Lindqvistm, S., Bergmanm, N., Bohlinm, G., and Klingberg, T. (2009). Training and transfer effects of executive functions in preschool children. *Developmental Science, 12*(1),

106-113. doi:10.1111/j.1467-7687.2008.00745.x.

Thorndyke, P.W., and Hayes-Roth, B. (1982). Differences in spatial knowledge acquired from maps and navigation. *Cognitive Psychology, 14*, 560-589.

Thrasher, C., and LoBue, V. (2016). Do infants find snakes aversive? Infants' psychological responses to "fear-relevant" stimuli. *Journal of Experimental Child Psychology, 142*, 382-390. doi: 10.1016/j.jecp.2015.09.013.

Tindall-Ford, S., Chandler, P., and Sweller, J. (1997). When two sensory modes are better than one. *Journal of Experimental Psychology: Applied, 3*(4), 257-287. doi.org/10.1037/1076-898X.3.4.257.

Tobias, S., and Fletcher, J.D. (2011). *Computer Games and Instruction*. Charlotte, NC: Information Age.

Tomasello, M. (2001). *The Cultural Origins of Human Cognition*. Cambridge, MA: Harvard University Press.

Tomasello, M. (2008). *Origins of Human Communication*. Cambridge, MA: MIT Press.

Tomasello, M. (2016). Cultural learning redux. *Child Development, 87*(3), 643-653.

Tomporowski, P.D., and Ellis, N.R. (1984). Preparing severely and profoundly mentally retarded adults for tests of motor fitness. *Adapted Physical Activity Quarterly, 1*(2), 158-163.

Tomporowski, P.D., and Ellis, N.R. (1985). The effects of exercise on the health, intelligence, and adaptive behavior of institutionalized severely and profoundly mentally retarded adults: A systematic replication. *Applied Research in Mental Retardation, 6*(4), 465-473.

Tomporowski, P.D., Lambourne, K., and Okumura, M.S. (2011). Physical activity interventions and children's mental function: An introduction and overview. *Preventive Medicine, 52*(Suppl. 1), S3-S9. doi:10.1016/j.ypmed.2011.01.028.

Topping, K. (2013). Peers as a source of formative and summative assessment. In J. McMillan (Ed.), *SAGE Handbook of Research on Classroom Assessment* (pp. 395-412). New York: SAGE.

Toppino, T.C. (1991). The spacing effect in young children's free recall: Support for automatic-process explanations. *Memory & Cognition, 19*(2), 159-167.

Toppino, T.C., Hara, Y., and Hackman, J. (2002). The spacing effect in the free recall of homogeneous lists: Present and accounted for. *Memory & Cognition, 30*(4), 601-606.

Treisman U. (1992). Studying students studying calculus: A look at the lives of minority mathematics students in college. *The College Mathematics Journal, 23*(5), 362-372. doi:10.2307/2686410.

Tulving, E., and Thomson, D.M. (1973). Encoding specificity and retrieval processes in episodic memory. *Psychological Review, 80*(5), 352-373. doi:10.1037/h0020071.

Turner, G.R., and Spreng, R.N. (2012). Executive functions and neurocognitive aging: Dissociable patterns of brain activity. *Neurobiology of Aging, 33*, 826.e1-826.e13.

Tyler, K.M., Boykin, A.W., and Walton, T.R. (2006). Cultural considerations in teachers' perceptions of student classroom behavior and achievement. *Teaching and Teacher Education, 22*(8), 998-1005. doi.org/10.1016/j.tate.2006.04.017.

Tynjala, P. (2008). Perspectives into learning at the workplace. *Educational Research Review, 3*(2), 130-154.

Urdan, T., Midgley, C., and Anderman, E.M. (1998). The role of classroom goal structure in students' use of self-handicapping strategies. *American Educational Research Journal, 35*(1), 101-122. doi:10.3102/00028312035001101.

U.S. Department of Commerce, National Telecommunications and Information Administration. (2014). *Exploring the Digital Nation: Embracing the Mobile Internet*. Available: https://www.ntia.doc.gov/files/ntia/publications/exploring_the_digital_ nation_embracing_the_ mobile_internet_10162014.pdf [December 2017].

U.S. Department of Education. (1992). *Fourteenth Annual Report to Congress on the Implementation of the Individuals with Disabilities Education Act.* Washington, DC: U.S. Government Printing Office.

U.S. Department of Education. (1999). *1992 National Adult Literacy Survey: An Overview.* Working Paper No. 1999-09a. Available: https://nces.ed.gov/pubs99/199909a.pdf [July 2018].

U.S. Department of Education. (2001). *No Child Left Behind Act of 2001.* Washington, DC: Author. Available: http://www2.ed.gov/policy/elsec/leg/esea02/index.html [December 2017].

U.S. Department of Education. (2010). *Beyond the Bubble Tests: The Next Generation of Assessments—Secretary Arne Duncan's Remarks to State Leaders at Achieve's American Diploma Project Leadership Team Meeting.* Available: http://www.ed.gov/news/speeches/beyond-bubble-tests-next-generation-assessments-secretary-arne-duncans-remarks-state-leaders-achieves-american-diploma-project-leadership-team-meeting [December 2017].

U.S. Department of Education. (2016). *Section 1: Engaging and Empowering Learning Through Technology.* Available: https://tech.ed.gov/netp/learning [December 2017].

U.S. Department of Education, and Office of Educational Technology. (2016). *Future Ready Learning: Reimagining the Role of Technology in Education.* Available: https://tech.ed.gov/files/2015/12/NETP16.pdf [December 2017].

U.S. Department of Health and Human Services, and Administration for Children and Families (2010). *Head Start Impact Study.* Final Report. Washington, DC: Author. Available: https://www.acf.hhs.gov/sites/default/files/opre/hs_impact_study_final.pdf [December 2017].

Valle, C. (2015). Effects of criteria-referenced formative assessment on achievement in music. Doctoral dissertation. University at Albany—SUNY.

Van der Kleij, F.M., Feskens, R.C., and Eggen, T.J.H.M. (2015). Effects of feedback in a computer-based learning environment on students' learning outcomes: A meta-analysis. *Review of Educational Research, 85*(4), 475-511.

van Geldorp, B., Heringa, S.M., van den Berg, E., Olde Rikkert, M.G., Biessels, G.J., and Kessels, R.P. (2015). Working memory binding and episodic memory formation in aging, mild cognitive impairment, and Alzheimer's dementia. *Journal of Clinical and Experimental Neuropsychology, 37*(5), 538-548.

Van Kesteren, M.T.R., Fernández, G., Norris, D.G., and Hermans, E.J. (2010). Persistent schema-dependent hippocampal-neocortical connectivity during memory encoding and postencoding rest in humans. *Proceedings of the National Academy of Sciences of the United States of America, 107*(16), 7550-7555. doi.org/10.1073/pnas.0914892107.

Van Meter, P. (2001). Drawing construction as a strategy for learning from text. *Journal of Educational Psychology, 93*(1), 129-140. doi:10.1037/0022-0663.93.1.129.

Van Meter, P., and Garner, J. (2005). The promise and practice of learner-generated drawing: Literature review and synthesis. *Educational Psychology Review, 17*(4), 285-325. doi:10.1007/s10648-005-8136-3.

Van Meter, P., Aleksic, M., Schwartz, A., and Garner, J. (2006). Learner-generated drawing as a strategy for learning from content area text. *Contemporary Educational Psychology, 31*(2), 142-166. doi:10.1016/j.cedpsych.2005.04.001

van Zuijen, T.L., Plakas, A., Maassen, B.M., Maurits, N.M., and van der Leij, A. (2013). Infant ERPs separate children at risk of dyslexia who become good readers from those who become poor readers. *Developmental Science, 16*(4), 554-563. doi:10.1111/desc.12049.

VanLehn, K. (2011). The relative effectiveness of human tutoring, intelligent tutoring systems,

and other tutoring systems. *Educational Psychologist, 46*(4), 197-221.
VanLehn, K., Graesser, A.C., Jackson, G.T., Jordan, P., Olney, A., and Rose, C.P. (2007). When are tutorial dialogues more effective than reading? *Cognitive Science, 31*(1), 3-62.
VanLehn, K., Wetzel, J., Grover, S., and van de Sande, B. (2015). Learning how to construct models of dynamic systems: An initial evaluation of the Dragoon intelligent tutoring system. *IEEE Transactions on Educational Technology*. Available: http://ieeexplore.ieee.org/document/7374728 [December 2017]. doi:10.1109/TLT.2016.2514422.
VanLehn, K., Chung, G., Grover, S., Madni, A., and Wetzel, J. (2016). Learning science by constructing models: Can Dragoon increase learning without increasing the time required? *International Journal of Artificial Intelligence in Education, 26*(4), 1033-1068. doi:10.1007/s40593-015-0093-5.
VanSledright, B., and Limón, M. (2006). Learning and teaching social studies: A review of cognitive research in history and geography. In P.A. Alexander and P.H. Winne (Eds.), *Handbook of Educational Psychology* (pp. 545-570). Hillsdale, NJ: Erlbaum.
Vansteenkiste, M., Lens, W., Dewitte, S., De Witte, H, and Deci, E.L. (2004). The "why" and "why not" of job search behavior: Their relation to searching, unemployment experience and well-being. *European Journal of Social Psychology, 34*(3), 345-363. doi:10.1002/ejsp.202.
Vansteenkiste, M., Sierens, E., Soenens, B., Luyckx, K., and Lens, W. (2009). Motivational profiles from a self-determination perspective: The quality of motivation matters. *Journal of Educational Psychology, 101*(3), 671-688. doi.org/10.1037/a0015083.
Varga, N.L., and Bauer, P.J. (2013). Effects of delay on 6-year-old children's self-generation and retention of knowledge through integration. *Journal of Experimental Child Psychology, 115*(2), 326-341. doi:10.1016/j.jecp.2013.01.008.
Varga, N.L., Stewart, R., and Bauer, P.J. (2016). Integrating across episodes: Investigating the long-term accessibility of self-derived knowledge in 4-year-old children. *Journal of Experimental Child Psychology, 145*(1), 48-63. doi:10.1016/j.jcep.2015.11.015.
Vellutino, F.R., Fletcher, J.M., Snowling, M.J., and Scanlon, D.M. (2004). Specific reading disability (dyslexia), What have we learned in the past four decades? *Journal of Child Psychology and Psychiatry, 45*(1), 2-40. doi:10.1046/j.0021-9630.2003.00305.x.
Verhaeghen, P., and Salthouse, T.A. (1997). Meta-analyses of age-cognition relations in adulthood: Estimates of linear and nonlinear age effects and structural models. *Psychological Bulletin, 122*(3), 231-249.
Vezzali, L., Goclowska, M., Crisp, R., and Stathi, S. (2016). On the relationship between cultural diversity and creativity in education: The moderating role of communal versus divisional mindset. *Thinking Skills and Creativity, 21*, 152-157. doi:10.1016/j.tsc.2016.07.001.
Vignoles, V.L., Owe, E., Becker, M., Smith, P.B., Easterbrook, M.J., Brown, R., González, R., Didier, N., Carrasco, D., Cadena, M.P., Lay, S., Schwartz, S.J., Des Rosiers, S.E., Villamar, J.A., Gavreliuc, A., Zinkeng, M., Kreuzbauer, R., Baguma, P., Martin, M., Tatarko, A., Herman, G., de Sauvage, I., Courtois, M., Garðarsdóttir, R.B., Harb, C., Schweiger Gallo, I., Prieto Gil, P., Lorente Clemares, R., Campara, G., Nizharadze, G., Macapagal, M.E., Jalal, B., Bourguignon, D., Zhang, J., Lv, S., Chybicka, A., Yuki, M., Zhang, X., Espinosa, A., Valk, A., Abuhamdeh, S., Amponsah, B., Özgen, E., Güner, E. Ü., Yamakoğlu, N., Chobthamkit, P., Pyszczynski, T., Kesebir, P., Vargas Trujillo, E., Balanta, P., Cendales Ayala, B., Koller, S.H., Jaafar, J.L., Gausel, N., Fischer, R., Milfont, T.L., Kusdil, E., Çağlar, S., Aldhafri, S., Ferreira, M.C., Mekonnen, K.H., Wang, Q., Fülöp, M., Torres, A., Camino, L., Lemos, F.C., Fritsche, I., Möller, B., Regalia, C., Manzi, C., Brambilla, M., and Bond, M.H. (2016). Beyond the "east-west" dichotomy:

Global variation in cultural models of selfhood. *Journal of Experimental Psychology: General, 145*(8), 966-1000.

Vohs, K., and Bauminster, R.F. (Eds.). (2017). *Handbook of Self-Regulation: Research, Theory, and Applications* (3rd ed.). New York: Guilford Press.

von Károlyi, C., Winner, E., Gray, W., and Sherman, G.F. (2003). Dyslexia linked to talent: Global visual-spatial ability. *Brain and Language, 85*(3), 427-431. doi:10.1016/S0093-934X(03)00052-X.

Vosniadou, S., and Brewer, W.F. (1992). Mental models of the earth: A study of conceptual change in childhood. *Cognitive Psychology, 24*(4), 535-585. doi.org/10.1016/0010-0285(92)90018-W.

Wade, S.E., Buxton, W.M., and Kelly, M. (1999). Using think-alouds to examine reader-text interest. *Reading Research Quarterly, 34*(2), 194-216.

Wade-Stein, D., and Kintsch, E. (2004). Summary Street: Interactive computer support for writing. *Cognition and Instruction, 22*(3), 333-362.

Wagner, M., Newman, L., Cameto, R., Garza, N., and Levine, P. (2005). *After High School: A First Look at the Postschool Experiences of Youth with Disabilities.* Menlo Park, CA: SRI International. Available: https://files.eric.ed.gov/fulltext/ED494935.pdf [December 2017].

Wahlstrom, K., Dretzke, B., Gordon, M., Peterson, K., Edwards, K., and Gdula, J. (2014). *Examining the Impact of Later School Start Times on the Health and Academic Performance of High School Students: A Multi-Site Study*. Center for Applied Research and Educational Improvement. St. Paul: University of Minnesota.

Waldinger, R.J., Cohen, S., Schulz, M.S., and Crowell, J.A. (2015). Security of attachment to spouses in late life: Concurrent and prospective links with cognitive and emotional wellbeing. *Clinical Psychological Science, 3*(4), 516-529.

Walker, M.P. (2006). Sleep to remember. *American Scientist, 94*, 326-333.

Walton, G.M., and Cohen, G.L. (2011). A brief social-belonging intervention improves academic and health outcomes of minority students. *Science, 331*(6023), 1447-1451.

Walton, G.M., and Spencer, S.J. (2009). Latent ability: Grades and test scores systematically underestimate the intellectual ability of negatively stereotyped students. *Psychological Science, 20*(9), 1132-1139.

Wang, M., Burlacu, G., Truxillo, D.J., James, K., and Yao, X. (2015). Age differences in feedback reactions: The roles of employee feedback orientation on social awareness and utility. *Journal of Applied Psychology, 100*(4), 1296-1308. doi:10.1037/a0038334.

Wang, Q. (2004). The emergence of cultural self-constructs: Autobiographical memory and self-description in European American and Chinese children. *Developmental Psychology, 40*(1), 3-15.

Wang, Q. (2009). Are Asians forgetful? Perception, retention, and recall in episodic remembering. *Cognition, 111*(1), 123-131.

Wang, Q., and Conway, M.A. (2004). The stories we keep: Autobiographical memory in American and Chinese middle-aged adults. *Journal of Personality, 72*(5), 911-938.

Wang, Q., and Ross, M. (2007). Culture and memory. In H. Kitayama and D. Cohen (Eds.), *Handbook of Cultural Psychology* (pp. 645-667). New York: Guilford Press.

Wang, S., and Gathercole, S.E. (2013). Working memory deficits in children with reading difficulties: Memory span and dual task coordination. *Journal of Experimental Child Psychology, 115*(1), 188-197.

Wang, Y.-S., Wu, M.-C., and Wang, H.-Y. (2009). Investigating the determinants and age and gender differences in the acceptance of mobile learning. *British Journal of Educational*

Technology, 40(1), 92-118.

Wanzek, J., Vaughn, S., Scammacca, N.K., Metz, K., Murray, C.S., Roberts, G., and Danielson, L. (2013). Extensive reading interventions for students with reading difficulties after grade 3. *Review of Educational Research, 83*(2), 163-195. doi:10.3102/0034654313477212.

Warschauer, M., and Grimes, D. (2008). Automated writing in the classroom. *Pedagogies: An International Journal, 3*, 22-26. doi:10.1080/15544800701771580.

Warschauer, M., and Matuchniak, T. (2010). New technology and digital worlds: Analyzing evidence of equity in access, use, and outcomes. *Review of Research in Education, 34*(1), 179-219.

Wasserberg, M.J. (2014). Stereotype threat effects on African American children in an urban elementary school. *The Journal of Experimental Education, 82*(4), 502-517. doi.org/10.1080/00220973.2013.876224.

Wei, X., Yu, J.W., Shattuck, P., McCracken, M., and Blackorby, J. (2013). Science, technology, engineering, and mathematics (STEM) participation among college students with an autism spectrum disorder. *Journal of Autism and Developmental Disorders, 43*(7), 1539-1546. doi:10.1007/s10803-012-1700-z.

Wenglinsky, H. (2005). *Using Technology Wisely: The Keys to Success in Schools*. New York: Teachers College Press.

Wertsch, J.V. (1991). *Voices of the Mind: A Sociocultural Approach to Mediated Action*. Cambridge, MA: Harvard University Press.

Wheeler, M.A., Stuss, D.T., and Tulving, E. (1997). Toward a theory of episodic memory: The frontal lobes and autonoetic consciousness. *Psychological Bulletin, 121*(3), 331-354.

Whipp, J.L., and Chiarelli, S. (2004). Self-regulation in a Web-based course: A case study. *Educational Technology Research and Development, 52*(4), 5-22.

Wiesel, T.N., and Hubel, D.N. (1965). Extent of recovery from the effects of visual deprivation in kittens. *Journal of Neurophysiology, 28*(6), 1060-1072.

Wigfield, A., and Eccles, J.S. (2000). Expectancy-value theory of achievement and motivation. *Contemporary Educational Psychology, 25*(1), 68-81. https://doi.org/10.1006/ceps.1999.1015.

Wiley, J., Goldman, S., Graesser, A., Sanchez, C., Ash, I., and Hemmerich, J. (2009). Source evaluation, comprehension, and learning in Internet science inquiry tasks. *American Educational Research Journal, 46*(4), 1060-1106.

Wiliam, D. (2010). The role of formative assessment in effective learning environments. In H. Dumont, D. Istance, and F. Benavides (Eds.), *The Nature of Learning: Using Research to Inspire Practice* (pp. 135-159). Paris, France: OECD. doi.org/10.1787/9789264086487-8-en.

Wiliam, D. (2013). Feedback and instructional correctives. In J.H. McMillan (Ed.), *Handbook of Research on Classroom Assessment* (Chapter 12). Thousand Oaks, CA: SAGE. doi.org/10.4135/9781452218649.n12.

Wilkinson, I.A., and Fung, I.Y.,Y. (2002). Small-group composition and peer effects. *International Journal of Educational Research, 37*(5), 425-447.

Willcutt, E.G., Pennington, B.F., Chhabildas, N.A., Olson, R.K., and Hulslander, J.L. (2005). Neuropsychological analyses of comorbidity between RD and ADHD: In search of the common deficit. *Developmental Neuropsychology, 27*(1), 35-78.

Williams, J.J., and Lombrozo, T. (2010). The role of explanation in discovery and generalization: Evidence from category learning. *Cognitive Science, 34*(5), 776-806. doi:10.1111/j.1551-6709.2010.01113.x.

Williams, J.J., and Lombrozo, T. (2013). Explanation and prior knowledge interact to guide learning. *Cognitive Psychology, 66*(1), 55-84. doi:10.1016/j.cogpsych.2012.09.002.

Williams, D.L., Goldstein, G., and Minshew, N.J. (2006). The profile of memory function in children with autism. *Neuropsychology, 20*(1), 21-29.

Williams, J.J., Lombrozo, T., and Rehder, B. (2013). The hazards of explanation: Overgeneralization in the face of exceptions. *Journal of Experimental Psychology: General, 142*(4), 1006-1014. doi:10.1037/a0030996.

Willingham, E.B., Nissen, M.J., and Bullemer, P. (1989). On the development of procedural knowledge. *Journal of Experimental Psychology. Learning, Memory, and Cognition, 15*(6), 1047-1060.

Willis, P. (1977). *Learning to Labour.* Farnborough, UK: Saxon House.

Wilson, R.S., Krueger, K.R., Arnold, S.E., Schneider, J.A., Kelly, J.F., Barnes, L.L., Tang, Y., and Bennett, D.A. (2007). Loneliness and risk of Alzheimer disease. *Archives of General Psychiatry, 64*(2), 234-240.

Winkler-Rhoades, N., Medin, D., Waxman, S.R., Woodring, J., and Ross, N.O. (2010). Naming the animals that come to mind: Effects of culture and experience on category fluency. *Journal of Cognition and Culture, 101*(2), 205-220.

Witkow, M.R., and Fuligni, A.J. (2007). Achievement goals and daily school experiences among adolescents with Asian, Latino, and European American backgrounds. *Journal of Educational Psychology, 99*(3), 584-596. doi.org/10.1037/0022-0663.99.3.584.

Wolfson, N.E., Cavanagh, T.M., and Kraiger, K. (2014). Older adults and technology-based instruction: Optimizing learning outcomes and transfer. *Academy of Management Learning and Education, 13*(1), 26-44. doi.org/10.5465/amle.2012.0056.

Woloshyn, V.E., Paivio, A., and Pressley, M. (1994). Use of elaborative interrogation to help students acquire information consistent with prior knowledge and information inconsistent with prior knowledge. *Journal of Educational Psychology, 86*(1), 79-89. doi:10.1037/0022-0663.86.1.79.

Wolters, C.A. (2004). Advancing achievement goal theory: Using goal structures and goal orientations to predict students' motivation, cognition, and achievement. *Journal of Educational Psychology, 96*(2), 236-250. doi.org/10.1037/0022-0663.96.2.236.

Wood, W., Quinn, J.M., and Kashy, D.A. (2002). Habits in everyday life: Thought, emotion, and action. *Journal of Personality and Social Psychology, 83*(6), 1281-1297. doi:10.1037//0022-3514.83.6.1281.

Woody, W.D., Daniel, D.B., and Baker, C.A. (2010). E-books or textbooks: Students prefer textbooks. *Computers and Education, 55*(3), 945-948. doi.org/10.1016/j.compedu.2010.04.005.

Wouters, P., and van Oostendorp, H. (Eds.). (2017). *Instructional Techniques to Facilitate Learning and Motivation of Serious Games.* CITY: Switzerland: Springer International.

Wouters, P., van Nimwegen, C., van Oostendorp, H., and van der Spek, E.D. (2013). A meta-analysis of the cognitive and motivational effects of serious games. *Journal of Educational Psychology, 105*(2), 249-265.

Wu, Y.T., Prina, A.M., and Brayne, C. (2015). The association between community environment and cognitive function: A systematic review. *Social Psychiatry and Psychiatric Epidemiology, 50*(3), 351-362.

Wylie, R., and Chi, M.T.H. (2014). The self-explanation principle in multimedia learning. In R.E. Mayer (Ed.), *Cambridge Handbooks in Psychology* (2nd ed., pp. 413-432, xvii, 930). New York: Cambridge University Press.

Wylie, C., Ciofalo, J., and Mavronikolas, E. (2010). *Documenting, Diagnosing and Treating*

Misconceptions: Impact on Student Learning. Paper presentation at the annual meeting of the American Educational Research Association, Denver, CO.

Xin, Y.P., and Jitendra, A.K. (1999). The effects of instruction in solving mathematical word problems for students with learning problems: A meta-analysis. *The Journal of Special Education, 32*(4), 207-225.

Xu, D., and Jaggars, S.S. (2011a). *Online and Hybrid Course Enrollment and Performance in Washington State Community and Technical Colleges.* CCRC Working Paper No. 31. New York: Columbia University, Teachers College, Community College Research Center.

Xu, D., and Jaggars, S.S. (2011b). The effectiveness of distance education across Virginia's community colleges: Evidence from introductory college-level math and English courses. *Educational Evaluation and Policy Analysis, 33*(3), 360-377.

Yannier, N., Hudson, S.E., Wiese, E.S., and Koedinger, K.R. (2016). Adding physical objects to an interactive game improves learning and enjoyment: Evidence from EarthShake. *ACM Transaction on Computer-Human Interaction, 23*(4), Article 26:1-31.

Yarnall, L., and Haertel, G. (2016). CIRCL Primer: Evidence-Centered Design. In *CIRCL Primer Series.* Available: http://circlcenter.org/evidence-centered-design/ [July 2018].

Yeager, D.S., and Walton, G.M. (2011). Social-psychological interventions in education: They're not magic. *Review of Educational Research, 81*(2), 267-301.

Yeager, D.S., Walton, G.M., Brady, S.T., Akcinar, E.N., Paunesku, D., Keane, L., Kamentz, D., Ritter, G., Duckworth, A.L., Urstein, R., Gomez E., Markus, H.R. Cohen, G.L., and Dweck, C.S. (2016). Teaching a lay theory before college narrows achievement gaps at scale. *Proceedings of the National Academy of Sciences of the United States of America, 113*(24), E3341-E3348.

Zacks, J.M., Tversky, B., and Iyer, G. (2001). Perceiving, remembering, and communicating structure in events. *Journal of Experimental Psychology: General, 130*(1), 29-58.

Zeki, S., Romaya, J.P., Benincasa, D.M., and Atiyah, M.F. (2014). The experience of mathematical beauty and its neural correlates. *Frontiers in Human Neuroscience, 8,* 68. doi.org/10.3389/fnhum.2014.00068.

Zimmerman, B.J. (2000). Attaining self-regulation: A social cognitive perspective. In M. Boekaerts, P.R., Pintrich and M. Zeidner (Eds.), *Handbook of Self Regulation* (pp. 13-39). San Diego, CA: Academic Press.

Zimmerman, B.J. (2002). Achieving self-regulation: The trial and triumph of adolescence. In F. Pajares and T. Urdan (Eds.), *Academic Motivation of Adolescents* (vol. 2, pp. 1-27). Greenwich, CT: Information Age.

Zola, S.M., and Squire, L.R. (2000). The medial temporal lobe and the hippocampus. In E. Tulving and F.I.M. Craik (Eds.), *The Oxford Handbook of Memory* (pp. 485-500). New York: Oxford University Press.

Zusho, A., and Njoku, H. (2007). Culture and motivation to learn: Exploring the generalizability of achievement goal theory. In F. Salili and R. Hoosain (Eds.), *Culture, Motivation, and Learning: A Multicultural Perspective* (pp. 91-113). Charlotte, NC: Information Age.

Zusho, A., Pintrich, P.R., and Cortina, K.S. (2005). Motives, goals, and adaptive patterns of performance in Asian American and Anglo American students. *Learning and Individual Differences, 15*(2), 141-158. doi.org/10.1016/j.lindif.2004.11.003.

Zusho, A., Anthony, J.S., Hashimoto, N., and Robertson, G. (2014). Do video games provide motivation to learn? In F.C. Blumberg (Ed.), *Learning by Playing: Video Gaming in Education* (pp. 69-86). New York: Oxford University Press.

附录 A
《人是如何学习的》历史记录：研究与应用

《人是如何学习的：大脑、心理、经验及学校（扩展版）》（National Research Council, 2000；以下简称《人是如何学习的 I》）是两个独立委员会工作的成果。学习科学发展委员会历经两年的研究，形成了《人是如何学习的：大脑、心理、经验及学校》这一报告。为了提炼出与中小学教育最相关的知识和洞见，该委员会的任务是，对为人类学习与认知发展的当前理解作出贡献的研究领域进行研究。这项研究任务的目标是向教师、学校行政人员、家长和决策者传达学习科学领域最直接有用的进展；初始版本还包括一项研究议程，以期为美国教育部教育研究和发展办公室制定计划方向和优先资助提供指引（National Research Council, 1999b）。

《人是如何学习的》于1999年出版，随后，第二届美国国家研究理事会学习研究和教育实践委员会举办了一个研讨会，召集从业者、政策制定者和研究人员对该报告作出回应，并讨论了将教育研究转化为学校日常实践的议题，从而推动这份初始报告进入了一个重要阶段。研讨会的成果又汇成了报告《人是如何学习的：连接研究与实践》，于1999年6月出版（National Research Council, 1999c）。后来还有一份报告，侧重的是人如何学习历史、数学和科学（National Research Council, 2005）。

【296】　将头两份报告统一起来被认为是有价值的，因为二者共同揭示了在从幼儿园到十二年级（K-12）的教育场境中促进学习的重要认识，由此产生了《人是如何学习的Ⅰ》。它的出版引起了公众极大的兴趣，尤其受到从事教师培养的团队和个人的关注。事实上，《人是如何学习的Ⅰ》一直是美国国家科学院、国家工程院、国家医学院推出的最受欢迎的三大报告之一，甚至在它出版后的近二十年依然如此。

基于数十年的研究积累，《人是如何学习的Ⅰ》确立了人类认知与学习的一些关键概念，这些概念在该报告出版之时是崭新的。例如，操练（drill）和实践（practice）对学生理解和应用知识的重要性，是通过深入理解以下五个方面而提出的，包括（1）记忆与知识的结构；（2）问题解决与推理；（3）学习的早期基础；（4）元认知过程与自我调节能力；（5）符号思维何以从学习者的文化和共同体中产生（National Research Council, 2000）。

为了证明这些主题对成功学习的推进作用，《人是如何学习的Ⅰ》从专长研究的重要发现中得出结论：专家和新手的差异不仅仅表现在他们的一般能力（即记忆或智力）和对一般策略的应用上；事实上，专家已经拥得了广博的知识，这些知识会影响他们的注意点以及在其所处环境中组织、表征和理解信息的方式，而后者反过来又影响他们记忆、推理和解决问题的能力。

同样，《人是如何学习的Ⅰ》利用对于学习迁移（即把所学扩展到新的或不同境脉中）这一概念的研究，来理解学习对其他类型的学习或表现的长期影响，从文献中得出以下结论：

- 知识和技能必须拓展到最初学习它们时的狭小境脉以外，以引发深度学习。
- 学习者必须发展出一种关于知识应用（或何时使用知识）的意识。
- 当学习者知道并理解可用于不同境脉中问题背后的一般原则时，迁移最有可能发生。
- 概念性知识促进学习。
- 如果学习者注意到自己是学习者和思考者（亦即利用元认知途径来学习和教学），那么他们的学习会最成功且会自我维系。

《人是如何学习的Ⅰ》的其余部分关注儿童学习者、心智和脑发展，以及教师和教学的关键概念（例如设计的学习环境、有效教学的学科实例、教师学习以及支持学习的技术）。总之，《人是如何学习的Ⅰ》强调儿童所展现的能力受环境经验和照料他们的人的影响。它进一步指出，儿童生理及其所处生态促进并调节了学习：学习带来发展。因为学习改变了大脑自然结构（physical structure），而变化着的大脑自然结构又组织和重组了脑功能，所以脑的不同部位可以在不同时间做好学习准备。最后，儿童的学习和发展受每个儿童早期能力和环境支持之间相互作用的影响，通过这种相互作用，相关能力得到强化。

【297】

　　美国国家学术出版社收集到的购买和下载《人是如何学习的Ⅰ》报告的数据显示，该报告是美国国家学术出版社最受欢迎的报告之一。2008年，出版社进行了市场调研，包括电话方式的结构性调查，以确定教育工作者在教育场境中使用《人是如何学习的Ⅰ》的情况、他们觉得该报告最吸引人的特征是什么、有哪些可能的新补充可以在修订版中派上用场。

　　大多数受访者将《人是如何学习的Ⅰ》一书用作他们课程的核心文本，要求学生必读，但也有受访者将其作为其他特定主题文本的补充，或将其作为一种资源，为分享共同知识提供基础。由于《人是如何学习的Ⅰ》的出版已经有些年头了，许多教师提到，为了给学生提供最新信息，他们会用其他材料来对此进行补充，因而，他们也发现了这份报告作为核心文本的局限。在调查反馈中，对于希望修订版增加和更新什么主题，大家提到最多的是学习技术和神经科学。进一步地，与认知科学、学习科学、认知神经科学、教育学和人力发展领域的领军专家进行了讨论，针对修订版，他们同样也提出了类似主题，修订工作将对《人是如何学习的Ⅰ》出版以来出现重大发展的领域进行更新，这对理解学习以及未来十年学习工具与实践的发展，可能具有变革性意义。

附录 B
美国国家学术出版社相关报告一览表

本附录所列参考书目包括与美国国家研究理事会 2000 年报告《人是如何学习的 I》相关的报告，这些报告由美国国家研究理事会、医学研究院（或用新的合称，即美国科学院、国家工程院、国家医学院）主持编写。该参考书目是通过在美国国家学术出版社网站（www.nap.edu）上对术语关键词进行搜索而形成的，这些术语关键词包括：

21st century skills	21 世纪技能
Adolescent education/learning	青少年教育/学习
Adult education/learning	成人教育/学习
Assessment of learning	学习评价
Cognitive neuroscience of learning	学习的认知神经科学
Early childhood education	儿童早期教育
English language learners	英语语言学习者
Informal learning	非正式学习
Influence of culture on learning	文化对学习的影响
Learning disabilities	学习障碍
Learning in academic domains	学术领域（数学、科学、读写）的学习

（mathematics, science, literacy）
Motivation for learning	学习动机
STEM（science, technology, engineering, mathematics）	科学、技术、工程和数学
Teacher quality	教师质量
Technology in education	教育技术

本参考书目收录的相关报告出版日期为 1999—2016 年。以下列出了每个术语关键词的搜索结果。

21 世纪能力 *21st Century Skills*

1. National Research Council. (2010). *Exploring the intersection of science education and 21st century skills: A workshop summary.* Washington, DC: The National Academies Press.

2. National Research Council. (2011). *Assessing 21st century skills: Summary of a workshop.* Washington, DC: The National Academies Press.

3. National Research Council. (2012). *Education for life and work: Developing transferable knowledge and skills in the 21st century.* Washington, DC: The National Academies Press.

青少年教育 / 学习 *Adolescent Education/Learning*

1. National Research Council. (1999). *High stakes: Testing for tracking, promotion, and graduation.* Washington, DC: National Academy Press. doi: 10.17226/6336.

2. National Research Council. (2000). *Mathematics education in the middle grades: Teaching to meet the needs of middle grades learners and to maintain high expectations: Proceedings of a National Convocation and Action Conferences.* Washington, DC: National Academy Press. doi:10.17226/9764.

附录 B 美国国家学术出版社相关报告一览表 | 313

3. National Research Council. (2002). *Learning and understanding: Improving advanced study of mathematics and science in U.S. high schools.* Washington, DC: The National Academies Press. doi:10.17226/10129.

4. National Research Council. (2003). *Engaging schools: Fostering high school students' motivation to learn.* Washington, DC: The National Academies Press. doi: 10.17226/10421.

5. National Research Council. (2005a). *America's lab report: Investigations in high school science.* Washington, DC: The National Academies Press. doi: 10.17226/11311.

6. National Research Council. (2005b). *How students learn: History in the classroom.* Washington, DC: The National Academies Press. doi: 10.17226/11100.

7. National Research Council. (2006). *ICT fluency and high schools: A workshop summary.* Washington, DC: The National Academies Press. doi: 10.17226/11709.

8. National Research Council. (2009). *Strengthening high school chemistry education through teacher outreach programs: A workshop summary to the chemical sciences roundtable.* Washington, DC: The National Academies Press. doi:10.17226/12533.

9. National Research Council. (2011a). *High school dropout, graduation, and completion rates: Better data, better measures, better decisions.* Washington, DC: The National Academies Press. doi:10.17226/13035.

10. National Research Council. (2011b). *Incentives and test-based accountability in education.* Washington, DC: The National Academies Press. doi: 10.17226/12521.

11. Institute of Medicine. (2013). *Educating the student body: Taking physical activity and physical education to school.* Washington, DC: The National Academies Press. doi:10.17226/18314.

12. Institute of Medicine and National Research Council. (2014). *Building capacity to reduce bullying: Workshop summary.* Washington, DC: The National Academies Press. doi:10.17226/18762.
13. National Research Council. (2001). *Understanding dropouts: Statistics, strategies, and high-stakes testing.* Washington, DC: National Academy Press.
14. National Research Council. (2006). *A study of interactions: Emerging issues in the science of adolescence workshop summary.* Washington, DC: The National Academies Press.
15. National Research Council and Institute of Medicine. (1999). *Adolescent decision making: Implications for prevention programs: Summary of a workshop.* Washington, DC: National Academy Press.
16. National Research Council and Institute of Medicine. (2000). *Afterschool programs that promote child and adolescent development: Summary of a workshop.* Washington, DC: National Academy Press.

成人教育 / 学习 Adult Education/Learning

1. National Research Council. (2002a). *The knowledge economy and postsecondary education: Report of a workshop.* Washington, DC: The National Academies Press. doi:10.17226/10239.
2. National Research Council. (2002b). *Performance assessments for adult education: Exploring the measurement issues: Report of a workshop.* Washington, DC: The National Academies Press. doi:10.17226/10366.
3. National Research Council. (2012). *Improving adult literacy instruction: Supporting learning and motivation.* Washington, DC: The National Academies Press. doi: 10.17226/13469.
4. Institute of Medicine. (2010). *Redesigning continuing education in the health professions.* Washington, DC: The National Academies Press. doi: 10.17226/12704.

学习评价 Assessment of Learning

1. National Research Council. (1999). *The assessment of science meets the science of assessment: Summary of a workshop*. Washington, DC: National Academy Press. doi:10.17226/9588.

2. National Research Council. (2000a). *Grading the nation's report card: Research from the evaluation of NAEP*. Washington, DC: National Academy Press. doi:10.17226/9751.

3. National Research Council. (2000b). *Inquiry and the national science education standards: A guide for teaching and learning*. Washington, DC: National Academy Press. doi:10.17226/9596.

4. National Research Council. (2001a). *Classroom assessment and the national science education standards*. Washington, DC: National Academy Press. doi:10.17226/9847.

5. National Research Council. (2001b). *Knowing what students know: The science and design of educational assessment*. Washington, DC: National Academy Press. doi:10.17226/10019.

6. National Research Council. (2002). *Performance assessments for adult education: Exploring the measurement issues: Report of a workshop*. Washington, DC: The National Academies Press. doi:10.17226/10366.

7. National Research Council. (2003). *Assessment in support of instruction and learning: Bridging the gap between large-scale and classroom assessment — workshop report*. Washington, DC: The National Academies Press. doi:10.17226/10802.

8. National Research Council. (2004). *Keeping score for all: The effects of inclusion and accommodation policies on large-scale educational assessment*. Washington, DC: The National Academies Press. doi:10.17226/11029.

9. National Research Council. (2005). *Systems for state science assessment*.

Washington, DC: The National Academies Press. doi:10.17226/11312.

10. National Research Council. (2008). *Early childhood assessment: Why, what, and how*. Washington, DC: The National Academies Press. doi: 10.17226/12446.

11. National Research Council. (2010). *State assessment systems: Exploring best practices and innovations: Summary of two workshops*. Washington, DC: The National Academies Press. doi:10.17226/13013.

12. National Research Council. (2012). *Improving adult literacy instruction: Developing reading and writing*. Washington, DC: The National Academies Press. doi:10.17226/13468.

13. National Research Council. (2015). *Guide to implementing the next generation science standards*. Washington, DC: The National Academies Press. doi: 10.17226/18802.

14. National Academy of Engineering. (2009). *Developing metrics for assessing engineering instruction: What gets measured is what gets improved*. Washington, DC: The National Academies Press. doi:10.17226/12636.

学习的认知神经科学 Cognitive Neuroscience of Learning

1. Institute of Medicine. (2015). *The neuroscience of gaming: Workshop in brief*. Washington, DC: The National Academies Press. doi:10.17226/21695.

早期儿童教育 Early Childhood Education

1. National Research Council. (1999). *Improving student learning: A strategic plan for education research and its utilization*. Washington, DC: National Academy Press. doi:10.17226/6488.

2. National Research Council. (2002). *Minority students in special and gifted education*. Washington, DC: The National Academies Press. doi: 10.17226/10128.

3. Institute of Medicine and National Research Council. (2005). *Mathematical and scientific development in early childhood: A workshop summary.* Washington, DC: The National Academies Press.
4. Institute of Medicine. (2009). *Strengthening benefit-cost analysis for early childhood interventions: Workshop summary.* Washington, DC: The National Academies Press. doi:10.17226/12777.
5. Institute of Medicine and National Research Council. (2012). *The early childhood care and education workforce: Challenges and opportunities: A workshop report.* Washington, DC: The National Academies Press. doi:10.17226/13238.
6. Institute of Medicine and National Research Council. (2014). *The cost of inaction for young children globally: Workshop summary.* Washington, DC: The National Academies Press. doi:10.17226/18845.
7. Institute of Medicine and National Research Council. (2015a). *Financing investments in young children globally: Summary of a joint workshop by the Institute of Medicine, National Research Council, and the Centre for Early Childhood Education and Development, Ambedkar University, Delhi.* Washington, DC: The National Academies Press. doi:10.17226/18993.
8. Institute of Medicine and National Research Council. (2015b). *Scaling program investments for young children globally: Evidence from Latin America and the Caribbean: Workshop in brief.* Washington, DC: The National Academies Press. doi:10.17226/21748.
9. Institute of Medicine and National Research Council. (2015c). *Transforming the workforce for children birth through age 8: A unifying foundation.* Washington, DC: The National Academies Press. doi:10.17226/19401.
10. National Academies of Sciences, Engineering, and Medicine. (2015). *Using existing platforms to integrate and coordinate investments for children: Summary of a joint workshop by the National Academies of Sciences,*

Engineering, and Medicine; Centre for Health Education and Health Promotion; and Wu Yee Sun College of the Chinese University of Hong Kong. Washington, DC: The National Academies Press. doi:10.17226/21799.

11. National Academies of Sciences, Engineering, and Medicine. (2016a). *Moving from evidence to implementation of early childhood programs: Proceedings of a workshop — in brief.* Washington, DC: The National Academies Press. doi:10.17226/23669.

12. National Academies of Sciences, Engineering, and Medicine. (2016b). *Reaching and investing in children at the margins: Summary of a joint workshop by the National Academies of Sciences, Engineering, and Medicine; Open Society Foundations; and the International Step by Step Association (ISSA).* Washington, DC: The National Academies Press. doi: 10.17226/23491.

13. National Academy of Sciences and National Academy of Engineering. (2009). *Nurturing and sustaining effective programs in science education for grades K-8: Building a village in California: Summary of a convocation.* Washington, DC: The National Academies Press.

14. National Research Council. (1999). *Starting out right: A guide to promoting children's reading success.* Washington, DC: National Academy Press.

15. National Research Council. (2000). *Eager to learn: Educating our preschoolers.* Washington, DC: National Academy Press.

16. National Research Council. (2001a). *Adding it up: Helping children learn mathematics.* Washington, DC: National Academy Press.

17. National Research Council. (2001b). *Early childhood development and learning: New knowledge for policy.* Washington, DC: National Academy Press.

18. National Research Council. (2007a). *Ready, set, science!: Putting research to work in K-8 science classrooms.* Washington, DC: The National Academies

Press.

19. National Research Council. (2007b). *Taking science to school: Learning and teaching science in grades K−8*. Washington, DC: The National Academies Press.

20. National Research Council. (2008). *Early childhood assessment: Why, what, and how*. Washington, DC: The National Academies Press.

21. National Research Council. (2009). *Mathematics learning in early childhood: Paths toward excellence and equity*. Washington, DC: The National Academies Press.

22. National Research Council and Institute of Medicine. (2000). *Afterschool programs that promote child and adolescent development: Summary of a workshop*. Washington, DC: The National Academies Press.

【305】

英语语言学习者 *English Language Learners*

1. National Research Council. (1999). *High stakes: Testing for tracking, promotion, and graduation*. Washington, DC: National Academy Press. doi: 10. 17226/6336.

2. National Research Council. (2000). *Testing English-language learners in U.S. schools: Report and workshop summary*. Washington, DC: National Academy Press. doi:10.17226/9998.

3. National Research Council. (2002). *Reporting test results for students with disabilities and English-language learners: Summary of a workshop*. Washington, DC: The National Academies Press. doi:10.17226/10410.

4. National Research Council. (2003). *Measuring access to learning opportunities*. Washington, DC: The National Academies Press. doi: 10. 17226/10673.

5. National Research Council. (2010). *Language diversity, school learning, and closing achievement gaps: A workshop summary*. Washington, DC: The

National Academies Press. doi:10.17226/12907.

6. National Research Council. (2011a). *Allocating federal funds for state programs for English language learners.* Washington, DC: The National Academies Press. doi:10.17226/13090.

7. National Research Council. (2011b). *High school dropout, graduation, and completion rates: Better data, better measures, better decisions.* Washington, DC: The National Academies Press. doi:10.17226/13035.

8. National Research Council. (2012). *Improving adult literacy instruction: Options for practice and research.* Washington, DC: The National Academies Press. doi:10.17226/13242.

9. National Academies of Sciences, Engineering, and Medicine. (2016). *Speech and language disorders in children: Implications for the Social Security Administration's supplemental security income program.* Washington, DC: The National Academies Press. doi:10.17226/21872.

10. National Academies of Sciences, Engineering, and Medicine. (2015). *The integration of immigrants into American society.* Washington, DC: The National Academies Press. doi:10.17226/21746.

11. National Academies of Sciences, Engineering, and Medicine. (2016). *Integrating health literacy, cultural competence, and language access services: Workshop summary.* Washington, DC: The National Academies Press. doi:10.17226/23498.

文化对学习的影响 Influence of Culture on Learning

1. National Academies of Sciences, Engineering, and Medicine. (2016). *Barriers and opportunities for 2-year and 4-year STEM degrees: Systemic change to support students' diverse pathways.* Washington, DC: The National Academies Press. doi:10.17226/21739.

2. National Research Council. (2003). *We're friends, right? Inside kids' culture.*

Washington, DC: Joseph Henry Press. doi:10.17226/10723.

非正式学习 Informal Learning

1. National Research Council. (2015). *Identifying and supporting productive STEM programs in out-of-school settings.* Washington, DC: The National Academies Press. doi:10.17226/21740.
2. National Academies of Sciences, Engineering, and Medicine. (2016). *Effective chemistry communication in informal environments.* Washington, DC: The National Academies Press. doi:10.17226/21790.
3. National Research Council. (2009). *Learning science in informal environments: People, places, and pursuits.* Washington, DC: The National Academies Press.
4. National Research Council. (2010). *Surrounded by science: Learning science in informal environments.* Washington, DC: The National Academies Press.
5. National Research Council. (2011a). *Chemistry in primetime and online: Communicating chemistry in informal environments.* Washington, DC: The National Academies Press.
6. National Research Council. (2011b). *Learning science through computer games and simulations.* Washington, DC: The National Academies Press.
7. National Academy of Sciences and National Academy of Engineering. (2009). *Nurturing and sustaining effective programs in science education for grades K–8: Building a village in California: Summary of a convocation.* Washington, DC: The National Academies Press. doi:10.17226/12739.

学习障碍 Learning Disabilities

1. National Research Council. (2002a). *Minority students in special and gifted education.* Washington, DC: The National Academies Press. doi: 10.17226/10128.

2. National Research Council. (2002b). *Reporting test results for students with disabilities and English-language learners: Summary of a workshop.* Washington, DC: The National Academies Press. doi:10.17226/10410.

学术领域的学习 Learning in Academic Domains

1. National Research Council. (2001). *Adding it up: Helping children learn mathematics.* Washington, DC: National Academy Press. doi:10.17226/9822.

2. National Research Council. (2002). *Helping children learn mathematics.* Washington, DC: The National Academies Press. doi:10.17226/10434.

3. National Research Council. (2003). *Assessment in support of instruction and learning: Bridging the gap between large-scale and classroom assessment — workshop report.* Washington, DC: The National Academies Press. doi:10.17226/10802.

4. National Research Council. (2005a). *How students learn: Mathematics in the classroom.* Washington, DC: The National Academies Press. doi: 10.17226/11101.

5. National Research Council. (2005b). *Measuring literacy: Performance levels for adults.* Washington, DC: The National Academies Press. doi:10.17226/11267.

6. National Research Council. (2011). *Challenges and opportunities for education about dual use issues in the life sciences.* Washington, DC: The National Academies Press. doi:10.17226/12958.

7. National Research Council. (2012). *Improving adult literacy instruction: Developing reading and writing.* Washington, DC: The National Academies Press. doi:10.17226/13468.

8. National Research Council. (2014a). *Developing assessments for the next generation science standards.* Washington, DC: The National Academies Press. doi:10.17226/18409.

9. National Research Council. (2014b). *Literacy for science: Exploring the intersection of the next generation science standards and common core for ELA standards: A workshop summary*. Washington, DC: The National Academies Press. doi:10.17226/18803.

10. National Research Council. (2015). *Guide to implementing the next generation science standards*. Washington, DC: The National Academies Press. doi:10.17226/18802.

11. National Academy of Engineering and National Research Council. (2006). *Tech tally: Approaches to assessing technological literacy*. Washington, DC: The National Academies Press. doi:10.17226/11691.

【308】

12. Institute of Medicine. (2009). *Measures of health literacy: Workshop summary*. Washington, DC: The National Academies Press. doi: 10.17226/12690.

13. Institute of Medicine. (2011a). *Improving health literacy within a state: Workshop summary*. Washington, DC: The National Academies Press. doi: 10.17226/13185.

14. Institute of Medicine. (2011b). *Promoting health literacy to encourage prevention and wellness: Workshop summary*. Washington, DC: The National Academies Press. doi:10.17226/13186.

15. Institute of Medicine. (2013a). *Health literacy: Improving health, health systems, and health policy around the world: Workshop summary*. Washington, DC: The National Academies Press. doi:10.17226/18325.

16. Institute of Medicine. (2013b). *Organizational change to improve health literacy: Workshop summary*. Washington, DC: The National Academies Press. doi:10.17226/18378.

17. Institute of Medicine. (2014a). *Health literacy and numeracy: Workshop summary*. Washington, DC: The National Academies Press. doi: 10.17226/18660.

18. Institute of Medicine. (2014b). *Implications of health literacy for public health: Workshop summary*. Washington, DC: The National Academies Press. doi:10.17226/18756.
19. Institute of Medicine. (2015). *Informed consent and health literacy: Workshop summary*. Washington, DC: The National Academies Press. doi: 10. 17226/19019.
20. National Academies of Sciences, Engineering, and Medicine. (2015a). *Health literacy and consumer-facing technology: Workshop summary*. Washington, DC: The National Academies Press. doi:10.17226/21781.
21. National Academies of Sciences, Engineering, and Medicine. (2015b). *Health literacy: Past, present, and future: Workshop summary*. Washington, DC: The National Academies Press. doi:10.17226/21714.
22. National Academies of Sciences, Engineering, and Medicine. (2015c). *Integrating discovery-based research into the undergraduate curriculum: Report of a convocation*. Washington, DC: The National Academies Press. doi:10.17226/21851.
23. National Academies of Sciences, Engineering, and Medicine. (2016a). *Food literacy: How do communications and marketing impact consumer knowledge, skills, and behavior? Workshop summary*. Washington, DC: The National Academies Press. doi:10.17226/21897.
24. National Academies of Sciences, Engineering, and Medicine. (2016b). *Health literacy and palliative care: Workshop summary*. Washington, DC: The National Academies Press. doi:10.17226/21839.
25. National Academies of Sciences, Engineering, and Medicine. (2016c). *Integrating health literacy, cultural competence, and language access services: Workshop summary*. Washington, DC: The National Academies Press. doi:10.17226/23498.
26. National Academies of Sciences, Engineering, and Medicine. (2016d).

Quality in the undergraduate experience: What is it? How is it measured? Who decides? Summary of a workshop. Washington, DC: The National Academies Press. doi:10.17226/23514.

27. National Academies of Sciences, Engineering, and Medicine. (2016e). *Science literacy: Concepts, contexts, and consequences.* Washington, DC: The National Academies Press. doi:10.17226/23595.

28. National Research Council. (1999a). *Designing mathematics or science curriculum programs: A guide for using mathematics and science education standards.* Washington, DC: National Academy Press.

29. National Research Council. (1999b). *Grading the nation's report card: Evaluating NAEP and transforming the assessment of educational progress.* Washington, DC: National Academy Press.

30. National Research Council. (1999c). *Improving student learning: A strategic plan for education research and its utilization.* Washington, DC: National Academy Press.

31. National Research Council. (2002a). *Learning and understanding: Improving advanced study of mathematics and science in U.S. high schools: Report of the Content Panel for Chemistry.* Washington, DC: The National Academies Press.

32. National Research Council. (2002b). *Minority students in special and gifted education.* Washington, DC: The National Academies Press.

33. National Research Council. (2003a). *Learning and instruction: A SERP research agenda.* Washington, DC: The National Academies Press.

34. National Research Council. (2003b). *Understanding others, educating ourselves: Getting more from international comparative studies in education.* Washington, DC: The National Academies Press.

35. National Research Council. (2005). *Focusing on assessment of learning: Proceedings and transcripts from mathematics/science partnership workshops.*

Washington, DC: The National Academies Press.

36. National Research Council. (2008). *Common standards for K–12 education?: Considering the evidence: Summary of a workshop series.* Washington, DC: The National Academies Press.

37. National Research Council. (2010a). *Language diversity, school learning, and closing achievement gaps: A workshop summary.* Washington, DC: The National Academies Press.

38. National Research Council. (2010b). *Standards for K–12 engineering education?* Washington, DC: The National Academies Press.

39. National Research Council. (2012a). *A framework for K–12 science education: Practices, crosscutting concepts, and core ideas.* Washington, DC: The National Academies Press.

40. National Research Council. (2012b). *Improving measurement of productivity in higher education.* Washington, DC: The National Academies Press.

41. National Research Council. (2012c). *Key national education indicators: Workshop summary.* Washington, DC: The National Academies Press.

42. National Research Council. (2013a). *Adapting to a changing world—Challenges and opportunities in undergraduate physics education.* Washington, DC: The National Academies Press.

43. National Research Council. (2013b). *Next generation science standards: For states, by states.* Washington, DC: The National Academies Press.

44. National Research Council. (2015). *Reaching students: What research says about effective instruction in undergraduate science and engineering.* Washington, DC: The National Academies Press.

45. National Research Council. (2016). *Art, design and science, engineering and medicine frontier collaborations: Ideation, translation, realization: Seed idea group summaries.* Washington, DC: The National Academies Press. doi: 10.17226/23528.

学习动机 Motivation for Learning

1. National Research Council. (2011). *Learning science through computer games and simulations*. Washington, DC: The National Academies Press. doi:10.17226/13078.

2. National Research Council. (2015). *Reaching students: What research says about effective instruction in undergraduate science and engineering*. Washington, DC: The National Academies Press. doi:10.17226/18687.

3. National Research Council. (2003). *Engaging schools: Fostering high school students' motivation to learn*. Washington, DC: The National Academies Press.

STEM

1. National Research Council. (2011). *Successful K-12 STEM education: Identifying effective approaches in science, technology, engineering, and mathematics*. Washington, DC: The National Academies Press. doi: 10.17226/13158.

2. National Research Council. (2015). *Identifying and supporting productive STEM programs in out-of-school settings*. Washington, DC: The National Academies Press. doi:10.17226/21740.

3. National Academies of Sciences, Engineering, and Medicine. (2016). *Art, design and science, engineering and medicine frontier collaborations: Ideation, translation, realization: Seed idea group summaries*. Washington, DC: The National Academies Press. doi:10.17226/23528.

4. National Academies of Sciences, Engineering, and Medicine. (2016). *Barriers and opportunities for 2-year and 4-year STEM degrees: Systemic change to support students' diverse pathways*. Washington, DC: The National Academies Press. doi:10.17226/21739.

5. National Academies of Sciences, Engineering, and Medicine. (2015). *Science teachers' learning: Enhancing opportunities, creating supportive contexts*. Washington, DC: The National Academies Press. doi:10.17226/21836.
6. National Academies of Sciences, Engineering, and Medicine. (2016a). *Developing a national STEM workforce strategy: A workshop summary*. Washington, DC: The National Academies Press. doi:10.17226/21900.
7. National Academies of Sciences, Engineering, and Medicine. (2016b). *Promising practices for strengthening the regional STEM workforce development ecosystem*. Washington, DC: The National Academies Press. doi:10.17226/21894.
8. National Academy of Engineering and National Research Council. (2014). *STEM integration in K–12 education: Status, prospects, and an agenda for research*. Washington, DC: The National Academies Press.
9. National Research Council. (2004). *The engineer of 2020: Visions of engineering in the new century*. Washington, DC: The National Academies Press.
10. National Research Council. (2011). *Successful STEM education: A workshop summary*. Washington, DC: The National Academies Press.
11. National Research Council. (2012). *Discipline-based education research: Understanding and improving learning in undergraduate science and engineering*. Washington, DC: The National Academies Press.
12. National Research Council. (2013). *Monitoring progress toward successful K–12 STEM education: A nation advancing?* Washington, DC: The National Academies Press.
13. National Research Council. (2014). *STEM learning is everywhere: Summary of a convocation on building learning systems*. Washington, DC: The National Academies Press.
14. National Research Council and National Academy of Engineering. (2012).

Community colleges in the evolving STEM education landscape: Summary of a summit. Washington, DC: The National Academies Press.

教师质量 Teacher Quality

1. National Research Council. (2000). *Educating teachers of science, mathematics, and technology: New practices for the new millennium.* Washington, DC: National Academy Press. doi:10.17226/9832.
2. National Academies of Sciences, Engineering, and Medicine. (2015). *Science teachers' learning: Enhancing opportunities, creating supportive contexts.* Washington, DC: The National Academies Press. doi:10.17226/21836.
3. National Research Council. (1999). *Testing, teaching, and learning: A guide for states and school districts.* Washington, DC: National Academy Press.
4. National Research Council. (2000). *Tests and teaching quality: Interim report.* Washington, DC: National Academy Press.
5. National Research Council. (2001a). *Knowing and learning mathematics for teaching: Proceedings of a workshop.* Washington, DC: National Academy Press.
6. National Research Council. (2001b). *Testing teacher candidates: The role of licensure tests in improving teacher quality.* Washington, DC: The National Academies Press.
7. National Research Council. (2008). *Assessing accomplished teaching: Advanced-level certification programs.* Washington, DC: The National Academies Press.
8. National Research Council. (2010). *Preparing teachers: Building evidence for sound policy.* Washington, DC: The National Academies Press.
9. National Research Council. (2014). *Exploring opportunities for STEM teacher leadership: Summary of a convocation.* Washington, DC: The National

Academies Press.

教育技术 Technology in education

1. National Research Council. (2006). *Learning to think spatially: GIS as a support system in the K–12 curriculum.* Washington, DC: The National Academies Press. doi:10.17226/11019.
2. National Research Council. (2011). *Learning science through computer games and simulations.* Washington, DC: The National Academies Press. doi:10.17226/13078.
3. National Academy of Engineering. (2013). *Educating engineers: Preparing 21st century leaders in the context of new modes of learning: Summary of a forum.* Washington, DC: The National Academies Press. doi:10.17226/18254.
4. National Academies of Sciences, Engineering, and Medicine. (2016). *A vision for the future of center-based multidisciplinary engineering research: Proceedings of a symposium.* Washington, DC: The National Academies Press. doi:10.17226/23645.
5. National Academies of Sciences, Engineering, and Medicine. (2016). *Envisioning the future of health professional education: Workshop summary.* Washington, DC: The National Academies Press. doi:10.17226/21796.
6. National Academies of Sciences, Engineering, and Medicine. (2016a). *Achieving science with cubesats: Thinking inside the box.* Washington, DC: The National Academies Press. doi:10.17226/23503.
7. National Academies of Sciences, Engineering, and Medicine. (2016b). *Future directions for NSF advanced computing infrastructure to support U.S. science and engineering in 2017–2020.* Washington, DC: The National Academies Press. doi:10.17226/21886.

8. National Academies of Sciences, Engineering, and Medicine. (2016c). *Quality in the undergraduate experience: What is it? How is it measured? Who decides? Summary of a workshop*. Washington, DC: The National Academies Press. doi:10.17226/23514.

9. National Academy of Engineering and National Research Council. (2006). *Tech tally: Approaches to assessing technological literacy*. Washington, DC: The National Academies Press.

10. National Research Council. (2001). *Investigating the influence of standards: A framework for research in mathematics, science, and technology education*. Washington, DC: National Academy Press.

11. National Research Council. (2002a). *Enhancing undergraduate learning with information technology: A workshop summary*. Washington, DC: The National Academies Press.

12. National Research Council. (2002b). *Improving learning with information technology: Report of a workshop*. Washington, DC: The National Academies Press.

13. National Research Council. (2002c). *Preparing for the revolution: Information technology and the future of the research university*. Washington, DC: The National Academies Press.

14. National Research Council. (2003). *Planning for two transformations in education and learning technology: Report of a workshop*. Washington, DC: The National Academies Press.

15. National Research Council. (2006). *ICT fluency and high schools: A workshop summary*. Washington, DC: The National Academies Press.

16. National Research Council. (2011a). *Promising practices in undergraduate science, technology, engineering, and mathematics education: Summary of two workshops*. Washington, DC: The National Academies Press.

17. National Research Council. (2011b). *Successful K–12 STEM education:*

Identifying effective approaches in science, technology, engineering, and mathematics. Washington, DC: The National Academies Press.

18. National Research Council. (2012). *Infusing real world experiences into engineering education.* Washington, DC: The National Academies Press. doi:10.17226/18184.

附录 C
学习研究中的研究人群

对学习者群体的分类通常参照的是其共有属性，如年龄、族裔、社会经济地位、成就记录，或者某些情况下的学习障碍。对不同人群的概括化，对于理解诸如贫困对学习和发展的影响等趋势来说是重要的。概括化对于构建以证据为基础的学习和教学理论而言也很重要。如果每个人都被当作与其他人完全不同的个体来看待，那么判定对大多数学习者、一个班的教学，抑或一所学校的运转最为有效的教学干预的类型，将是一项非常难处理的复杂任务。然而，过度概括可能是危险的，这可能会使人们无视人的复杂性、细微差别和变异性。

尽管种族、文化和族裔是医学、社会学、心理学和遗传学研究中经常使用的人口统计变量（Lillie-Blanton 和 LaVeist, 1996），但由于种种原因，试图将个人纳入单一的种族或文化来描述，然后将研究结果推广到更广泛的人群，是非常有问题的。首先，所有个体都在多元文化社会中发挥着作用，因此，对任何单一文化群体（culture group）的识别都可能是不准确的。此外，虽然一个特定的文化群体能够共享一套价值观，但任何个体的发展都会受到他所处的一个或多个微系统（如家庭、学校、工作场所或同龄人群体）中特定价值观的影响。因此，研究人员应该非常谨慎地根据个体所认同或隶属的文化群体来得出关于个体的结论。同样，由于文化并非是单一的结构，因而文化对学习的影响将因个体和学习境脉（正式和非正式教育场境）的不同而不同。

其次，人们很少出于研究目的来对种族作出界定，大多数情况下是通过观察身体特征、自我身份认同或者回顾医疗记录来确定种族的（Dirette, 2014; Kaplan 和 Bennett, 2003; Williams, 1994）。通常，研究中对于种族的描述范畴过于笼统，无法准确地捕捉到所有可能的描述符，抑或描述符根本不适合个体的自我身份认同。例如，在美国，如果孩子的父母一方是欧洲裔美国人，一方是非裔美国人，那么这个孩子通常被作为非裔美国人（奥巴马总统就是一例）对待，从而可能被认定为非裔美国人。但混合种族/族裔的个体被认定为混血儿或多种族的趋势见长。此外，一些研究者认为，种族是人们思考人类差异方式的产物（Appiah, 1992; Goldberg, 1993），而另一些研究者则指出，因为种族在人类社会实践中扮演着重要的角色，所以种族是一种社会结构，而非生物结构（Appiah, 1996; Omi 和 Winant, 1994; Outlaw, 1995; Root, 1998; Zack, 1993）。

将种族或族裔视为表格上要填写的"一栏"，可能会使教师在有关学生类别的看法上产生偏见。同时，文化实践是每个学生和教师带入学习情境的资源。有证据表明，当教师认可并支持学生的观点和实践时，学习和与学校关联的身份认同就会得到促进。

强迫混合种族个体在调查和问卷中选择单一身份也可能对调查对象产生负面影响。汤森（Townsend）及其同事（2009）的实验中，将混血儿被试分为两组，他们各自填写不同版本的人口统计问卷，控制变量为统计问卷中的种族背景选项。在第一组受访者所填写的人口统计问卷中，他们只能选择一个种族背景；而第二组受访者可以选择多个种族。结果表明，第一组被要求选择单一种族的混血儿受访者，在随后的动机和自尊问题上的得分低于第二组被允许在问卷中选择多个种族的混血儿受访者。简而言之，在问卷的情境下，否认多种族身份对受访者的自我感知产生了负面影响，而这反过来又可能影响他们的学习方式（请参阅第 3 章有关动机、身份、情感和文化对学习的作用）。

从科学的角度看，在研究中使用种族作为人口统计变量也是很成问题的。人类基因组计划表明，种族既不是一种基因结构，也不是一种生物结构（Collins, 2004）。遗传学研究的学者已经得出结论，种族类别不能准确地反映遗传多样性,在遗传学研究中使用种族的做法应该被逐步淘汰(Yudell等,2016)。美国科学家詹姆斯·沃森(James Watson)和克雷格·文特纳(Craig Ventner)的全基因组(两人都是欧洲血统)和韩国科学家金圣珍(Seong-Jin Kim)的全基因组比较就是一个例子,它表明基因差异不是由种族决定的。金和沃森、金和文特纳的基因序列之间的相似性甚至要高于沃森和文特纳两人之间的基因序列。(Levy等,2007; Ahn等,2009)。

种族和文化之间并非界限分明。例如,在美国,种族类别反映了诸如种族主义、机会不平等和社会分层等历史因素。虽然美国正在迅速成为少数族裔占大多数的种群(population)——大多数人被认为属于一个或多个少数种族/族裔——但在很大程度上,这些群体的地位高度依赖于在主流文化中发展起来的种族。一些被概念化为"文化"的行为和做法,是在适应社会定位(如种族、社会阶层、族裔和性别)和应对社会分层机制(如种族主义、歧视和偏见)以及种族隔离的境脉中发展起来的。在这些情况下,类似于文化实践的涌现可能是对宏观水平社会因素(如歧视)的直接反应(García Coll等,1996)。

尽管学者们努力做到不偏不倚和客观公正,但这样做却可能导致无视个体对现实自我建构的文化本质。重要的是要认识到,西方主导的科学文化模式是一种对现实的透视,并带有其自身的偏向和假设。任何科学研究领域主导范式转换的历史都说明了"科学的"现实观的视角性。但是,实践者通常只将这些关于文化嵌入性的大量证据用于他们的前辈,而非他们自己。许多社会与教育科学家对其自身的文化视角缺乏认识,这已经产生了许多适得其反的结果。

例如,研究者可以设计研究,以反映认知和学习是普遍过程这一假设,并且他们可以进一步假设,任一群体都与其他群体一样,发挥类似的作用。在一篇挑战这一假设的重要综述性论文中,亨利希及其同事(Henrich等,2010a)指出,绝大多数研究课题都选择了这样的被试——"西方的""受过教育的""工业化的""富人的""民主的"(WEIRD)特征的人为样本,用于感知和认知的研究,其研究发现不仅不能对这一现实世界进行全面概括,而且还特别不典型、不具代表性(也见Sears, 1986; Hartmann等, 2013)。

其次,这种小范围的研究人群基础(通常是西方大学生)会在研究问题的架构方式上有偏向，并限制所得结论。例如，相当多的研究关注群体多样性，其中用的是自然比较或基线是同质的（非多样性的）群体。然而正如阿普费尔鲍姆（Apfelbaum）及其同事（2014）所指出的，这种研究通常可以得出有关多样性影响的结论，但无视了同质性对基线组的学习和认知过程有独立影响的可能。

研究者对其自身文化的嵌入性招致的第三个负面后果是，研究者对研究的自适焦点、所开发的研究材料和采用的方法，都将倾向于受其自身（文化的）直觉的引导，以至其结果很可能（不经意地）会偏好来自相同文化群体的人（Medin 等, 2010）。例如，在发展性研究中，研究人员通常一次访谈一个孩子，并问孩子一些研究人员认为自己知道答案的问题。这在西方中产阶级社群中可能并不罕见，但在许多文化中，将孩子与同龄人隔离开来并使用已知答案的问题至少可以说是非常奇怪的事情。在两种文化中，人们对于事物所呈现的方法可能是相同的，但是所接受的方法可能极为不同。

为了提高效率和效力，委员会对我们所研究的文献采取了中间立场。虽然本报告中引用的一些文献涉及不同的群体或文化，例如东亚、玛雅或西方（指北美和欧洲），但我们认识到，分析和理解相关决定因素、学习过程和学习结果、以及这些因素之间的关系是有益的。我们同时认识到，在教育境脉下负责任地使用研究，包括要花时间整合研究发现以理解它们对个体学习者的意义，因为学习者是完整的、独特的人，他们每个人都生活在特定的境脉中。

附录 D
委员会成员和工作人员简介

科拉·巴格利·马雷特（Cora Bagley Marrett，主席）是威斯康星大学麦迪逊分校的荣休教授，她在该校任教超过30年，其中有5年同时兼任威斯康辛大学系统负责学术事务的资深副校长。她的学术生涯包括任职于马萨诸塞大学阿默斯特分校，担任教务长和副校长，也曾任职于北卡罗来纳大学教堂山分校和西密歇根大学。在离开威斯康星大学麦迪逊分校后，她在美国国家科学基金会获得行政职位，其中包括社会、行为和经济科学部的第一助理主任、教育和人力资源部助理主任、基金会代理副主任（2009年）、常务副主任（2011年）和两届代理主任。其他国家服务包括担任由卡特总统任命的三里岛事故总统委员会成员。马雷特曾获威斯康辛大学麦迪逊分校教学优秀奖和杰出校友奖，是美国科学促进会、美国艺术与科学院，美国科学研究协会的研究员，以及美国国家科学院的常驻研究员（首届）和杰出贡献终身荣誉获得者。她获得了弗吉尼亚联合大学的学士学位，以及威斯康辛大学麦迪逊分校的社会学硕士和博士学位。

帕特丽夏·J·鲍尔（Patricia J. Bauer）是埃默里大学的阿萨·格里格斯·坎德勒（Asa Griggs Candler）心理学教授。她的研究重点是记忆发展，特别是记忆和遗忘的决定因素、认知和神经发育与记忆中年龄相关变化之间的联系，以及通过学习和产出性过程精制语义知识库。此前，鲍尔是杜克大学心理学和神经科学系的教授，也是明尼苏达大学儿童发展研究所的教授，并获得了迈阿密大学的心理学博士学位。

辛西娅·比尔（Cynthia Beall，美国国家科学院）是一位杰出的大学教授，也是凯斯西储大学莎拉·艾德尔·派尔（Sarah Idell Pyle）人类学杰出教授。她是一位自然人类学家，主要研究人类对高原缺氧的适应，特别是安第斯、西藏和东非高地的人所表现出的不同适应模式。她目前的研究涉及适应性性状的遗传学和生理学以及自然选择的证据。她是美国国家科学院（NAS）院士、美国哲学学会会员和美国艺术与科学院院士；她是古根海姆奖（Guggenheim）获得者，也是美国科学促进会董事会的现任成员。除了积极参与NAS成员的提名过程和NAS管理之外，比尔还曾任国际科学组织理事会的主席和成员，第28届国际生物科学（ICSU）大会的代表，美国国际生物科学联合委员会的主席、副主席和成员，行为与社会科学司和教育咨询委员会的成员，以及现任的NAS科什兰公共参与计划顾问委员会成员。她获得了宾夕法尼亚州立大学的人类学硕士和博士学位。

玛格丽特·E·贝尔（Margaret E. Beier）是莱斯大学的心理学副教授。她的研究兴趣集中于终生学习和智力发展，并关注学习的个体决定因素，特别是与知识和技能习得有关的年龄、认知（智力能力和工作记忆能力）和非认知（人格、兴趣、动机和自我调节）的预测因素。她的工作考察了各种教育干预措施的有效性以及个体因素和这些干预措施对学习和非认知结果（如自我效能感、自我概念和兴趣）的交互作用。贝尔就相关研究出版了专著，并在同行评议的心理学期刊上发表了论文。她的教学和研究奖项包括莱斯中心的教学杰出研究员称号和莱斯大学的乔治·R·布朗（George R. Brown）优秀教学奖。她是美国教育研究协会成员、美国心理科学协会成员，以及美国心理协会第14分部（工业与组织心理学学会）的研究员。她是《人力绩效》《商业与心理学》和《工作、老龄化与退休》杂志的编委。她获得了佐治亚理工学院的心理学硕士和博士学位。

苏吉塔·巴特（Sujeeta Bhatt，研究主任）是美国国家科学院、国家工程院、国家医学院的高级项目官,目前指导"人是如何学习的 II:学习的科学与实践"和"国家安全的社会与行为科学:十年调查"两项研究。她曾是美国国防情报局(DIA)的研究科学家,隶属于美国联邦调查局的高价值罪犯审讯小组(HIG)。在此之前,她曾是乔治敦大学医学中心放射学的副教授,具体负责 DIA/HIG 相关事务。巴特在 DIA 和 HIG 的工作重点是管理与可信度评估、生物特征识别、内部威胁、访谈和审讯情报方法有关的心理和神经科学基础研究,并开发从研究到实践的计算机程序,以促进基于证据的实践在访谈和审讯中得以应用。巴特曾获美国情报学博士后奖学金和美国心理学会科学奖学金。由于从事欺诈刑侦和审讯工作,她受邀面向美国大学和政府发表演讲,并为地方、州和联邦的各级执法人员提供培训。她获得了美利坚大学的行为神经科学博士学位。

大卫·B·丹尼尔(David B. Daniel) 是詹姆斯·麦迪逊大学的心理学教授。他的工作架起了认知发展心理学与教学实践/教学法之间的桥梁。作为美国生理科学协会的研究员,他曾获美国"神经科学改变教育"奖,被认为是影响美国公众辩论(debates)的前 1% 教育研究者之一。他是《心智、脑与教育》(*Mind, Brain and Education*)杂志的创始执行主编,并在其职业生涯中获得过许多教学奖项。丹尼尔的学术及相关活动重点是将学习科学、教与学以及其他相关文献的研究发现转化为可用知识,特别是将它们用于教育实践、政策和学生学习。他获得了西弗吉尼亚大学的终身发展心理学硕士和博士学位。

罗伯特·L·戈德斯通(Robert L. Goldstone) 是印第安纳大学心理学系和脑科学与认知科学计划的杰出教授,自 1991 年以来一直在该校任教。他在 2006—2011 年间负责美国认知科学计划。他的研究兴趣包括概念学习与表征、知觉学习、认知科学/决策/协作行为的教育应用以及人类认知的计算机建模。他的主要教育兴趣是数学和科学的学习与迁移、学习的计算模型、学习技术革新的设计。他曾获两项美国心理协会青年学者奖、1996 年蔡斯纪念奖之认知科学杰出青年学者奖、1997 年詹姆斯·麦凯恩·卡特尔萨博提奖(James McKeen Cattell Sabbatical Award)、美国心理协会杰出青年成就奖,以及 2004 年美国科学院的特罗兰(Troland)研究奖。戈德斯通是《认知科学》杂志的主编、《心理规律通报与评论》杂志和《认知心理学与认知科学》杂志的副主编，他当选为美国艺术与科学院院士，以及美国实验心理学家学会、美国心理科学协会和美国认知科学学会的会士。他获得了奥伯林学院的认知科学学士学位、伊利诺伊大学的心理学硕士学位以及密歇根大学的心理学博士学位。

亚瑟·C·格拉瑟（Arthur C. Graesser）是孟菲斯大学心理学系和智能系统研究所跨学科研究的杰出教授，牛津大学教育学部的名誉研究员。他的主要研究兴趣是认知科学、话语处理、计算机语言学和学习科学。他开发了具有会话代理的自动教学系统和自动文本分析系统。格拉瑟是《话语加工》和《教育心理学杂志》的编辑，担任文学、艺术和媒体实证研究学会的主席、文本和话语学会的主席、国际教育人工智能学会的主席，以及行为与脑科学基金会协会联合会的主席。他曾是"国际学生评估计划"和"国际成人素养评估计划"的负责人或专家组成员，并曾为美国教育考试服务中心提供咨询。他获得了美国心理学会、文本与话语学会和麦格劳希尔研究基金会的终生研究成就奖，以及孟菲斯大学首届终生研究成就奖。

玛丽·海伦·伊莫迪诺·杨（Mary Helen Immordino-Yang）是南加利福尼亚大学罗西耶教育学院和脑与创造研究所的教育学、心理学和神经科学教授。她研究跨文化的社会情感、自我意识和反思性思维的心理和神经生物学基础，探索它们与社会、情感和学术发展的联系，以及这些联系对教育学和教师专业发展的影响。她的跨学科方法将人的发展心理学、社会神经科学和学校的实地研究结合起来。伊莫迪诺·杨是《心智、脑与教育》杂志的副主编，美国教育研究协会公开刊物（AERA OPEN）的副主编，《实验心理学杂志：共性、文化和脑》（Journal of Experimental Psychology: General and Culture and Brain）的编委，目前还担任国际心理、脑与教育协会的主席。她在美国及国际的多所学校、学区、科学研究机构和委员会担任顾问，包括作为研究社会、情感和学术发展的阿斯彭美国国家研究理事会的杰出科学家。她曾获得美国科学院科萨雷利奖（Cozarrelli Prize），并获得美国教育研究协会、美国科学促进会、美国行为与脑科学协会联合会、美国心理科学协会联合颁发的青年成就奖，以及军队和洛杉矶县的表彰。她获得了哈佛大学的认知发展硕士学位、人类发展与心理学博士学位。

露丝·坎弗（Ruth Kanfer）是佐治亚理工学院心理学院的心理学教授。她的研究侧重于动机、个性和情绪在工作场所行为、工作绩效和员工幸福感中的作用，并研究这些人的因素和情境制约因素对技能培训、求职、团队合作、工作绩效和工作能力发展的影响。近期项目主要集中在成人发展和劳动力获得、求职与就业关系、团队内部动机和团队动机、以及跨文化有效性的个体决定因素。坎弗是工作科学中心的主任和坎弗—阿克曼（Kanfer-Ackerman）实验室的共同主任，负责大规模纵向实验与实地合作项目，主题涉及劳动力老化、工作调整、认知疲劳、技能获得、成人发展和职业轨迹以及自我调节学习等研究。她担任《学习与教育管理学报》《应用心理学：国际评论》《人力绩效》《应用心理学杂志》以及《职业和组织心理学杂志》的编委。她获得了工业与组织心理学学会颁发的 2007 年杰出科学贡献奖和 2006 年威廉·欧文斯（William R. Owens）学术成就奖。她获得了亚利桑那州立大学的心理学博士学位。

杰弗里·D·卡尔皮克（Jeffrey D. Karpicke）是普渡大学心理科学系詹姆斯·V·布拉德利（James V. Bradley）教授。他的研究关注认知科学与教育的交叉，特别强调记忆提取加工过程对学习的重要性，其主要目标是找出促进长期学习、理解和知识应用的有效认知策略，并侧重儿童的学习策略、元认知、自我调节学习及教育技术。卡尔皮克曾获 2017 年度美国实验心理学家学会颁发的青年学者奖、2015 年度美国心理科学协会颁发的珍妮特·泰勒·斯宾塞（Janet Taylor Spence）变革性青年成就贡献奖、2013 年度心理学会杰出青年学者奖、2012 年度美国国家科学基金会职业奖、2012 年度美国科学家及工程师青年成就总统奖。他获得了圣路易斯华盛顿大学的博士学位。

芭芭拉·M·米恩斯（Barbara M. Means）是数字承诺（Digital Promise）中心学习科学研究部执行主任。她作为教育心理学家，曾是斯坦福国际研究所学习技术中心的创始人和主任，主要研究技术对学生高阶技能学习、课堂和学校振兴的支持。她 2014 年的著作《在线学习：研究告诉我们关于是否、何时以及如何学习》描述了从幼儿园到高等教育及成人学习阶段在线学习的研究现状，并为这些领域相关实践的研究基础提供严格评估。她近期工作包括评估由比尔和梅林达·盖茨（Bill & Melinda Gates）基金会资助开发的自适应学习课件的实施和影响。米恩斯曾帮助美国教育部教育技术办公室开发了一个框架，用于描述学生在线学习时的新研究方法和可能的证据形式，并撰写和编辑了八本关于教育、学习技术和教育改革的书籍。她获得了斯坦福大学的心理学学士学位和加州大学伯克利分校的教育心理学博士学位。

道格拉斯·L·梅丁（Douglas L. Medin）（美国国家科学院）是心理学的路易斯·W·门克（Louis W. Menk）教授，同时就职于美国西北大学心理与教育学院、社会政策学院。梅丁博士曾在洛克菲勒大学、伊利诺伊大学和密歇根大学任教。他早期从事概念和分类研究，最近已将研究扩展至跨文化的生物分类与推理、道德推理和决策的文化—认知维度、基于文化和基于共同体的科学教育，其中后一项工作涉及西北大学与芝加哥美国印第安人中心、威斯康星州的梅诺米尼（Menominee）部落的合作关系，他主导了关于危地马拉、巴西、墨西哥、美国土著与多数文化族群的认知和学习研究。梅丁曾获美国心理协会（APA）的主席奖和杰出科学贡献奖，美国生理科学协会的威廉·詹姆斯（William James）终生成就奖，同时也是美国科学院院士、美国艺术与科学院院士、美国教育科学院院士。他曾获得詹姆斯·麦凯恩·卡特尔奖（James McKeen Cattell），并担任期刊《学习与动机心理学》和《认知心理学》的编辑。他获得了南达科他大学的心理学硕士和博士学位。

琳达·内森（Linda Nathan）是艺术与学术中心的执行主任，该中心旨在培育富有创造性与艺术性的学校，营造学生主动、教师启发、学校参与师生共同体的文化氛围。她与波士顿的马萨诸塞大学合作，监督包括佩罗内—斯泽（Perrone-Sizer）创新领导力研究所在内的重要项目，还与音乐实验室特许学校的领导密切合作，支持该校发展成为项目式学习和艺术浸入式教育的国家模式。内森博士是波士顿艺术学院的创始校长，这是波士顿第一所视觉和表演艺术公立高中。作为一名经验丰富的教育领导者，她积极指导教师和校长，并就教育改革、领导力和教学等问题提供全美及国际咨询，还致力推广公平、艺术和创造力在学校中的关键作用。内森博士为全美学校的领导、教师、家长和学生举办了关于种族、公平和文化的工作坊。她是《最难的问题不在测试中》（2009年，信标出版社）和《砂砾不够之时》（2017年，信标出版社）两本书的作者，也是哈佛大学研究生院任教 17 年的兼职讲师。她获得了安提亚克大学的教育管理硕士学位、爱默生学院的表演艺术硕士学位、哈佛大学的教育学博士学位。

安妮玛丽·沙利文·帕林克萨（Annemarie Sullivan Palincsar） 是阅读和读写能力领域简和查尔斯·沃尔格林二世（the Jean and Charles Walgreen Jr.）主席，亚瑟·F·瑟诺（Arthur F. Thurnau）教授，密歇根大学的教师教育者。她主要的研究兴趣是支持学生的意义理解和知识构建（特别是在项目式学习境脉中），此外还对挑战性学术工作中的儿童表现尤为感兴趣。她和她的研究小组与计算机科学家艾略特·索罗威（Elliot Soloway）合作，设计并研究了网络学习环境的使用，学生在该环境中可以协作进行文本阅读、视频观看、模拟、写作和绘画，同时进行科学探究。她参加了调查教育性支持对小学高年级科学教学的价值的研究，并通过基于设计的研究，调查使用功能性语法分析教英语学习者利用叙事和信息文本获得解释的过程和结果。帕林克萨曾在有关专家小组和委员会工作，比如包括美国教育部教育研究和改进办公室/兰德公司（OERI/RAND）阅读研究小组和国际阅读协会的读写能力研究小组，编写教师培养和教师学习的循证报告。她曾任职于美国国家儿童电视研讨会咨询委员会，是《认知与教学》杂志的共同主编，也是美国教育科学院院士。她获得了伊利诺伊大学香槟分校的博士学位。

丹尼尔·L·施瓦茨（Daniel L. Schwartz） 是斯坦福大学的诺梅利尼和奥利维尔（Nomellini 和 Olivier）教育技术教授以及 AAA 实验室主任，且自 2000 年以来一直在斯坦福大学任教。他也是斯坦福大学教育研究生院的艾·詹姆斯·奎伦（I. James Quillen）院长。他曾是范德堡大学的助理教授和副教授。施瓦茨研究学生的理解与表征，以及技术能够促进学习的方式。他在认知科学、计算机科学和教育的交叉研究中，考察了实验室、课堂和非正式场境中的学习和教学。施瓦茨曾在洛杉矶和阿拉斯加当过 8 年的中学教师，贯穿其整个研究的主题是人们的空间思维能力如何能够预示并影响学习、教学、评价和解决问题的过程。特别是，探索新媒体以全新方式赋能空间表征和交互，以补充传统教育研究和实践中占主导地位的语词方法。他已发表了涉及学习、评价、技术的研究，以及知觉运动系统、物理环境和高阶认知之间关系的研究。他曾获斯

【326】

坦福大学研究生院的年度顾问和年度最佳教师、AERA的年度最佳论文、教育计算与技术协会的年度最佳科研论文，以及洛杉矶联合学区的杰出青年教师（南加尼福尼亚大学教育学院校友）等荣誉。他获得了哥伦比亚大学的人类认知与学习博士学位。

海蒂·施温格鲁伯（Heidi Schweingruber）是美国国家科学院、国家工程院、国家医学院科学教育委员会的主任。在该职位上，她负责监督科学教育委员会的投资组合，并与董事会合作开发新的项目。她参与了美国国家科学院多个关于科学、技术、工程和数学教育的项目，包括共同指导形成美国《K-12科学教育框架》报告的研究，该报告为美国K-12科学教育提供了新的国家标准蓝图。作为共同作者，她为实践者出版了两本获奖著作，以此为更广泛的读者解读了美国国家研究理事会的报告：《准备，出发，科学！在K-8科学教室里开展研究》（2008）和《被科学包围》（2010）。在加入美国国家科学院之前，施韦恩格鲁伯是美国教育部教育科学研究院的高级研究员，也是莱斯大学"学校数学项目"的研究主任，该项目是K-12数学教育的推广项目。她获得了密歇根大学的（发展）心理学和人类学博士学位、以及文化和认知领域的资格证书。

泽韦兰吉·N·瑟佩尔（Zewelanji N. Serpell）是弗吉尼亚联邦大学心理学系的副教授和研究生导师。她的研究重点是开发和评价面向表现不佳学生的校本课程。她利用认知科学的成果来开发和测试针对学生执行功能的干预措施，例如她研究与下棋有关的认知活动是否增强执行功能，以及这种改善能否迁移应用至非裔美国小学生的学业成绩。她还研究如何使用电脑程序来优化非裔美国学生从中学到大学的学习经验。瑟佩尔曾任美国教育研究协会赞助的美国科学促进会（AAAS）科学与技术代表委员会的研究员。她是美国心理协会（APA）少数族裔研究项目的研究员，也是美国国家科学基金会少数族裔网络和国家幼儿教育研究中心的博士后研究员（弗吉尼亚大学柯里教育学院）。此前，她曾在弗吉尼亚州立大学和詹姆斯·麦迪逊大学（JMU）担任学术职务，担任注意力和学习障碍中心的副主任，同时也是阿尔文和南希·贝尔德（the Alvin and Nancy Baird）心理学教授。除了发表研究报告外，她还合作编写了两本关于学校心理健康的书。她获得了霍华德大学的发展心理学硕士和博士学位。

芭芭拉·A·万奇森（Barbara A. Wanchisen）是美国国家科学院、国家工程院、国家医学院的行为、认知与感知科学委员会的主席，并曾担任非盈利性倡导组织"行为、心理和认知科学联合会"的执行董事。在此之前，她是鲍德温—华莱士大学心理学系的教授和全校荣誉项目的主任。万奇森是心理学会、国际行为分析协会和美国心理学会的成员，担任协会第 25 分会（行为分析）的研究员。她是《行为实验分析杂志》和《行为分析家》的编委，也是许多其他期刊的客座评审。她获得了宾夕法尼亚布卢姆斯堡大学的英语和哲学学士学位、维拉诺瓦大学的英语硕士学位和天普大学的实验心理学博士学位。

蒂娜·温特斯（Tina Winters）是行为、认知与感知科学委员会（BBCSS）的副项目官。在 BBCSS 工作期间，她在 BBCSS 框架下效力于甚为广泛的项目工作，包括监督与阿尔茨海默病、行为和日晒，以及健康老龄化有关的项目。温特斯撰写过美国国家学院的许多报告，包括"增强团队科学的有效性""测量人的能力：评估个人与群体入伍表现潜力的基础研究议程""军事环境的境脉：与小单位有关的社会与组织因素基础研究议程""残疾与康复研究综述：美国国家残疾与康复研究所（NIDRR）赠款过程与产品""在公共政策中使用科学作为证据""加强联邦机构的同行评议，支持教育研究""推进教育科学研究"（合著），以及"了解学生所知：教育评价的科学与设计"。

【328】

雷妮·L·威尔逊·盖恩斯（Renée L. Wilson-Gaines）是行为、认知与感知科学委员会的高级项目助理。她于 2009 年成为美国国家学院的工作人员，目前为"人是如何学习的Ⅱ""药物滥用与心理健康服务管理""人类能力的测量"等项目提供支持。此前，威尔逊·盖恩斯曾支持的研究包括"军事环境的境脉""采矿安全：自我逃生的基本研究""国防部社会文化数据研究""家庭保健中人的因素的作用""情报与反情报境脉下的现场评估"，以及"经济变化的数据库：职业信息网络的综述"。

译后记

《人是如何学习的：大脑、心理、经验及学校》中文版（含两个版本，其中"扩展版"简称《人是如何学习的I》）分别于2002年和2013年由华东师范大学出版社出版发行，对我国教育学术及实践领域产生了广泛而积极的影响。借由此书，读者们重新认识了学习；大批的教育者及学校管理者将学习的科学研究发现作为反思教学实践、进行课堂创新的工具，同时，广大课程与教学研究者则启动了理论的重建。

新世纪以来，华东师范大学学习科学研究中心创始主任高文教授率领团队，站在国际前沿，探索中国学习科学研究道路，形成了一大批学术成果。其中包括"21世纪人类学习的革命译丛（第一辑）"（华东师范大学出版社）、"学习科学与技术设计丛书"（教育科学出版社）、"国际视野中的研究性学习"（广东教育出版社）、"教学设计的理论与模型国际前沿研究"等丛书/译丛和《学习科学的关键词》（华东师范大出版社）、《建构主义教育研究》等著作，对我国教育教学改革提供了及时且重要的理论支撑。研究团队面对新的发展需求，于2011年启动了"21世纪人类学习的革命译丛（第二辑）"（任友群等主编）的编写工作。该系列共包括13本，载录了世界上来自心理学、脑科学、教育技术、教师学习、学科教育等多个领域对人类学习的新探索。该丛书的出版推动了国际学术交流和我国面向教育现代化的教育理论创新，也支撑了学习科学研究中心团队积极参与到国际学术前沿对话之中。学习科学研究中心先后承办了多个重量级国际学习科学会议，吸引了众多国际知名团队的关注，建立了稳固和富有成效的国际学术合作，支持了一批优秀中青年学者的成长。例如，在2014年初春，华东师范大学联合美国国家科学基金会（及所支持的六家学习科学研究中心）、经济合作与发展（OECD）教育与技能司、联合国教科文组织、香港大学和上海师范大学，组织召集了近百名国际知名学者和数百名国内专家，相聚丽娃河畔，深入研讨学习科学的发展以及如何推进教育变革。这个为期一周的"学习科学国际大会（上海）"被认为是国际学习科学发展史上的一次关键会议，对美国国家科学基金会的资助战略方向以及OECD新项目计划的启动均产生了重要影响。与此同时，学习科学也对教育政策与实践产生越来越广泛的影响。在我国一些地区，学习科学进入了学校和课堂，有力支撑了新课程改革。欧美国家更是加快了学习科学探索的步伐，新成果层出不穷。

2018年年初，美国国家科学院、国家工程院、国家医学院正式发布《人是如何学习的II：学习者、境脉与文化》（即《人是如何学习的II》）科学报告，学习科学研究中心团队和华东师范大学出版社在第一时间获得中文版发行授权。同年4月，本书主译之一裴新宁前往加拿大多伦多参加了美国国家学术出版社和本书编写委员会召集的《人是如何学习的II》专题论坛，当时座无虚席、热烈讨论的场面仍然记忆犹新。显然，学习科学是当下全球教育界都在关注的最核心的话题之一，越来越多的研究者和决策者都寄希望于依据人类学习机制的科学研究，变革和推动世界教育发展的进程。

把这份学习科学的前沿成就尽早地与国内更多朋友分享，助力他们的工作，也成为本书译者的新使命。

本书在《人是如何学习的I》的基础之上，集中报告了诸多领域的研究者对人类学习的新探索——立足更广阔的时空并关照更多样的人群，透过不同的分析层次（如生物的、物理的、社会的、文化的、技术的等），解剖学习的文化本质、人脑功能机制和多构面属性。研究数据和成果涉及人一生中不同场境中的学习，不仅包括从幼儿园到高中的学习，还包括中学后、工作中及退休后的正式和非正式的学习；研究者利用婴幼儿、中小学生、大学生、成年从业者和老年人的学习证据，展现人类学习的多样性和发展变异性，揭示有助于学习发生的个体及文化特征、教学条件、环境、机会因素的作用规律，从而启发教育者和相关决策者更好地设计学习条件（工具）和环境，最大限度地帮助不同境脉中的学习者进行有效学习。

本书概括出的 21 条结论，代表了 21 世纪以来学习科学研究的主要进展，基于这些研究而形成的主张已被美国及其他欧美国家广泛用作教育变革新议程的基本参照；书中提出的研究新议程勾勒了学习科学这一跨学科事业的新版图。相信这些成果和议程对我国的相关政策、研究与实践也有重要启发。但是，我们不希望读者仅是简单地照搬或背记书中的结论。我们建议读者结合具体的工作情境以及所遇的现实问题，对一些结论加以理解并展开批判性地讨论；也可以对书中列举的研究案例、实验及研究方法进行检验。

在翻译过程中，译者主要把握两个基本原则。首先，忠实于原著。原著是一份严谨的科学报告，风格上是最为直接、准确、完整地呈现已有科学证据，并基于此，加以综合与诠释。文献涉及对学习的多向度考察，数据之多、时间跨度之大、复杂性之高，是译者前所未遇的。在这样的情况下，译者团队的最佳选择就是忠实地、直接地呈现这些科学研究成果，以求为我国读者提供基本的、准确的信息参考。其次，在教育现代化新背景下诠释人类学习。相比于《人是如何学习的 I》出版时的年代，许多学术话语已经得到了新的建构和发展，为此译者团队也需与时俱进。比如"深度学习"（deeper learning 或 deep learning，《人是如何学习的 I》中文版中译为"深层学习"），在本书中的解释就有了新发展，不仅给出了人脑机制方面的理解，而且描述了技术实现的可能，翻译过程中就需要不断地关联各章内容并在相应位置给出贴切的表达，以便于读者形成连贯理解。再如，"专长"（expertise）这个多义词，本书在文化层面、脑机制和认知功能层面上对原有解释进行了很大程度的丰富，译者会根据原文出处和学习主体的特征，换用不同的表达，如"专门知能""专业知识"或"专家知识"，以求更贴近于特定语境中该术语内涵所指。翻译过程也是元研究过程，译者团队不仅查询了大量的已有成果，还对原著诸多观点或用语的源文献进行了二次研究，以核查译文表达的准确性和适当性。

本书的翻译工作在 2018 年年底正式启动，2019 年 3 月完成初稿翻译。经过历时半年多的校对工作，出版发行时间瞄准了 2019 年年底。然而，突如其来的新冠疫情，打乱了整个节奏，出版进程一度搁置，直到 2021 年的夏季重新启动。

本书的完成是译者团队协力坚持和投入的结果。各章翻译分工如下（按照章节次序排序）。致谢：仝玉婷；报告概要：裴新宁；第 1 章：裴新宁；第 2 章：仝玉婷，裴新宁；第 3 章：李璐，章熠；第 4 章：王美；第 5 章：金莺莲；第 6 章：王美；第 7 章：郑太年；第 8 章：徐光涛，许作栋；第 9 章：徐光涛，李英明；第 10 章：裴新宁；附录 A—D：赵楠。

译稿校对分工如下。裴新宁：致谢，报告概要，第 8、9 章，附录 A—D；王美：第 4、5、6、10 章；郑太年：第 1、7 章；陈家刚：第 2 章；周加仙：第 3 章。

2021 年暑期第二轮校对工作分工如下。裴新宁：致谢，第 1、2、3、10 章，附录 A—D；王美：第 4、5、6 章；郑太年：第 7、8、9 章。徐光涛、周加仙和金莺莲协助完成了第二轮校对工作。全书的统稿和审核工作由裴新宁、王美和郑太年三人共同完成。

于静怡参与了部分章节的校对工作，孔令鑫翻译并校对了作者人名及单位；赵楠和孔令鑫对翻译过程中的文献核查工作提供了大量帮助。

在此向各位译校者和帮助者的艰苦付出致以谢忱！

值得一提的是，在书稿清样出来后，科研助理和几位博士硕士研究生作为"第一读者"，对书稿进行了试读，并提出了宝贵建议。他们是：张旭菲、仝玉婷、孔令鑫、陈晟、胡若楠、看召草、梁雨、曹晶。向他们表示特别的感谢！

我们由衷感谢华东师范大学出版社教育心理分社社长彭呈军先生对译者团队的一贯支持，和多年来对"21 世纪人类学习的革命译丛（第 2 辑）"的出版推介所付出的巨大努力！向编辑吴伟女士细致、专业的工作深表敬意，感谢她在编校过程中所给予的周到帮助！

诚望这本译著可以让更多的读者受益——包括教育研究者、教师教育工作者、一线教师，以及每一位关心教育的朋友。进一步地，我们希望，译著中所呈现的研究发现，对我国教育理论研究创新与教育实践变革发挥应有的作用，特别是对教师教育质量的提升有所助益，对广大教育工作者的专业进步有所帮助。

限于主译者的学识，恐有疏漏和不当之处，欢迎读者指正，以帮助我们不断完善。

裴新宁　王　美　郑太年

2021年初秋·丽娃河畔

华东师范大学学习科学研究中心

我们到底是**如何学习的**？
学习科学**重磅成果**大集合！
关于学习的
多视角、全方位、深层次剖析。

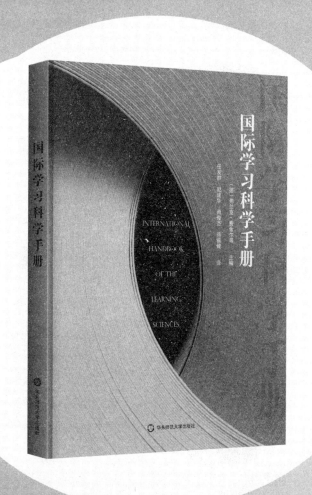

国际学习科学手册

立足**研究证据**

引导**教育实践**

教育心理学领域权威研究手册

学习与教学研究手册（第二版）